TED CONOVER

CHEAP LAND COLORADO

Überleben am Rand der USA

*Aus dem Englischen von
Christiane Bernhardt*

Die amerikanische Originalausgabe erschien 2022 unter dem Titel
Cheap Land Colorado: Off-Gridders at America's Edge
bei Knopf, New York.

Besuchen Sie uns im Internet:
www.droemer-knaur.de

Deutsche Erstausgabe März 2024
© 2022 by Ted Conover
Published by arrangement with The Robbins Office, Inc.
International Rights Management: Susanna Lea Associates
© 2024 der deutschsprachigen Ausgabe Droemer Verlag
Ein Imprint der Verlagsgruppe Droemer Knaur GmbH & Co. KG, München
Alle Rechte vorbehalten. Das Werk darf – auch teilweise – nur mit
Genehmigung des Verlags wiedergegeben werden.
Die Nutzung unserer Werke für Text- und Data-Mining im Sinne
von § 44b UrhG behalten wir uns explizit vor.
Redaktion: Katharina Muschiol
Covergestaltung: Verlagsgruppe Droemer Knaur nach einer Vorlage
von Jenny Carrow, Penguin Random House US
Coverabbildung: © Jon Cohrs
Alle Fotos im Innenteil von Ted Conover, wenn nicht anders vermerkt.
Satz und Layout: Adobe InDesign im Verlag
Druck und Bindung: GGP Media GmbH, Pößneck
ISBN 978-3-426-27910-6

2 4 5 3 1

*Meinen Eltern und Schwestern gewidmet,
für all die Hilfe,
und
für Margot, einmal mehr*

Diese Landschaft ist mir die liebste. Gerne hätte ich sie täglich vor Augen, lebe heute jedoch in den Bergen. Nach meinem Dafürhalten sehen die High Plains, die Great Plains und die Kurzgrassteppe genauso aus, wie eine Landschaft aussehen sollte: karg und weit, mit Sandhügeln und gewaltigen Wolkengebilden am Himmel. Und dann ist da der Wind, der durch sie hindurchfegt und auf seinem Weg von Kanada nach Texas von nichts aufgehalten werden kann, außer vom Stacheldrahtzaun. Es ist ein trockener Ort, aber nicht öde, auch wenn das viele Menschen meinen. Er mag nicht lieblich sein und ist doch schön, wenn man weiß, wie man ihn zu betrachten hat. Bäume gilt es, aus seinen Gedanken verbannen. Grün sollte man vergessen. Man muss herunterschalten, still sein; aus dem Auto aussteigen und innehalten.

Kent Haruf

Inhalt

Prolog
11

**1
Cheap Land Colorado**
17

**2
Mein Prärieleben, Teil I**
56

**3
So viele unterschiedliche Menschen, oder:
Mein Prärieleben, Teil II**
97

**4
Unbebautes Land**
154

**5
Besitz**
192

**6
Liebe und Mord**
243

**7
Waffen, Viren und der Klimawandel**
301

**Epilog
Zufluchtsort und Exil**
347

Dank
363

Quellen
365

Anmerkungen
375

Prolog

Es beginnt mit der Kontaktaufnahme – damit, dass man an einem Grundstück vorfährt und versucht, sich bekannt zu machen.

Allein die Vorstellung ist beängstigend: Viele Menschen leben hier draußen, *weil sie niemandem begegnen wollen*. Sie suchen die Einsamkeit. Beängstigend ist es auch, weil viele von ihnen dieser Vorliebe Nachdruck verleihen, indem sie ihre Auffahrt mit einem Tor versperren oder einen Hund neben der Eingangstür anketten oder ein Schild mit Zielfernrohrmotiv anbringen, auf dem steht: »WER DAS LESEN KANN, IST IN SCHUSSWEITE!«

Der lokale Fachmann für unangemeldete Besuche ist Matt Little, den die soziale Einrichtung La Puente mit aufsuchender Sozialarbeit im ländlichen Raum (»Rural Outreach«) beauftragt hat. Matt nahm mich in seinem Pick-up mit, damit ich ihm bei seiner Arbeit zusehen konnte. Die Entfernungen zwischen den Haushalten in der offenen Prärie Colorados sind gewaltig. Das gab ihm Zeit, mir sein Vorgehen zu erklären, über das er viel nachgedacht hat – und das offensichtlich funktioniert: Immerhin ist diese Arbeit sein täglich Brot, und er wurde in den letzten drei Monaten nicht erschossen.

Sollten Sie glauben, die Checkliste sei kurz, irren Sie sich. Bevor man sich auch nur in die Nähe eines Grundstücks begibt, muss man sich erst einmal klarmachen, was für einen Eindruck man hinterlässt. Matt fährt einen Ford Ranger Baujahr 2009 mit einem magnetischen »La Puente«-Schild an der Tür. Nichts Schickes. Auch Matt ist nicht gerade schick: Er ist neunundvierzig, Veteran, war auf zwei Einsätzen im Irak; er ist ein schmaler Mann aus der Provinz West Virginias, der gerne lächelt. Er raucht Zigaretten und trägt manchmal einen Bart. Er rät mir, kein blaues Hemd anzuziehen, da Blau die Farbe der Bauaufsichtsbehörde in Costilla County sei, und mit *denen* willst du nicht verwechselt werden. La Puente hat ihm einen weinroten Kapuzenpullover und ein Poloshirt mit Logo bestellt, und für gewöhnlich trägt er entweder den einen oder das andere zu Jeans und Stiefeln.

Häufig fährt er öfter als einmal an einer Behausung vorbei, bevor er tatsächlich anhält, um sie auszukundschaften. Flattert da eine amerikanische Flagge? Das bedeutet oft eine Schusswaffe im Inneren. Liegen Kinderspielsachen herum? Ist da ein kleines Gewächshaus oder ein hinter einem Zaun verstecktes Fleckchen, das darauf hinweist, dass Cannabis angebaut wird? (Zu Beginn dachte ich, das sei ein gutes Zeichen, da Cannabis Menschen tendenziell entspannt. Doch da widersprach mir Matt vehement. »Eine ausgewachsene Pflanze ist unter Umständen mehrere Tausend Dollar wert und begehrtes Diebesgut!«) Wichtiger noch aber ist, ob die Bleibe bewohnt ist. Sind da frische Reifenspuren? Kommt Rauch aus dem Schornstein? Zahlreiche Behausungen in der Prärie stehen leer oder sind nur im Sommer bewohnt.

Matt war ein Grundstück aufgefallen, auf dessen mit Stacheldraht umzäuntem Inneren jemand Wälle errichtet hatte. Er sah Patronenhülsen und vermutete, dass es sich bei dem Bewohner um einen Veteranen mit psychischen Problemen handelte: »Ich dachte mir, der spielt Krieg und stellt nach, was er durchlebt hat.« Er fuhr hin, um es mir zu zeigen. Das Grundstück lag am Ende einer Sackgasse, was es erschwerte, so zu tun, als würde man einfach nur vorbeifahren.

Matt erzählte, er habe die ersten Male am Ende der Straße angehalten, der Person, die ihn womöglich beobachtete, zugewinkt und sei dann umgekehrt. So machte er einen Monat lang weiter und winkte oder hupte, ohne zu verweilen, bis er eines Tages einen Mann vor dem Haus sah, der Tarnkleidung trug. Matt parkte seinen Truck und stieg aus.

»Ich bin Matt von La Puente«, sagte er. »Ich habe ein bisschen Feuerholz dabei.« Er zeigte auf das Holz auf der Ladefläche seines Trucks, etwas Nützliches, das sich sein Arbeitgeber als Markenzeichen, als Eisbrecher ausgedacht hatte.

Der Mann griff nach einem AK-47. »Du bist ein verdammt zähes Arschloch«, sagte er. Dann: »Was soll es kosten?«

»Es ist gratis«, sagte Matt.

Der Kerl ging auf das Tor zu, öffnete es und winkte Matt hinein.

Normalerweise, erklärte mir Matt, treffe man niemanden draußen an, das Prozedere sei also, am Ende der Auffahrt anzuhalten und zu hupen. Beim ersten Lebenszeichen stieg Matt meist aus seinem Truck, sodass man ihn, eine (hoffentlich) nicht bedrohlich wirkende Gestalt, sehen konnte. Manchmal ließ er Feuerholz, eine Visitenkarte mit seiner Handynummer oder das Angebot zurück, wiederzukommen, sollten die Betreffenden Nahrungsmittel oder Unterstützung beim Ausfüllen eines Antrags benötigen oder eine Mitfahrgelegenheit für einen Arzttermin in der Stadt oder jemanden, der ein Medikament für sie abholte.

Ich passte gut auf, da ich bald selbst anfangen sollte, als Ehrenamtlicher für La Puente zu arbeiten. Es schien eine gute Vorgehensweise, um isoliert lebende Präriebewohner kennenzulernen, und Matt sagte, er könne meine Unterstützung gebrauchen.

Ich setzte mir drei neue Kontakte pro Tag als Ziel. La Puente lieh mir ein »RURAL OUTREACH«-Schild für die Tür meines Pick-ups. Ich wählte eine Gegend und fuhr sie so langsam wie möglich ab, ohne verdächtig auszusehen. Ich ging davon aus, dass viele der Unterkünfte, die ich auskundschaftete, verlassen waren.

Schließlich entschied ich mich für ein Grundstück mit einer kurzen Auffahrt, da ich mir dachte, dass es so schwerer sei, mich zu ignorieren, und einfacher, mich einzuschätzen. Es war ein bescheidenes Haus, vor dem allerlei Müll und Schrott herumlag, darunter kaputte Fahrzeuge, doch anhand der Spuren auf der staubigen Schotterpiste konnte ich sehen, dass jemand hinein- und herausgefahren war. Ich hielt an und betätigte meine Hupe. Genau in dem Moment bemerkte ich, dass sich jemand in dem Jeep Wagoneer vor dem Haus befand. Ich ließ mein Fenster herunter. Kurz darauf öffnete auch er sein Fenster einen Spaltbreit. Ich stieg aus meinem Truck, und um mein Selbstbewusstsein und meine guten Absichten unter Beweis zu stellen, ging ich zu ihm hinüber.

»Hi, ich bin Ted von La Puente«, sagte ich.

»Hey«, sagte er. Seine grüne Corona-Bier-Baseballkappe hatte die gleiche Farbe wie seine Augen.

Ich erzählte ihm von dem Feuerholz.

»Normalerweise nehme ich keine Almosen und so an.«

»Verstehe ich«, erwiderte ich. Er sei gerade aus der Entzugsklinik zurück, sagte er. Weswegen er dort gewesen sei, erkundigte ich mich. Opioide, lautete seine Antwort.

»Und wie geht es Ihnen jetzt?«, fragte ich.

»Ganz gut bislang. Möchten Sie eine Limo?« Er bot mir eine Sprite an, die ich gerne annahm.

Es war November und kalt und windig, und ich hatte meine Jacke im Auto gelassen. Ich hätte sie mir wohl besser geholt, hoffte aber, dass er mich jeden Augenblick in seinen Truck bitten würde, in dem es so warm war, dass ihm ein T-Shirt genügte; auf dessen Vorderseite stand »SINGLE AND READY TO JINGLE«.

Er bat mich nicht in sein Auto, wollte sich aber unterhalten, und bald darauf erzählte er mir, dass er einmal, als er weg war, einen Kerl in seinem Haus hatte wohnen lassen. Dann, als er zurückkam, gerieten die beiden aneinander, und der Kerl schoss auf ihn. »Genau hier.« Er hielt mir seinen Arm hin, um mir eine große verwachsene Narbe zu zeigen.

Anstatt auf einen Einsiedler zu treffen, dem ich jedes Wort einzeln aus der Nase ziehen musste, fand ich mich in Gesellschaft eines gesprächigen, kontaktfreudigen Menschen, der ganz offensichtlich jemanden zum Reden brauchte ... auch wenn er mich nicht in sein Auto lassen wollte.

Hupend versuchte ich mein Glück bei drei weiteren Behausungen, deren Besitzer gerade entweder nicht da waren oder in denen niemand wohnte, und fuhr jedes Mal mit dem Gefühl davon, mich zum Narren gemacht zu haben. Doch dann erblickte ich unweit der Straße ein bescheidenes Häuschen mit einem Pferd auf einer kleinen Koppel und ein paar Hühnern in einem Gehege. Ich hielt am Tor an und hupte. Augenblicklich wurde ich von mehreren Heelern umringt. Ein paar der Hunde knurrten mich an, also machte ich besänftigende Geräusche und hoffte das Beste. Nach ein paar Minuten erschien ein etwa sechzig Jahre alter Hispanic und lief aus etwa fünfzig Metern Entfernung auf das Tor zu. Während er herüberschlenderte, las ich eine amtliche Mitteilung des County, die an einen Zaunpfahl geheftet war. »UNTERLASSUNGSKLAGE« stand darauf zu lesen.

»Sind sie wegen der fehlenden Kläranlage hinter Ihnen her?«, fragte ich. Es war ein weitverbreitetes Problem.

»Nein, wegen der Steuern«, sagte der Mann. »Sie haben keine Rechnung geschickt. Ich kooperiere mit ihnen.« Ich bot ihm Holz an, das er annahm, und neue Bettwäsche, die ich zufälligerweise dabeihatte, doch die lehnte er ab (»Ich schlaf in meinen Klamotten«). Er sagte, er sei einem Gericht zehn Stunden gemeinnützige Arbeit schuldig, und fragte, ob er sie bei La Puente ableisten könne. Ich gab ihm die Telefonnummer des Büros und ermutigte ihn, anzurufen. Wir verabschiedeten uns, und ich stieg wieder in meinen Truck. Ich drehte den Zündschlüssel um und ... nichts. Beschämt hupte ich erneut. Abermals wurde ich von den Hunden belagert. Der Mann kam wieder heraus und bot mir ohne Umschweife Starthilfe an – es lag auch in seinem Interesse, da ich sein Tor blockierte.

Bei der nächsten Adresse, die ich ins Visier nahm, kam mir das Wort »Wagenburg« in den Sinn. Eine Ansammlung alter Fahrzeuge – darunter ein Lincoln, ein Wohnwagen, ein Pick-up, ein VW-Bus sowie ein SUV – bildeten etwa drei Viertel eines Kreises, wie ein Planwagenzug, der sich in Erwartung eines Angriffs in der Prärie in Stellung bringt, oder ein Donut, bei dem ein großer Bissen fehlt. Draußen sah ich Ziegen, ein Lebenszeichen, doch ich hielt inne: Das Haus war etwa ein Fußballfeld von der Straße entfernt. Niemand würde mein Hupen hören und an mein Fenster kommen. *Was soll's,* dachte ich und beschloss, auf das Grundstück zu fahren.

Ich hupte beim Heranfahren und hupte zur Sicherheit noch einmal, als ich mich dem Gebäude näherte und meinen Truck abstellte. Das Wohnhaus befand sich auf der Beifahrerseite, und so ließ ich das Beifahrerfenster herunter, um besser sichtbar zu sein.

Ein weißer Mann mittleren Alters, der eine Sportsonnenbrille mit verspiegelten Gläsern und eine Baseballkappe trug, trat aus einer Tür, ging ein paar Schritte auf mich zu und kam an meine Seite des Trucks. Er blieb auf Distanz und behielt die rechte Hand in der Tasche seines Kapuzenpullovers; ich vermutete eine Pistole darin.

»Wie geht's?«, fragte er in einem Ton, der sagte: *Erklär dich.* Ich ließ ihn wissen, ich sei Ted von La Puente, neu in der Gegend, wollte mich nur vorstellen, hätte ein bisschen Feuerholz …

Er unterbrach mich: »Es ist gefährlich, einfach so bei jemandem vorzufahren. Sie müssen entweder mutig oder ein bisschen dämlich sein.« Er lächelte vielsagend.

»Wahrscheinlich ein bisschen dämlich«, räumte ich ein.

Er sei nur zu Besuch da, aus Kalifornien, erzählte er mir schließlich. »Tony wird wahrscheinlich demnächst zurück sein.«

Ich zählte den Namen und die ganzen Autos zusammen. »Warten Sie mal – gehört das Grundstück Tie Rod Tony?« Ihm war ich bereits begegnet. Der Mann nickte. Plötzlich hatte ich keine Angst mehr. Aber ich fühlte mich schwermütig wie eine Katze, die gerade eines ihrer neun Leben vergeudet hat.

1
Cheap Land Colorado

Wir kommen wegen der Ausmaße.
Linda Gregerson, *Schlafender Bär*

Heute ist man zu fortschrittlich. Alles hat sich zu schnell geändert. Eisenbahn und Telegraph, Petroleum und Kohlenherde – es sind alles Annehmlichkeiten, die nur den Nachteil haben, daß die Menschen zu abhängig davon werden.
Laura Ingalls Wilder, *Laura und der lange Winter*

Meine erste Begegnung mit dem San Luis Valley hatte ich bei einem Familienausflug, als ich elf Jahre alt war. Wir blieben auf den befestigten Straßen, doch allein das war bereits eindrucksvoll. Die Great Sand Dunes, heute der Great-Sand-Dunes-Nationalpark, sahen wie die Landschaftskulisse eines Kinofilms aus, bis wir uns selbst darin befanden. Ihre Entstehungsgeschichte faszinierte mich: Sandkörner, die von einer Seite dieser riesigen Fläche, die in etwa der Größe New Jerseys entspricht, hinübergeweht wurden, hatten sich auf der anderen Seite zu gigantischen Dünen aufgetürmt. In den San Juan Mountains im Westen befanden sich die Überreste eines uralten Supervulkans von gewaltigem Ausmaß, dessen Eruption womöglich die größte Explosion der Erdgeschichte markierte.

Wenn man an einem schönen Ort aufwächst, der jedes Jahr etwas von seiner Schönheit durch Besiedlung (das heißt durch seine bauliche Erschließung) verliert, lernt man das Unveränderliche zu schätzen. Das San Luis Valley sieht auch heute noch ziemlich genauso aus wie vor hundert, ja selbst vor zweihundert

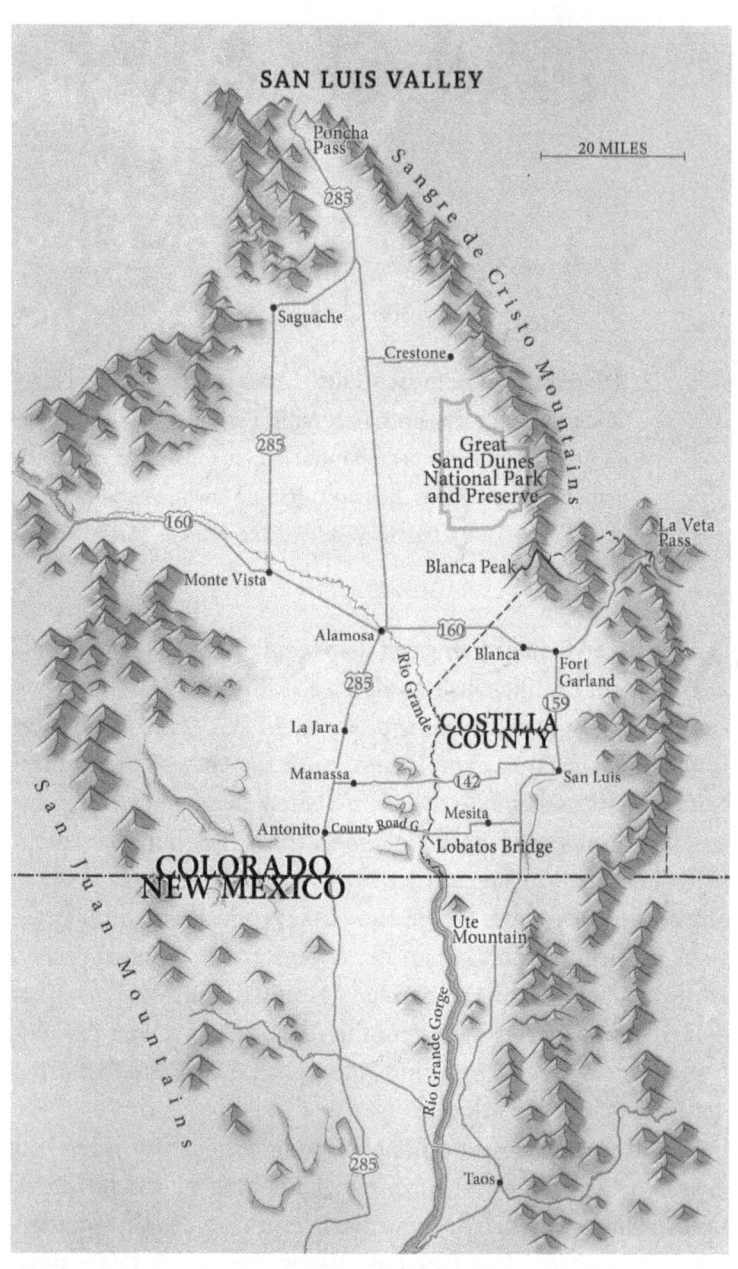

Karte des San Luis Valley

Jahren. Der Blanca Peak überblickt mit seinen 4367 Höhenmetern als viertgrößter Berg der Rockies eine schier unendliche Weite.

Den Blanca, nach dem Schnee benannt, der seinen Gipfel fast das ganze Jahr über bedeckt, kann man von fast überall im Valley sehen, und er gilt den Navajo als heilig. Die Bergkette, über der der Blanca thront, die Sangre de Cristos, bildet die Ostseite des Valley. Nördlich des Blanca schmiegen sich die eindrucksvollen Sanddünen an die Bergkette. In Richtung New Mexico, ein wenig nördlich von Taos, verjüngt sich das Tal. Es fällt einem nicht schwer, sich die indigenen Völker vorzustellen, die hier Bilder in die Felsen an den Flüssen ritzten, oder die Hispanics, die Colorados älteste Stadt, San Luis, gründeten und ein auch heute noch funktionstüchtiges Bewässerungssystem im südöstlichen Winkel des Tals schufen, oder einen Planwagenzug der Pioniere. Auch heute noch streifen hier Gabelböcke umher, ebenso Wildpferde und der eine oder andere Puma.

Es fällt auch nicht schwer, eine Verbindungslinie zwischen den Siedlern im neunzehnten Jahrhundert und den Menschen zu erkennen, die heutzutage hier herausziehen. Das Land ist nicht mehr kostenlos, doch es gehört zum billigsten der Vereinigten Staaten. In vielerlei Hinsicht könnte man hier, in dieser unendlichen Leere, leben, wie es die Pioniere in den Great Plains taten, abgesehen davon, dass man einen Truck hätte anstelle eines Planwagens mit Maultier und ein paar Solarpanels, vielleicht sogar schlechten Handyempfang. Und legales Gras. Wer Gras verkauft und tauscht und sich als Saisonarbeiter verdingt, kommt vielleicht sogar ohne festen Job über die Runden, auch wenn das heikel werden kann, vor allem wenn der Winter naht. Es wäre äußerst schwierig, vollständig von dem zu leben, was das Land hergibt, vor allem draußen in der offenen Prärie.

Ich ließ Colorado fürs College hinter mir, dann erneut für das weiterführende Studium und dann für New York und meine großstadtliebende Frau. Und doch hängt an der Wand meines

Büros mein letztes Nummernschild aus Colorado von 1990. Immer wieder zog es mich zurück auf Besuch bei meiner Familie und meinen alten Freunden. Einer von ihnen war Jay, dessen Familie ein kuscheliges Nurdachhaus in Fairplay, Colorado, besaß, etwa eineinhalb Stunden von Denver entfernt in einem weiteren Graslandgebiet namens South Park. South Park, das in der gleichnamigen Animationsserie als Provinznest persifliert wird, eignet sich ideal als Kontrastfolie zur viel befahrenen, beliebten Interstate 70, die zu den Skigebieten Copper Mountain und Vail führt. Es ist windig, nahezu baumlos und dünn besiedelt. Das Nurdachhaus von Jays Familie lag von Bäumen gesäumt am Rand des Tals, aber im Winter wurde es dort eiskalt (und oft hatte es selbst im Sommer nur wenige Grad). Wir waren im Hinterland jede Menge langlaufen und trafen uns zum Feiern mit Freunden, beginnend mit der Highschool und für viele Silvesterabende danach.

2016 bat mich eine in Denver ansässige Zeitschrift mit dem Titel *5280*, einen Beitrag über South Park zu schreiben. Einmal mehr fanden Jay und ich uns dort für ein paar Tage zusammen. Der »Park« ist riesig, und wir wollten die Gebiete aufsuchen, die uns bisher nicht bekannt waren. Einer der Ortsansässigen gab uns Richtungsanweisungen für eine besonders abgelegene Gegend und sagte warnend: »Wenn Sie erst einmal auf der 53 sind, werden Sie nie wieder zurückfinden.«

Am darauffolgenden Nachmittag machten wir uns auf den Weg und stießen auf einen fast menschenleeren Ort, der von den Schotterpisten einer dem Untergang geweihten Wohnsiedlung aus den 1970er-Jahren, die nie wirklich zustande gekommen war, durchschnitten wurde, ganz so wie im San Luis Valley. Ein paar Monate zuvor hatte die Gegend als Wohnort eines geistig unzurechnungsfähigen Mannes namens Robert Dear traurige Bekanntheit erlangt. Er hatte eine Planned-Parenthood-Klinik in Colorado Springs angegriffen und dabei drei Menschen getötet und acht weitere verletzt. Die *New York Times* veröffentlichte ein Foto des bescheidenen Wohnwagenanhängers, in dem er auf zwei

Hektar Land gelebt hatte. Der Wohnwagen war von nichts als Schnee und Ödnis umgeben, das Bild von Isolation und Trostlosigkeit schlechthin. Ich sinnierte: *Wie wäre es wohl, dort draußen zu leben? Was treibt einen dazu? Wem würde man begegnen? Wie kommt man damit klar?*

Wir sahen ein paar vereinzelt stehende Wohnwagen und Hütten und schlossen daraus, dass eine Handvoll Menschen darin netzunabhängig lebte. Von einem Lehrer in Fairplay hatten wir gehört, dass einige der Jugendlichen vor Ort aus Elternhäusern mit ziemlich extremen religiösen Ansichten stammten, die zu Reibungen mit dem Schulamt geführt hatten. Wir wussten, dass die örtliche Polizei erst vor Kurzem in mehrere Schießereien mit Rechtsextremen in abgelegenen Ecken von South Park verwickelt gewesen war. Einmal mussten wir anhalten, um abzuwarten, bis eine Herde Bisons die Schotterpiste überquert hatte, auf der wir uns befanden, und sich über ein umgefallenes Gatter auf der gegenüberliegenden Straßenseite in ein leeres Feld bewegte. Wir hielten nach einem Cowboy Ausschau, der die Tiere losgeschickt hatte, doch sie waren offenbar im Alleingang unterwegs.

Denver und New York sind komplexe urbane Räume. Hier draußen hatte es den Anschein, als sei das Leben einfach, doch wie konnte ich mir da wirklich sicher sein?

Dieses Gefühl der Unwissenheit nahm einen Monat später zu, im November, als Donald Trump zum Präsidenten der Vereinigten Staaten gewählt wurde. Tags zuvor in New York hatte ich in einem französischen Radiosender verkündet, Trump würde die Wahl niemals gewinnen. (Selbstredend war ich mit diesem Irrglauben in guter Gesellschaft.) Der geistige Horizont Amerikas veränderte sich auf eine Weise, die ich unbedingt verstehen wollte, und diese leeren, vergessenen Orte schienen dabei eine wichtige Rolle zu spielen.

Ich erzählte meiner Schwester von dem Ort. Im Rahmen ihrer Arbeit für eine in Denver ansässige Stiftung sei sie kürzlich in Alamosa gewesen, der größten Stadt im San Luis Valley, und habe von Off-Grid-Siedlungen in weit größerem Maßstab gehört, sagte sie. Mitarbeiter eines Sozialunternehmens namens La Puente hätten ihr Bilder davon gezeigt, wie Menschen draußen »in den *Flats*« lebten, und ihr von ihrem Outreach-Projekt erzählt; später schickte sie mir ein paar Fotos in einem PDF. Ich kontaktierte La Puente. Die soziale Einrichtung hatte als Notunterkunft für Obdachlose angefangen – eine der ersten Obdachlosenunterkünfte im ländlichen Raum – und war von einer Nonne gegründet worden. Und dann besuchte ich sie.

Lance Cheslock, der Geschäftsführer des Unternehmens, zeigte mir alles, beginnend beim Mittagessen in der Unterkunft. Die Unterkunft befindet sich in einem großen alten Haus im ärmeren Teil Alamosas und wurde umgebaut, um getrennte Badezimmer für Männer, Frauen (die zum Duschen in ihren abgeschlossenen Teil im Obergeschoss gelassen werden) und Familien zu schaffen. Für Letztere sind außerdem separate Schlafzimmer vorgesehen. Insgesamt gibt es fünfundvierzig Betten, doch an diesem Junitag waren nur sechsundzwanzig Personen angemeldet. Das Erdgeschoss besteht hauptsächlich aus einem Speisesaal und einer Küche. Die Unterkunft servierte drei Mahlzeiten täglich. Zum Mittag- und Abendessen waren auch Gäste aus der Stadt willkommen – allerdings erst, wenn sich genug Speisende dafür eingetragen hatten, die Küche danach sauber zu machen. Die AmeriCorps-Freiwillige, der jene Aufgabe zugewiesen worden war, hatte kein Glück. Lance, ein guter Überredungskünstler, nahm ihr das Klemmbrett ab und begann, die Schlange abzulaufen und den Wartenden klarzumachen, dass niemand etwas zu essen bekäme, bis sich ein paar Leute gefunden hätten, die aufräumten. Bald hatte er seine Helfer zusammen, und kurz darauf saßen wir an einem Tisch für sechs Personen, gemeinsam mit Klienten der Unterkunft und einer Mitarbeiterin, die sich als Leiterin derselben herausstellte: Teotenantzin Ruybal.

Tona, wie sie von allen genannt wurde, war im Valley aufgewachsen und leitete die Unterkunft seit mehr als neun Jahren. Sie stammte aus einer der Großfamilien, die seit Generationen in der Gegend leben und sich selbst als Hispanics betrachten. (Die Bezeichnungen »Latino« und »Latinx« sind im Valley weniger gebräuchlich.) Ihr Auftreten war von der raueren Sorte – wer schwach wirkt, kann keine Notunterkunft leiten –, doch im Gespräch wurde deutlich, dass sie ein großes Herz hatte und sich der Aufgabe, den Armen zu helfen, zutiefst verpflichtet fühlte.

Sie erklärte mir den direkten Bezug zwischen den Off-Griddern und der Notunterkunft, an dem ich interessiert war: »Wer im Slum lebt und eine Anzeige sieht, in der drei Hektar Land mit Blick auf den Blanca Peak für fünftausend Dollar angepriesen werden, für den ist das die Chance, ein Stück ungezähmte Wildnis zu bekommen.« Manche kamen einzig für ihr eigenes Grundstück ins Valley, endlich befreit von Vermietern und Stromrechnungen. Und endlich ohne die verurteilenden Blicke anderer: »Manchmal ist ihre Haltung: Lieber habe ich ein hartes Leben dort draußen, als in der Stadt zu wohnen, wo auf mich herabgesehen wird«, erklärte Tona.

»Auch wenn diese Entscheidung nicht vernünftig sein mag, ist es ihre Entscheidung«, fuhr sie fort.

Allerdings war dieser Entschluss nicht immer tragfähig, denn auch wenn sie nun auf ihrem eigenen Land lebten, waren sie weiterhin arm und hatten kaum Rücklagen, sollte etwas schiefgehen. Oft kämen sie mit Einbruch der Kälte in die Notunterkunft, sagte Tona, wenn sie am eigenen Leib spürten, wie unerbittlich der Winter sein konnte. Die widerstandsfähigsten Off-Gridder verfügten meist über irgendeine Art festes Einkommen – beispielsweise eine Veteranen- oder Invalidenrente. Es war schwer, seinen Lebensunterhalt anderweitig zu sichern. Die *Flats* lagen weitab von Arbeitsplätzen, außerdem erforderte ein Arbeitsplatz ein verlässliches Transportmittel, das vielen fehlte.

Tonas Partner Robert hatte früher als Gefängniswärter und Hilfssheriff gearbeitet und eineinhalb Jahre als La Puentes erster Mitarbeiter für das Rural-Outreach-Projekt. An jenem Wochenende chauffierten mich Tona und Robert für eine Rundfahrt in die *Flats* hinaus. Wir trafen uns in der Kleinstadt Antonito – die letzte Stadt vor der Grenze zu New Mexico –, an einem ungewöhnlichen, weil bedeckten Tag. Tona und Robert lebten außerhalb des Städtchens auf dem Land, aber nicht netzunabhängig, mit drei Chihuahuas; einer von ihnen, Diego, begleitete uns auf unserer Rundfahrt. Wir waren am Family Dollar Store verabredet, an dem ich meinen Truck stehen ließ und in ihr SUV umstieg.

Früher einmal war Antonito ein Dreh- und Angelpunkt für Schafhirten und den Wollhandel und ein Halt auf der Eisenbahnstrecke der Denver & Rio Grande Western Railroad. Noch immer befand sich eine Bronzestatue des Gewerkschaftsführers Don Celedonio Mondragón neben der ehemaligen, nun leer stehenden Unterkunft der Sociedad Protección Mutua de Trabajadores Unidos (SPMDTU), der Gewerkschaft, die er um 1900 für Schäfer und Landarbeiter gegründet hatte. Zwischen mehreren leer stehenden Ladenlokalen befanden sich in Antonito zwei Geschäfte, in denen man Cannabis kaufen konnte, zwei Getränkeläden, ein Supermarkt und zwei gute mexikanische Restaurants. Es gab die Schmalspur-Museumseisenbahn Cumbres & Toltec Railroad, die ebenso wie das unter dem Namen Cano's Castle bekannte, barock anmutende Outsider-Art-Gebäude eine Touristenattraktion war. Es gab außerdem ein kleines Hotel mit einem zahmen Schwein, das draußen lebte und ein violettes Halsband trug. Das Beste an Antonito war jedoch etwas, das mir Tona und Robert erst noch zeigen sollten: sein verkannter Status als Tor zu den *Flats*.

Wir starteten am Family Dollar Store, überquerten die Gleise und fuhren in Richtung Osten. Bald schon ging die Stadt in bewässertes Ackerland über. Eine große Kreisbewässerungsanlage spritzte Wasser auf die Straße, sodass Tona die Scheibenwischer einschalten musste. Zwischen den bescheidenen Häusern standen ein paar alte Mobile Homes verstreut und einige noch ältere, dem Verfall preisgegebene Lehmhütten, deren Mauern langsam dahinbröckelten. Der Asphalt endete an einer kleinen Kirche, der Sagrada Familia Mission, hinter der eine kleine Brücke über einen Bewässerungsgraben führte. Und dann, ein, zwei Meilen danach, versiegte auch der Bewässerungsgraben: Hier gab es keine Bäume mehr, keine Landwirtschaft und kaum noch Zäune. Wir fuhren in ein großes Gebiet, das vom Landverwaltungsamt betreut wurde, und die Landschaft am Horizont wurde immer flacher. Tonas SUV schoss über ein Viehgitter[1], dann noch eins und noch eins; wir waren jetzt im Terrain des Wüsten-Beifußes und der Chico-Büsche, hinter uns wirbelte eine Staubwolke auf. Wir befanden uns auf einem sanft geschwungenen Sattel zwischen zwei rundlichen Hügeln, und die Sicht wurde immer weiter.

Als wir schließlich eine Anhöhe erreichten, schien sich das gesamte San Luis Valley vor uns auszubreiten. Ganz im Osten waren die immer noch schneebedeckten Gipfel des Sangre-de-Cristo-Gebirges, viele um die viertausend Meter hoch. Der markanteste war der Blanca Peak. Weit im Süden lag der Ute Mountain, bereits in New Mexico, bis wohin sich das Valley ausdehnte. Dazwischen eingebettet lag auf einer gelbbraunen Ebene ein gigantischer Raum, den Tona und Robert als die *Flats* bezeichneten, den die meisten Einheimischen, wie ich noch lernen sollte, jedoch »Prärie« nannten.

Die vor uns liegende Straße führte uns gemächlich bergab, auf eine dunkle, schmale Einkerbung in der Landschaft zu, den Rio Grande. Als wir näher kamen, wurde ein Muster in den *Flats* sichtbar – das gleiche riesige Gitternetz, das ich bereits in South Park gesehen hatte. Die Straßen waren in den 1970er-Jahren im Rahmen von Bebauungsplänen ins Land geschnitten worden. Als wir noch näher waren, tauchten ein paar Behausungen und ehemalige Behausungen in unserem Blickfeld auf, größtenteils Trailer, manche mit kleinen Anbauten versehen. Als sich die Straße vor einer einspurigen Eisenbrücke verengte, der 1892 erbauten Lobatos Bridge, bremste Tona ab. Die Fahrspur bestand aus zwei langen Holztrassen, die ächzten und knarrten, als wir langsam darüberfuhren; der Rio Grande unter uns, sein Canyon, nicht tief, führte nur wenig Wasser.

Über ein Jahr war die Gegend Roberts Rural-Outreach-Revier gewesen, bis Januar 2017, als er sich beim Hochheben schwerer Lebensmittelkisten verletzte. (Damals hatte Matt Little gerade angefangen.) Robert war seit fünf Monaten nicht mehr da gewesen, und als wir vom Fluss auf eine Straße hinauffuhren, auf der er oft unterwegs gewesen war, bestaunte er die neuen Unterkünfte, die seit dem Winter aufgetaucht, und jene, die verlassen worden waren.

Mehrmals hörte ich ihn von *groves* (Hainen) reden, die hinter den Holzzäunen oder provisorischen Gewächshäusern lägen; vor meinem inneren Auge taten sich Obsthaine auf. Doch als ich Robert nach weiteren Einzelheiten fragte, stellte sich heraus, dass er von *grows* gesprochen hatte – eine Abkürzung für Cannabisplantagen. Die Möglichkeit, Cannabis legal anzubauen, habe zahlreiche Bewohner in die Gegend gelockt, erklärte er. Diejenigen, die eine medizinische Anbaugenehmigung besaßen, durften bis zu neunundneunzig Pflanzen kultivieren. Die anderen waren auf sechs beschränkt, was häufig ohne juristische Folgen überschritten wurde.

Tona fuhr uns an den Rand des Flusscanyons, an dem wir ausstiegen und uns die Beine vertraten. Sie warnte mich, vor Klapperschlangen auf der Hut zu sein, und klärte mich über den Herbstzug der Taranteln auf, der ein paar Monate später beginnen würde. Als sie so über den Rand der Schlucht auf den Fluss hinabspähte, erzählte sie, wie ihr Vater sie und ihre Geschwister hier herausgefahren hatte, um Flusskrebse zu fangen, als sie ein Mädchen war. Sie und Robert fischten und jagten auch gerne. Tona zeigte auf einen Weißkopfseeadler, der über dem Fluss schwebte und einen Schrei ausstieß wie ein Rotschwanzbussard.

Robert erinnerte sich gerne an seinen Job bei La Puente, teils auch, weil er es »mir ermöglicht hat, bei der Polizei aufzuhören«. Er war aufgeschlossen und witzig, und es bereitet ihm Freude, auf

*Die Lobatos Bridge, gen Osten zeigend,
über dem zugefrorenen Rio Grande.*

andere zuzugehen. Dennoch, die größte Herausforderung sei gewesen, Menschen kennenzulernen. »Es hat drei Monate gedauert, bis ich den harten Kern kannte«, sagte er. Viele waren äußerst misstrauisch, da Costilla County, das County, in dem wir unterwegs waren und in dem wohl die größte Anzahl an Bewohnern der *Flats* lebte, begonnen hatte, hart gegen Verstöße gegen die Bauvorschriften durchzugreifen. Je nachdem, wen man fragte, ging es dabei darum, einer nicht konformen Landnutzung entgegenzuwirken (laut County) oder darum, die Anzahl armer Menschen in den *Flats* zu reduzieren (laut ebenjenen). Die meisten

Leute gerieten in Schwierigkeiten, weil sie keine Kläranlage hatten. Das Erfordernis einer solchen war zwar seit Jahren gesetzlich verankert, doch das Gesetz wurde bis vor Kurzem nur selten durchgesetzt; jetzt gaben die Inspektoren der Bauaufsichtsbehörde den Bewohnern, die bereits seit Jahren dort gelebt hatten, gerade einmal eine Frist von zehn Tagen, um »den Mangel zu beheben«, bevor sie Geldstrafen von 50 bis 100 Dollar *pro Tag* erhoben. Kläranlagen kosten etwa 7000 bis 12 000 Dollar, Fachkräfte für die Installation waren Mangelware, und jemanden zu finden, der das Ganze innerhalb von dreißig – ganz zu schweigen von zehn – Tagen machen konnte, war so gut wie unmöglich, selbst wenn man es sich leisten konnte. Ein paar der Ortsansässigen waren derart paranoid, dass sie Nägel auf ihre Auffahrt streuten, um die Inspektoren der Bauaufsicht an ihrer Arbeit zu hindern und Kontrollen hinauszuzögern; sie bauten sich sogar einen zweiten, sicheren Eingang. Robert sagte, er selbst habe sich auf diese Weise mehrere platte Reifen eingehandelt.

Tona zu kennen verschaffte ihm einen gewissen Vorteil beim Kennenlernen der Einheimischen, da viele von ihnen sie bereits in der Notunterkunft getroffen hatten. Oft hatten sie Drogenprobleme. Manchmal schimpften sie über die staatliche Überregulierung und schworen Rache (sie erwähnte drei Namen). In anderen Fällen war die Notunterkunft offenbar ihr Winterquartier und die *Flats* ihr Warmwetterzuhause. Einer von ihnen war Armando, der Anwohner, den wir zuerst besuchen sollten.

Armandos Grundstück hatte vier wesentliche Merkmale. Beim ersten handelte es sich um eine Art Tor, das aus zwei mit »BETRETEN VERBOTEN«-Schildern verzierten Pfosten bestand. Zwischen den Pfosten auf dem Boden lagen Stacheldraht und ein mit Nägeln gespicktes Brett, merkwürdigerweise schloss sich jedoch an keiner der beiden Seiten ein Zaun an. Auf Roberts Geheiß hupte Tona und fuhr einfach um das Gebilde herum, so wie Armando selbst es augenscheinlich auch tat. Wir näherten uns einer kleinen, von einem Holzzaun umgebenen Koppel mit einem

Pferd, einem bescheidenen Wohnwagenanhänger, vor dem ein Pyrenäenberghund angekettet war, und einem niedrigen Steingebäude, vor dem sich Armando befand.

Armando war sonnengebräunt, abgesehen von seinem Bart haarlos, barfuß und trug nur Shorts. Tona und Robert ließen ihre Fenster herunter; Armando erkannte sie und winkte uns herein. Es wirkte ganz so, als freue er sich, sie zu sehen, und er bot uns prompt eine Besichtigung an. Er arbeitete gerade an dem einfachen Steingebäude, das aus einem fast vollständig geschlossenen Raum mit Lehmfußboden bestand, schlecht eingepasste Fenster und eine Feuerstelle zum Kochen (zwischen den Steinen darüber steckte ein riesiges Messer) hatte. An den Raum schloss sich ein Garten für den Cannabisanbau an, und daneben, am Ende des Grundstücks, befand sich das, was Armando als Swimmingpool bezeichnete. In Wirklichkeit war es ein Erdloch, gerade groß genug für das Gummiboot, das darauf trieb. Es war wesentlicher Bestandteil seiner Vorstellung eines sommerlichen Lebens. In seinen Augen war es schön; er nannte es El Templo de Cielo (Tempel des Himmels). Ursprünglich stamme er aus Puerto Rico, erzählte er mir. Wir blieben eine Weile, tauschten Höflichkeiten aus, und Armando beklagte sich bei Robert über »die Schwuchtel« hinter dem Hügel, an der er einiges auszusetzen hatte.

Der Nachbar, den Armando damit meinte, war Paul. Er war charmant und lustig, wirkte arglos und lebte in zwei zu einem L zusammengefügten Trailern. Entlang der Straße hatte er einen geschmackvollen Holzzaun, der weiß angestrichen war, und, erstaunlicherweise, drei Bäume, eine absolute Seltenheit in der Region. Die Hunde, die unser Auto umzingelten, machten einen friedlichen Eindruck. Wir parkten in der Nähe seiner drei Fahrzeuge, die, wie es aussah, nicht alle funktionstüchtig waren: ein Mercedes-Kombi Baujahr 1991, ein Chevy Blazer 4x4 und ein Dodge-Dakota-Pick-up.

Robert machte uns einander bekannt, und Paul sagte: »Schön, Sie kennenzulernen, und, ja, ich bin schwul!«

Paul mit seinen »Mädchen«.

Paul bat uns herein und brachte uns Stühle und Limonade. Er reichte einen Brief herum, in dem all denen gedankt wurde, die an La Puente gespendet hatten und der von Lance Cheslock selbst mit einer persönlichen, von ihm unterzeichneten Nachricht versehen worden war. »Seht ihr? Ich bin Klient, aber auch Wohltäter.« Er hatte einen Betrag von etwa fünfzig Dollar gespendet. Paul sagte, er sei seit 1994 da, damals habe er 2300 Dollar für zwei Hektar Land gezahlt. »Ich kam her, weil ich mein eigenes Grundstück besitzen wollte, und in Kalifornien ging das nicht.« Die monatlichen Schecks, die er aufgrund einer Sozialphobie erhielt, waren sein Haupteinkommen. »Wenn zu viele Menschen um mich herum sind, ist das nicht gut. Nach ein paar Minuten im Walmart drehe ich durch.« Er gab zu, sich ein bisschen zu sehr auf seine Nachbarn zu kaprizieren, die in einem Trailer am Fuße des Bergs lebten. Ihr Müll wurde auf sein Grundstück geweht. Ein junger Mann und eine junge Frau wohnten dort, »zurückgelassen von dem alten Mann ohne Auto«. Der alte Mann aus Alabama war vor Kurzem aufgrund von Kindesmissbrauch festgenommen worden.

Anfangs, so Paul, sei er gut mit ihnen ausgekommen, doch als die Frau ihn eine Schwuchtel genannt und als »Ausgeburt der Hölle« beschimpft hatte, war es damit vorbei.

Manchmal ärgerten ihn auch die Rinder. Merkwürdigerweise behandelte Costilla County das Land auch nachdem es parzelliert worden war weiterhin wie offenes Gelände, was zur Folge hatte, dass den Bewohnern die Verantwortung oblag, die Rinder durch Zäune fernzuhalten. Pauls Grundstück war bis auf den Eingang umzäunt, und manchmal gelangten die Rinder so auf sein Grundstück, trotz der Hunde.

Paul sagte, zweimal im Jahr versuche er wegzukommen, dass er den Bus von Alamosa zum Flughafen in Denver nehme, nachdem er das günstigste Reiseziel ausgewählt habe – »immer unter dreihundert Dollar«. So war er nach North Carolina, Texas und Kalifornien gereist, doch am Ende jedes Mal wieder zu seinen Trailern zurückgekehrt.

Unser letzter Halt war ein eingezäuntes Grundstück mit einem Schwingtor, das verschlossen war. Tona hupte, und nach ein paar Minuten noch einmal. Als sich nichts regte, öffnete Robert das Tor, und wir begannen, langsam hineinzufahren.

Da schoss ein kleines SUV, das vor dem Haus geparkt hatte, direkt auf uns zu und blockierte uns den Weg. Tona und Robert stiegen aus. Erst als die beiden Frauen in dem Auto sie erkannten, begaben wir uns alle zu ihrem Haus. Dort unterhielten wir uns über das Knurren ihrer Hunde hinweg, die an verschiedenen Gegenständen am Vordereingang festgemacht waren.

Kea und Rhonda waren redselig und lebhaft, baten uns aber nicht hinein. Rhonda, Keas Mutter, hatte eine wilde Mähne, die in alle Himmelsrichtungen abstand. Sie habe in Chicago und Kalifornien gelebt, erzählte sie mir und als sie Robert kennenlernte, habe sie augenblicklich gewusst, dass er einmal Polizist gewesen war, »weil er so eine Bullenaura hat. Er stand *so* da.« Dieses *so* verdeutlichte sie, sei eine schräg zum Gegenüber ausgerichtete Grundhaltung, die Polizeibeamte häufig zum Selbstschutz einnehmen, wenn sie mit einer ihnen unbekannten Person reden. Ich erzählte ihr, dass ich als Gefängniswärter gearbeitet und diese Haltung ebenfalls gelernt hatte.

Kea sagte, vor einem Jahr sei sie infolge einer gescheiterten Beziehung selbstmordgefährdet gewesen. Sie war erst kürzlich aus Kalifornien zurückgekehrt, wo sie sich in Behandlung begeben hatte – wofür, erzählte sie nicht –, und verwies auf ihr enormes Körpergewicht. Sie wog über hundert Kilo und fühlte sich, auf die Rückbank des SUV gequetscht, dessen Heckklappe offen war, sichtlich unwohl. Sie sagte, sie und ihre Mutter hätten kreolische Vorfahren und dass sie Hunde liebte und gerne schrieb.

Auch ich schrieb gerne, sagte ich, und dass ich an einem Artikel über das Valley arbeitete und wir uns unterhalten sollten. Sie gehörten zu den wenigen Schwarzen Menschen, denen ich hier draußen begegnet war, und ich wollte zu gerne wissen, welche Kräfte sie an diesen Ort gezogen – oder sie von anderswo abgestoßen hatten.

Unsere Rückfahrt nach Antonito verzögerte sich aufgrund einer riesigen Schafherde, die die vor uns liegende Schotterpiste und das Land auf beiden Seiten belagerte, so weit das Auge reichte – und die Welt wurde weiß und flauschig. Als Tona näher heranfuhr, teilte sich die Herde zwar, allerdings nicht gerade schnell. Wir sahen weit und breit keine Schäfer, doch Robert sagte, typischerweise seien es Mexikaner oder Leute aus Zentralamerika, die während der Saison in kleinen Wohnwagenanhängern lebten.

Tona schaltete Musik an, und Diego, der langhaarige Chihuahua, der mit Robert auf der Rückbank saß, erwachte zum Leben. Tona drehte die Lautstärke auf: AC/DC, Heavy Metal aus den 1980er-Jahren. Diego war voll bei der Sache, er legte seine Pfoten auf die Rückseite des Vordersitzes und jaulte mit.

YOU ... shook me all night long
YOU ... shook me all night long
»Bei AC/DC geht er ab!«, sagte Tona. »Lateinamerikanische Musik gefällt ihm aber auch.«

Ich hatte nicht gewusst, dass Orte wie diese existieren. Mit den Bergstädtchen, Nationalparks und Wäldern, auf denen die Tourismusbranche Colorados fußt, war ich seit Langem vertraut, und auch die Viehwirtschaft war mir nicht unbekannt. Die Off-Grid-Welt, wie die in South Park, war mir hingegen völlig fremd – und faszinierte mich. In ihr verbanden sich die erhabene Schönheit des Mountain West[2] und ein Widerhall der Pioniere mit der harten Realität eines Lebens in Armut.

Um etwas klarzustellen: Das Leben in der Prärie war nicht gleichzusetzen mit dem Leben im Rest des San Luis Valley. Tona sagte, alteingesessene Hispanics blickten oft auf Menschen wie jene herab, die wir gerade besucht hatten. Sie würden das Wort *roñoso* – grob, ärmlich – verwenden, um sie zu beschreiben, oder bezeichneten sie als illegale Siedler, auch wenn den meisten das Land gehörte, auf dem sie lebten. Kein anständiger Mensch würde freiwillig dort draußen leben, hieß es, wo es an den Rändern des Tals doch so viel schöner war, dort, wo es Bäume und Flüsse gab und ein wenig Zivilisation.

La Puentes Vorhaben, Brücken zu ebendiesen Außenseitern zu schlagen, hatte in meinen Augen eine Vorbildfunktion, ja machte vor, was wir auf landesweiter Ebene brauchten, um die Spaltung Amerikas zu überwinden. Ich wollte mehr erfahren, wollte bleiben, mich ganz darauf einlassen.

Tags darauf in der Notunterkunft stellten mich Lance Cheslock und Tona Geneva Duarte vor, die ihr ganzes Leben im Valley verbracht hatte und seit Langem ehrenamtlich für La Puente tätig war. Sie lebte in einem geräumigen Trailer mit extraviel Platz, den sie Bedürftigen gerne zur Verfügung stellte, ganz gleich ob es sich dabei um AmeriCorps-Freiwillige handelte oder einen Gastautor. Ich zog für ein paar Tage bei ihr ein. Genevas Haus oder, in der

Umgangssprache der Einheimischen, ihr *chante*, verfügte über ein Fernsehzimmer, das mit Fanartikeln der Denver Broncos vollgestopft war, außerdem hingen dort mehrere Poster eines gut aussehenden, sportlichen jungen Mannes, der etwas trug, das ich für Boxbekleidung hielt. Geneva korrigierte mich: Bis zu seinem Tod elf Monate zuvor sei ihr Sohn Angelo erfolgreicher Mixed-Martial-Arts-Kämpfer gewesen. Er starb, als er beim Bäumeschneiden zu nah an eine Hochspannungsleitung geriet. Durch ein Fenster zeigte sie auf ein selbst gemachtes Grabmal für Angelo, das sie draußen hinter dem Trailer errichtet hatte; es lag gleich neben dem ihres Mannes, der dement und voller Trauer um seinen Sohn nur sechs Monate nach Angelo gestorben war. Sie hatte ein schweres Jahr hinter sich.

Geneva wohnte in Alamosa, wusste aber, dass ich am Leben draußen in den *Flats* interessiert war; sie fragte, ob ich mir Angelos Unterkunft gerne ansehen wollte.

»Angelo hat dort draußen gelebt?«

»Ja, nachdem ich ihn rausgeschmissen habe!« Ihr Sohn, sagte sie, seine Freundin und der Sohn der Freundin seien eine Zeit lang bei ihr untergekommen, hätten die Gastfreundschaft jedoch überstrapaziert. Um einen Neuanfang bemüht, hatte Angelo zwei Hektar Land gekauft und sein eigenes Zuhause darauf gebaut.

Als wir für eine Besichtigung hinfuhren, erzählte mir Geneva, was für ein toller Kerl ihr Sohn gewesen sei und dass er von allen geliebt wurde. Von einer Mutter erwartet man so etwas, doch im Fall Angelos entsprach es, wie ich noch herausfinden sollte, tatsächlich der Realität. Einer der Mitarbeiter von La Puente hatte Angelo kennengelernt, als jener Genevas frisch zubereitete Frühstücksburritos in der Stadt unters Volk brachte. »Einer der besten Typen überhaupt!«, schwärmte er. Auch der Bürgermeister von Alamosa, der Angelo vom Pokerspielen bei Geneva kannte, mochte ihn – selbst nach Anekdoten wie der, als Angelo in Fort Garland von der Polizei gesucht wurde und sich zu einem Fluchtversuch entschloss, der ihm für fünfundzwanzig Meilen glückte und damit endete, dass er sein Auto vor dem Gefängnis von Alamosa abstellte. Die dreijährige Haftstrafe, die er aufgrund häuslicher Gewalt im Staatsgefängnis verbüßte, deutete eine dunkle Seite an. Doch scheinbar war er aus der Erfahrung als besserer Mensch hervorgegangen.

»Ich habe mich sehr für meine Vergangenheit geschämt, aber Onkel Ang hat mich nie verurteilt oder mir ein schlechtes Gewissen gemacht«, schrieb mir Genevas Enkeltochter. »Ganz im Gegenteil – er gab mir das Gefühl, nicht allein zu sein. Wir alle machen Fehler. Was zählt, ist, sich bessern zu wollen. Vieles von dem, was mir in meinem Leben gelungen ist, verdanke ich meiner Fähigkeit, zu vergeben ... mir selbst zu vergeben. Und genau darum ging es meinem Onkel, um zweite Chancen und darum, sich aufrichtig ändern zu wollen.« Das bestätigte auch Genevas Tochter Wendy: »Er lernte aus seinen Fehlern, war kein Wiederholungstäter.«

Angelos Hütte – klein und heruntergekommen – war aus Holzresten, Aluminiumverkleidung und Plexiglas zusammengezimmert worden. Sie war windschief und zugig; auch wenn sie erst seit ein paar Monaten leer stand, sah sie aus, als wäre sie vor langer Zeit verlassen worden. Die Tür war mit einem Vorhängeschloss versperrt, das Geneva öffnete. Mein Wunsch, in den *Flats* zu leben, könne sie nicht wirklich nachvollziehen, sagte sie. »Das Haus, in dem wir aufgewachsen sind, hatte keine Toilette, keine Sanitäranlagen. Hier draußen leben? Nicht mit mir.«

Während wir herumstöberten, tauchte ein Nachbar auf. Jimmy lebte etwa hundert Meter entfernt in einem Strohballenhaus[3] (das weit gemütlicher wirkte als Angelos Zuhause) und sagte, er und Angelo hätten an vielen Projekten zusammengearbeitet – beispielsweise hätten sie Gräben zur gemeinschaftlichen Brunnennutzung ausgehoben, die das County jedoch abgelehnt hatte.

Er unterhielt sich mit Geneva über die unliebsame Freundin, die hier mit Angelo zusammengelebt hatte, und über ihre Abhängigkeit von »Black« (Black Tar Heroin – Jimmy machte dabei eine

Geste, als würde er sich etwas in den Arm spritzen). Und dass sie mit ihrem neuen Freund bei ihm vorbeigeschaut hätte, um ihn, nun, im Grunde zu bedrohen. Als sich das Gespräch daraufhin den Sorgerechtsfragen der Frau zuwandte, wurde ich fortgetragen vom Freiheitsgefühl der Prärie hin zu einer traurigeren Welt, der Welt des Schmerzes armer Menschen.

Außer Jimmys Haus war von Angelos Hütte aus nur eine weitere Unterkunft zu sehen. Eine verwahrloste Ansammlung aus Trailern, Schuppen und Müll, die das bewohnte Zuhause mehrerer Personen zu sein schien – wir konnten Hunde bellen hören. Wer dort wohne, fragte ich Jimmy und Geneva. Sie winkten die Frage mit abschätzigem Gesichtsausdruck ab, und Jimmy sagte etwas wie »Och, niemand«. Natürlich machte mich das umso neugieriger.

Auf der Rückfahrt erzählte mir Geneva, Jimmy hätte ihr angeboten, Angelos Hütte abzukaufen, und sie sagte, irgendwann käme die Zeit, sie loszuwerden.

»Wie viel würdest du dafür verlangen?«

»Ich weiß nicht, vielleicht siebentausend? Weniger wäre aber auch okay«, sagte sie.

Ich fragte mich, ob ich sie ihr abkaufen sollte. Irgendwie hatte die Hütte Charme. Und eine Vorgeschichte, zu der ein Detail gehörte, von dem mir Geneva gerade erst berichtete: »Sobald er wieder mit beiden Füßen auf dem Boden stehen würde, sagte Angelo, wolle er daraus ein Trainingslager für Jugendliche machen, die in Schwierigkeiten geraten waren. Er wollte es leiten und Last-Chance-Ranch nennen.« *Ich wette, sie gibt sich mit fünftausend zufrieden,* dachte ich bei mir.

Doch als ich abends wieder in Alamosa war, verlor der Traum, das Grundstück zu besitzen, bereits seine Anziehungskraft. Es gab massenhaft Zwei-Hektar-Grundstücke dort draußen, und viele von ihnen waren wahrscheinlich für weniger als 5000 Dollar zu haben. Wäre es nicht besser, neu zu beginnen, anstatt mit dem zerbrochenen Traum eines anderen?

Angelo Duartes Hütte, im Hintergrund der Blanca Peak.

Lance Cheslock, der Geschäftsführer von La Puente, konnte den Lockruf unerschlossenen Baulands verstehen. »Zehntausend Landparzellen sind zehntausend potenzielle Träume«, sagte er. Das war die Bedeutung dieses Landes: eine Basis, ein Anspruch, ein frischer Start. Eigentum. Souveränität. Er selbst hatte bei null angefangen, als er von Haiti nach Alamosa gezogen war, wo er nach seinem Abschluss in Chemie am Colorado College zwei Jahre für Habitat for Humanity gearbeitet hatte. Eigenhändig bauten er und seine erste Frau eine kleine Hütte auf etwa drei Meilen südlich von Alamosa gelegenem Land und gründeten dort ihre Familie. Seine Ehefrau zog weiter, doch Lance blieb und lebt heute mit seiner zweiten Frau Rachael in einem größeren Haus neben dem alten, das er heute »die Schlafbaracke« nennt. (Lance und Rachael hielten ihren Hochzeitsempfang in der Obdachlosenunterkunft ab.)

Lance war seit über dreißig Jahren Geschäftsführer bei La Puente. Er hat den Ausbau des Sozialunternehmens von einer Notunterkunft zu einer Organisation begleitet, die ein breites Spektrum an Hilfsangeboten für Bedürftige bietet: ein Netzwerk an Tafeln, das sich über das gesamte Valley erstreckt, sowie gemeinnützigen Unternehmen vom Milagros Coffee House an der Hauptkreuzung Alamosas bis hin zu einem Secondhand-Kleiderladen, einer Einrichtung, die bei der Suche nach Sozialwohnungen Unterstützung bietet, einem Projekt für Jugendliche aus sozial benachteiligten Familien etc. Er erzählte mir jedoch, dass die Menschen, die ganz weit draußen lebten, erst auf seinem Radar auftauchten, als Tona und Robert im Rahmen der jährlich vom Land angeordneten Zählung – die von der Bundesregierung zur Mittelverteilung für Obdachlose herangezogen wird – in die *Flats* hinausfuhren. »Wir hörten Geschichten von Menschen, die ihre Diabetesmedikamente nicht einnahmen, weil sie kein Benzin für die Fahrt in die Stadt hatten, denen die Lebensmittel ausgingen, die in missbräuchlichen Beziehungen isoliert waren, und kamen gemeinsam zu dem Schluss: *Wir müssen da draußen präsent sein*«, sagte er. »Wir hätten längst darüber im Bilde sein können. Aber wie alle, die auf befestigten Straßen fahren, hatten auch wir nicht richtig hingesehen.«

Von einer Stiftung namens Caring for Colorado erhielten sie einen Zuschuss, unter der Auflage, die Zusammenarbeit mit entlegen lebenden Menschen würde deren Gesundheitszustand verbessern, wenn auch nicht von heute auf morgen. Robert war der erste Mitarbeiter im Rural-Outreach-Projekt gewesen; Matt Little war jetzt der zweite. Lance schlug mir vor, Matt bei der Arbeit zu begleiten, um mehr darüber zu erfahren.

Matts Pick-up war zugleich sein Büro, und am nächsten Morgen stieg ich in der Nähe des Städtchens Blanca in die Fahrerkabine.

Wir befanden uns etwa eine Stunde nördlich von dort, wo Robert tätig gewesen war. Im Gegensatz zu Robert und Tona war Matt selbst Bewohner der *Flats*. Er erzählte mir, er sei nach dem Tod seiner Frau vor ein paar Monaten aus West Virginia hergezo-

Matt Little.

gen. Er brachte außerdem seinen Sohn Joshua mit, der bereits erwachsen und schwer psychisch erkrankt war, einen Wolfshund namens Allie und sein Pferd Roxy Dancer.

Er erzählte mir, dass zahlreiche Menschen in den *Flats* wie er Kriegsveteranen seien und »viele unter einer posttraumatischen Belastungsstörung leiden«. Doch es gab keine simplen Kategorien, die auf jeden zutrafen. Im Laufe der darauffolgenden Stunden sahen wir nach zwei Frauen, die ein paar Monate zuvor aus Oklahoma zugezogen waren, nachdem sich beide von ihren Ehemännern hatten scheiden lassen. Sie nannten ihr Häuschen am

Fuße des Blanca Peak die Muumuu Ranch. Unter ihren zahlreichen Hunden (Matt kannte all ihre Namen) wuselte ein mit einer Leopardenjacke bekleideter Chihuahua herum, »damit ihn die Adler nicht fressen«. Danach besuchten wir einen sechzigjährigen Klempner und seine Ehefrau, die aus Denver weggezogen waren, »als die Bandenschießereien zu heftig wurden«; sie lebten in einer Scheune. Ein Kampfjet donnerte besorgniserregend nah über unseren Köpfen hinweg. Sie machte mir einen Instantkaffee, und er machte sich um elf Uhr vormittags ein Bier auf; auf dem notdürftig zusammengezimmerten Tisch stand ein Glas mit Marihuanablüten. Das Ehepaar hatte einen Schlafboden in die Scheune eingezogen, auf dem sie manchmal übernachteten, vor allem seit sie in dem kleinen Cannabisgewächshaus, das sie vorn angebaut hatten, eine Klapperschlange fanden. (Im Boden war noch immer das Loch von der Kugel, mit der sie sie erschossen hatten.)

Später fuhren wir an einer Familie aus Pueblo vorbei, die mit der ersten Amtshandlung eines jeden Siedlers beschäftigt war: Mit Schaufeln gerüstet, befreiten sie ein Stück Land vom Müll. Dort soll einmal das Haus stehen, erläuterte der Vater Matt, nachdem wir angehalten hatten. Matt erzählte ihnen, ihm stehe bald das Gleiche bevor, auf Land, das er ganz in der Nähe gekauft hatte. Er überreichte dem Mann seine Visitenkarte von La Puente und sagte, dass, sollten sie später einmal »ein bisschen Feuerholz« benötigen, sie sich bei ihm melden könnten.

Matt arbeitete mit vollem Einsatz daran, sich unter denen, die in den *Flats* lebten, bekannt und nützlich zu machen; im Gegensatz zu anderen bei La Puente, die sie als »Klienten« bezeichneten, nannte Matt sie »meine Leute«. »Und es behagt mir nicht, zu sagen, dass ich ihnen ›diene‹«, fügte er hinzu. »Das tut man in einem Restaurant. Ich gehe einfach nur Nachbarn zur Hand, mache Nachbarschaftshilfe.« Mir gefiel sein Ansatz.

Sein größter Frust sei, so Matt, dass das Valley so groß und er allein war; nie und nimmer könne er den Bedarf decken. Innerhalb von nur drei Monaten im Einsatz hatte er beim Durchqueren der riesigen Fläche fast zwanzigtausend Meilen in seinem Pickup zurückgelegt. (Tonas Partner Robert hatte mir erzählt, er sei manchmal 130 Meilen gefahren, um gerade einmal drei oder vier Klienten zu besuchen.)

Da ging mir ein Licht auf. Als Journalist und Schriftsteller war ich schon oft teilnehmender Beobachter gewesen. Vielleicht wäre es mir möglich, mehr über diese abgeschiedene Welt erfahren, wenn ich Matt bei dem, was er tat, unterstützte. Ich fragte ihn, was er von der Idee hielt. Es dauerte einen Moment, bis meine Worte zu ihm durchgedrungen waren. Er würde immer die Federführung behalten, sagte ich, aber der Bedarf sei groß, und ich könne mich bei meinen Recherchen ebenso gut nützlich machen. Er schien von der Idee durchaus angetan, sagte, er sei damit einverstanden. Zuerst müsse ich noch Lance fragen, erwiderte ich.

Während meines ersten, einwöchigen Aufenthalts hatte ich mehrmals die Gelegenheit gehabt, Lance zu treffen. Wir hatten in der Notunterkunft zu Mittag gegessen, uns in seinem Büro nebenan ausgetauscht und im Milagros Coffee House zusammengesessen. Schließlich hatten er und seine Frau mich eingeladen, mit ihnen eine Partie Discgolf auf dem örtlichen Sportplatz zu spielen (das Beste an dem Platz war ein Schild am Eingang, auf dem stand, man solle sich vor Pumas in Acht nehmen). Darauf folgten Spaghetti und Salat bei ihnen zu Hause und dann ein Teil der NBA-Finals im Fernsehen. Lance hatte sich erkundigt, wie es mit Matt gewesen sei und ich hatte ihm von ein paar der Menschen erzählt, denen ich draußen in den *Flats* begegnet war.

»Sind Sie auf interessante Geschichten gestoßen?«

»Mit ein paar Leuten bin ich gut ins Gespräch gekommen«, sagte ich. »Aber ich müsste noch mal hin, um ein paar Leerstellen aufzufüllen. Man bekommt nicht unbedingt, ähm, voll ausgereifte Geschichten.«

Lance lachte. »Manchmal kommt es mir vor, als hätte jemand das Manuskript auf dem Autodach liegen lassen und der Wind hätte die Seiten durcheinandergeblasen. So als hätte ich Seite 9, 182, 191 und 258, allerdings nicht in dieser Reihenfolge.« Genau, sagte ich, das trifft den Nagel auf den Kopf. Lance wurde mir immer sympathischer. Obgleich er gestand, kein großer Leser zu sein, verfügte er gelegentlich über einen literarischen Zugang zur Welt. Außerdem hatte er ein großes Herz, war interessiert und humorvoll.

Was meine Pläne anging, Mitarbeiter im Rural-Outreach-Projekt zu werden, fragte ich ihn erst, als ich wieder zu Hause war und mit ihm telefonierte. Ich sagte, ich wolle versuchen zu tun, was Matt tat – und Matt, wenn möglich, zur Hand gehen. Ich wolle wissen, wer dort draußen wohnte und warum, und wie das Leben war. Ich wäre in doppelter Funktion unterwegs: Wenn ich ein Gespräch mit jemandem führte, der interessant zu sein schien, würde ich erklären, dass ich auch Schriftsteller sei und fragen, ob ich die- oder denjenigen interviewen und mir Notizen machen dürfe. Aufgrund meines Lehrauftrags in New York könne ich zwar nicht ins Valley ziehen, aber einen Großteil des Augusts dort verbringen und dann alle ein bis zwei Monate zu Besuch kommen. Wenn irgendwie möglich, würde ich außerdem selbst gerne draußen in den *Flats* leben, wisse allerdings noch nicht genau wie. Ob er denn einen ehrenamtlichen Outreach-Helfer brauchen könne?

Lance sagte, er müsse sich zunächst mit seinem Team besprechen, dass es aber durchaus klappen könnte. Als er mich zurückrief, kam er sofort darauf zu sprechen, wie gewinnbringend es sei, mit Menschen am Rand der Gesellschaft, den Menschen draußen in den *Flats,* zu arbeiten. »Dort draußen herrscht genau das Gegenteil von Anspruchsdenken«, setzte er an. »Die mit der Frontier-Mentalität[4] wollen es auf eigene Faust zu schaffen. Manchmal erkennt man sich in dem, was sie versuchen, selbst.« Außerdem, ergänzte er, »prägen die Ränder der Gesellschaft, wer wir sind. Sie gehören zum äußersten Rand und konfrontieren uns mit Fragen darüber, wie wir leben sollten.« Dann war er still. Ich machte mich auf ein Nein gefasst.

Schließlich fragte ich: »Also, was hältst du jetzt von der Idee, dass ich ehrenamtlich für euch tätig werde?«
»Natürlich!«, sagte Lance. »Hab ich das etwa vergessen?«

Im Gegensatz zu La Puente, wo auf die Ankunft armer Menschen in den *Flats* mit Hilfsangeboten reagiert wurde, verfolgten die Behörden einen anderen Ansatz. Die Serviceleistungen der Bezirksverwaltung wurden durch die Anliegen der Bewohner der *Flats* zunehmend strapaziert – die neuen wurden als bedürftiger wahrgenommen als die meisten anderen, und die Wahrscheinlichkeit, dass sie die Aufmerksamkeit der Polizei und des Sozialamts auf sich zogen (und Gefängniszellen belegen würden), schien ungleich größer. Und dann war da auch noch eine ästhetische Herausforderung. Draußen in den *Flats* gab es keine Müllabfuhr. Fast jeder verbrannte seinen Abfall in Tonnen oder einer Grube. In einer windigen Umgebung lässt sich Müll jedoch nur schwer in den Griff bekommen, und ein Teil davon entwischt. Ein größeres Problem ist aber vielleicht das, was geschieht, wenn der Traum eines Möchtegernsiedlers nicht aufgeht. Zur Zeit der Pioniere blieb eine Holz- oder Lehmhütte zurück, die auf ansehnliche Weise zuerst verwitterte und dann zerfiel. Doch im Zeitalter der Fertigbauhäuser gleicht das, was übrig bleibt, einem Haufen Müll, der immer unansehnlicher wird, während die Fensterscheiben zerbrechen und die leere Hülle ihrer Kabel und aller anderen Bestandteile von Wert beraubt wird.

Costilla mit seinen über fünfundvierzigtausend Zwei-Hektar-Grundstücken war zwar bereits seit Jahren als Bauland ausgewiesen. Doch wie in vielen Countys im Westen mit gigantischen Flächen und geringen Steuereinnahmen waren zahlreiche Vorschriften kaum durchgesetzt worden, wie die, die vorschrieb, eine Wohneinheit habe über mindestens fünfundfünfzig Quadratmeter Wohnfläche zu verfügen (Tiny Houses waren nicht erlaubt), oder die Auflagen für Dauercamper. Viele der Siedler hatten jahrelang ungestört gegen die Bauvorschriften verstoßen. Bis die Bezirksverwaltung 2015 anfing, hart durchzugreifen. Sie stellte einen Beauftragten für Flächennutzung ein, und ein paar Hilfssheriffs wurden zur Durchsetzung der Vorschriften abberufen. Die Beamten traten ihren neuen Job in jeder Hinsicht voller Entschlossenheit an, wobei sie sich üblicherweise auf die Kläranlagen konzentrierten: Landbesitzern, die keine hatten und stattdessen beispielsweise ein Plumpsklo benutzten, wurden oft Fristen von zehn bis dreißig Tagen gesetzt, um eine Kläranlage installieren zu lassen. Andernfalls sahen sie sich mit hohen Bußgeldern konfrontiert. (In Colorado setzt sich das San Luis Valley aus sechs verschiedenen Countys zusammen: Alamosa, Conejos, Saguache, Rio Grande, Mineral und Costilla.)

Angst machte sich breit, als die einkommensschwachen Einwohner der *Flats* aufgrund der Kläranlagen Vorladungen erhielten, die einem Räumungsbescheid gleichkamen. Menschen, die ihren letzten Penny in ihr Zuhause gesteckt hatten, stellten sich darauf ein, wegzuziehen, einfach alles hinter sich zu lassen. Ich hätte vermutet, ein paar würden die Vorladung vor Gericht anfechten, doch wie die Bezirksverwaltung sich das wahrscheinlich ausgerechnet hatte, besaß niemand das Geld, sich einen Anwalt zu leisten.

Während sich die einen tränenreich von ihrem langjährigen Zuhause verabschiedeten, fanden andere Gleichgesinnte in rechtsextremen Ideologen, die sagten, die Regierung habe kein Recht, Menschen von ihrem Grundstück zu vertreiben. Eine Handvoll Leute erklärte sich zu »Constitutional Sheriffs«, die nicht der Gerichtsbarkeit der Vereinigten Staaten unterlägen, die sie zum Unrechtsstaat erklärten. Ende 2015 kam ein selbst ernannter »Richter« in die *Flats,* um Bürger über ihre »Rechte« aufzuklären und sie dabei zu unterstützen, sich zu organisieren (später sollte er auch jene Rancher beraten, die das Malheur National Wildlife Refuge in Oregon besetzten[5]). Es folgten bewaffnete Zusammenstöße mit den Strafverfolgungsbehörden, und mehrere Präriebewohner landeten im Gefängnis des County.

Vielleicht wäre es aufschlussreich, dachte ich, einmal mit den Beamten der Bauaufsichtsbehörde von Costilla County mitzufahren, bevor mich die Bewohner der *Flats* kannten und ich womöglich selbst einer wurde. Und so fand ich mich eines Sommertags 2017 zusammen mit einem halbautomatischen Sturmgewehr vom Typ AR-15 auf der Rückbank eines alten SUV wieder, unterwegs in die Wüsten-Beifuß-Prärie mit Trinidad Martinez, dem Beauftragten für Flächennutzung, und seinem Mitarbeiter Cruz Soto.

Soto, der eine kugelsichere Weste trug, fuhr. Er war klein, kompakt, tätowiert und mit einer Pistole bewaffnet – typisch Polizist. Martinez, der größer war, einen rasierten Schädel hatte und ein orangefarbenes Denver-Broncos-T-Shirt trug, war schwerer einzuordnen. Er erzählte mir, er habe das Valley verlassen, um Strafrecht in Denver zu studieren, sei aber wieder zurückgekehrt, weil das hier nun einmal seine Leute seien. Hinsichtlich der Themen Flächennutzungs- und Bauplanungsrecht hatte er keinerlei Qualifikationen, war aber überzeugt, einer guten Sache zu dienen. »Ich hab genug von den Bretterbuden und Wohnwagen, die man vom Highway aus sieht«, sagte er. Außerdem habe er die Nase voll von »Leuten mit halbherzigen Ambitionen, deren Ziel es ist, so wenig wie möglich zu arbeiten«. Er war der Meinung, ihre Scheu, Geld zur Einhaltung der Bauvorschriften auszugeben, habe nicht immer mit Armut zu tun – manche würden beispielsweise »Unsummen für das Futter ihrer Tiere verplempern«. Sie »tauchen einfach auf und missachten unseren Lebensstil« durch die Umgehung des Gesetzes.

Ich fragte, ob wir gezielt Adressen anfuhren oder uns einfach nur umsahen. Letzteres, sagte Martinez. »Wir können nicht das gesamte County abdecken, aber irgendwas finden wir immer.« Er erklärte mir, sie hätten über dreitausend Quadratkilometer und dreißigtausend Landparzellen zu überwachen. Ich erzählte ihnen, dass manche, mit denen ich gesprochen hatte, überzeugt davon waren, sie würden Satellitenbilder oder eine Form der Luftüberwachung nutzen, um Unterkünfte aufzuspüren, die sie dann mit ihrer Genehmigungsdatenbank abglichen, um herauszufinden, wer gegen das Gesetz verstieß. Ein Anwohner hatte mir erzählt, das Aufklärungsflugzeug sei blau. Ein anderer sagte, es sei gelb.

Martinez lachte. »Wir haben nichts, das dem auch nur annähernd entspricht«, sagte er. Den Ford Expedition, den sie fuhren, hatte die Bezirksverwaltung von Jefferson County in einem Vorort von Denver gebraucht erworben. »Unser Budget reicht kaum, um Reifen zu kaufen.«

Es waren mehr Grundstücke verlassen als bewohnt. Das erste, das wir anfuhren, war umzäunt, das Tor geschlossen. Soto fuhr daraufhin auf das angrenzende Grundstück, das nicht eingezäunt war, und näherte sich der Rückseite des Trailers. Dabei mussten ein paar Wüsten-Salbei- und Chico-Büsche dranglauben, aber für das SUV war das kein wirkliches Hindernis. Wir stiegen aus und sahen uns um.

Da war eine Hanfplantage mit etwa zwanzig Pflanzen, die gut gediehen. Allerdings war niemand zu Hause. »Aber«, beobachtete Martinez, »hier kommt regelmäßig jemand vorbei, sonst wären die Pflanzen eingegangen.« Ein Blick genügte, um zu sehen, dass es keine Kläranlage gab, und so schrieb Soto eine Vorladung und klemmte sie an die Tür des Trailers.

Fünfzehn Minuten später hielten wir an einem anderen Grundstück, das weit verlassener wirkte. Soto und Martinez waren schon einmal da gewesen und erzählten mir, der Besitzer habe »früher jede Menge Schilder der Sovereign Citizens[6] an seinem Zaun angebracht«. Um zu seiner Behausung zu gelangen, mussten wir ein mit Stacheldraht verschlossenes Tor öffnen und hindurchfahren. Wie so viele andere, die weggegangen waren, hatte auch diese Person eine Bretterbude zurückgelassen, die jetzt den Elementen ausgesetzt war, und jede Menge Müll. Außerdem ein letztes Schild, eine Warnung an künftige Eindringlinge: »SEUCHENGEFAHR« stand neben dem Bild eines Totenschädels. »In diesem Gebäude haben Weißfußmäuse, Träger des *lebensbedroh-*

lichen Hantavirus, gelebt. 1/3 derer, die sich mit dem Virus infizieren, *sterben* innerhalb von 1–2 Wochen. Betreten zu *Ihrer* Sicherheit verboten!« Soto und Martinez schmunzelten – das war neu.

Wieder auf dem Highway, wies Martinez auf einen leer stehenden Trailer, an dem sie einen Monat zuvor angehalten hatten. Sie hätten den Eigentümer per E-Mail kontaktiert, der davon ausging, sein Grundstück sei unbewohnt: Er war jahrelang nicht da gewesen und hatte keine Ahnung, dass jemand einen Trailer darauf abgestellt – und dann, um den Kreis zu schließen, diesen wieder verlassen hatte.

»Ich möchte dir den Grabstein zeigen, von dem ich dir erzählt habe«, sagte Soto zu Martinez, als wir den Hügel zu einem verwitterten Wohnwagenanhänger hinauffuhren, der dort mutterseelenallein abgestellt war. Fragliches Grabmal befand sich unter der Eingangstür. Darauf stand: »Zacarias H. Ruiz, 8. Januar 1950–1. November 1965.« Neben dem Wohnwagen stand ein Eisengerüst, das aussah, als hätte es einmal die Plastikfolie eines Gewächshauses getragen. Soto setzte an: »Also, wie Sie sehen können, hatten sie eine Plantage und haben sie dann verlass… *Moment mal, was ist denn das?*« Er holte aus und zeigte auf eine zweite Plantage, die in einem breiten, blickgeschützten Graben lag und ganz augenscheinlich bestens gepflegt wurde. Sie bestand aus circa hundert gesunden Cannabispflanzen, die prächtig in großen, mit Erde gefüllten Plastiksäcken vor sich hin sprossen und aus den Rohren mehrerer Zisternen berieselt wurden, deren Wasser mit Dünger versehen war. Martinez begutachtete die Pflanzen mit dem Blick eines Connaisseurs – ihm waren mehrere der Cannabissorten bekannt – und sagte, dass, wer auch immer hier Anbau betreibt, »wirklich weiß, was er tut«. Ich fragte, ob sie es melden würden, doch sie winkten ab – eher nicht. »Hat nicht wirklich mit den Bauvorschriften zu tun«, sagte Martinez.

Kurz darauf hielten sie an, um einen Mann und seinen Sohn aus Denver darüber aufzuklären, dass sie ihren Wohnwagen ohne

Vollstreckungsbeamte an einer versteckten Cannabisplantage.

Campingerlaubnis nicht auf ihrem Grundstück abstellen dürften, *ganz egal, wie lange.* Der Mann glaubte ihnen nicht.[7] Soto überreichte ihm eine Broschüre, und Martinez riet ihm, sich eine Erlaubnis ausstellen zu lassen – »andernfalls kommen wir wieder«.

Ein Gebiet, in dem kürzlich auf Hilfssheriffs gefeuert wurde, ließen wir aus. Martinez sagte: »Wenn ich davon ausgehe, jemand schießt auf mich, fahre ich da nicht hin.« Ich fragte, wer geschossen hatte.

»Rechtsextreme Terroristen«, sagte er. »Inzwischen sitzen einige von ihnen bei uns im Gefängnis.« Ein bisschen später, als wir gerade auf ein weiteres Grundstück abbogen, sagte er: »Vince hier war einer ihrer Freunde.«

Martinez und Soto blieben im Auto sitzen, als ein magerer

Mann aus seiner notdürftig zusammengezimmerten Unterkunft trat und wütend mit einem Smartphone fuchtelte, um die Begegnung auf Video festzuhalten. Ich erkannte, dass es Vince Edwards war, Mitglied einer rechten Oppositionspartei. Edwards war etwa ein Jahr zuvor festgenommen worden, weil er nicht vor Gericht erschienen war – und das war nicht gerade friedlich verlaufen. Als Hilfssheriffs eintrafen, setzte er einen Notruf an seine Gleichgesinnten ab, die diesen auf Facebook teilten: »An alle, zwischen der 12. und 27. Straße: Die Polizei versucht, jemanden gesetzeswidrig festzunehmen.« Auch die Hilfssheriffs, die mit ihrer Annahme richtiglagen, Edwards sei bewaffnet, riefen Verstärkung. Es sollte drei Stunden dauern, bis sich Edwards ergab. Erst kürzlich war er nach neun Monaten aus dem Bezirksgefängnis entlassen worden und behauptete jetzt, Soto und Martinez (die er offensichtlich beim Namen kannte) würden ihn schikanieren: »Das ist Hausfriedensbruch. Macht, dass ihr sofort von meinem Grundstück kommt.«

Sie erwiderten: »Wir haben gehört, jemand hätte Ihnen das hier abgekauft. Wir sind hier, um demjenigen mitzuteilen, dass er damit weiterhin die Bauvorschriften missachtet.« Sie erwähnten die fehlende Kläranlage und andere Mängel, die gegen die Auflagen verstießen. »Zeigen Sie uns Ihre Papiere, als Nachweis darüber, dass es noch immer Ihnen gehört.«

»Ihr seid das County, besorgt euch doch selber die Papiere!«, antwortete Edwards.

Sie schienen sich über Edwards, der immer wütender wurde, zu amüsieren. Doch letztlich gaben sie auf. »Das Problem mit Typen wie ihm ist«, sagte Martinez, als wir langsam davonfuhren, »dass sie allen anderen in der Gegend erzählen, sie könnten tun, was sie wollen, ohne Genehmigung, ohne Kläranlage und so weiter. Alle, die hier draußen Land kaufen und damit anfangen, es zu bebauen, sehen sich Videos von Leuten wie ihm an.« Edwards und andere nutzten die sozialen Medien, um ihre Auseinandersetzungen online zu stellen. »Und dann bekommen die den Eindruck, dass sie tun und lassen können, was sie wollen. Und werden wütend, wenn wir sie vorladen und der Justiz überstellen.«

»Meine Inspektoren wissen«, fuhr er fort, als wir zur Hauptstelle in San Luis fuhren, »welche Leute den Kopf der Schlange bilden, wenn man so will.«

Martinez' skeptische Haltung gegenüber den Bewohnern der *Flats* schien aus demselben Guss zu stammen wie die Ablehnung, von der Tona gesprochen hatte, die Voreingenommenheit der Alteingesessenen, der zufolge Bewohner der *Flats* schmutzig oder illegale Siedler waren. »Als ich aufwuchs«, sagte er, »fragte ich mich mit Blick in die *Flats: Warum sollte irgendjemand ein Haus da draußen hinstellen wollen?*« Viele der alteingesessenen Bewohner des Valley, die an dessen bewaldeten Rändern lebten, waren überzeugt, man müsse ein Sonderling, Barbar oder bar jeder Hoffnung sein, um draußen in den *Flats* leben zu wollen. Und dass das Leben besser gewesen war, als weniger von ihnen da waren.

»Traurig finde ich«, fuhr Martinez fort, »dass kaum jemand hier war, als ich zur Highschool ging. Wir konnten mit Quads und Motorrädern zur Jagd gehen, aber wer heute auf den Wanderwegen unterwegs ist, die damals mein Vater angelegt hat, stößt unweigerlich auf einen Trailer! Seit die Neuen hier sind, können wir das Land nicht mehr nutzen, das uns seit dem spanischen Land-Grant rechtmäßig zusteht! Wir kämpfen darum, unsere Kultur und Lebensart zu erhalten.«

Auch wenn ich von dem seit Langem schwelenden Konflikt zwischen den alteingesessenen Hispanics rund um San Luis und dem Eigentümer des riesigen Berggebiets Taylor Ranch östlich der Stadt gewusst hatte, hatte ich bislang niemanden gehört, der behauptete, dass für die Hispanics selbst jene unattraktiven Teilgebiete von essenzieller Bedeutung seien.

Meinen Pick-up kaufte ich in New Mexico. Meine jüngste Schwester, die in Santa Fe lebt und einen uralten Subaru fährt (und sich daher mit der Mechanik alter Autos auskennt), wollte mir dabei helfen. Ziel war es, einen günstigen, aber zuverlässigen Wagen mit Vierradantrieb zu finden. Auf Craigslist stieß sie auf einen weißen Toyota Tacoma Baujahr 1998, der unseren Vorstellungen entsprach. Der Verkäufer betrieb, wie sie am Telefon erfuhr, einen kleinen Autohandel in Española, New Mexico. Er war ihr sympathisch, und so fuhr sie mich hin, als ich im August wieder da war.

Der Truck war fast zwanzig Jahre alt und hatte, als sein Tachometer kaputtging, mehr als zweihunderttausend Meilen zurückgelegt. Er hatte ein manuelles Schaltgetriebe und einen altmodischen Allradantrieb: Um den Vorderradantrieb anzuschalten, musste man aussteigen und an einem Rädchen auf den Naben drehen. Wie durch ein Wunder fanden sich die Wartungsprotokolle der fünf Vorbesitzer im Handschuhfach. Die Ladefläche war geschlossen, und auf der Rückseite befanden sich ein großer blauer Bernie-Sanders-Aufkleber und ringsherum kleinere Aufkleber von Skigebieten und Craft-Beer-Marken. Sein Karma fühlte sich gut an, und so kaufte ich ihn. (Und, ja, entfernte den Bernie-Aufkleber, um niemanden zu provozieren.)

Die nächste Frage lautete: Wo soll ich wohnen? In den *Flats* wurden Häuser nur selten zur Miete angeboten. Matt Little erzählte mir, er habe einmal eines über eine Visitenkarte am Schwarzen Brett des Campingplatzes in Blanca gefunden, doch jetzt war da nichts. Lance und Tona boten an, sich nach einem Zimmer umzuhören, in dem ich zur Untermiete wohnen könnte. Doch je mehr ich darüber nachdachte, umso weniger vielversprechend klang es: Zu viele Leute dort draußen waren exzentrisch und daran gewöhnt, allein zu leben. Die Wahrscheinlichkeit, eine gute Lösung zu finden, war gering.

Doch dann erzählte mir Tona von einer Familie, die im Outreach-Büro von La Puente gewesen war, das sich neben der Notunterkunft befand. Die Familie Gruber bestand aus einer Mutter, einem Vater und fünf Töchtern, die sie zu Hause unterrichteten. Sie lebten in einem Mobile Home in den *Flats*, der Vater hatte sich vor Kurzem einer Krebsoperation unterzogen, und sie konnten einen Nebenverdienst gut gebrauchen. »Allerdings haben sie gesagt, bei ihnen zu Hause sei nicht wirklich Platz«, teilte mir Tona mit. »Könntest du dir vorstellen, dir einen kleinen Wohnwagenanhänger zu kaufen, den du hier herunterbringst und auf ihrem Grundstück abstellst?«

Ja, kann ich, sagte ich. Matt bot an, mich hinzufahren und der Familie vorzustellen.

Am darauffolgenden Tag machten wir uns auf den Weg. Die Strecke führte uns auch in die Nähe der Hütte, die Genevas Sohn Angelo gebaut hatte, und so fragte ich Matt, ob er etwas über die Nachbarn auf der gegenüberliegenden Straßenseite wüsste, die mit der heruntergekommenen Ansammlung von Trailern, Schuppen und anderem Krempel, zu denen sich Geneva und Jimmy nicht hatten äußern wollen. Zufälligerweise war ihm zu Ohren gekommen, dass einer der Bewohner beim Versuch, Shatter herzustellen, kürzlich eine Explosion ausgelöst hatte. (Shatter ist ein Cannabisextrakt, das in Form durchsichtiger honiggelber Platten erhältlich ist, die sich üblicherweise zerbrechen lassen, woher auch der Name – *to shatter* bedeutet zerbrechen – stammt. Die Herstellung erfordert Hitze und Lösungsmittel und ist berüchtigt, da sehr gefährlich.) Ein Paar, das Matt kannte und das in der Nähe lebte, sagte, sie hätten einen lauten Knall gehört und einen »Rauchpilz« gesehen. Der Kerl, der die Explosion ausgelöst hatte, erlitt offenbar eine Gehirnerschütterung, blieb sonst jedoch unverletzt, da er sich nicht im Inneren des Trailers aufgehalten hatte, sondern in einem mit einer Stoffplane überdachten Gewächshaus (die Plane verbrannte).

»Wow«, sagte ich und zitierte Dorothy aus *Der Zauberer von Oz:* »Wir befinden uns nicht mehr in Kansas.«

»Oh, in Kansas passiert so etwas sicherlich auch«, sagte Matt feixend.

»War es in den Schlagzeilen?«

»In den Schlagzeilen? Nein, ich glaube nicht. So viele Schlagzeilen gibt es hier draußen nicht.« Daraus schloss ich, dass über das meiste dessen, was in den *Flats* geschieht, nicht in der Zeitung oder anderen Medien berichtet wird. Ohne einen Reiseführer wie Matt hatte ein Besucher keine Chance, so etwas zu erfahren.

Als wir weiter durch die *Flats* in Richtung des Grundstücks der Grubers fuhren, begab sich Matt in unbekanntes Terrain. Die *Flats* sind derart weitläufig, dass es kaum möglich ist, Kenntnis des gesamten Geländes zu erlangen. Unsere Handys hatten oft keinen Empfang, und so navigierte er uns der Nase nach. »Nimmst du manchmal auch eine Landkarte?«, frage ich. Ich hatte einen großformatigen DeLorme-Straßenatlas hervorgezogen, den Lance mir geliehen hatte; er teilte Colorado auf vierundneunzig Seiten auf und bot zu fast jedem Teilgebiet eine Detailansicht. Den Ausmaßen der *Flats* aber war auch dieser Atlas nicht gewachsen. Vor allem enthielt er keine der unzähligen Schotterpisten. Ich hatte versucht, unserem Weg zu folgen, doch nun hatte ich Schwierigkeiten, nachzuvollziehen, wo wir uns befanden, weil viele der Straßen nicht markiert waren, und manche wiederum falsch – sowohl auf der Karte als auch auf den hier und da auftauchenden Schildern, die wahrscheinlich aus den 1970er-Jahren stammten, als die Straßen gebaut wurden.

»Ja, mit denen klappt es nicht so gut«, sagte Matt, als ich in dem großen Atlas blätterte. »Du brauchst eine von denen.« Er hielt mir eine zerknitterte Karte hin. So eine hatte ich noch nie gesehen. »Das ist eine DIY Hunting Map«, sagte er und erklärte, dass die Marke bei Jägern in den Rockies beliebt war. »So eine bekommst du in Monte Vista.«

Ich nahm sie und half Matt, den Weg zu Frank und Stacy Grubers Grundstück zu finden. Was einem dort als Erstes ins Auge fiel, war ein modernes Mobile Home, dessen Neuwertigkeit in starkem Kontrast zu dem ihn umgebendem Chaos stand: notdürftige Gehege und ein Schweinestall, Ziegen und Gänse; eine alter gelber Bulldozer; Solarpanels, die an Stöcken und Ästen angebracht waren; ein kaputter Sedan und ein funktionstüchtiger

Pick-up; die Überbleibsel eines verwitterten Wohnwagens, an dessen Vorderseite wie ein Vordach eine Art zusätzliche Wand befestigt war; in der Nähe davon eine teilweise umzäunte Müllgrube, aus der eine ganze Menge Abfall entwischt war (wie gesagt, in der Prärie existiert keine Müllabfuhr); und schließlich ein nicht ganz zwei Meter hoch eingezäunter Bereich, der sich von der Eingangstür des Mobile Home erstreckte und eine Art Garten für die Hunde und die Kinderspielsachen absteckte.

Gegenwärtig jedoch kamen mehrere Hunde zu unserem Truck gerannt, als Matt hupte. Die Hunde waren freundlich gesinnt. Ebenso ihre Besitzerin Stacy, die, mit ihrer jüngsten, erst ein paar Monate alten Tochter Raven auf dem Arm, aus der Hintertür trat. Matt erklärte Stacy, wer ich war, und Stacy bat uns, einen Moment zu warten, sie würde Frank holen.

Kurz darauf kam er heraus. Er trug ein Denver-Broncos-T-Shirt und hatte ganz offensichtlich Schmerzen. Zwei Wochen zuvor waren mehrere Zentimeter seines Dickdarms in einem Krankenhaus in Colorado Springs entfernt worden. Während sich die Hunde beruhigten, beobachteten uns ihre Töchter durch die Fenster, und schließlich konnten wir uns unterhalten. Er war Maler und Trockenbauer gewesen, hatte jedoch seit Längerem nicht mehr arbeiten können. Sie zeigten auf ein Fleckchen in etwa sechzig Metern Entfernung von ihrem Haus, eine kahle Stelle zwischen niedrigem Gesträuch, gleich neben der unbefestigten Auffahrt. Das sei der Ort, an dem ich wohnen könne, wenn ich meinen eigenen Wohnwagen hätte. Die Pacht würde sich auf 150 Dollar pro Monat belaufen.

Ich sei damit einverstanden, ließ ich sie wissen, müsse allerdings erst einen Wohnwagen finden; in den *Flats* brauchte man keine Kaution oder zwei Monatsmieten im Voraus; was man dagegen brauchte, war ein eigenes Zuhause, etwas, worin man wohnen konnte. Sie baten mich, sie auf dem Laufenden zu halten.

»Ich wette, Geneva würde dir ihren verkaufen«, sagte Tona, als wir wieder in der Stadt waren. Ich wusste, welchen sie meinte –

ich hatte den Wohnwagenanhänger auf Genevas Auffahrt gesehen. Er war uralt, aber solide.

Noch am selben Tag lud mich Geneva zur Besichtigung ein: Er war knapp acht Meter lang, mit einem Doppelbett ausgestattet, einer Essnische mit Tisch, die zu einem zweiten Bett umfunktioniert werden konnte, einem winzigen Badezimmer mit Dusche und einer kleinen Einbauküche. Sie habe den Wohnwagen nur für Angelausflüge im Sommer genutzt, sagte sie und wolle ihn gerne verkaufen. Um mir den Kauf schmackhaft zu machen, bot mir Geneva ein paar Küchenutensilien und Bettwäsche als Dreingabe an und ihren kleinen Generator, bis ich meinen eigenen hätte. Das Ganze sollte 4000 Dollar kosten. Ich ging ein paar alte Dokumente durch, die sie aufgehoben hatte. In der Bedienungsanleitung war der Wohnwagenanhänger, ein nicht länger hergestelltes Modell namens Aerolite Seven, auf einem gepflegten Rasen an einem See abgebildet mit einem älteren Paar in Gartenstühlen davor, und in der Nähe eine adrette Mutter – ihre Tochter? – mit ihren beiden kleinen Söhnen. Er war 1998 gebaut worden, im gleichen Jahr wie mein Truck. Was für ein Zufall. Ich sei mit ihrem Preis einverstanden, sagte ich – Geneva war großzügig zu mir gewesen. Bald schon sollte der Aerolite neue Erfahrungen machen.

2
Mein Prärieleben,
Teil I

Vor der Erleuchtung Holz hacken und Wasser holen.
Nach der Erleuchtung Holz hacken und Wasser holen.

Zitat aus dem Zen-Buddhismus

Wir denken beim Wort »Suchtpotenzial« an die Eigenschaften gewisser Chemikalien und bei »Sucht« an eine Krankheit, die sich Menschen durch diese Chemikalien zuziehen, doch vieles spricht für eine andere Betrachtungsweise. Dieser zufolge ist Sucht weniger Krankheit als Symptom – von Traumata, sozialer Isolation, Depressionen oder wirtschaftlicher Not. Die Geografie der Opioid- und Meth-Krise legt nahe, dass unsere Umgebung und wirtschaftlichen Perspektiven unser Suchtrisiko maßgeblich beeinflussen.

Michael Pollan, *The New York Times*, 9. Juli 2021

Im Dezember 2017 kehrte ich ins Valley zurück. Ich freute mich darauf, endlich in den *Flats* zu leben, war aber auch nervös, da das Tal im Winter ziemlich kalt werden kann.

Geneva holte mich freundlicherweise am Flughafen in Alamosa ab, da mein künftiges Zuhause und mein Pick-up bei ihr in der Stadt untergestellt waren. Ich wollte mein Gepäck in den Kofferraum ihres kleinen Sedans laden, doch als sie die Klappe öffnete, sah ich, dass dort bereits etwas lag: ein teilweise in einen Müllbeutel gewickeltes Stück Fleisch, das von einem großen Tier stammte.

»Ähm ...«, sagte ich zu ihr und zeigte darauf.

»Oh, Entschuldigung. Das ist eine Hirschkeule, die ich gleich bei meiner Schwester vorbeibringe.« Ich verkniff mir weitere Fragen, bis wir sie bei ihrer Schwester abgeliefert hatten. »Sie ist für den Verzehr«, erklärte Geneva. »Wir machen Dörrfleisch daraus.«

»Wart ihr auf Jagd?«

»Nicht ganz«, sagte sie und wechselte schnell das Thema.

Voller Freude darüber, wieder zurück zu sein, erzählte ich Geneva, Matt habe angeboten, tags darauf vorbeizukommen, den Wohnwagenanhänger an seinem Truck zu befestigen und zu den Grubers zu fahren. Mein Truck eignete sich, wie Matt erklärt hatte, nicht sonderlich gut für dieses Unterfangen – die Anhängerkupplung hatte die falsche Größe und war zu hoch angebracht. Geneva führte mich noch einmal durch den Wohnwagen und zeigte mir, wie alles funktionierte. Sie händigte mir auch die Schlüssel für meinen Truck aus und sagte, dass alles gut geklappt habe – sie und ihre Tochter hatten ihn für mich am Flughafen in Denver abgeholt. (Ein paar Wochen zuvor hatte ich meinen Flug am winzigen Flughafen Alamosas verpasst und war gezwungen gewesen, nach Denver zu fahren.) Ich bedankte mich und ging nach draußen, um mich zu vergewissern, dass er für die Reise am kommenden Tag bereit war. Dann kam ich mit einer Frage zu Geneva zurück:

»Ähmm ... also das getrocknete Blut auf der Ladefläche. Weißt du, woher das kommt?«

Ich hatte es nicht mit der Hirschkeule in Verbindung gebracht, doch eine beschämt dreinschauende Geneva erzählte mir, was sich zugetragen hatte. Sie sagte, ihre Tochter und ihr Schwiegersohn hätten den Truck von Denver zurückgebracht, nachdem sie mit ihr dorthin gefahren waren. Nachts, als sie den La Veta Pass überquerten, sahen sie einen Hirsch, der kurz davor von einem anderen Fahrzeug überfahren worden war – der Hirsch lag im Scheinwerferlicht des Wagens eines State Troopers, der das Blaulicht angeschaltet hatte und versuchte, das tote Tier auf den Seitenstreifen zu ziehen. Joe und Leonora hielten an und fragten, ob sie den Hirsch haben könnten. Er willigte ein, vorausgesetzt, dass sie ihn am darauffolgenden Tag beim Wildhüter meldeten. Sie hievten den Kadaver auf die Ladefläche meines Trucks.

Sie hatten den Hirsch im Schuppen in Genevas Garten aufgehängt und ihn am nächsten Tag ausgenommen. Daher also hatte Geneva die Hirschkeule für ihre Schwester, und obendrein eine für sich. »Entschuldige, dass sie versäumt haben, den Truck sauber zu machen«, sagte sie.

»Machst du auch Dörrfleisch?«, fragte ich. Geneva, die früher einmal ein Restaurant gehabt hatte, war eine ausgezeichnete Köchin. Ihr Gesicht hellte sich auf, sie sagte Ja, erzählte mir, wie sie das Fleisch trocknete und räucherte, und versprach, mir etwas davon abzugeben.

Matt, der bereits jede Menge Wohnwagenanhänger abgeschleppt hatte, brauchte am nächsten Morgen nicht lange, um meinen an seiner Kupplung zu befestigen. Er fand heraus, dass die Verkabelung der Bremslichter alt und defekt war. Das bereitete mir Sorgen, doch er versicherte mir, es sei kein Problem. Ich solle ihm in meinem Truck folgen. Wir würden einfach so schnell wie möglich von der Hauptstraße abfahren.

Das gefiel mir an den *Flats*: Nicht nur waren sie weitab vom Schuss, sondern befanden sich im Großen und Ganzen außerhalb der Einflusssphäre der Strafverfolgung. Fünfzehn Minuten nachdem wir bei Geneva losgefahren waren, hatte Matt die Hauptstraße verlassen und ließ die Zivilisation auf einer nicht markierten Schotterpiste hinter sich – mit hoher Geschwindigkeit, möchte ich an dieser Stelle erwähnen, und einer großen Wolke gelblichen Staubs, die hinter ihm aufwirbelte.

So gut wie alles an diesem Übergang begeisterte mich. Er führte in die Wildnis, an einen Ort mit mehr Gabelböcken, Wildpferden und Kojoten als Menschen. Manchmal jedoch erschien die Landschaft geradezu postapokalyptisch à la *Mad Max* mit Autowracks und Müll und verbrannten Gegenständen, die teilweise noch qualmten. Als die Parzellen geschaffen wurden, war angeblich jede neue Straße mit einem Schild markiert worden. Bis auf ein paar wenige hier und da, Überbleibsel eines vergangenen Traums, der nie Wirklichkeit wurde, waren die meisten zwischenzeitlich jedoch verschwunden. Und so befand ich mich nicht auf dem Weg in einen in den 1970er-Jahren errichteten amerikanischen Vorort, sondern war mitten im Winter unterwegs an den äußersten Rand, um unter den Selbstversorgern, den Entfremdeten, den Hanffreunden, den Verwundeten, den Träumern und den Einsiedlern zu leben.

Matt fuhr schnell, was mich nervös machte, da an den meisten Kreuzungen keine Stoppschilder standen. Die Wahrscheinlichkeit, dass jemand kam, war zwar gering, aber nicht gleich null. Ich hatte Matt schon einmal darauf angesprochen, woraufhin er erwiderte, er sehe immer nach links und rechts und halte nach Staubwolken Ausschau, die oft viel größer und auffälliger waren als andere Fahrzeuge. *Eine gute Strategie, solange es nicht regnet,* dachte ich damals. An jenem Tag war keine Wolke am Horizont, und so ließ ich mich zurückfallen, um nicht in Matts Staubwolke gehüllt zu werden.

Nach etwa fünfundvierzig Minuten wurde Matt langsamer; wieder verließen wir das ihm vertraute Terrain, und er kannte sich nicht mehr so gut aus. Es folgten mehrere Kurswechsel, doch nach ein paar Anläufen erreichten wir schließlich eine Anhöhe, und ich erblickte, was Matt immer als »Franks und Stacys Domizil« bezeichnete.

Wieder wurden wir von Hunden umlagert; diesmal schienen es noch mehr zu sein als beim letzten Besuch. Die meisten beruhigten sich, als Stacy, auch diesmal wieder mit ihrer Jüngsten auf dem Arm, aus dem Haus trat und mich ihnen vorstellte. Ihre Größe variierte und reichte von einem sabbernden schmuddeligen Bernhardiner namens Tank bis hin zu Bear, einem aufgekratzten Chihuahua-Mischling. Dazwischen war da außerdem ein cleverer Heeler-Mix namens Lakota (Stacy war teilweise Lakota-Sioux), der auf die Ladefläche meines Pick-ups sprang, und ein paar Boxer.

Die Mädchen spähten wieder aus den Fenstern, und schließlich kamen ein paar von ihnen schüchtern heraus, und Stacy stellte auch uns einander vor. In dem Alter nach absteigender Reihenfolge waren da Trinity, Meadoux und Kanyon, Safire in einer Windel und das Baby Raven auf Stacys Arm. Auch Frank, der sich nach wie vor nur vorsichtig bewegte, kam dazu. Obwohl es Dezember war, lachte die Sonne, der Wind blies nicht, und niemand trug mehr als eine leichte Jacke. Wir besprachen, wo der Wohnwagenanhänger abgestellt werden sollte, und dann parkte ihn Matt, der beim Militär Lastwagen gefahren war, mit geübter Hand an seinem Platz und richtete ihn mit Frank gerade aus, indem er Bretter unter seine beiden Räder legte und die Scherenheber justierte. Ich öffnete die Tür des Wohnwagens, um einen Blick in sein Inneres zu werfen, und sah, dass mich ein Hausputz erwartete: Kisten und Flaschen waren auf der Rennfahrt in die Prärie umgefallen, und alles war mit einer Staubsicht überzogen. Doch das störte mich nicht – ich war zu Hause.

Frank weihte mich in das Einmaleins des netzunabhängigen Wohnwagenlebens ein. Wasser zu finden und warm zu bleiben seien fortan meine wichtigsten Aufgaben. Wie so viele andere hatte auch seine Familie einen Holzofen in ihr Mobile Home eingebaut, der sie warm hielt. Als Wasserspeicher diente ihnen ein 1000-Liter-Tank, der auf einem Wohnwagenanhänger befestigt war und den sie regelmäßig mit dem Wasser aus dem Brunnen eines Nachbarn befüllten. Er bot mir an, ihn, falls ich wollte, mit mir zu teilen, und sogar, dass ich bei ihnen duschen könnte – meist hatten sie Propan und nutzten es, um das Wasser bei Bedarf zu erhitzen. Sie hatten außerdem eine ganze Reihe von Solarpanels (obgleich der Wind ein paar zerstört hatte) und ein paar Akkus für alles Elektrische: Licht, einen Ventilator, der die warme Luft am Holzofen verwirbelte, einen Fernseher. »Und manchmal benutzen wir einen Generator.«

Ich zeigte Frank meinen kleinen Generator und meinen Akku. Ich war optimistisch: In der Nacht zuvor hatte ich auf Genevas Ausfahrt ausprobiert, wie es war, bei zehn Grad Celsius im Wohnwagen zu schlafen, und erzählte ihm, es sei gut gegangen. Er wirkte überrascht, sagte aber, das sei toll und dass ich dann wohl klarkommen würde. Langfristig brauche ich aber wahrscheinlich weitere Akkus und ein paar Solarpanels, dann könnte ich es mir sparen, Benzin zu kaufen und den Generator die ganze Nacht laufen zu lassen.

Was die Fäkalien anging, sagte er, müssten wir uns noch überlegen, wie ich meinen Schwarzwassertank in ihre Klärgrube leeren könnte.

In der Stadt besorgte ich säckeweise Lebensmittel und gigantische Wasservorräte. Frank bat zwei seiner Töchter, mir zu helfen, sie von meinem Truck zum Wohnwagen zu tragen, und wies sie dann an, mich in Ruhe ankommen zu lassen. Stacy sagte: »Ihr könnt ihm die Tiere später zeigen«, da wirkten die Mädchen zufrieden.

Die Tiere kennenzulernen stellte sich als größeres Unterfangen heraus, da es so viele von ihnen gab. Neben den Hunden waren da Gänse (ganz in meiner Nähe), Ziegen, Hühner und Enten, ein dickes Schwein und, im Inneren ihres Mobile Home, zwei Katzen und ein Kakadu namens Sugar. »Und früher hatten wir Pferde«, sagte Meadoux, »aber die sind gestorben.« Sie zeigte auf einen Erdhügel etwa fünfzehn Meter von meinem Wohnwagen entfernt. Ihr Vater hatte die vier Pferde dort im letzten Winter mithilfe eines Bulldozers begraben.

Ich hatte meinen Wohnwagenanhänger so ausgerichtet, dass sich meine Tür auf der anderen Seite befand als die der Familie, was mir etwas Privatsphäre verschaffte und eine herrliche Sicht auf die offene Prärie mit den Bergen im Hintergrund.

Doch die Prärie war leer und quasi per Definition ein einsamer Ort. Ich war froh, dass gleich hinter meinem Wohnwagen das Leben tobte.

Als die Sonne unterging, wurde es kalt und dann, bald darauf, eisig. Es war ein langer Tag gewesen, und so zog ich mir nach dem Abendessen, die Heizung des Wohnwagens lief bereits, lange Unterwäsche an, deckte mich mit einer Daunendecke zu und schlief ein.

Drei oder vier Stunden später schreckte ich, entweder aufgrund der vollkommenen Stille oder der Kälte, wieder hoch. Die Heizung war ausgegangen. Ich setzte mich auf und legte einen Lichtschalter um: nichts. Der Akku war leer. Zitternd dachte ich darüber nach, mich anzuziehen, rauszugehen, den Akku ans Ladegerät anzuschließen, das Ladegerät an den Generator und die Heizung wieder anzuschalten. Nur waren das ganz schön viele Schritte, und draußen war es noch kälter als drinnen. Stattdessen packte ich einen warmen Schlafsack aus, den ich bereits im Himalaja benutzt hatte, hüllte ihn in die Daunendecke und zog den Reißverschluss komplett zu, sodass nur mein Mund und meine Nase herauslugten. Irgendwann fand ich wieder einigermaßen in den Schlaf zurück.

Am Morgen sah ich, dass alles im Wohnwagen mit Eis überzogen war. Ich streckte meinen Arm aus dem Schlafsack und überprüfte das Thermometer auf dem Nachttisch: minus vierzehn Grad Celsius. Da ich auf die Toilette musste, zog ich den Reißverschluss meines Schlafsacks auf, sprang in meine Stiefel, warf meinen Parka über und griff nach meinen Autoschlüsseln. Mein Plan war, den Truck zu starten, die Heizung hochzudrehen und so lange wieder in den Schlafsack zurückzukriechen, bis er warm war.

Doch die Tür des Wohnwagens ließ sich nicht öffnen. War sie abgeschlossen? Nachdem ich ein wenig daran gerüttelt hatte, kam ich zum Schluss, dass sie nicht abgeschlossen, sondern zugefroren war. Ein paar der Eiskristalle hatten die Metalltür an dem Metalltürrahmen festgefroren. Wahrscheinlich hätte ich sie im Notfall eintreten können, aber ich wollte sie nicht kaputt machen – der Wohnwagenanhänger hatte zwanzig Jahre unbeschadet überstanden, und ich bewohnte ihn gerade einmal seit einem Tag!

Mein Truck und Wohnwagenanhänger.

Mir blieb nichts übrig, als abzuwarten, bis alles ein wenig aufgewärmt war. Dafür könnte ich ebenso gut wieder ins Bett gehen, aber zuerst, dachte ich, kann ich mir auch die Zähne putzen, denn in meiner Theorie brachten einen Herausforderungen wie diese weniger aus der Fassung, je gewissenhafter man sich an seine Routinen hielt. Die Wasserkanister, die ich mitgebracht hatte, waren gefroren. Damit hatte ich jedoch bereits gerechnet und in weiser Voraussicht eine volle Wasserflasche in meinem Schlafsack platziert, die, wenn ich aufwachte, nicht vereist wäre. Ich fand meine Zahnbürste, trug Zahncreme auf, begann zu schrubben, und aua! Die Borsten waren gefroren und wie spitze Kiesel in meinem Mund. Sie mussten feucht gewesen sein, als ich ins Bett ging. Ich übergoss sie mit etwas Wasser aus meiner Flasche und versuchte es erneut.

Als ich wieder im Bett lag und darauf wartete, dass die Sonne aufging und meinen Wohnwagen wärmte, ging mir durch den Kopf, dass das Valley über Jahre hinweg einer der kältesten Orte der Vereinigten Staaten gewesen war. Dabei war es gestern so mild gewesen! Als das Sonnenlicht schließlich durch das Fenster meiner Tür fiel, versuchte ich erneut, sie zu öffnen, und war befreit.

Mein Ziel war, täglich eine neue Person in der Prärie kennenzulernen, und die Grubers versprachen mir, mich dabei zu unterstützen. Stacy lud mich zum ersten Mal in ihr Mobile Home ein, wobei sie sich mehrmals für die Unordnung entschuldigte. Und unordentlich war es – doch bei so vielen Kindern und Hunden hätte alles andere einem Wunder geglichen. Die Vordertür führte in einen Raum, der früher als Wohnzimmer und Küche gedient hatte. Inzwischen war er auch Stacys und Franks Schlafzimmer. Sie hatten ihr Doppelbett dorthin umgezogen, das jetzt auch als Spielwiese für Kinder und Hunde herhalten musste. Der Fernseher lief, und als mich Sugar, der Kakadu, sah, begann er in seinem Käfig am anderen Ende des Zimmers ohrenbetäubend zu kreischen. Die Hunde hüpften auf das Bett und vom Bett hinunter, gefolgt von den Mädchen und noch mehr Hunden. Frank und Stacy rauchten selbst gedrehte Zigaretten und nahmen hin und wieder einen Zug Gras aus einer Glaspfeife. Trotz des Chaos wirkten sie gelassen und glücklich.

Als ich ihnen von meiner eisigen Nacht berichtete, reagierten sie besorgt und zeigten Verständnis. Zu Beginn ihres Lebens in der Prärie, nachdem sie aus einem Mietshaus in Greeley, einem Vorort von Denver, gezogen waren und eine Zeit lang in New Mexico und Wyoming gelebt hatten, besaß die Familie keinen festen Wohnsitz und lebte in einem Zelt. Dann zogen sie in den zwischenzeitlich marode gewordenen Wohnwagen, den ich bei meiner Ankunft gesehen hatte. Da dies teils zur Winterzeit geschehen war, wussten sie genau, wie es sich anfühlte, zu frieren. Bei so einer Kälte müsse ich meinen Generator wahrscheinlich die ganze Nacht laufen lassen, meinte Frank. Dem stimmte ich bereitwillig zu.

Eine Tragödie sei der Anlass gewesen, diesen Traum zu verwirklichen, sagte Stacy. Im Alter von fünfzehn Jahren, damals, in

Casper, Wyoming, befand sie sich im Auto ihres Freundes, das auf einer Kreuzung von einem Feuerwehrfahrzeug gerammt wurde, das ohne Licht fuhr. Ihr Freund »starb praktisch in meinen Armen«, sagte sie. Stacy selbst erlitt eine Schädelfraktur, herbeigeführt durch den Knopf, an dem das Mikrofon eines CB-Funkgeräts befestigt war, der durch ihr Auge in ihren Schädel gedrückt wurde; Verletzungen des vorderen Hirnlappens »bereiten mir auch heute noch Kopfschmerzen«. Ihr Gesicht musste operiert werden. (»Ich sah aus wie Frankenstein.«) Mit dem Geld aus einem gerichtlichen Vergleich konnte sie sich etwa sechzehn Hektar Land leisten, genug, dass »jedes meiner Mädchen eines Tages ihr eigenes Grundstück hat«. Drei Jahre später ermöglichte ihr das Erbe ihres Stiefvaters, das Mobile Home zu kaufen, eine Kläranlage und einen Pick-up. Etwas Geld, das sie als Polster zurückgelegt hatte, sei von ihrem Onlinekonto gestohlen worden, sagte Stacy, und als Frank krank wurde, hatten sie daher die Hilfe von La Puente in Anspruch nehmen müssen. Über die soziale Einrichtung hatten sie nur Gutes zu berichten, und ich spürte, dass ich kaum eine bessere Referenz hätte haben können als meine Verbindung dorthin.

Während wir uns unterhielten, wanderte die Aufmerksamkeit der Mädchen zwischen dem Fernseher, den Tieren und mir hin und her. Meist blieben sie auf Distanz. Doch als ich meine Hand ausstreckte, um eines der Tiere zu streicheln, und vor allem als ich beschloss, das Herz des Chihuahuas Bear, der mich tags zuvor angeknurrt hatte, für mich zu gewinnen, freuten sie sich – und die Hunde. Als ich so auf der zerschlissenen Sofagarnitur saß, ließ ich den kleinen Hund irgendwann auf meinen Schoß springen. Zwei der Mädchen sahen gerade zufällig hin, als sich der kleine Kläffer unvermittelt nach oben reckte und mir über die Lippen schleckte. Ich verzog das Gesicht, und sie fingen lauthals an zu lachen.

Eines meiner Ziele sei, erklärte ich Stacy und Frank, mehr Bewohner der *Flats* kennenzulernen und herauszufinden, was sie

Die Familie Gruber.

brauchten. Ob es da jemanden gäbe, den sie mir vorschlagen könnten? Sie nannten ein paar Namen, und Frank führte mich nach draußen, um mir grob die Richtung zu zeigen, in der sie lebten; mithilfe eines Stocks zeichnete er eine Karte in den Staub. Sie boten mir auch an, mich mitzunehmen, wenn Stacy die Mädchen später zu ihrem Freund Jack fuhr, um dessen beide Pferde zu füttern.

Ich fuhr bei ein paar dieser neuen Kontakte vorbei und frischte einige der Bekanntschaften auf, die ich sechs Monate zuvor mit Robert und Tona gemacht hatte. Zunächst ließ ich Franks und Stacys Namen fallen, doch dann erwähnte ich sie nur noch, wenn ich gefragt wurde – die Menschen wussten fast immer, wer La

Puente war, doch es war unmöglich, vorherzusagen, welche Gefühle Nachbarn füreinander hegten.

Obgleich Robert ihn nie näher kennengelernt hatte, hörte ich immer wieder von einem Kerl namens Troy. Er besaß eines der ältesten Häuser in der Gegend. Er hatte ein Bein bei einem Landmaschinenunfall verloren; er gehörte zu der Sorte Mensch, die einem aus der Patsche half. Er wohnte an einer der Hauptstraßen, war seit Langem da und kannte jede Menge Geschichten. Jeder kannte ihn. Er war verheiratet gewesen, hatte Kinder, hatte sich scheiden lassen und war jetzt wieder verheiratet mit einer Frau namens Grace. Spätnachmittags ein paar Tage darauf beschloss ich, mich bei ihm vorzustellen.

Wie immer gestaltete sich mein Weg zur Haustür als Spießrutenlauf durch eine bellende Hundemeute, doch ich bahnte mir meinen Weg und klopfte. Troy Zinn öffnete mir mit einem Geschirrtuch in der Hand die Tür und bat mich, am Küchentisch Platz zu nehmen, während er aus seiner Bierdose trinkend den Abwasch erledigte. Die Hunde blieben draußen. Ich erzählte ihm, dass ich Schriftsteller sei und ehrenamtlich für La Puente arbeitete; er kannte La Puente bereits, sagte, sie leisteten gute Arbeit.

Ich erkundigte mich nach seinem Haus, das zwar bescheiden, doch für die Gegend solide gebaut war. Es habe drei Schlafzimmer, sagte Troy, und stamme aus den 1940er- oder 1950er-Jahren, als die Versicherungsgesellschaft Bankers Life riesige Grundstücke besessen und eine Viehzucht und eine Landwirtschaft betrieben hatte. Dies sei das Hauptgebäude gewesen. Direkt gegenüber, auf der anderen Straßenseite, lagen zwei weitere Gebäude, die Teil des Anwesens gewesen waren, darunter eine mittlerweile leer stehende Schlafbaracke und ein Bungalow, der eine Küche für die Landarbeiter beherbergt hatte. Inzwischen vermietete Troy den Bungalow. Die drei Gebäude, die alle ein wenig heruntergekommen waren, hatten weiße Stuckwände und rote Dächer. Troys Haus und der Bungalow waren sogar ans Netz angeschlossen: Ihm kam zugute, dass das Valley in dieser Gegend von zwei Leitungen durchquert wurde. Außerdem hatte er einen Brunnen zur landwirtschaftlichen Nutzung, der noch aus Ranch-Zeiten stammte. In den 1970er-Jahren hatte Bankers Life die Ranch an Landentwickler verkauft, und Troys Eltern waren die Verwalter des Grundstücks geworden. Er hatte einen Großteil seiner Kindheit hier verbracht. Als er heiratete und Lkw-Fernfahrer wurde, zog er in die zehn Meilen entfernte Kleinstadt Jaroso. Doch als das Haus wieder frei wurde, kam er zurück.

Grace, eine charismatische Frau mittleren Alters, die nach ihrer Scheidung in Kalifornien hart dafür gekämpft hatte, über die Runden zu kommen, kam mit zwei Teenagern nach Hause. Ich hatte ihren Namen auf einer Liste mit Anwohnern gesehen, die Robert damals zusammengestellt hatte, als sie noch ein, zwei Meilen entfernt wohnte. Sie hatte sich ein Stück Land gekauft, ohne es davor zu besichtigen, und war mit ihren vier Kindern hergezogen, nur um dann festzustellen, dass das Land nicht in Laufweite der Stadt lag, wie man sie hatte glauben lassen, sondern »irgendwo im Nirgendwo«. Irgendwann kamen sie und Troy sich näher. »Von allen Alkoholikern hier draußen«, erzählte sie mir in Troys Anwesenheit lächelnd, »war er bei Weitem der netteste.« Sie verhielt sich, als sei jemand Neues am Küchentisch das Normalste der Welt, und packte ihre Lebensmitteleinkäufe aus.

Kurz darauf traf noch eine Mutter mit Teenagern ein. Grace stellte mich vor: *Sam, das ist Ted.* Wieder kam mir der Name bekannt vor, diesmal aber aus einem anderen Grund: Samantha McDonald war mit Schwierigkeiten in Gestalt ihres Mannes verbunden. Angeblich hatte Zanis »Zane« McDonald, ein Tätowierer aus Alabama, Mitarbeiter der Highschool in San Luis bedroht, die seine vier Kinder besuchten, da er den Eindruck hatte, sein Sohn sei im Musikunterricht ungerecht behandelt worden. Außerdem hatte er sich mit seinem Nachbarn Jeremy Costley zusammengetan, ebenfalls aus Alabama, der sich für den Widerstand gegen die Durchsetzung der Bauvorschriften starkmachte und sich zum »Marschall des Gewohnheitsrechts« ernannt hatte.

Weitaus schlimmer war jedoch, dass er und Costley erst kürzlich festgenommen worden waren, weil sie ihre Töchter untereinander getauscht und sexuell missbraucht hatten. Die Männer saßen im eine Stunde entfernt gelegenen Gefängnis in San Luis, dem Sitz der Bezirksverwaltung, und warteten auf ihren Prozess.

Sam war etwa im gleichen Alter wie Grace, sah aber aus, als hätte sie um einiges mehr durchgemacht. Sie und ihre Kinder waren auf dem Nachhauseweg von Mesita, einem Weiler mit nur drei oder vier Haushalten, in dem sie der Schulbus abgesetzt hatte. Ich bot ihr etwas Feuerholz von der Ladefläche meines Trucks an, das sie gerne nahm, da ihres, wie sie sagte, fast aufgebraucht war. Ob ich vielleicht hinter ihnen herfahren und es bei ihnen zu Hause abladen solle?

Ihr Minivan war ramponiert, eine der Seitentüren ließ sich nicht mehr richtig schließen. Ihr Sohn Arik, fünfzehn, war der Fahrer. Ich folgte ihnen ein, zwei Meilen an einen ungewöhnlichen Ort, der mir bereits aufgefallen war: ein kleines Holzhaus ohne Fenster und einer Eingangstür, die von einem Vorhängeschloss festgehalten wurde. Arik blieb draußen und half, das Feuerholz abzuladen. Dann kam Sam heraus, und trotz der Kälte plauderten wir eine Weile. Ihr Nachname sei Hanson, erzählte sie und fügte hinzu, die meisten würden sie unter dem Nachnamen ihres Ehemanns kennen, von dem sie sich gerade scheiden ließ. Ich bestätigte, dass auch ich den Namen gehört hatte und mir gut vorstellen könne, dass sie eine schwere Zeit durchmache. Dann fragte ich, wie ich behilflich sein könne. Neben weiterem Feuerholz brauche ihr Sohn einen besseren Mantel und eine ihrer Töchter ein neues Paar Schuhe; und Lebensmittel seien immer willkommen. Ich sagte, all das könne ich durch La Puente beschaffen und bei ihnen vorbeibringen. Dann erwähnte sie, dass sie neue Reifen und Guthaben für ihr Tracfone (eine Billighandymarke) benötige. Ich sei nicht sicher, ob ich ihr da weiterhelfen könne, erwiderte ich, dass ich mich aber kundig machen würde.

Am Tag darauf war ich wieder in Alamosa. Ich wollte eine neue Ladung Feuerholz abholen und sehen, was ich sonst noch für »meine Leute«, wie Matt gesagt hätte, bekommen könnte. Aber ich wollte auch mit Matt selbst sprechen. Er kannte die Aufgabe, an der ich mich versuchte, besser als jeder andere, und ich konnte von ihm lernen. Außerdem machte es einfach Spaß, Zeit mit ihm zu verbringen.

Wir waren um acht Uhr morgens in La Puentes Milagros Coffee House verabredet. Der Raum war offen und geräumig, in einem alten Haus mit hohen Decken. Das Café war obdachlosenfreundlich, und so sah man manchmal Menschen, auf die man in einem Starbucks eher nicht treffen würde (obgleich es einen solchen in Alamosa in einer Einkaufsstraße außerhalb des Stadtzentrums gab). Das Wi-Fi-Passwort war »loveothers«. Matt verdiente kein großes Gehalt, daher versuchte ich immer, ihn zum Frühstück einzuladen, doch er akzeptierte meist nur einen Kaffee und ließ immer mehr im Trinkgeldglas, als der Kaffee gekostet hatte. Er sei sowohl Koch als auch Restaurantbetreiber gewesen, sagte er, und wisse daher, wie viel das Trinkgeld den Mitarbeitern bedeutete.

Um ein paar seiner Leute mache er sich Sorgen, teilte er mir mit, jetzt, wo es kalt werde. Er erzählte, dass ein Mann, dem er mich auf dem Campingplatz in Blanca vorgestellt hatte, im vorigen Winter Brett für Brett seine Scheune verfeuert habe, da ihm das Holz zum Heizen ausgegangen war. »Ich denke, dieses Jahr ist er gut gerüstet, aber ich möchte sicherheitshalber nochmals bei ihm vorbeifahren.«

Der Gedanke, jemand könne sich zu Tode frieren, schien ihn geradezu zu verfolgen, vielleicht weil er einem solchen Tod selbst nahegekommen war: Seinen letzten Job, er hatte als Koch für die Adams State University in Alamosa gearbeitet, verlor er mitten im letzten Winter. Daraufhin wohnte er für ein paar der kältesten Wochen des Jahres zusammen mit seinem schwer kranken Sohn in seinem Pick-up mit Aufstelldach.

Ich bat Matt, mir mehr über sein früheres Leben zu erzählen. Dem kam er gerne nach: Er war in Weirton, West Virginia, als eines von acht Kindern aufgewachsen. In Weirton gab es ein großes Stahlwerk, das stillgelegt wurde, als Matt Teenager war. Die Gegend hatte sich daraufhin zu einem der landesweiten Epizentren der Opioidsucht entwickelt. Seine Ehefrau Sarah war ebenfalls in Weirton aufgewachsen und hatte als Kosmetikerin gearbeitet, in einem Supermarkt, in einer Bank und zuletzt als examinierte Krankenschwester.

Matt hatte an mehreren Auslandseinsätzen der Air Force teilgenommen – zuerst in Panama, um den Machthaber Manuel Noriega zu stürzen, dann bei den Operationen Desert Shield und Desert Storm im Mittleren Osten – und kehrte dann auf einen Arbeitsmarkt mit nur geringen Auswahlmöglichkeiten zurück. Fachschulkurse in Biologie verhalfen ihm zu einem Bürojob in einem Labor, »aber den ganzen Tag in einer Kabine im Großraumbüro verbringen – nein, danke«, sagte er kopfschüttelnd. Er arbeitete drei Jahre als Müllwagenfahrer und hatte außerdem einen Abschluss in Restaurantmanagement im nur eine Stunde entfernt gelegenen Pittsburgh gemacht; dieser wiederum brachte ihm eine Stelle als Koch auf einer Rennbahn ein und später als Manager einer Ponderosa-Steakhouse-Filiale.

Er und Sarah hatten zwei gemeinsame Söhne; einer der beiden, Joshua, war schizophren, und ihn großzuziehen war eine Herausforderung gewesen. Matt hatte doch tatsächlich die West Virginia Lottery gewonnen, und er und Sarah hatten das Geld in den Kauf eines Hauses investiert. Doch 2013 brannte das Haus – es war nicht versichert – bis auf die Grundmauern nieder. Drei Monate später war Sarah an den Folgen von COPD gestorben, sie war zweiundvierzig Jahre alt. (Matt war ebenfalls Raucher.)

»Mein Großer hat eine Wohnung, da kam ich dann unter, also, ich lebte bei ihm. Es war nur so ... jeder Ort erinnerte mich an sie. Ich meine, schließlich war es unsere Heimatstadt ... Da dachte ich bei mir, *Zeit, zu gehen, mich hält nichts mehr hier.*

Ich war nie westlich vom Mississippi gewesen, außer auf der Lackland Air Force Base in San Antonio. Ich war also auf der Suche ...« Als passionierter Jäger hatte Matt in den 1980er-Jahren in der Zeitschrift *Field & Stream* etwas über Colorado gelesen, und das war »wie ein Samenkorn. Ich also: ›Auf nach Colorado.‹« Online suchte er nach »cheap land Colorado« und sah, dass im San Luis Valley jede Menge davon zum Verkauf stand. Mit Stellenangeboten im Valley hatte er weniger Glück, daraufhin erweiterte er seine Suche und fand eine Anstellung als Koch in Pueblo, etwa hundert Meilen von Blanca entfernt. »Drei Monate Pueblo. Wenn sich das wie eine Haftstrafe anhört, dann weil es sich wie eine angefühlt hat.« Während seiner Zeit in Pueblo suchte er jedoch weiter und fand schließlich eine neue Stelle in der Mensa der Adams State.

Matt fragte, wie es mir in meinem Wohnwagenanhänger erging. Ich erzählte ihm davon, wie meine Tür in der ersten Nacht zugefroren war, und er berichtete, ihm sei das Gleiche am Ufer des Stausees Mountain Home Reservoir passiert, an dem er und Joshua kampiert hatten, nachdem er von der Adams State entlassen worden war. Der Raum im Aufstelldach des Campingwagens war eng, und bei geschlossenem Fenster habe sich mit ihm und Joshua im Inneren jede Menge Kondenswasser gebildet. Eines Nachts sei die Temperatur unter minus 36 Grad Celsius gefallen; er sei aufgewacht, und die Tür im Inneren sei vollkommen mit Eis bedeckt gewesen, das er abmeißeln musste, um hinauszugelangen.

Vom Café fuhren wir zu La Puentes Holzlager in der Stadt und beluden die Ladeflächen unserer Trucks. Dann, auf dem Rückweg in die *Flats*, bot mir Matt an, mir sein Grundstück zu zeigen, dort, wo er und Joshua hoffentlich bald leben würden.

Die vier Hektar lagen direkt am Fuße des Blanca Peak. Die Landschaft war atemberaubend und hätte in vielen anderen Teilen des Bundesstaats Höchstpreise eingebracht. Doch da das Land im Valley lag, dessen Vorrat an Grundstücken geradezu unendlich schien, hatte er es für gerade einmal 8500 Dollar bekommen. Seitdem war er am Planen und Vorbereiten. Er hatte einen Schuppen bestellt, den er zu einem kleinen Haus ausbauen wollte, und zeigte mir, wo der Schuppen stehen, wo die Kläranlage hinkommen sollte (das Grundstück lag außerhalb von Costilla County, wo die Bauaufsichtsbehörde weniger streng vorging) und außerdem den Umriss einer Pferdekoppel. Neben seinem Pick-up besaß er keine Maschinen – doch er wollte das Beste aus seiner Situation machen und sich die Anhängervorrichtung des Mobile Home eines Nachbarn leihen, um eine Auffahrt in den Wüsten-Beifuß zu fräsen. Ferner benutzte er eine Schaufel, um den Boden für das Fundament des Schuppens vorzubereiten, um Zaunpfosten für die Koppel einzuschlagen und um eine Müllgrube auszuheben.

Besonders schien er sich über die Koppel zu freuen, ein richtiges Zuhause für sein Pferd Roxy Dancer, das gerade auf dem kleinen Grundstück, das er in den *Flats* gepachtet hatte, eingepfercht war. Ich erkundigte mich, wie der Pferdetransport von West Virginia ins Valley verlaufen sei.

»Als ich ein Grundstück hatte, auf dem ich sie halten konnte, fuhr ich noch einmal zurück und holte sie in einem Transporter her.«

»Du meinst, du hast in West Virginia einen Pferdeanhänger gemietet?«

»Nein, ich habe einen Möbelwagen gemietet und sie hinten eingeladen.« Matt schmunzelte. »Ich hab die Hintertür einen Spaltbreit offen gelassen, damit sie genügend frische Luft hat. Die Zurrschienen im Inneren des Laderaums eignen sich perfekt zum Anbinden.« An dem Tag, an dem ihm das County eine Adresse zugeteilt hatte, habe er Roxy auf ihrer neuen Koppel gesattelt und sei die hundert Meter zum Zaunpfosten an der Vorderseite des Grundstücks geritten, um die Hausnummer anzubringen.

Matt besaß außerdem einen Wolfshund, Allie, und war auf der Suche nach einem weiteren. Ich kannte auch andere, die diese halbwilden Tiere liebten, die mir immer ein wenig unheimlich sind. Matt pries Allies Vorzüge im Vergleich zu gewöhnlichen Hunden: Sie belle nicht (sie heule), sie zeige kein Territorialverhalten und sei loyaler als jeder andere Hund.

Matt begann jeden Tag mit einem Besuch an einer nahe gelegenen Quelle, um Wasser zu holen – ich hatte die Stelle im Schatten einer großen Pappel von der Straße aus gesehen. Oft bildete sich dort eine Schlange von Off-Griddern in Trucks, die darauf warteten, ihre Wassertanks aufzufüllen. Er sagte, sein Sohn Joshua (inzwischen 32 Jahre alt) begleite ihn manchmal dabei und auch bei anderen Erledigungen, dass er seine Tage sonst aber überwiegend zu Hause verbringe. »Ich habe ihn für eine Wohngruppe [in Alamosa] angemeldet, aber die Warteliste ist lang.«

Matt sagte, er würde mir gerne zeigen, wo sie seit der Zeit lebten, als sie im Truck überwintert hatten – er vermied das Wort »Obdachlosigkeit« –, und dass er mir auf dem Weg Dan Schaefer vorstellen würde.

Schaefer, der seit zehn Jahren im Valley lebte, war vom Costilla County vorgeladen worden, weil er keine Kläranlage hatte, und sah sich nun einem stetig wachsenden Berg an Bußgeldern gegenüber, die er nicht mit Handfeuerwaffen oder Souveränitätserklärungen bekämpfte, sondern mithilfe der Justiz. Er hatte einen Anwalt gefunden, der bereit war, ihn und drei oder vier andere Familien zu vertreten. Matt sagte, Schaefer wisse eine ganze Menge über das Goldschürfen (etwas, wofür er sich ebenfalls interessierte) und betreibe eine Website mit dem Namen »Colorado Prospector«. Doch er warnte mich, Dan neige dazu, zu viel zu reden, und dass er einmal miterlebt hätte, wie er bei einer Versammlung ausgerastet sei.

Schaefer war groß und wirkte smart. Er traf uns vor seinem Trailer, der einen seitlichen Anbau hatte und einen Vorderbereich, der wie bei den Grubers mit einem Maschendrahtzaun eingefasst war. Schaefer trat aus dem eingezäunten Bereich, um mit uns zu reden. Eine Frau, die er uns nicht vorstellte, kam ebenfalls heraus. Sie tat so, als würde sie sich voll und ganz ihrer Gartenarbeit widmen, doch es war merkwürdig offensichtlich, dass sie versuchte, unserer Unterhaltung zu lauschen. (Später erfuhr ich, dass sich das Paar hatte scheiden lassen, sie sich aber weigerte, auszuziehen.)

Schaefer hatte viel zu erzählen – tatsächlich zu viel. Nachdem Matt ihm erklärt hatte, warum ich da war, begann er mit einer weitschweifigen Rede, während ich zugleich versuchte, mir Notizen zu machen. Zuerst ermüdete meine Hand, dann meine Füße, und dann befürchtete ich, einen Sonnenbrand zu bekommen – wir standen in der prallen Sonne.

Gewiss, es war sein gutes Recht, aufgebracht zu sein: Aufgrund einer Ordnungswidrigkeit angeklagt, war ihm ein Pflichtverteidiger zur Seite gestellt worden, der ihn wissen ließ, er wäre der Erste, der sich bei einer solchen Anklage behaupten würde. Er hatte eine verwaltungsgerichtliche Anhörung hinter sich gebracht, eine Berufungsanhörung und eine vorgerichtliche Anhörung. »Laut Gesetz hat das County ab der vorgerichtlichen Anhörung zwei Wochen, um meinem Pflichtverteidiger seine Beweise vorzulegen«, erklärte er, doch das sei bislang nicht geschehen. Das Verfahren zog sich nun bereits seit bald einem Jahr, »das ist ein verdammtes Jahr, das sich auf mein Leben und mein Einkommen auswirkt«. Online hatte er einen Post mit dem Titel »Unterlassungsaufforderung zu leben?« (»Cease and Desist Living?«) über seine Situation veröffentlicht.

Dann folgte eine anschauliche und, wie ich sagen muss, überzeugende Darlegung der *Notwendigkeit* einer Kläranlage bezogen auf seine Familie. In Anbetracht der geringen Mengen, die darin landeten, reiche ihre Außentoilette: »Verdünnung ist das Mittel gegen Umweltverschmutzung!« (»Dilution is the Solution to Pollution!«) Er ignorierte mich, als ich ihn bat, mir das etwas genauer zu erklären. Dann versuchte ich, eine Frage über seine Vorgeschichte einzuwerfen, doch auch die überging er, bis Matt sie wiederholte.

»Hört auf, mir reinzureden, und hört mich an!«, fuhr Schaefer Matt an, der mir einen Blick zuwarf *(Siehst du?)*. Schließlich rückte er noch damit heraus, dass er früher eine Ausgabestelle für Cannabis betrieben, und auch, dass er eine hohe Sicherheitsfreigabe im Militär gehabt habe, doch aufgrund »mutmaßlichen Kokainmissbrauchs« entlassen worden war.

»Mutmaßlich?«, hakte ich nach.

Schaefer ignorierte auch das und beklagte das Verschwinden seiner Nachbarn. Er wies in mehrere Richtungen auf die Behausungen eines halben Dutzends ehemaliger Anwohner, die aufgrund der Bauaufsichtsbehörde hatten gehen müssen. »Mary war dieses Jahr fällig. Die dort drüben haben sie letztes Jahr vertrieben. Juan und Maria sind weg. Sie drangsalieren Kenny. Ron und Marlene haben sie in der Woche vor Weihnachten verjagt, ihre Kinder waren gerade in der Schule. Seht ihr den verlassenen Camper? Die haben sie ins Conejos County gescheucht.«

Irgendwann gingen wir. »Puh«, sagte ich zu Matt.

»Siehst du? Na ja, immerhin warst du gewarnt«, sagte er.

»Irgendwie kann ich ihn verstehen«, antwortete ich, »auch wenn er einem einiges abverlangt.«

Matts ehemalige Unterkunft erwies sich als äußerst schlicht – im Grunde war es ein Wohnwagenanhänger, bei dem eine Außenwand aufgebrochen und zu einem langen Raum erweitert worden war. Er war lichtdurchflutet und bot eine tolle Aussicht, schien aber alles andere als gut isoliert; ich spürte den Wind förmlich durch ihn hindurchpfeifen.

Als wir unseren Weg fortsetzten, fuhr mich Matt am langjährigen Zuhause der Familie Worley vorbei, die ebenfalls zum Gehen gezwungen worden war. Es war ein Eigenbau von eindrucksvollem Ausmaß – wie ein gigantisches Kartenhaus aus zig unterschiedlichen Kartendecks stand es Anbau um Anbau um Anbau da, keiner davon wirklich im rechten Winkel. Die Materialien stammten von unzähligen Müllhaufen.

Matts angemietete Bleibe.

»Wohnen sie noch hier?«, frage ich. Es waren keine Autos zu sehen, und die Behausung machte einen unbewohnten Eindruck.

Gute Frage, erwiderte Matt. Sie hofften, ihr Fall werde zusammen mit dem von Dan Schaefer verhandelt, und versuchten indes, mit allen Mitteln unter dem Radar des County zu bleiben. Matt hatte kürzlich ihren Truck gesehen, der in der Nähe des Highways parkte – etwas, das Menschen taten, wenn sie keinen Führerschein hatten oder ihre Zulassung abgelaufen war –, und sie mehr als einmal per Anhalter nach Alamosa mitgenommen. Mir war zu Ohren gekommen, die Worleys seien gegen jede Form der Dokumentationspflicht und wollten in keinem staatlichen Computer registriert sein.

In der Hoffnung, sie zu Hause anzutreffen, war Matt vor Kurzem mit einer Ladung Feuerholz bei ihnen vorbeigefahren, hatte gehupt, gerufen und, als er nichts hörte, angefangen, es abzuladen. Da kamen James und Roxanne Worley aus ihrem Erdkeller, wo sie sich versteckt hatten, als sich Matts Truck näherte. »Die

Worleys sind in der gleichen Lage wie Anne Frank«, sagte er zu mir.

Da war ich zwar anderer Meinung, beschloss aber, die Worleys nichtsdestotrotz kennenzulernen.

Am nächsten Morgen brachte ich eine weitere Ladung Feuerholz zum Grundstück von Sam Hanson. Eine erbärmlich wirkende Pitbull-Hündin hörte augenblicklich auf zu bellen, als Arik herauskam und mir beim Ausladen half.

»Was ist ihr denn passiert?«, fragte ich ihn.

»Letztes Jahr hat jemand auf sie geschossen«, sagte er. »Deswegen hinkt sie. Und dann ist sie auch noch einem Stachelschwein über den Weg gelaufen.« Ich musste erst gar nicht fragen, warum sie sie nicht zum Tierarzt gebracht hatten. Sie hatten kein Geld.

Ziza, eine von Ariks Schwestern, streckte den Kopf aus der Tür und sagte: »Hi, Ted.« Ich zeigte ihr ein Paar Schuhe, die ich von La Puente mitgebracht hatte, und ein Paar Jeans. Die Schuhe waren zu groß, aber die Jeans passten.

»Habt ihr heute keine Schule?«, fragte ich sie.

Sam, die an der Tür erschien, zeigte auf den Hinterreifen des Minivans, der platt war – sie hätten es am Morgen auf halbem Weg zur Haltestelle des Schulbusses gemerkt und einfach kehrtgemacht. Keines der vier Kinder ging an jenem Tag zur Schule. Ich fragte, ob ich helfen könnte: »Soll ich sie vielleicht für dich zur Schule bringen?«

Am besten wäre, sagte Sam, wenn ich Arik mit einem Reifen und einer Radfelge nach Antonito mitnehmen könnte, die dort im Reifenshop zusammengebaut würden. Ich sagte, klar, kann ich machen, und ein paar Minuten später waren wir unterwegs.

Ich mochte Arik, und wir unterhielten uns die ganze Fahrt. Er war betrübt darüber, den Unterricht zu verpassen, meinte aber, es sei schlimmer gewesen, als sein Dad ihn und seine Schwestern mitten im vorigen Jahr aus der Schule genommen hatte. Angeblich hatte der Musiklehrer gesagt, Arik sei nicht verantwortungsbewusst genug, um auf eines der Saxofone der Schule aufzupassen, und solle ein anderes Instrument lernen. Aber sowohl sein Vater als auch sein Großvater hätten beide Saxofon gespielt, erklärte Arik, und sein Dad hatte sich wutentbrannt beschwert – und unter anderem damit gedroht, die Schule niederzubrennen. Jetzt, da Zane im Gefängnis saß, gingen die Kinder wieder zur Schule und versuchten, den Stoff nachzuholen. Arik hatte ein Taschenbuch dabei, eine Fantasygeschichte mit Drachen und Elfen, über die er für »Sped« einen Aufsatz schreiben musste. Sped, was? Seine »Special Ed Class«, erklärte er, die Sonderschulklasse, und gab dann den Inhalt des Buches mit einem unglaublichem Detailwissen wider.

Ich setzte Arik am Reifenshop ab, den ich selbst aufgrund meiner eigenen Pannen nur zu gut kannte. Es stellte sich heraus, dass Arik noch andere Besorgungen zu erledigen hatte, und so vereinbarten wir, uns drei Stunden später wieder dort zu treffen.

Das Timing war perfekt: In der Zwischenzeit konnte ich nach Alamosa fahren und einen Vortrag von einem Reporter der *Denver Post* an der Adams State University besuchen, der erst kürzlich einen durch einen Videobeitrag ergänzten Artikel geschrieben hatte, der von einer Familie handelte, die im nördlichen Teil des Valley netzunabhängig lebte.

Der Reporter hatte Dias von früheren Recherchen über andere Off-Gridder im Valley mitgebracht, die er zweieinhalb Jahre zuvor gemacht hatte. Ich erkannte ein paar der Leute auf den Bildern, war dann aber schockiert, eine Reihe von Fotos der McDonalds zu sehen, die zur damaligen Zeit gerade ihr Haus fertig gebaut hatten. Auf einem der Bilder sah man Arik, damals dreizehn, der neben einer Holzwand steht: »Alles von mir zurechtgesägt«, wurde er zitiert; der Reporter fügte hinzu, er habe »eine Handsäge benutzt, um die Bretter zuzuschneiden«. Eher verstörend war an der Präsentation, dass der Journalist ganz offensichtlich nicht mitbekommen hatte, was der Familie seit der Veröffentlichung seiner Story widerfahren war.

Das fensterlose Haus der McDonalds.

»Die Familie hat sich eine kleine Hütte in der Nähe des Rio Grande gebaut, daneben ein Gewächshaus, in dem sie Hanf und Gemüse anpflanzen. ›Ich baue so viel an, wie für zwei Personen erlaubt ist‹, sagte [Zane McDonald].

›Wir haben viel recherchiert, haben uns viele Fragen gestellt. Uns war allen klar, dass wir Opfer bringen müssen, aber es war auch unsere letzte Chance auf ein Abenteuer mit den Kids, bevor sie zu cool sind, um mit uns zu abzuhängen.‹«

Die Bewohner des Valley können ungemein höflich sein. Gut möglich, dass aus diesem Grund keine der dreihundert Personen im Publikum Zanes abscheuliches Strafregister erwähnte – obgleich eine der Organisatorinnen mir erzählte, dass sich im Nachhinein ein paar Leute bei ihr beschwert hätten. In der Reportage klingt Zane wie ein gesetzestreuer, hipper Vater. (Der Kritikpunkt, den ich hörte, war der des Mannes, der neben mir auf der Empore saß. Er sagte, der Fokus, den der Reporter auf arme Menschen gelegt habe, würde all die Off-Gridder in Verruf bringen, die nicht in Armut lebten und Gras anpflanzten und sich bemühten, anständige Häuser zu bauen. Es gab viele solcher Leute in Colorado und andernorts, doch im Valley bauten sie eher nicht draußen in den *Flats.*)

Als Arik und ich wieder in die Prärie hinausfuhren, fragte ich ihn, ob er sich daran erinnere, sich für einen Artikel für eine Zeitung aus Denver mit einem Reporter unterhalten zu haben. Er bejahte und ergänzte: »Danach haben mich die anderen in der Schule so was von fertiggemacht.«

»Weil ein Foto von dir in der Zeitung war?«

»Weil es in dem Artikel um Armut ging«, sagte er. An seiner Schule ging es rau her; ich konnte mir gut vorstellen, dass sie gnadenlos waren. »Aber jetzt tun sie mir nichts mehr, nach allem, was passiert ist.« Selbst Schulhoftyrannen verstummten, wenn dein Vater wegen des Missbrauchs an deinen Schwestern inhaftiert wurde.

Abends luden mich die Grubers zum Eintopfessen ein. Stacy war die Unordnung nach wie vor unangenehm, aber ich versicherte ihr erneut, dass es mir nichts ausmachte, ja dass es mich daran erinnerte, wie ich mit meinen drei jüngeren Schwestern aufgewachsen war. In ihrem Trailer war jedoch alles auf deutlich weniger Raum zusammengepfercht, und dann waren auch noch die Tiere mit von der Partie. Es geschah immer so vieles zugleich, dass man kaum wusste, wohin man seine Aufmerksamkeit lenken sollte. Vorübergehend wohnte eine kleine Ziege namens Opal bei der Familie im Trailer, und Trinity (Trin) gab ihr auf dem Sofa ein Fläschchen. Stacy hob Raven aus ihrem Hochstuhl und setzte sie in den Laufstall, in den zugleich eine Katze sprang, und Tank, der tapsige Bernhardiner, stellte sich an den Hochstuhl und schlabberte die restlichen Cheerios aus Ravens Schälchen. Meadoux, die Zweitälteste, setzte ihre Hündin Lakota auf einen anderen Teil des Sofas, wickelte sie in eine Decke und teilte ihr mit, sie habe jetzt eine kleine Auszeit. Frank zeigte mir ein Foto, das ihnen ihr Freund Josh aus Oregon geschickt hatte. Darauf war eine riesige Hanfpflanze zu sehen, die er gerade zog, und Stacy witzelte, dass ich vielleicht selbst eine ziehen sollte, um mir »ein umfassendes Bild davon zu machen«.

Während alldem lief natürlich zugleich der Fernseher (allein mit einer Antenne konnte man über zwanzig Kanäle empfangen). Unsere Aufmerksamkeit schweifte zu einer Nachrichtenmeldung über die Sichtung eines Ufos, auf die ein Interview mit einer Augenzeugin folgte, einer älteren Frau, der einige Zähne fehlten. Stacy überraschte mich mit der Feststellung, dass Ufo-Gläubige im Fernsehen »nie gut aussehen – da tritt nie jemand auf, der wie du alle Zähne hat«.

Ich war erstaunt darüber, dass sie so etwas ansprach, rückblickend aber denke ich, dass sie den Boden bereiten wollte, um über den schlechten Zustand ihrer eigenen Zähne zu reden. In großen Teilen des ländlichen Amerikas verbinden Menschen fehlende Zähne mit dem Missbrauch von Methamphetamin.

Stacy wollte jedoch klarstellen, dass das bei ihr nicht der Fall war. »Für mich war es eine einfache Entscheidung«, sagte sie. Sie hatte eine schwere Entzündung, einen Abszess, im Kiefer gehabt, aufgrund dessen ein paar ihrer Zähne gezogen werden mussten. »Es hieß, entweder du verlierst die Zähne, oder du stirbst.«

Frank besaß noch ein paar seiner Zähne, erzählte jedoch, dass er die ersten bereits als Teenager verloren hatte, als ihm seine beiden Vorderzähne bei einer Prügelei ausgeschlagen wurden. Bereits im Alter von siebzehn Jahren trug er eine Teilprothese. »Manchmal wünschte ich, die los zu sein, die ich noch habe«, sagte er, weil sie ihm hin und wieder Probleme bereiteten. Er habe in seiner Jugend ein bisschen Crystal Meth genommen, sagte er, aber nie Heroin probiert, habe sich nie etwas gespritzt. Stacy war Alkoholikerin mit einer Vorliebe für Bier gewesen. Seit sie einander gefunden und eine Familie gegründet hatten, sagten sie (und beobachtete ich), hätten sie nur Gras und Tabak konsumiert; keiner der beiden rührte jemals Alkohol an.

Illegale Drogen waren im Valley jedoch weit verbreitet – vor allem Opioide und Heroin. Im gleichen Monat, in dem ich die Grubers besuchte, wurde im Nachrichtenmagazin *60 Minutes* ein Bericht darüber ausgestrahlt, wie der landesgrößte Arzneimittelhändler, die McKesson Corporation, die Opioidkrise befeuert hatte: Man sah bei den gigantischen Bestellungen von Kleinstadtapotheken im San Luis Valley einfach nicht so genau hin. »Drogenermittler haben herausgefunden, dass McKesson die gleichen Mengen an Opioiden an Kleinstadtapotheken im San Luis Valley in Colorado lieferte, die üblicherweise große Drugstores neben Krankenhäusern in Großstädten beziehen.« Ein altgedienter Mitarbeiter der Drogenvollzugsbehörde DEA drückte es so aus: »McKesson lieferte der Stadt so viele Pillen, dass jedem Mann, jeder Frau und jedem Kind eine monatliche Dosis von dreißig bis sechzig Tabletten verabreicht hätte werden können ... Ich war schockiert.«

Eine Folge war die massive Zunahme von Drogenabhängigen – im Gefängnis von Alamosa, erzählte mir der Sheriff, seien 90 Prozent der Inhaftierten opiatsüchtig oder säßen aufgrund einer mit Opiaten in Verbindung stehenden Anklage ein. Ich hatte mich bei Stacy und Frank über den verlassenen Wohnwagen erkundigt, der eine Straße von ihnen entfernt stand. Er gehöre ehemaligen Freunden von ihnen, sagte Stacy, die ihn ein Jahr zuvor auf ihrem Grundstück abgestellt hatten. Doch dann begann das Paar, Drogen zu nehmen, und entwickelte sich zum Schlechten – sie schafften es nicht, für ein Wochenende, an dem die Grubers weg waren, nach deren Haus zu sehen, was zur Folge hatte, dass die Tiere, die im Inneren zurückgelassen wurden, den gesamten Teppich vollmachten und eine Spur der Verwüstung hinterließen. Als es mit ihrer nachbarschaftlichen Beziehung bergab ging, verließ das Paar den Wohnwagen und verschwand.

Stacy sagte, die Frau habe kürzlich wieder Kontakt zu ihr aufgenommen. Ihr neuer Freund sei auf der Suche nach einem siche-

Schild vor einem Gartencenter in Alamosa, 2018.

ren Ort, an dem er sein Auto für ein paar Tage abstellen könne – ob er es bei ihnen lassen dürfe? Zögerlich sagten Stacy und Frank zu. Doch als das Fahrzeug, ein glänzender roter Mitsubishi-Sportwagen auf einem Anhänger, abgestellt war, prüfte Frank »Händler«-Seiten in den sozialen Medien, um herauszufinden, ob ihn jemand vermisste. Und in der Tat, das Auto war gestohlen. Die Grubers riefen bei der Polizei an, um nicht noch tiefer in die dysfunktionale Welt ihrer früheren Freunde hineingezogen zu werden.

Was mir im Mobile Home der Grubers am wenigsten behagte, war alles, was mit ihrem Kakadu Sugar zu tun hatte. Sugar hatte einen schönen großen weißen Käfig, der in der Nähe eines Fensters platziert war, weil sie, wie Stacy sagte, gerne beobachtete, was draußen vor sich ging. Wie fast alle ihrer Tiere stammte auch Sugar aus dem Tierheim. Sie schien äußerst intelligent – sie kannte Wörter und Sätze. Doch ihr immer wieder ertönendes, ohrenbetäubendes Kreischen übertönte alle anderen Geräusche, was wirklich etwas heißen wollte.

Eines Tages, als der Fernseher gerade leise war, hörte ich die Stimme einer Frau, die sagte: »Großer Hund will Gassi gehen.« Stacy sah mich an. »Hast du das gehört?«, fragte sie.

»Ja – Tank muss mal raus?«

»Nein, ich meine, hast du gehört, wer das gesagt hat?«

»Äh, ich weiß nicht«, gab ich zu. Stacy bat mich, genau hinzuhören.

»Komm her, großer Hund«, sagte die Stimme, und diesmal folgte ich Stacys Blick und erkannte, dass es Sugar war.

»Sie mag Tank«, erklärte Stacy. »Wenn Tank sich ihr nähert, zupft sie manchmal an seinem Fell.«

Angesichts meiner Begeisterung holte Stacy Sugar aus ihrem Käfig. Sugar saß auf ihrer Schulter, ließ sich dann auf ihren Armen nieder und flatterte vergnügt zu Trin und Meadoux weiter.

»Schaut mal her«, sagte Trin und setzte sich mit Sugar auf das Bett. Sie zog die Bettdecke zurück, und unter meinen ungläubigen Blicken schlüpfte Sugar hinein und legte sich hin.

»Ich begreife auch nicht immer, dass sie es ist, die redet«, sagte Frank. Er erzählte, dass er einmal kurz davor stand, aus dem Haus zu gehen, um zu Stacy ins Auto zu steigen, die dort bereits wartete, als eine Stimme fragte: »Gehst du?« Frank hielt kurz inne und sagte Ja. »Wann kommst du zurück? Sugar will auch mit.« Stacy sagte, Frank sei völlig durcheinander gewesen.

Bald sollte ich auch erfahren, dass Sugar ein derbes Schandmaul war. »Scheiße Scheiße Scheiße Scheiße Scheiße«, hörte ich sie öfter als einmal sagen. Und zu Chaps, dem Kätzchen: »Komm Miez, Miez, ich beiß dir dein verfluchtes Ohr ab!«

»Wer hat ihr das beigebracht?«, fragte ich. Stacy sagte, Sugar hätte einem Ehepaar in den Achtzigern gehört, das in ein Altenheim ziehen musste und sie nicht mitnehmen konnte. Stacy nahm an, der Name des Manns sei George gewesen, da Sugar hin und wieder mit einer beschwichtigenden Frauenstimme sagte: »Ist schon gut, George.« Manchmal aber klang Sugars Stimme wie die eines wütenden Mannes, der sagte »Halts Maul, verdammt noch mal« oder »Mach die verdammte Tür zu«. Die Mädchen kicherten, als mir Stacy davon erzählte. »Wir glauben, dass George seine Frau geschlagen hat«, fügte Stacy hinzu.

Frank sagte, manchmal gehe ihm Sugars Gekreische ebenfalls auf die Nerven. Einmal, als er andeutete, eine Wasserflasche aus Plastik nach ihrem Käfig zu werfen, sagte Sugar: »Los, wirf sie doch!« Und ein andermal: »Wirf sie schon, Arschloch!«

Medaoux erzählte: »Manchmal sagen wir ›Halt den Schnabel‹, und sie sagt: ›Nein, du hältst den Schnabel!‹«

Offenbar lernte Sugar weiterhin neue Ausdrücke. Frank und Kanyon, die mittlere Tochter, waren große Fans der Denver Broncos und versäumten keines ihrer Spiele im Fernsehen. Nach einem solchen begann Sugar zu sagen: »Verkackt es bloß nicht, Broncos!«

Ein paar Wochen nach meiner Ankunft, berichtete Stacy, habe der Vogel etwas Neues aufgeschnappt: Jedes Mal wenn mein Pick-up auf das Grundstück einbog, sagte er mit der Stimme einer ihrer Töchter: »Ted ist zu Hause.«

Für die jüngeren Mädchen war es an der Zeit, ins Bett zu gehen. Ich wünschte den Grubers Gute Nacht und bewegte mich in Richtung Tür. Stacy bat Trin, mir den Weg mit einer Taschenlampe zu leuchten, da ich keine dabeihatte. Das sei nicht nötig, sagte ich zu Trin, doch als ich den Maschendrahtzaun hinter mir gelassen hatte, war ich froh, dass sie da war. Stand der Mond am Himmel, konnte man nachts gut sehen, doch in jener Nacht ließ er sich nirgendwo blicken – nur etwa eine Milliarde Sterne. Die Taschenlampe half mir, Hindernisse zu umgehen wie Bretter und Steine und vom Wind hergewehten Müll. Wir gingen zur Rückseite meines Wohnwagenanhängers, und Trin richtete das Licht weg von uns, hinaus in die Prärie. »Manchmal sehe ich Augen, die zurückblicken«, sagte sie und ließ den Lichtstrahl langsam über den Horizont streifen.

»Von wem die wohl sind?«

»Wahrscheinlich von Kojoten«, sagte sie. »Manchmal vielleicht von einem Hund. Aber sie könnten auch von einem Puma sein.« Sie habe in ihren zwei Jahren in der Prärie nur die Spuren der Großkatze gesehen, ergänzte sie, nie das Tier selbst. Das beruhigte mich ein wenig.

In puncto Sicherheit ist ein Wohnwagenanhänger definitiv besser als ein Zelt – bei geschlossener Tür kann sich kein wildes Tier Zutritt verschaffen. Doch als der Wind eines Nachts später in jener Woche auffrischte und mein Bett wackelte, fragte ich mich: *Soll ich mich davon in den Schlaf wiegen lassen, oder muss ich mir Sorgen machen?* Der Wind pfiff durch ein paar Lüftungsöffnungen in der Decke, die sich nicht richtig verschließen ließen, und sorgte für eine gespenstische Geräuschkulisse. Am nächsten Tag fragte ich ein paar Bewohner der *Flats*, ob sie je von Trailern gehört hätten, die umgeweht wurden. Die meisten verneinten und merkten an, ein Großteil der Mobile Homes, wie das von den Grubers, sei mit Seilen am Boden befestigt. Aber wie verhalte es sich mit kleinen wie meinem?, fragte ich. Eine Person räumte ein, einen kleineren Trailer als meinen gesehen zu haben, der von mexikanischen Hirten genutzt wurde und nach einem besonders starken Sturm zur Seite gekippt war.

In der nächsten stürmischen Nacht ging ich in Gedanken mögliche Szenarios durch. Prinzipiell konnte der Wind aus allen Richtungen kommen, wehte meist aber aus dem Westen oder Südwesten. Aufgrund dessen, wie mein Wohnwagenanhänger platziert war, bedeutete dies, dass, sollte der Wind ihn umblasen, während ich schlief, mein Bett senkrecht kippen und ich auf dem Kopf landen würde.

Das Mindeste, was ich an Präventivmaßnahmen ergreifen konnte, war, mit dem Kopf an der anderen Seite des Bettes zu schlafen. So würde ich, sollte der Wind meinen Wohnwagen umwerfen, auf den Füßen landen.

Eine Route von Alamosa zu den Grubers führte durch Manassa. Das größte Gebäude des Städtchens, dessen Rasen einen gesamten Block einnahm, war die Kirche der Mormonen. Manassa konnte sich nur mit einer bekannten Person rühmen: Es war der Geburtsort des Boxers Jack Dempsey (von dem in Colorado aufgewachsenen Schriftsteller Damon Runyon »The Manassa Mauler« genannt). Dempsey, das neunte von dreizehn Kindern, wuchs unter ärmlichen Verhältnissen in einer Mormonenfamilie heran. Heute beherbergt eine kleine Holzhütte im Stadtpark das Jack Dempsey Museum.

Ein Autobahnschild an der Ausfahrt nach Manassa bildet den legendären Boxer in voller Montur ab, und eine Bronzestatue vor dem Museum stellt ihn in Kämpferpose dar. Eine Zeit lang bemühte sich auch Geneva Duarte um ein Schild zur Erinnerung an ihren kämpfenden Sohn Angelo am Ortsrand von Alamosa. Größeren Erfolg hatte sie jedoch mit der Ausrichtung eines jährlich stattfindenden Mixed-Martial-Arts-Abends an der Adams State, dessen Einnahmen einem im Namen ihres Sohnes vergebenen Stipendiums zugutekamen.

Sie hoffte auch, dass ich über Angelo schreiben würde, und lud mich daher zu einem Abend des Gedenkens mit ein paar von Angelos Cousins, Cousinen und Freunden bei ihr zu Hause ein. Anwesend waren Santino Trujillo, Gilbert Estrada (der damals in Genevas Mobile Home wohnte) und Salina Pacheco – allesamt Kinder von Genevas Schwestern. Alle Befürchtungen, in einen sentimentalen Abend voller Grußkartensprüche zu geraten, wurden bald zerschlagen, da sich alle Anwesenden einig zu sein schienen, Angelo sei exzessiv, extrovertiert, machomäßig, mutig, liebenswert und dazu in der Lage gewesen, seinen Kampfgegnern schweren Schaden zuzufügen. Und viele dieser Gegner waren ihm ganz offenbar nicht auf einer Wrestlingmatte, in einem Boxring oder einem MMA-Käfig begegnet.

Teils schien sein Kampfgeist dem Ethos des Valley geschuldet, teils Angelos aggressiver Natur. In einem Essay über Jack Dempsey im Bereich »Geschichte des Westens« der Stadtbibliothek Alamosa heißt es: »Kämpfen war *das* Freizeitvergnügen aller Jungs in Manassa.« Er legt nahe, Dempsey habe bereits zu kämpfen begonnen, bevor die Familie nach Creede zog, als er zehn oder elf Jahre alt war, und dann 1905 nach Montrose. Körperlich ausgetragene Kämpfe sind weiterhin wichtiger Bestandteil des hiesigen Ethos, obgleich Angelo damit anfing, zu wrestlen, wie so viele Jungs auch heute noch.

»Früher setzte er mir immer mit seinen Wrestlinggriffen zu und brachte mich zum Weinen«, begann Santino. Doch in sozialen Kontexten wie Kneipen sei Angelo immer auf seiner Seite und ein verlässlicher Begleiter gewesen.

»Früher«, fuhr Santino fort, »vor meiner Ehe, als Angelo und ich uns austobten, versuchten wir, Mädels an der Bar aufzureißen. Einmal fiel meine Wahl auf eine junge Frau, die mit einem Schlägertypen zusammen war, der im Gefängnis gesessen hatte, und er und seine Kumpels wollten mich verprügeln. Sie erwischten mich an der Hotdog-Maschine. Ich war allein; Angelo war gerade im Softdrink-Bereich. Sie sagten zu mir: ›*Los, lass uns rausgehen ...*‹ Mein Cousin Angelo, der mitbekam, dass ich bedroht wurde, mischte sich ein: ›*Wo liegt das Problem?*‹ Und sie erwiderten: ›*Wir wollen ihn draußen vermöbeln.*‹

Und Angelo darauf: ›*Kämpft doch gegen mich.*‹ Der Kerl wollte, aber seine Freunde rieten ihm ab: ›*Nein, tu das nicht, mit dem willst du dich nicht anlegen.*‹ Und so ließ er es an jenem Abend bleiben. Doch eines Tages lauerte der Typ mir vor einem Büro auf. Da kommt Angelo und sagt: ›*Okay, das war's jetzt, du gegen mich.*‹ Und Angelo ist mit ihm rausgegangen und hat ihn zu Brei geschlagen, sie mussten den Krankenwagen rufen.«

An einem anderen Abend, in einer anderen Kneipe näherte sich ein Kerl namens Adolph von hinten und nahm Angelo in den Schwitzkasten. Ein großer Fehler: Angelo drehte sich blitzschnell um, hob ihn hoch, warf ihn zu Boden und schlug auf ihn ein. Danach, erinnerte sich Salina, sei Angelo mit bangem Gesicht zu ihr gekommen; er befürchtete, den Kerl versehentlich umgebracht zu haben, und dass er fliehen müsse. Doch Adolph erholte sich wieder.

»Angelo hat die Villagomezes windelweich geprügelt, sowohl den Vater als auch den Sohn«, schwelgte Santino in Erinnerungen.

Gilbert erinnerte sich daran, wie ihn Angelo einmal besuchte, als er mit seinen drei Söhnen in Denver lebte. »Ich trank Bier, und er wartete, bis ich angeheitert war, und sagte dann: ›Los, Chuck!‹ – wahrscheinlich spielte er damit auf Chuck Norris an. Es dauerte keine Minute, und schon kloppten wir uns – auf einem Hartholzboden zu ringen ist nichts, wovon ich träume. Aber so war er einfach, es war seine Natur, er liebte die körperliche Auseinandersetzung.«

Nicht jeder Freundschaftskampf endete auf diese Weise. Santino erinnerte sich daran, einmal zu seinem Cousin Mikey nach Hause gekommen zu sein, der »bewusstlos auf dem verdammten Küchenboden lag, in einer Blutlache, Blut an den Wänden, und Angelo mit offenem Hemd im Wohnzimmer keuchte heftig. Ich sagte: ›Was soll das, du kannst Mikey doch nicht umbringen!‹«

Seine Eskapaden waren nicht immer gewalttätig. Einmal klaute Angelo einen Rasentraktor und brachte ihn nach Hause – er wollte, dass seine Schwester Lenora mit ihm zusammen darauf fuhr. Dann, um zwei Uhr morgens, steuerte er ihn über die Brücke in die Stadt, am College vorbei und über die Rasen der Anwohner.

Ich blickte zu Geneva, um zu sehen, wie sie auf die Geschichten reagierte. Sie lauschte gebannt – viele von ihnen hatte sie bislang nicht im Einzelnen gekannt. Sie grätschte dazwischen, um zu erwähnen, dass Angelo im Laufe seiner MMA-Karriere zum Glauben fand und sich selbst als »Krieger für Jesus« betrachtete. Allerdings hielt ihn das nicht davon ab, alles zu geben, um seine Gegner zu vernichten. Geneva stand ihm dabei kaum in etwas nach. »Ich habe mir alle Kämpfe angesehen. Ich feuerte ihn an: ›Mach ihn fertig, Angelo! Mach ihn kalt!‹«, sagte sie.

Angelo verbrachte einige Zeit im Gefängnis, weil er seine Freundin geschlagen hatte, und wurde in Drogengeschäfte verwickelt. Als ich das hörte, dachte ich bei mir, dass ich ihn wohl nicht gemocht hätte. Doch seine Familie sagte, dies seien die dunklen Jahre gewesen. Als er wieder auf freien Fuß kam, ließ er die Schlägereien sein. Danach, erinnerte sich Salina, habe Angelo »Ernst damit gemacht, ein Mann der Berge zu werden. Er sagte: ›Mich zu prügeln bringt's einfach nicht mehr – ich möchte bei den Pumas und Bären sein, in der Wildnis.‹ Ich sagte, mich würde das eher abschrecken, und er erwiderte, er könne es kaum erwarten: ›So ein Tier jagt entweder mich oder wird von mir gejagt. Mein Leben oder seins.‹« Bei diesem Thema fiel Santino ein, wie er und Angelo einmal oben im Wald auf dem Blanca Peak einen markerschütternden Schrei hörten.

»Er stammte weder von einem Bären noch von einem Hirsch. Es war einfach nur ein lauter Schrei. Sein Echo klang auch nicht menschlich. Ein paar Sekunden vergingen, dann hörten wir ihn erneut. Dann noch einmal. Ich sagte: ›Hast du das gehört?‹ Wir sahen einander an. Ich sagte: ›Wir müssen hier weg, Bro, ich muss nach meiner Familie sehen‹ – wir hatten sie am Zeltplatz zurückgelassen. Und Angelo darauf: ›Nein, wir müssen ihn vom Berg jagen!‹ Das Einzige, was er im Sinn hatte, war, den Verursacher des Schreis aufzuspüren, ihm von Angesicht zu Angesicht gegenüberzustehen. Aber ich hatte wirklich Angst. Er nannte mich eine Lusche und war sauer auf mich. Er wollte nicht gehen – ich habe ihn mehr oder weniger gezwungen.«

Dann stand die Frage im Raum, ob es wohl ebendiese Entschlossenheit war, sich seinen Ängsten zu stellen, die ihn zu nahe an die Hochspannungsleitung gebracht hatte, die ihn das Leben kostete. An jenem Morgen half ihm eine vierköpfige Crew, allesamt Familienmitglieder, bei Baumschnittarbeiten in der Nähe von Monte Vista. Angelo hatte einen Lift mit Arbeitsbühne gemietet. Trotz Santinos Warnungen platzierte er ihn näher an den Stromleitungen, als nötig gewesen wäre. Sie alle hätten dabei zugesehen, sagte Gilbert, als er auf die Plattform stieg und Lenora anwies, ihn nach oben zu befördern.

»Er dreht sich der Stromleitung zu, etwa so. Und er reckt seine Hand nach oben, für mich sah es aus, als wolle er die Stromleitung testen. Ich sagte: ›Was tust du da, was soll das?‹ Und dann sah ich am Boden der Plattform einen Funken, wie ein Feuerball, und Lenora auch.«

Gilbert hielt inne – es fiel ihm nicht leicht, den Rest der Geschichte zu erzählen. Angelo hatte schwere Verbrennungen erlitten und war bewusstlos. Kurz darauf starb er im Krankenhaus. »Wenn ich euch erzähle, wie es abgelaufen ist, spüre ich die Gegenwart meines Cousins, der zu mir sagt: ›Erzähl ihnen, was passiert ist, sei kein Weichei, erzähl ihnen, was passiert ist!‹ Und vermutlich gibt mir das die Kraft«, sagte er.

Alamosas Bürgermeister Ty Coleman, der mit Angelo Poker bei Geneva gespielt hatte und von ihm zum Eisfischen geschleppt worden war, stieß gegen Ende des Abends dazu und erinnerte sich an einen Mann, der sowohl bescheiden als auch überaus selbstbewusst und ungemein erfinderisch war (»Er hat aus fast nichts so viel aufgebaut«) und dessen Begräbnis von mehr als fünfhundert Menschen besucht wurde, von »den wohlhabendsten bis hin zu den ärmsten der armen, aus allen Bevölkerungsgruppen«. (Coleman ist Afroamerikaner.) »Und er berührte sie einfach, weil er er selbst war.«

Kurz darauf veranstaltete Geneva eine Weihnachtsfeier, bei der mir ihre Schwester, die, der wir die Hirschkeule gebracht hatten, als Geschenk gedörrtes Wildfleisch überreichte. Es schmeckte intensiver nach Wild als Beef Jerky, aber nicht übel. Dann gab mir Geneva etwas von dem ab, das sie gemacht hatte. Das war besser. Eines der Highlights war Geneva, die mit ihrer *jita* (Tochter) Wendy »Las Mañanitas« auf Spanisch zum Besten gab.

Doch der wirkliche Höhepunkt des Jahres war das riesige Weihnachtsfest von La Puente.

Jedes Jahr legten sie sich für die Feier richtig ins Zeug. Die Notunterkunft war mit Lichtern, Lametta, Zweigen, Weihnachtsstrümpfen und Deko-Geschenkboxen geschmückt. Es gab ein großes Weihnachtsessen, und Lance war der Meinung, dass jedes Kind, das kam, mit einem Geschenk gehen sollte. Die Schlange reichte von der Eingangstür einmal um den Block. In den Innenräumen stand ein gigantischer Schlitten, in dem Santa Claus (ein kostümierter Bewohner der Unterkunft) und Mrs. Claus (eine langjährige Gönnerin) umgeben von einer Elfenschar (AmeriCorps-Freiwillige) saßen; jedes Kind durfte sich ein paar Minuten zu ihnen gesellen. Draußen wurde Livemusik gespielt; und dann war da Lance als riesiger Weihnachtself verkleidet, der den Spaß seines Lebens hatte (und mir ein Weihnachtself-Shirt zum Anziehen überreichte). Am E-Bass spielte der Geschäftsführer vom Secondhandkaufhaus Rainbow's End, sein Partner am Keyboard und ein Mitarbeiter, der bei den Amischen aufgewachsen war, spielte die Säge.

In jenem Jahr war das Motto der Feier »Harry Potter«, am deutlichsten erkennbar an dem Baum vor der Notunterkunft, der zur Peitschenden Weide umfunktioniert worden war, inklusive eines in ihren Ästen gefangenen Miniaturautos wie das der Familie Weasley. Die Feier war eine lokale Institution, bedeutete für alle bei La Puente allerdings auch eine Menge Arbeit.

In einem ruhigen Moment fragte ich Lance, warum sie den Tag mit derart viel Aufwand begingen. (Die Mitarbeiter des Outreach-Projekts waren tagelang mit Vorbereitungen beschäftigt gewesen.) Die Frage brachte ihn komplett aus der Fassung; zum ersten Mal erlebte ich, wie Lance um Worte rang. »Warum sollte man ihn weniger aufwendig feiern?«, erwiderte er schließlich.

Dieses Übermaß an Feierlichkeit und Lebensfreude war, wie ich noch lernen sollte, ein bewusster Akt, ein Dagegenstemmen gegen die Sogkraft der Niedergeschlagenheit und Sorgen. Inmitten der Feierlichkeiten kam ein Polizist mit einem Haftbefehl für eine Frau, die in der Unterkunft gewohnt hatte. Zum Glück – für das Fest – war sie vor Kurzem ausgezogen. Doch dann flüsterte mir Judy, Lance' rechte Hand, zu, sie habe gerade erfahren, Sidney Arellano sei nachts zuvor tot in seinem Auto aufgefunden worden. Ob es Drogen gewesen seien, die Kälte?, frage ich. Judy wusste es nicht. Sidney war eines der bekannten, eines der kauzigen Gesichter im Umfeld der Notunterkunft: Er wirkte stets gehetzt, hatte schwarze lange Haare und trug selbst im Sommer einen Mantel. Er interessierte sich für Mystik und hatte einmal eine »Geburtszeremonie« für ein paar wertvolle Steine in seinem Zimmer in der Unterkunft abgehalten. Lance vereinbarte mit Judy, die Neuigkeit von Sidneys Tod vorerst für sich zu behalten; sie hätte an diesem Freudentag nicht gepasst. Selbstredend würde man ihn später würdigen, La Puente gedachte der Verstorbenen der Community zwei Mal pro Jahr mit einer Kerzenlichtmahnwache.

Tief im Inneren der Notunterkunft sah Santa Claus in seinem Sperrholzschlitten mehr als real aus – der Mann war ein Hüne mit einem waschechten Rauschebart. Das einzige Detail, das nicht ganz dem Bilderbuch entsprach, war der Sauerstoffschlauch unter seiner Nase – wie so viele andere, die mir begegneten, war auch der Weihnachtsmann an COPD erkrankt. Die Feier dauerte, bis jedes Kind einmal mit Santa Claus reden durfte, ein Geschenk bekommen hatte und sich am Festschmaus satt essen konnte. Ich fühlte mich ein wenig erschöpft und setzte mich, ebenso wie der Weihnachtsmann, draußen an einen Picknicktisch. Clifford Kidder II entfernte seinen Sauerstoffschlauch, zündete sich eine Zigarette an, und wir begannen, uns zu unterhalten.

Er habe die Sauerstoffflasche seit November, sagte er. Dass er aber bereits seit seinen Teenagerjahren geraucht hätte und seit Jahren an COPD litt. (»Ich weiß, es macht einen schlechten Eindruck, aber ich rauche nur noch sechs Zigaretten am Tag.«) Bis vor sieben oder acht Jahren war er Lkw-Fahrer gewesen. »Ich musste husten, alles verschwamm vor meinen Augen, und ich kam fünfzig Meilen später wieder zu mir, ohne zu wissen, wie ich dort hingelangt war. Gedächtnisverlust war Teil davon.«

Am Ende zog er bei seiner Ex-Frau und deren Mutter in Michigan ein. Doch dort, neben einer Giftmüllverbrennungsanlage, konnte er auch nicht besser atmen und landete für zehn Tage auf der Intensivstation. Als er entlassen wurde, gestand er sich ein, dass er unter diesen Umständen nicht weiterleben konnte, und zog weiter. »Entweder werde ich wütend, oder ich steh einfach auf und gehe«, sagte er etwas kryptisch. Er trampte los in Richtung Yuma, Arizona, doch ein Fahrer setzte ihn in Alamosa ab, als Clifford feststellte, dass er den Ort bereits kannte. Eine Zeit lang hatte er dann in einer von der Church of Christ betriebenen Rehabilitationseinrichtung gewohnt und als Fahrer für den nördlich von Alamosa gelegenen Colorado Gators Reptile Park gearbeitet. »Ich transportierte die Buntbarsche, die sie züchten, runter nach Texas.«

»Bevor ich Truckfahrer wurde, hatte ich achtundzwanzig Jobs«, erzählte mir Clifford. Er stammte aus dem Ohio River Valley, dreiundvierzig Meilen nördlich von dem Ort, an dem Matt aufwuchs. Auch Jimmy Stewart komme von dort, sagte er, und dass er *Ist das Leben nicht schön?* unzählige Male gesehen habe. »Vielleicht passt es insofern, dass ich den Weihnachtsmann spiele.«

In dem Kostüm werde es ihm zwar heiß, sagte Clifford, aber ihm bereite die Rolle Freude. Er arbeitete gerne mit Mrs. Claus, der Gönnerin von La Puente – er sagte, sie habe ein Mädchen entdeckt, das nur Socken trug, und dafür gesorgt, dass sie ein

Paar Stiefel bekam, bevor sie die Notunterkunft verließ. Und er mochte es, selbst als gütige Seele behandelt zu werden. »Das Leuchten in den Augen der Kinder ... Ich erinnere mich noch ganz genau daran, wie ich dem Weihnachtsmann selbst zum ersten Mal begegnet bin. Es ist das Mädchen, das auf deinen Arm klettert und nicht mehr wegmöchte, oder der kleine Junge, der ein Buch mitbringt und bittet, dass du daraus vorliest. Ein Junge hat heute genau das gemacht.« Auf diese Weise behandelt zu werden stellte sein Leben, wie mir bewusst wurde, auf den Kopf. Für ein paar Stunden war er kein Schmarotzer, Verlierer oder Abbrecher. Stattdessen war er der Großvater, der alles hatte; der Kerl, der nicht enttäuschte, sondern Wünsche wahr werden ließ.

3
So viele unterschiedliche Menschen, oder: Mein Prärieleben, Teil II

Ihr Vorteil ist, dass ihr an allem fehlt.
> Der Reisebüromitarbeiter, der in Tony Kushners Roman
> *Angels in America* die Antarktis preist

Es ist unsere patriotische Pflicht, jene, denen wir widersprechen, als Menschen zu behandeln.
> David Isay

Die erste Januarhälfte 2018 verbrachte ich in der Prärie, und dann jeden Monat ein paar Tage, außer im November. Das Leben hier war etwas rauer – nur ein Grund, warum es sich wie die perfekte Ergänzung zu meinem Leben in New York anfühlte. Ich mochte die geringe Bevölkerungsdichte, den langsameren Rhythmus, wie erschwinglich die meisten Dinge waren, die Spuren der hispanischen und mexikanischen Kultur (insbesondere das Essen).

Ich mochte das Wetter, das nie langweilig war; der Himmel veränderte sich den ganzen Tag, manchmal dramatisch, und ließ einen immer wieder aufmerken. Ich mochte, wie unterschiedlich die Menschen waren, darunter viele, denen man in einer Großstadt wohl niemals begegnen würde. Und ich schätzte das weniger von Druck geprägte Lebensgefühl unter denen, die weniger darauf aus waren, etwas Bleibendes zu hinterlassen, als mein

Freundeskreis in New York. Es war eine schöne, wilde und geheimnisvolle Welt, dieses Zuhause der beinahe Mittellosen.

Im einfachsten Wortsinn bedeutet »off-grid« ganz offensichtlich »nicht an die öffentliche Versorgung angeschlossen«. Viele Menschen verbinden »off-grid« mit »ökologisch« und schreiben den Off-Griddern zu, besonders wenige Ressourcen zu verbrauchen, weil sie ihre Bedürfnisse einschränken, sich vom Versorgungsnetz abkoppeln und Geltungskonsum ablehnen.

Das Vorzeigemodell einer gehobenen umweltbewussten Lebensweise hatte seinen Hauptsitz nur etwa eine Stunde außerhalb von Taos: Das Unternehmen Earthship Biotecture war für die kreative Bauweise seiner Häuser, die sogenannten Earthships, bekannt, bei der Zivilisationsabfälle wie Flaschen und Reifen verarbeitet werden, und für sein Bestreben, im Inneren der Häuser Wasser zu sparen und wieder zu verwerten.

Ich nahm an einer der Besichtigungstouren des Unternehmens teil und sah erfindungsreiche Häuser, in denen es sich gut leben ließe: Das viele Sonnenlicht der Gegend wurde klug genutzt, und manche hatten im Inneren einen Garten. Beim Bau halfen junge Menschen, die allesamt für dieses Privileg bezahlten. Ihr Interesse an Tiny Houses, erneuerbaren Energien, daran, auszusteigen und den CO_2-Abdruck der Menschheit zu reduzieren, inspirierte mich und gab mir Hoffnung: Sie erkannten, dass zur Rettung des Planeten sofortiges Handeln geboten war, und wollten der Untätigkeit meiner Generation etwas entgegensetzen. Seit Anfang der 1970er-Jahre war das Unternehmen Vorreiter in puncto grünen Bauens und Denkens. Mir fiel aber auch auf, wie teuer Earthships waren – viel zu kostspielig für den größten Teil derer, denen ich im Valley begegnet war. Und die Sache hatte noch einen Haken: Die meisten Earthships hatten außen an ihrer Rückseite offenbar einen Propantank, braun angemalt zur Tarnung, was mir wie Betrug vorkam.

Earthships waren nur eine Spielart des gehobenen Off-Grid-Lebens. Einer anderen begegnete ich auf einem Wochenendausflug in die Sangre de Cristos, in denen sich ein junges Paar, das ich schon kannte, sein eigenes Selbstversorgerhaus auf baumbewachsenem Land gebaut hatte. Das Grundstück war teurer als unten in den *Flats*, dafür aber geschützter.

Meine Gastgeber luden mich zu einem wöchentlich stattfindenden Gemeinschaftsessen im oberen Teil ihres nicht elektrisierten Tals ein, wo ich etwas sah, worauf ich nicht gefasst gewesen war: einen voll ausgestatteten Bungalow im Vorstadtstil mit weitläufigem Rasen und gigantischen Solarpanels auf Gestellen, die sich, der Sonne folgend, drehten, und riesigen Akkus, die all die Energie speicherten. Der Ehemann des Paars, denen er gehörte, war ein ehemaliger Mitarbeiter des Militärgeheimdiensts, der sich mit Elektronik auskannte. Er erzählte mir, sein System könne in der Regel alles mit Strom versorgen, was in einer Großstadt dazugehört, sogar einen Wäschetrockner und eine Klimaanlage. Nur wenn es nach ein paar bedeckten Tagen in Folge ein bisschen knapp würde, müsse er seine Generatoren anwerfen. Er war stolz darauf, netzunabhängig zu leben, und hielt den ganzen »Hippie-Schnickschnack« der Earthships für überflüssig. (In mancherlei Hinsicht hatte die ressourcenorientierte Bauart der Earthships unvorhergesehene Negativfolgen. So hatte die Nutzung gebrauchter Autoreifen wahrscheinlich zu den Ansammlungen derselben geführt, die auf einigen der Präriegrundstücke in Costilla County zu finden sind. Ja, mit festgeklopfter Erde befüllte Reifen kann man zur Isolation und Stabilisierung von Wänden nutzen, aber viele Leute kamen gar nicht so weit. Stattdessen ließen sie ein paar Dutzend oder gar ein paar Hundert alte Reifen auf ihrem Land herumliegen, auf dem sie sich niemals zersetzten und unschön anzusehen waren.)

Auch ein paar Sprossen weiter unten auf der sozioökonomischen Leiter waren durchaus umweltbewusste Menschen, die ein minimalistisches Leben, die kreative Wiederverwertung ausrangierter Materialien, Gemeinschaftlichkeit, Tiny Houses und die Lebenskunst der Outsider schätzten. Hier und da befand sich darunter auch ein Hochschulabsolvent. Ein paar jener Hochschulabsolventen waren unten in der Prärie, mehr aber lebten wohl oben in den Wäldern.

Die Präriemenschen wirkten generell einfach nur arm und auf der Suche nach einem anderen Leben – einem selbstbestimmteren, mit weniger Zahlungsaufforderungen von den Versorgungsunternehmen und viel Abstand zu ihren Nachbarn. Die meisten schienen klassischeren amerikanischen Lebensentwürfen zu entfliehen, die unhaltbar geworden waren, sei es aufgrund zu vieler Rechnungen oder zu vieler Enttäuschungen. Sie kamen mit alten Trailern oder Wohnwagen und schlugen ihr Lager auf. Manchmal bauten sie sich etwas, oft aber hielt der Trailer als Basis her, dem ein paar Bretterbuden oder Fertigschuppen hinzugefügt wurden. Sie fuhren eher einen Ford als einen Toyota. Ihr politisches Selbstverständnis tendierte in Richtung Trump: gegen den Staat, für Waffen, »America First«, Selbstbestimmung. Unter ihnen befanden sich Prepper, Eltern, die ihre Kinder zu Hause unterrichteten (Christen und Nichtchristen), Reichsbürger, Hanf-Fans und Hillary-Hasser. Manche hatten in der Nähe einer der Küsten gelebt, mehr stammten aber wahrscheinlich aus dem Landesinneren, viele aus dem Süden. Die meisten waren bettelarm.

Mit seinem günstigen Land war das San Luis Valley eine Art Mekka für diese Art Netzunabhängiger. Wahrscheinlich lebten hier über tausend Menschen off-grid, doch ganz genau wusste das niemand. (Im gesamten Bundesgebiet geht die Zahl wohl in die Zehntausende, wobei auch diesbezüglich keine offiziellen Statistiken vorliegen. Scheinbar nimmt das Off-Grid-Leben in den Vereinigten Staaten zu, häufig in Regionen mit billigem Land wie den Appalachen; oder mit Sonnenschein wie auf Hawaii, in Utah, Arizona, New Mexico, Texas und Florida; oder mit dem Reiz der Frontier wie in Alaska, Idaho, Wyoming und Colorado; oder mit Umweltbewusstsein wie in Nordkalifornien, Oregon, Vermont und selbst im Staat New York.)

Eine der Kehrseiten des vielen Platzes für sich ist die Einsamkeit. Einer meiner Freunde, der im ländlichen Vermont und in Maine aufgewachsen war, lebte eine Zeit lang in Colorado und Wyoming, wo er allein in einem Trailer hauste und auf einem Bauernhof und als Jagdführer arbeitete. Als er hörte, ich sei allein in einem Trailer in den endlosen Weiten der Prärie, reagierte er besorgt: *Geht es dir da draußen gut?* Ihm selbst war es nicht immer gut gegangen. Er bot mir an, jederzeit mit ihm reden zu können, was ich ihm hoch anrechnete.

Ich kam jedoch zum Schluss, dass mein Leben dort draußen, rein emotional betrachtet, meist gut war. Ja oft sogar mehr als das. Teils verdankte sich dies meiner Zusammenarbeit mit La Puente, einer Gruppe von Menschen, die ich bewunderte und der ich mich verbunden fühlte. Und teils meinen Nachbarn, den Grubers, und dem, was ihre Kinder dachten und worüber sie sprachen, wenn sie, wie so oft, bei mir vorbeischauten. Meist waren es Trin und Meadoux, manchmal aber auch Kanyon und manchmal alle drei und hin und wieder vier (wenn Safire mit dabei war). Sie klopften an der Tür meines Wohnwagens, traten ein und standen einfach da, während ich am Frühstückstisch saß. Sie überbrachten mir selbst gemalte Bilder und Neuigkeiten von den Tieren. Stacy sagte, ich solle sie wegschicken, wenn ich zu tun hätte, und manchmal tat ich genau das. Meist jedoch freute ich mich über ihre Gesellschaft.

Sie erzählten mir, dass sich Lakota einen schlimmen Schnitt am Fuß zugezogen hätte (scharfe Gegenstände gab es auf dem Grundstück der Grubers zuhauf), sie die Wunde aber gesäubert und eine Antibiotikatinktur aufgetragen hätten. Sie erzählten mir von einer ihrer nigerianischen Zwergziegen, die ganz bestimmt schwanger und überfällig war. (Sie hatten ein batteriebetriebenes Ultraschallgerät für Kinder.) Und sie erzählten mir, dass Meadoux kürzlich mit dem Fahrrad in einen Gabelbock gerauscht war.

Sie und Trin waren auf dem Weg zu Jacks Wohnwagen, in ein, zwei Meilen Entfernung. Jack hatte den Mädchen versprochen, ihnen seine Pferde zu schenken, vorausgesetzt, sie bewiesen ihm, dass sie sich ein paar Monate um die Tiere kümmern könnten, sie ihnen Wasser und Futter gaben. Oft fuhr Stacy sie hinüber, wie an meinem ersten Tag, doch an jenem Tag hatten die beiden beschlossen, das Fahrrad zu nehmen.

Zwischen Jacks Grundstück und dem ihren befanden sich ein paar Hügel, aber die Mädchen waren stark. Die Räder waren nichts Besonderes, und das von Meadoux hatte keine Bremsen, aber hier draußen spielte das keine Rolle … bis es dann doch eine spielte. Die beiden fuhren bei starkem Gegenwind, erklommen einen Berg und erblickten eine kleine Herde Gabelböcke, die direkt unter ihnen rastete. Der Wind war so stark, dass die Herde sie nicht hörte, und als ein paar der Tiere sie sahen, war es bereits zu spät. Der Unfall war relativ harmlos, zumindest klang es so: Meadoux sagte, sie sei »fast in ein Baby reingefahren« und dass der Gabelbock, den sie dann erwischte, davonsprang, als sei nichts gewesen. Trin sagte: »Ich bin vom Rad gefallen, aber mir ist nichts passiert, weil ich meinen Parka anhatte und mich abgerollt habe.«

Ich erzählte ihnen, dass ich es vermisste, wie in New York überallhin laufen zu können. Sie erwiderten, sie würden manchmal mit ihren Ziegen spazieren gehen und dass ich sie ja einmal begleiten könne. Auch ein paar Hunde kamen mit. Trin, die Älteste, brachte mir die Namen einiger Pflanzen bei: Das hier waren Palmlilien, das dort drüben Chico-Büsche, und der da war ein Wüsten-Beifuß-Strauch. Die Mädchen erkannten Dinge, die mir völlig rätselhaft schienen, wie die Hufabdrücke, die Wildpferde auf unbefestigten Wegen hinterlassen, oder Löcher, in denen womöglich eine am Boden lebende Eule nistete. Sie waren Expertinnen der natürlichen Welt, die sie umgab.

Ihr Schulwissen war weniger fortgeschritten. Wie viele andere Kinder aus der Umgebung wurden auch sie zu Hause unterrichtet – was ganz Unterschiedliches bedeuten konnte. Einige Kinder, die, deren Familien Zugang zum Internet hatten, waren bei einer Onlineschule namens Branson angemeldet. Sie hatten regelmäßi-

*Auf einem Spaziergang mit Trin und Meadoux
und ihren Hunden und Ziegen.*

gen Unterricht und bekamen Hausaufgaben und Noten wie Kinder auf gewöhnlichen Schulen – der Bundesstaat Colorado stellte ihnen sogar Laptops zur Verfügung.

Die Grubers hatten außer dem Datenvolumen auf ihren Handys jedoch kein Internet. Stacy erzählte mir, sie würden Schulbücher verwenden, die ihnen die alte Schule ihrer Kinder in Wyoming überlassen hatte, da die Lehrer dort eine neuere Ausgabe benutzten. Sie sorgte dafür, dass die Kinder täglich lernten. Obgleich intelligent, war Stacy nicht sonderlich gebildet – weder sie noch Frank hatten die Highschool abgeschlossen. Und ihre Rechtschreibung war katastrophal. Die Wahrscheinlichkeit, dass ihre Kinder eine solide Bildung erhielten, war also nicht gerade groß.

Ich wusste, dass Trin und Meadoux stolz darauf waren, in der Prärie zu leben, aber auch, dass das Leben ihrer Familie hart war, nur wenige Annehmlichkeiten bereithielt und es ihnen immer an

Geld mangelte. Die Mädchen fuhren gerne zu ihrer Tante nach Denver oder auch nur ins nahe gelegene Antonito, wo Trins Smartphone guten Empfang hatte (die meisten Grundstücke auf der Prärie hatten schlechten). Sie sahen fern und erfuhren so, was angesagt war. Als ich auf Facebook einen Artikel über Teenager in New York und ihren ganz eigenen Sinn für Mode teilte, war Trin die Erste, die ihn likte.

Eines Tages erwähnten die Mädchen, ihre Cousine Ashley würde für ein paar Tage zu Besuch kommen. Anfangs erzählte mir Stacy, Ashley brauche ein bisschen Abstand von ihrer Mom in Oregon. Dann stellte sich jedoch heraus, dass Ashleys Bedürfnisse doch etwas konkreter waren, und dringlicher: Sie war da, um sich einer Opiatentgiftung zu unterziehen, und die Grubers hatten angeboten, währenddessen auf sie aufzupassen.

Frank und Stacy fuhren in die Stadt, um Ashley an der Busstation abzuholen. Danach wurde die Nachrichtenlage lückenhaft. Die Mädchen beschwerten sich, dass Ashley, die zunächst Kanyons Zimmer bekommen hatte, jetzt das Sofa im Wohnzimmer in Beschlag nahm. Sie bewegte sich nur selten, half kaum einmal mit. Etwa am vierten Tag fragte mich Stacy, ob ich ein paar Benadryl hätte, Ashleys Haut würde kribbeln, ja sogar stark jucken. Glücklicherweise hatte ich welche da. Nach rund sechs Tagen kam Ashley nach draußen, um sich auf der Vordertreppe in die Sonne zu setzen. Ich ging hinüber, um Hallo zu sagen. Ashley war freundlich und sagte, es ginge ihr besser und dass sie über kurz oder lang zurückgehen würde.

Zurück nach Oregon?, fragte ich.

Nein, erwiderte sie, wahrscheinlich nach Kalifornien zu ihrem Dad.

Sie hatte vor Kurzem erfahren, dass in Oregon ein Haftbefehl gegen sie vorlag – nicht lange bevor sie nach Colorado gekommen war, hatte sie einen Autounfall verursacht. Ashley vermutete, dass die Polizei ihre Drogen gefunden hatte. »Ich bin nur froh, dass sie nicht die Pistole entdeckt haben«, sagte sie.

»Du hattest eine Pistole im Auto?«, fragte ich.

»Na klar. Wer dealen will, muss sich verteidigen können.« Da war etwas dran.

Es gab auch noch andere Besucher. Josh war mit Stacy seit ihrer Jugend in Casper befreundet gewesen, noch vor Frank. Dann hatte er Meg geheiratet, und die Paare wurden Nachbarn in Farmington, New Mexico, wo Josh als Techniker arbeitete und Pipelines wartete. Allerdings hatte sich Meg nie gut mit Stacy verstanden, der sie unterstellte, drogenabhängig zu sein. Als Frank und Stacy nach Colorado zogen, zog es Josh und Meg in den Nordwesten, wo sie eine Tochter bekamen und Josh eine neue Stelle fand. Sie kauften ein Haus und einen neuen Truck, und das Leben war gut.

Dann jedoch wurde Josh gefeuert, und alles zerfiel. Sie verloren das Haus, zogen in ihren kleinen Wohnauflieger und fanden auf Franks und Stacys Grundstück Zuflucht, wo sie nicht weit von meinem Trailer parkten. Das ging nicht lange gut. Angesichts ihrer Vorgeschichte mit Meg war es geradezu selbstlos, dass Stacy sie überhaupt bleiben ließ. Meg aber setzte nicht auch nur einen Fuß in Stacys und Franks Mobile Home und war bald schon mitsamt ihrer Tochter in das Haus ihrer Eltern in New Mexico gezogen. Josh wurde zum Dauergast.

Etwas später im Frühjahr stellten mir die Grubers Sam und Cindy vor, die ein paar Meilen südlich lebten. Es war eine Begegnung der ruppigeren Art; als ich eintraf, saß das Paar, beide mittleren Alters, beide in Mänteln, auf dem Sofa der Grubers und rauchte Gras. Sam zögerte, als ich ihm meine Hand zum Gruß reichte. Später erfuhr ich, dass sich Sam und Frank online in einem Chatroom über das Off-Grid-Leben im San Luis Valley kennengelernt hatten, bevor die Grubers ihr Grundstück kauften. Als jemand davor warnte, mit einer Familie und kleinen Kindern in die Prärie zu ziehen, widersprach Sam und schrieb etwas wie: *Hör nicht auf die anderen. Kontaktiere mich.* Das hatte Frank getan und sich überzeugen lassen. Direkt nach ihrer Ankunft, so erzählte es mir Frank, brachte Sam ihnen eine Ziege und ein paar Cannabispflanzen.

Mittlerweile waren Sam und Cindy dabei, ihr Grundstück den Grubers zu verkaufen. Die Verhandlungen waren bereits fortgeschritten. Der Preis, berichtete mir Stacy, beliefe sich auf 30 000 Dollar, 2000 Dollar Anzahlung und monatliche Raten – und voraussichtlich auf eine Einmalzahlung, wenn sie ihren Wohnwagen verkauften und Geld hatten. *Aber warum wollt ihr umziehen, wo euer Zuhause so gut wie neu ist?*, fragte ich.

Stacy sagte, sie würde es mir zeigen, und so fuhren wir eines Tages in ihrem Truck hin. Ich erinnerte mich an das Grundstück von einer meiner Erkundungstouren – ich hatte einmal vor dem Eingangstor gehupt, aber keine Antwort erhalten. Es war eines der wenigen Grundstücke mit einem Holzzaun zur Straße hin, was ihm einen gediegenen Anstrich verlieh. Stacy zeigte mir, was ihr sonst noch daran gefiel: ein schlicht gehaltenes Haus. Es sei zwar kleiner als die Behausung, in der sie gerade wohnten, räumte sie ein, aber ihrer Meinung nach sollte es passen. »Und es wäre so schön, nicht in einem Trailer zu wohnen« – ein bisschen wegen des damit verbundenen Stigmas, nehme ich an.

Es gab nette Extras wie den Nachbau eines kleinen Bahnwasserturms, der einen oberirdischen Wassertank verbarg, und ein Nebengebäude, in dem, so Stacy, die älteren Mädchen wohnen könnten. Doch am besten war, dass es einen Brunnen gab. »So könnten wir fast wie normale Menschen leben«, inklusive Waschmaschine und einer Dusche und ohne dass sie Wasser von Nachbarn kaufen und ihren Verbrauch ständig rationieren müssten.

»Und es gibt Platz für deinen Wohnwagen«, sagte sie und deutete auf zwei mögliche Stellplätze.

»Hmm«, sagte ich. Einer der Stellplätze bot einen herrlichen Ausblick in die unberührte Prärie. »Wann wäre es denn so weit?«

Stacy sagte, innerhalb der nächsten ein oder zwei Monate. Josh, fügte sie hinzu, würde zurückbleiben, um das Mobile Home im Auge zu behalten.

Und so kam es, dass ich sechs Monate nachdem ich zu ihnen gestoßen war, der Frühling ging gerade in den Sommer über, mit den Grubers auf ihr nächstes Grundstück zog.

Ein Großteil des Umzugs fand statt, als ich in New York war. Mein Wohnwagenanhänger gehörte zum Letzten, was fortgeschafft werden musste. Sam war so nett, ihn hinter seinem leistungsstarken GMC Yukon herzuziehen, und erledigte das Ganze in weniger als einer Stunde.

Doch damit war immer noch ein wichtiger Punkt offen: Franks kleiner Bulldozer.

Kein Trailer war groß genug, als dass man den Bulldozer hätte verladen können, er musste die neun Meilen also gefahren werden. Bei fünf Meilen pro Stunde war das rein theoretisch in unter zwei Stunden möglich. Doch es gab Probleme mit der Hydraulik. Es gab Probleme mit der Fahrbahn. Es gab Probleme mit dem Dieselöl: Als es ausging, musste welches aus einem Tank in dem leer stehenden Wohnwagenanhänger geholt werden, in dem die Grubers gewohnt hatten, bevor ihr Mobile Home eintraf. Frank, Stacy und Josh fingen nachmittags an, doch um neun Uhr abends hatte der Bulldozer erst einen Bruchteil der Strecke geschafft. Auch Sam, ein geschickter Mechaniker, packte mit an. Kurz vor Mitternacht fuhr ich zu ihnen hinaus, um nachzusehen, wie weit sie gekommen waren. Ich hielt nach den Lichtern des Pick-ups Ausschau. Er folgte dem Bulldozer, seine Scheinwerfer wiesen den Weg über die Schotterpisten.

Die Reifen des Bulldozers hinterließen ein Zickzackmuster, das auch Tage später noch sichtbar war.

»Warum wartet ihr nicht bis zum Morgen?«, fragte ich.

»Jemand könnte ihn stehlen«, sagte Frank. Und so kroch der Bulldozer voran und blockierte, kroch voran und blockierte, und schließlich, erzählte man mir, sei er kurz vor der Dämmerung angekommen; seine Reise erinnerte mich an das Maultiergespann, das in William Faulkners Roman *Als ich im Sterben lag* den Sarg transportiert.

Franks Bulldozer, der auch als Klettergerüst herhalten muss.

Im Gegensatz zum alten Grundstück der Grubers hatten diese zwei Hektar Land eine Geschichte. Wie so oft, wenn es um die Besiedlung des Valley ging, war auch diese kurz und von Gewalt geprägt.

Lisa Foster hatte das Land 2007 unbesehen für 3027 Dollar auf eBay erworben. Sie und ihr Ehemann Bob, ihre Jugendliebe, stammten aus dem ländlichen New Mexico und lebten inzwischen in Las Vegas, die Kinder aus dem Haus. Lisa hatte als Bauunternehmerin gearbeitet und sich auf Umbauten für Menschen mit Behinderung spezialisiert. »Es war immer mein Traum, ein Haus von Grund auf zu bauen«, erzählte sie mir. »Dort draußen konnte ich mir diesen Traum verwirklichen.«

Lisa zeigte mir Fotos aus dem Sommer, nachdem sie, ihr Ehemann und ein Freund im März 2008 den ersten Spatenstich gesetzt hatten. Damals seien in der Gegend keine anderen Häuser zu sehen gewesen, sagte sie. Zunächst stellten sie ein Zelt auf, um darin zu wohnen. Dann, durchaus mit einem Augenzwinkern, stellten sie einen hohen Pfosten mit einem Vogelhäuschen darauf auf. Daraufhin bauten sie eine Hütte mit einem Raum, ein Außenklo, eine geräumige Werkstatt und einen Zaun um das gesamte Grundstück. Auf den Fotos sehen die drei, keiner unter fünfzig, tüchtig, glücklich und, am Ende des Tages, ziemlich geschafft aus.

Lisa baute in den darauffolgenden fünf Jahren, die sie dort verbrachte, kontinuierlich weiter. Bob war oft weg (er arbeitete als Manager für Verizon in Las Vegas), und so war das Ganze in mehrfacher Hinsicht ihr Projekt. Da sie bald schon genug davon hatte, für Wasser jedes Mal nach Antonito zu fahren, investierte sie 19 000 Dollar in einen Brunnen. Die Pferdenärrin freundete sich mit einem berüchtigten Ortsansässigen namens AJ an, der zahlreiche Pferde besaß »und Fohlen hatte, die Hilfe brauchten« – also baute sie ein paar Ställe. Sie kaufte sich einen Hund und hatte bald darauf fünf. »Aber der erste war eine echte Plage«; er bellte, biss und legte sich ständig mit anderen Hunden an. »Eines Tages hatte ich genug von ihm und hab ihn erschossen!« Das sprach sich herum, und die Leute fingen an zu tuscheln: *Haltet euch bloß von der fern,* was ihr durchaus gelegen kam. »Die Einzigen, die sich zu mir wagten, waren die Zeugen Jehovas.«

Ihre ersten drei Jahre waren, wie sie sagte, »einfach himmlisch«. Doch das sollte sich ändern.

In Wirklichkeit hatte Lisa ein weiches Herz, und genau das wurde ihr zum Verhängnis. Eines Tages im Winter bemerkte sie eine sechsköpfige Familie, die ganz offensichtlich in ihrem Auto lebte, praktisch auf der Straße, nicht weit von ihrem Zuhause. »Sie hatten da draußen vier Babys bei minus zwei Grad und hausten in diesem winzigen Auto, hatten keine Bleibe.« Neben dem Auto hatten sie einen Laufstall aufgestellt. Eines der Kinder war ein Neugeborenes. Lisa hielt an und unterhielt sich mit ihnen, und später brachte sie ihnen etwas zu essen. Dann: »Eines Nachts standen sie vor meiner Tür – es hatte geregnet, und ich hab sie einfach reingelassen. Ich dachte, sie könnten mir vielleicht behilflich sein.«

Doch stattdessen übernahmen sie nach und nach das Ruder. Sie halfen kaum etwas und »zahlten nie Miete«. Der Mann beharrte darauf, er wolle das Grundstück kaufen, obwohl sie es gar nicht abgeben wollte. Er konnte aggressiv und sonderbar sein; später erfuhr sie, dass er Wachmann gewesen war und eines Nachts aus Dallas fliehen musste, nachdem er die Mitglieder einer Gang gegen sich aufgebracht hatte. Das Paar versprach, sich um ihr Haus und ihre Tiere zu kümmern, wenn sie weg war, doch sie vernachlässigten sie, und schließlich »brachten sie all meine Hunde um. Ich war sehr naiv, ich hab es einfach nicht kommen sehen. Ich habe sie wegen der Kinder bei mir aufgenommen.« Doch genau das war ihr Unglück. Nachdem die Frau »sich Zugang zu meinem Handy verschafft hat« und Textnachrichten las, darunter eine, in der sie einräumte, ihre eigenen Enkel lieber zu mögen als die vier Kinder des Paares, spitzte sich die Situation zu. Der Mann bedrohte sie mit einer Pistole. Sie zog aus, wahrscheinlich vorübergehend – sie war sich nicht sicher. Schließlich setzte sie sie mithilfe des Sheriffs vor die Tür, konnte jedoch nicht verhindern, dass die Familie vieles von dem, was sie gebaut hatte, verbrannte oder auf andere Weise kaputt machte, unter anderem ihre Möbel und Ställe. Es war, in Lisas Worten, ein »unschönes Ende«.

Dieses Ende wurde ein wenig wettgemacht, als Cindy und Sam sie aus heiterem Himmel anriefen und sagten, sie hofften darauf, ihr das Anwesen abkaufen zu können. »Ich verkaufte es ihnen zum Preis des Brunnens«, also für 20 000 Dollar – ein Reinverlust von 30 000 Dollar, nachdem sie 50 000 Dollar investiert hatte.

Sam und Cindy, beide Veteranen, die um 2008 ins Valley gezogen waren, als medizinisches Cannabis legalisiert wurde, hatten nur ein paar Hundert Meter entfernt gewohnt. Sam sagte, der Mann, der Lisas Grundstück an sich gerissen hatte, habe herumerzählt, es würde ihm gehören, und dass er bedrohlich und unberechenbar wirkte. »Eines Tages tauchte dieser Irre mit einem Zimmermannshammer bei uns auf! Mein Kumpel Geno kommt mit einer Shotgun aus dem Wohnwagenanhänger und sagt: *Bleib, wo du bist, Mann, oder ich knall dich ab!* Danach hat er uns in Ruhe gelassen.«

Selbst mit dem Schaden, der ihm zugefügt worden war, bedeutete Lisas Haus eine Verbesserung – laut Sam gab es in diesem Teil der Prärie nur acht Grundstücke mit Brunnen. Er und Cindy zogen ein und bauten ein paar Sommer lang jede Menge Gras an. Das war nicht nur körperlich anstrengend, sondern auch aus Sicherheitsgründen. Sam beschrieb, wie in einem Jahr kurz vor der Erntezeit Mitglieder einer Motorradgang aufgekreuzt seien und sagten: *Wir nehmen dreißig Pfund, und so viel bezahlen wir dir dafür, andernfalls landen ein paar Kugeln in deinem Kopf.* Seine Antwort: *Hey, Arschloch, ich bin bewaffnet, lass uns doch gleich loslegen, weil so leicht bekommst du mein Gras nicht.* Die Gang zog ab, aber Sam verlor den Spaß an der Sache. Er und Cindy hatten außerdem gesundheitliche Probleme. Sam sagte, er habe Krebs im Endstadium und Metastasen in Leber, Milz und Lunge sowie anderen Körperteilen. Dafür gab er den Jahren die Schuld, die er als industrieller Schweißer in einer Konservenfabrik verbracht hatte, wobei er giftige Dämpfe einatmete. Cindy wiederum hatte ein Non-Hodgkin-Lymphom sowie Atembeschwerden, wahrscheinlich eine schwere Lungenkrankheit. Sie verkauften das

Grundstück an einen Kerl aus der Nachbarschaft, der eine Anzahlung machte und einzog.

In der Zwischenzeit verwirklichten sie ihren Lebenstraum: einen Segeltörn. Sie fuhren nach Marathon, Florida, kauften sich ein dieselbetriebenes Boot und tuckerten in Richtung Golfküste von Texas. Bedauerlicherweise, sagte Sam, habe der Kerl die vereinbarten Ratenzahlungen versäumt, blieb aber auf dem Grundstück. Die Wochen verstrichen, das Segelabenteuer war zu Ende, Sam forderte den Mann auf, zu gehen, aber er ging nicht – es klang ganz so wie bei Lisa Fosters ungebetenen Gästen. Schließlich ging der Kerl doch. Sam, der sich noch in Texas befand und Angst davor hatte, in welchem Zustand er das Grundstück auffinden würde, fragte Stacy, ob sie rüberfahren und nachschauen könnte. Stacy fiel auf, dass Gegenstände fehlten, darunter ein Benzingenerator und eine Windturbine, und dass jede Menge neuer unerwünschter Abfall auf dem Land herumlag, einschließlich einer großen tragbaren Toilette.

Wie ich herausfinden sollte, war diese Art Geschichte in der Prärie durchaus verbreitet und Grund dafür, warum nicht viel zur Miete ausgeschrieben war und Immobiliengeschäfte häufig platzten. Stacy hatte zu Sam und Cindy gehalten, den Diebstahl in der Abteilung des Sheriffs gemeldet, darüber auf Facebook gepostet und versucht, Sam zu beruhigen, der sich dermaßen in seine Wut hineingesteigert hatte, dass sie befürchtete, er würde noch einen Mord begehen.

Auf diese dramatische Art und Weise begann also der Sommer 2018.

Das Leben mit den Grubers war ohnehin bereits ereignisreich. Doch mit Sam und Cindy, vor allem mit Sam, wurde es noch turbulenter. Auch wenn sie die Grubers in das Haus hatten einziehen lassen, blieben sie die Eigentümer desselben. Neben dem Haus war ein halb offener Bereich für die Hanfplantage, und daneben stand Sams und Cindys kleiner Trailer. Und neben diesem wiederum – ein bisschen näher, als mir lieb war – stand mein Wohnwagen. Vor ihrem Trailer waren ihre Pitbulls Fatty Wolf und Speckles angekettet, die wütend kläfften und nach mir schnappten, wenn ich vorüberlief, selbst noch als sie mich kannten. Das war jedes Mal nervenaufreibend, etwas, woran ich mich nie gewöhnte.

Ein anderer Quell von Lärm und Gefahr waren Sams Waffen. Er liebte es, zu schießen, Waffen umzubauen und zu sammeln. Das Profilbild seiner Facebook-Seite zeigte sein maßgefertigtes AK-47, das er überallhin mitnahm. Ich habe nie erlebt, dass er fahrlässig mit seinen Waffen umgegangen wäre, aber allein dass sie in meiner Nähe waren und regelmäßig zum Einsatz kamen, machte mich ein wenig nervös – vor allem weil er nur allzu gerne Bier trank und kiffte und manchmal nachts ein bisschen angezündet war, und weil er sich oft über alles Mögliche echauffierte.

Das letzte Mitglied des Gruber'schen Ensembles war Nick. Er war ein typisches Beispiel für jene, die Sam liebevoll »Prärieratten« nannte – jung, ziellos, hin und wieder arbeitswillig, aber meist bettelarm, ein Drogenkonsument mit ein paar losen Schrauben. (Sam verwendete den Ausdruck manchmal auch, um die Bewohner der *Flats* ganz allgemein zu bezeichnen.) Nick war mit Junior befreundet, dessen Wohnwagenanhänger den Platz in Beschlag genommen hatte, an dem mein Wohnwagen auf dem alten Grundstück der Grubers gestanden hatte. Junior war in der Gegend aufgewachsen und hatte früher einmal an einem anderen Ort mit Nick zusammengewohnt. Angeblich gerieten die beiden in einen Streit, nachdem Nick vergessen hatte, seine Cannabissetzlinge zu gießen, und alle vertrocknet waren.

Nick trug eine dicke Brille und war schmächtig. Wie Sam redete auch er gerne über Pistolen und darüber, wofür man sie benutzen könnte. Mit einer gewissen Regelmäßigkeit sagte er Dinge wie »Ich würde einfach eine mit Kaliber dreißig irgendwas nehmen und ihn umlegen« oder »Ein Derringer würde das Problem richten«, und dann machte er eine Geste, als würde er mit der zuvor genannten Waffe schießen.

Die markanteste Tätowierung auf seinem Oberarm war eine rötlich eingefärbte rennende Figur mit wilder Mähne, die eine Axt schwang, von der rote Tropfen flogen; es war das Logo von Psychopathic Records, dem Label der Band Insane Clown Posse. Nick erzählte mir, dass er, als seine Familie in Aurora, Colorado, gelebt hatte und ein Bote des Gerichts versuchte, seinem Vater eine Klageschrift zu überstellen, dem Kerl mit einer Axt hinterhergelaufen war. Das handelte ihm eine Anklage wegen Androhung von Waffengewalt ein, die er vor Gericht durch den Nachweis bleibender Schäden abwenden konnte, die er aufgrund des fetalen Alkoholsyndroms hatte. »Meine Mutter ist Alkoholikerin.« Er hatte mehrere Sonderschulen besucht. Doch trotz seiner Schwierigkeiten war er meist sanftmütig und freundlich, ein Mitläufertyp. Die Grubers ließen ihn mehrere Wochen lang auf ihrem Sofa schlafen, im Gegenzug für seine Hilfe im Haus. Später zog er in einen kleinen Raum neben der Hütte (Lisa Fosters alte Werkstatt) und danach in einen kleinen Trailer, bei dessen Kauf ihn die Grubers unterstützten.

Auch als es in den *Flats* wärmer und schließlich Sommer wurde, arbeitete ich weiterhin einen Teil der Woche für La Puente. Hauptsächlich aber spielte sich mein Leben in der Prärie ab, und vieles drehte sich um die Grubers.

Trin fing ungewöhnliche Eidechsen mit blauen Bäuchen und zeigte sie mir. Kanyon erklärte mir, die winzigen Kletten, die an meinen Socken hängen blieben, hießen »Ziegenköpfe«. Meadoux verkündete, Lakota habe den süßesten Wurf Welpen zur Welt gebracht – der Hundebestand der Familie belief sich inzwischen auf über zwanzig Tiere. Stacy füllte Anmeldebögen für Trin und Meadoux aus, damit diese einen Teil des Sommers in einem kostenlosen Ferienlager verbringen konnten. Jacks Pferde waren zwischenzeitlich bei den Grubers und schön anzusehen, wenn sie auf deren drei Hektar grasten; eines Morgens sah ich, wie sie sich in das Licht bewegten, das von der Fensterscheibe eines alten Trucks reflektiert wurde, um sich zu wärmen. Manchmal kletterten Trin oder Meadoux auf ihren Rücken und trabten gemütlich über das Gelände.

Zu den Höhepunkten des Familienlebens gehörte ein Ausflug an den »Strand« – einen sandigen Abschnitt am Rio Grande nur wenige Meilen entfernt. Auf seiner Strecke durch die Prärie war der Rio Grande in großen Teilen nur schwer zugänglich – so war der Fluss in der Nähe der Grubers in einem engen Canyon versunken. Der Strand war da eine willkommene Abwechslung. Mehrmals half ich dabei, Mitglieder der Crew hinzufahren.

Eines Tages im Juni packte Stacy ein Picknick ein. Während die kleinen Mädchen am Ufer mit Kieseln spielten, wateten Trin und Meadoux hinaus und jagten Welse. Stacy spornte sie an, mehr zu fangen – »Wir können einen Eintopf mit ihnen kochen!«. Frank zeigte indes auf einen Wohnwagenanhänger, der ein paar Hundert Meter weiter weg abgestellt war. Die Bewohner seien illegal hier, sagte er. Das war nicht gut, denn auch wenn das Gebiet offiziell kein Park war, behandelten die Grubers und andere es so. Der Gedanke, jemand könne einen Teil davon im Sommer für sich beanspruchen, erschien ihnen falsch.

Stacy sagte, Sam habe ihnen den Spitznamen »die Shims« verpasst, für she-hims, also sie-ers. Das klang nicht gerade nett. Ich erwähnte sie gegenüber Matt, der sagte, ihm seien sie zum ersten Mal im Frühling aufgefallen, als er dort, wo er sein Wasser holte, Schlange stand. Der Mann war groß und trug violette Stöckelschuhe, erinnerte er sich: »Nicht gerade üblich für die Gegend.« Seine Partnerin wiederum war offenbar eine Frau, die einen sehr maskulinen Stil pflegte. Seitdem hatte er sie in Fort Garland und Blanca gesehen und einmal zu Fuß zwischen zwei Städten, vielleicht, wie er mutmaßte, weil sie von der Polizei angehalten worden waren und nicht erneut erwischt werden wollten, bevor sie das behoben hatten, wofür sie Ärger bekommen hatten. Und dann sah er sie mit ihrem Wohnwagen, der in einem schwer einsehbaren Gebiet parkte, ganz in der Nähe seines Grundstücks. Ein Freund von ihm war vorbeigefahren und hatte einen starken

»metallisch-säuerlichen Geruch, fast wie Batteriesäure« wahrgenommen und glaubte, sie hätten Meth gekocht. Einem Gerücht zufolge, das mir zunächst weit hergeholt schien, sparten sie vielleicht für eine geschlechtsangleichende Operation im Städtchen Trinidad, Colorado, in dem in etwa eineinhalb Stunden Entfernung, hinter dem La Veta Pass, eine überregional für ebendiese Operation bekannte Klinik lag.

Nach jenem Tag ging ich ein paar Mal an ihrem Camper am Strand vorbei, um nachzusehen, ob sie etwas brauchten. Aber sie waren nicht zu Hause. Bei einem Besuch bei einem Nachbarn, der etwas näher am Strand wohnte als die Grubers, fragte ich, ob er Kontakt zu ihnen gehabt hätte. Er antwortete, er habe auf einem Spaziergang gesehen, wie sie am Getriebe ihres Trucks werkelten, das sie ausgebaut und auf dem Boden ausgebreitet hatten. Kurz und gut, sagte er: »Transen, die an einem Transistor arbeiteten. So etwas kann man sich nicht ausdenken.«

Ein anderer erzählte mir, sie hätten das Paar angesprochen, nachdem sie gesehen hatten, wie sie Wasser aus dem Rio Grande pumpten, was gegen das Gesetz verstößt.

Im Spätsommer dann, ich war gerade ein paar Tage weg gewesen, sah ich, dass Sams großer GMC Yukon verbeult war und die gesamte Motorhaube fehlte. Sam sagte, es habe einen Streit gegeben. Er, Frank, Nick und Josh waren vor Kurzem abends so gegen zehn an den Strand gefahren. Sam zufolge sei der größere der »Shims« in seinem Truck zu ihnen herangefahren, und es sei zu einem Wortwechsel gekommen. Kurz darauf schaltete der Kerl seine Scheinwerfer aus und rammte zu aller Überraschung Sams Truck. Sams Airbags entfalteten sich. Es fielen Schüsse; vielleicht wurde ein Hund getroffen. Sam fuhr gegen einen Stein, er konnte in der Dunkelheit nichts sehen.

Sam berichtete, am nächsten Tag sei der Kerl vorbeigefahren und hätte sie vom Tor aus angebrüllt. Und ein oder zwei Tage später, sagte er, »muss ein Blitz eingeschlagen haben, denn sein Wohnwagen brannte aus«. Ich ging hin, um mir ein Bild davon zu machen. Von dem Wohnwagen war fast nur Asche übrig – das und seine Stahlkarosserie. Ich hatte nicht gewusst, dass Wohnwagenanhänger derart komplett niederbrennen können. Unweit davon sah ich einen einzelnen, sehr großen Männerturnschuh … und erinnerte mich daran, dass Matt gesagt hatte, der Mann habe große Füße. Ich nahm den Turnschuh mit.

Ich vermutete, dass mehr an der Geschichte dran sei, und versuchte, es in Erfahrung zu bringen. Doch wie sich zeigte, waren keine Polizeiberichte archiviert worden, und es kam auch nichts darüber in den Nachrichten. Immer wieder fragte ich die Bewohner der *Flats*, ob jemand das Paar gesehen habe. Schließlich erfuhr ich, dass sie ihr Lager am Fuße des Blanca Peak aufgeschlagen hatten, in einem neuen Wohnwagen.

Ich fuhr an die Stelle, fand jedoch wieder niemanden vor. Ich hinterließ eine Karte von La Puente und einen Zettel, auf dem stand, dass sie mich anrufen könnten, wenn sie Unterstützung brauchten. Sie meldeten sich nie. Ein paar Tage später fuhr ich erneut an der Stelle vorbei, und sie waren weg. Waren sie Kriminelle, die Meth kochten? Schon möglich. Waren sie Opfer? Ebenfalls möglich. War die Präriejustiz mit homo- und transphoben Vorurteilen behaftet? Auch das schien mehr als nur möglich.

Die Grubers hatten Nachbarn, deren Grundstück am Rand des Rio-Grande-Canyons lag und einen Weg hinab bot. Eines Tages begleitete ich Frank, Trin und Meadoux auf eine Exkursion, die an der Wand der Schlucht hinunterführte (es war steil, aber machbar, wenn man vorsichtig war). Unten am Grund herrschte plötzlich ein völlig anderes Klima. Dort, wo wir uns befanden, war der Canyon eng, der Fluss in eine Furche mit schmalen Ufern zu beiden Seiten gezwängt. In der Nähe des Wassers gediehen Weiden und anderes Gehölz, und es gab Vögel und Schmetterlinge. Die einzigen menschlichen Spuren waren ein paar niedrige Höhlen in der Canyonwand, in denen Menschen Unterschlupf gefunden und kleine Feuer gemacht hatten, um sich zu wärmen.

Es war ein Leichtes, sich vorzustellen, dass es vor Hunderten von Jahren amerikanische Ureinwohner gewesen waren.

Später luden uns die Nachbarn alle zum Abendessen ein. Das Haus habe ihrem Vater gehört, sagte die Frau. Sie und ihr Ehemann hatten bereits seit Jahren dort gelebt. Er war ein starker, tougher Kerl, dem ich einmal einen unangemeldeten Besuch abgestattet hatte, als ich anfing, für La Puente Klinken zu putzen. Er war nicht sonderlich begeistert davon gewesen, mich zu sehen, aber wenigstens war er aus dem Haus gekommen und hatte mir persönlich mitgeteilt, dass er keine Hilfe benötigte. Inzwischen wusste ich, dass er auf einer Ranch in der Umgebung arbeitete, so seine Konflikte mit dem Gesetz gehabt hatte (wie fast jeder hier) und erfolgreich Cannabis anbaute. Waffen mochte er auch.

Auch Sam und Nick waren mit von der Partie. Sie kamen mit ihren Pistolen, die sie auf einen Tisch legten, auf dem sich die Waffen bereits stapelten. Da waren unterschiedliche Schießeisen, darunter ein alter Sechsschussrevolver; ein AR-15-Gewehr, das Patronen mit Kaliber .22 abfeuerte, und eines, das zu einer Pistole »umgemodelt« worden war; ein Gewehr mit Kaliber .50 und eine Shotgun. Ich hatte nichts beizusteuern, aber sie luden mich dennoch ein, beim Schießen mitzumachen. Unser Ziel war ein etwa dreißig Meter entfernt stehender Pfosten, auf dem mehrere Flaschen sowie Holz- und Metallteile aufgestellt waren.

Mir macht Zielschießen Spaß. Anfang des Jahres war jedoch ein mir nahestehender Verwandter bei einem Schusswaffenunfall – es war Alkohol im Spiel – auf einem Jagdausflug ums Leben gekommen. Und der Umstand, dass jetzt zugleich geschossen und getrunken wurde, dämpfte meinen Enthusiasmus. Außerdem schieße ich nicht gerne ohne Hörschutz. Ich war froh, als wir die echten Waffen an jenem Abend weglegten und unser Gastgeber eine Kartoffelkanone holte.

Bei dieser notdürftig aus einem PVC-Rohr zusammengezimmerten Kanone – ein Dauerbrenner im ländlichen Amerika – hielt Haarspray als Treibladung her, ein Stabfeuerzeug als Zünd-

Eine Runde Ballern nach dem Abendessen.

vorrichtung und eine Kartoffel als Geschoss. Insbesondere Frank schien seine Freude daran zu haben, die Kartoffel in die Erdatmosphäre zu katapultieren; mir machte es ebenfalls Spaß, vor allem weil ich noch nie von jemandem gehört hatte, der durch eine Kartoffel zu Tode gekommen war.

Einmal im Monat hielt La Puente im Gemeinschaftsraum einer Kirche in Alamosa eine Mitarbeiterversammlung ab. Die verschiedenen Abteilungen des Unternehmens erstatteten Bericht, und Matt erzählte üblicherweise vom Rural-Outreach-Projekt. Die Berichte sollten einen kurzen Einblick in die Arbeit der jeweiligen Abteilung ermöglichen, wie durch ihre Arbeit Menschen geholfen worden war.

Matt, der mit seinen rauen schmutzigen Händen, seinen staubigen Stiefeln und seiner abgewetzten Jacke aus der Menge stach, sprach zu Beginn nicht gern, fühlte sich damit im Laufe der Monate aber immer wohler. Ganz offenbar begrüßten die anderen seine Geschichten, da sie ihnen einen Blick in die unbekannte Welt der *Flats* ermöglichten. Matt erkannte auch, dass die beliebtesten Geschichten die über Schlangen waren.

Zum Beispiel: Einer »seiner Leute« hatte Matt kürzlich mitgeteilt, er habe ein Mäuseproblem, Mäuse in den Wänden und in der Decke. Viele Anwohner lösten das Problem mit einer Katze, aber der Kerl, sagte Matt, mochte keine Katzen und wünschte sich eine Bullennatter unter seinem Haus, wie bei einem seiner Nachbarn. »Bist du sicher?«, fragte Matt, und der Mann sagte Ja. Am nächsten Tag fiel Matts Blick auf eine ein Meter lange Bullennatter am Straßenrand. »Ich hab sie gepackt und mir um den Arm gewickelt«, erläuterte er mit einer Handbewegung. »Ich hatte keinen Eimer oder so, daher nahm ich ein T-Shirt und hab die Ärmel und den Ausschnitt zugeknotet und sie da reingesteckt.« Matt legte das Geschenk auf seinen Beifahrersitz und überreichte es dem Mann später am Tag.

Oft gab es am Ende der Mitarbeiterversammlungen eine Art Gruppenübung, mit dem Ziel, die Gemeinschaft zu stärken oder wichtige Grundsätze zu verankern. An jenem Tag wurde sie von einer von Lance' Abteilungsleiterinnen durchgeführt. Jeder solle entweder aufstehen oder sitzen bleiben, erklärte sie, je nachdem, wie man bestimmte Fragen beantwortete. Als sie fragte: »Angenommen du würdest dich in einer Situation ohne Geld, Unterstützung oder Wohnraum befinden, würdest du dann Hilfe in Anspruch nehmen?«, sagten die meisten der Anwesenden Ja und standen auf, was der erwünschten Reaktion der Leitungskraft entsprach. »Wenn du nicht in der Lage bist, Hilfe anzunehmen, ohne zu urteilen, bist du auch nicht in der Lage, Hilfe zu leisten, ohne zu urteilen«, sagte sie. Für mich klang das nachvollziehbar. Aber Matt, der die Werte von La Puente üblicherweise teilte, widersprach leise. Ich saß neben ihm.

»Nein«, brummelte er. »Das war genau die Situation, in der ich mich vor einem Jahr befand. Ich hab meine Pistole, mein Zelt und den Wald, und ich kümmere mich um mich und meinen Sohn. Ich helfe gerne den unterschiedlichsten Menschen«, sagte er, »aber die, um die ich mich am liebsten kümmere, sind jene, die sich selbst zu helfen wissen, was auf die meisten meiner Leute zutrifft.«

Kürzlich war unweit von dort, wo Matt wohnte, ein Waldbrand ausgebrochen, und wir fuhren hin, um uns ein Bild der Lage zu machen. Das Spring Creek Fire beschränkte sich zunächst auf die Berge östlich von Fort Garland, hatte sich inzwischen aber bis nach Blanca ausgebreitet. Matt war darauf vorbereitet, sich, Joshua und seine Tiere zu evakuieren, und hatte indes denen »seiner Leute« geholfen, die sofort rausgeholt werden mussten. Die meisten Straßen der betroffenen Gegenden waren durch Fahrzeuge des Sheriffs von Costilla County gesperrt, aber Matt kannte Ausweichmöglichkeiten und brachte uns näher heran. Fast überall im Valley konnte man die Rauchschwaden des Feuers sehen – dort, wo ich wohnte, führte das zu einem leichten Gefühl der Bedrohung (dass sich ein Feuer quer durch die *Flats* ausbreiten würde, war recht unwahrscheinlich), doch war man nah genug daran, um die eine oder andere Flamme und die zahlreichen Rauchsäulen zu sehen, die einen Großteil des Horizonts einnahmen, wurde die Bedrohung greifbarer.

Die Zeitungen berichteten, dass der Brandstifter festgenommen worden war. Es war ein zweiundfünfzigjähriger Däne, dessen Visum abgelaufen war – ein illegaler Däne! – und der netzunabhängig in seinem Campingbus lebte. Er gab unterschiedliche Versionen dessen zum Besten, was sich angeblich zugetragen hatte: In einer hatte er Müll verbrannt und in einer anderen Fleisch über einer Grube gegrillt und war dabei eingeschlafen, wodurch sich das Feuer ausbreiten konnte. Auf einem Pressefoto wirkte er zugedröhnt. Matt hatte den Kerl auf dem Campingplatz in Blanca kennengelernt und sagte, er sei ein Dummkopf. Der Mann hatte Matt ein Fläschchen gezeigt, das angeblich Gold enthielt, das er geschürft hatte, aber Matt (der bei solchen Dingen ganz genau hinsah) meinte, es seien nur Siliziumflocken gewesen.

Als wir so über dies und das plauderten, erzählte mir Matt, er habe kürzlich James Worley mitgenommen, der in Richtung Alamosa getrampt war. James und Roxanne würden wieder ganz offen auf ihrem Grundstück leben, jetzt, wo Costilla County seine Drohung zumindest vorerst hatte fallen lassen, sie aufgrund ihrer nicht vorhandenen Kläranlage zu belangen. Ich hatte versucht, sie telefonisch zu erreichen, war dabei aber gescheitert. Aber ich hatte einen potenziellen Vermittler gefunden.

Sein Name war Calvin. Ich hatte ihn beim Mittagessen in der Notunterkunft kennengelernt – er hatte dort einmal mehrere Wochen lang gewohnt, während er sich von einer Verletzung erholte, die er sich auf einem Bauernhof in der Nähe von Crestone zugezogen hatte. Er war ein schwermütiger, schmächtiger Mann aus Louisiana mit langem Haar und blauen Augen. Einen Großteil seines Erwachsenenlebens hatte er kampierend verbracht, wie er es formulierte – er lebte in den Wäldern bei Nederland, Colorado, oder in der Wüste vor Tucson, Arizona, und nahm manchmal einen Job in der Stadt an. Einige Monate lang hatte er versucht, Hanfkleidung zu verkaufen – er nannte die Kollektion Elfin. Er war außerdem angehender Schriftsteller, und ich hatte ihm zu mehreren seiner Essays Feedback gegeben. Er lebte am Rand der Gesellschaft, und so war ich nicht überrascht, als ich erfuhr, dass er die Worleys kannte und, besser noch, eine Frau in Alamosa, die mit ihnen befreundet war. Er wollte mich mit ihr bekannt machen.

Bald schon telefonierte ich mit Vera. Nachdem sie mir mehrere Fragen gestellt hatte, die darauf abzielten, meine Einstellung zur Welt auszuloten, erzählte sie mir, sie wolle die Worleys abends zum Essen besuchen und dass ich mitkommen könne. Ich bot an, zu fahren; auch Calvin sei mit von der Partie.

Ich holte Vera an ihrem verwitterten Trailer im Wagon Wheel Trailer Park am Rande von Alamosa ab. Ich schätzte sie auf Ende sechzig. Sie wickelte einen kleinen Laib Brot aus, den sie gebacken hatte (mit eigenhändig gemahlenem Mehl, wie sie sagte), und bot mir ein Stück an. Als wir bei Calvin vorbei- und dann hinaus in die *Flats* fuhren, erzählte sie mir, wie sie James Worley kennengelernt hatte. Sie stand vor einem Laden, in dem sie ein schweres Bücherregal gekauft hatte, das zusammengebaut werden musste. Er schwenkte ein Schild, auf dem etwas stand wie »Biete Arbeit gegen Essen«. Sie ergriff die Gelegenheit, er war ihr sympathisch, und sie fand heraus, dass sie das eine oder andere gemeinsam hatten – vor allem ihren tiefen christlichen Glauben. Ihre Freundschaft mit James, seiner Frau Roxanne und ihren drei Kindern hatte sich weiter vertieft, als das County sie aufgrund ihrer Verstöße gegen die Bauvorschriften behelligte.

Die Worleys hatten jahrelang auf ihrem Grundstück gelebt, als eines Tages die Hilfssheriffs vorfuhren und ihnen Dokumente überreichten, in denen sie als »öffentliches Ärgernis« bezeichnet wurden, da sie keine Kläranlage besaßen. Ihnen blieben elf Tage, um abzuhauen, andernfalls würde eine Strafe von 50 Dollar pro Tag fällig. »Wenn man eine Genehmigung für den Bau einer Kläranlage erhält, hat man zwölf Monate, um sie fertigzustellen«, erklärte Vera.

»Ich trat als ihre Fürsprecherin auf«, sagte Vera. »Ich begleitete sie zu ihrem Anhörungstermin, bei dem im Grunde nur Informationen verlesen wurden und gefragt wurde, ob sie alles verstanden hätten. Ich fragte: *Könnten sie sich vorerst nicht ein Dixi-Klo besorgen?* Aber sie sagten Nein. Da war mir klar, dass sie nicht mit der Bevölkerung kooperieren wollen. Ich wusste von früher, als ich ein Haus in Costilla County besaß, dass das gesamte County korrupt war. Die Grundhaltung war damals wie heute dieselbe: Das ist unser Land, und wir wollen hier keine Weißen, die herkommen und uns sagen, was wir zu tun haben.«

Vera sagte, sie habe im Namen der Worleys Berufung bei den Bezirksräten eingelegt, sei aber auch dort abgewiesen worden. Aus Angst vor den Bußgeldern war die gesamte Familie wochenlang bei ihr untergetaucht. Seit sie sich einer Sammelklage gegen das County angeschlossen hatten, fühlten sich die Worleys ein bisschen sicherer. »Sie sind inzwischen wieder auf ihrem Grundstück, weil sie Gemüse anbauen wollen und einen Hund und eine Katze haben. Aber streng genommen könnten sie dafür bestraft werden.«

In der Nähe des Grundstücks von Vince Edwards, dem Mann, der die Vollstreckungsbeamten beschimpft hatte, bogen wir von der Hauptstraße ab – auf diese Gegend hatten sie sich scheinbar eingeschworen. Unser Ziel, sagte Vera, sei das Grundstück eines Paars aus Polen, das Ania und Jurek hieß – die Worleys würden uns dort treffen. Etwa eine Meile lang fuhren wir auf einer Straße bergauf, die bald eher einem Pfad ähnelte. Die Sonne stand kurz davor, unterzugehen – die Zeit des Tages, wenn die Gräser der *Flats* in gleißendes Licht getaucht sind. Wir sahen andere Autos und parkten daneben.

Anias und Jureks Grundstück glich den anderen – in der Mitte stand eine Art Trailer, der sich von dort aus weiter ausgedehnt hatte. Ein Teil dieser Ausdehnung bestand aus einer Werkstatt, in der Jurek, ein ehemaliger Computertechniker, an Jeeps schraubte. Ein anderer aus einem Garten mit durchsichtigen Plastikwänden. Wir saßen draußen an einem Picknicktisch, bis die Worleys eintrafen. Nach dem Sonnenuntergang wurde es zu kalt, und Calvin begann zu frieren, also begaben wir uns hinein.

Die Worleys waren ein interessantes Paar. James war groß,

dunkelhaarig und gut aussehend – abgesehen von einer Schnittwunde im Gesicht; er sei kürzlich ausgerutscht und auf einen Stein gefallen, erklärte er. Roxannes langer Rock und ihr Kopftuch ließen sie wie das Mitglied einer konservativen christlichen Sekte aussehen; als ich sie fragte, ob sie einer bestimmten Kirche angehöre, blickte sie mich misstrauisch an und verneinte. Sie wussten, dass ich gekommen war, um mich mit ihnen über ihre Erfahrungen mit dem County zu unterhalten, und legten gleich los. Sie bestätigten alles, was Vera mir bereits erzählt hatte. Sie hätten ihr Zuhause verlassen müssen, als der Winter hereinbrach, fügten sie hinzu; als sie schließlich zurückkehrten, um nach ihren Pflanzen und Tieren zu sehen, waren die Füße ihrer Hühner am Boden festgefroren.

Auch Ania und Jurek waren keine Fans der Lokalregierung – besser gesagt: von gar keiner Regierung, wie ich bald herausfinden sollte. Vor Kurzem hatten sie sich geweigert, Gebühren an Costilla County abzuführen. Kurz darauf, bei einer Verkehrskontrolle in Blanca, die sie als Resultat dieser Weigerung betrachteten, hatte Jurek sich dagegen gesträubt, dem Hilfssheriff seinen Ausweis zu zeigen. Daraufhin schlugen die Beamte eine Scheibe ein und taserten Ania. »Es hat wehgetan, aber ich war so was von wütend!«, sagte sie. Der Beamte, der an sein Fenster getreten war, sagte Jurek, sei Cruz Soto gewesen, der, mit dem ich auf Streife gefahren war. Ein anderer der anwesenden Cops sei Andrew Espinoza gewesen, ein Vertreter des Sheriffs, der später im Zusammenhang mit Wilderei festgenommen wurde. »Sie sind alle korrupt!«

Ania und Jurek vertraten zu vielem eine starke Meinung. Je mehr sie redeten, desto weniger konnte ich ihnen folgen. Aids, informierte mich Jurek, sei, wie jeder wisse, ein Problem, das von einer falschen Geisteshaltung herrühre (und daher könne der dadurch verursachte Tod leicht verhindert werden). Die CIA werde ganz offensichtlich vom Vatikan fremdgesteuert, und die Church of England sei im Besitz des Pentagons. John McCain hätte dem

Terrornetz al-Qaida 800 Millionen Dollar geschenkt. Je erstaunter ich mich angesichts dieser Behauptungen zeigte, desto heftiger wurden Ania und Jurek. Wie konnte es sein, dass ich nicht über das Seerecht informiert war und nichts vom andauernden Ausnahmezustand wusste, der durch die Fahnen signalisiert wird, die man in Gerichtssälen sieht? Ich fragte sie immer wieder nach ihren Quellen; wo sie von diesen Dingen erfahren hatten. Hauptsächlich im Internet, lautete ihre, angesichts dessen, dass ich etwas anderes dachte, in einem Tonfall der Fassungslosigkeit vorgetragene Antwort. Wo ich meine Informationen herhätte, forderte Ania. Ich erwiderte, dass ich mich meist in der New York Times informierte, was sie dazu veranlasste, sich gegenseitig einen Blick zuzuwerfen, als wäre ich die Sorte Schwachsinniger, von der sie zwar gehört, die in Wirklichkeit zu treffen sie aber nie erwartet hätten.

Die Worleys schienen jeder Behauptung von Ania und Jurek zuzustimmen und warfen, wie unsere Gastgeber, alle Regierungsebenen in einen Topf. Alle seien korrupt. Auf allen amerikanischen Regierungsebenen ginge es insgeheim nur darum, Geld zu scheffeln, nicht darum, den Bürgern zu dienen. »Also, stehst du jetzt eigentlich auf der Seite der Regierung?«, fragte mich Ania. »Oder, besser gesagt, auf der der konzerngesteuerten Demokratie, auf der Seite der Amerika-GmbH, denn das ist es ja, was wir heute haben? Ich meine, machen wir uns nichts vor – ich kann euch einen Ausdruck aus dem Internet zeigen, auf dem die Amerika-GmbH als Konzern ausgewiesen ist. Oder die Costilla-County-GmbH, die Zonierungsabteilung der Costilla-County-GmbH, sie sind allesamt als GmbHs eingetragen, sie alle dienen einzig der Profitmaximierung, sonst nichts.«

Großbuchstaben wären zudem ein Code, der für »Sklave« steht – so sei es seit dem Römischen Reich. Wie war es nur möglich, dass ich nie etwas davon gehört hatte?

»Es wird Dog Latin genannt«, behauptete Ania. »Du kannst es im Netz überprüfen, wenn du mir nicht glaubst.«

Roxanne sagte: »Wenn man sich einen Ausweis genauer ansieht, merkt man, dass alles großgeschrieben ist. Das macht dich zum Eigentum der Amerika-GmbH.«

Neben Großbuchstaben galt ihre andere Obsession Flaggen. »Wie viele Menschen wissen wohl«, frage Roxanne, »dass die amerikanische Flagge, die heutzutage als Nationalflagge gehisst wird, in Wirklichkeit eine Seeflagge ist?«

Ania ergänzte: »Es ist wirklich eine Seeflagge, genau genommen die Seekriegsflagge, die vom Militär verwendet wird. Es ist eine Admiralitätsflagge; die normale Flagge ist eine Militärflagge.«

Ich versuchte, die Bedeutung des eben Geäußerten nachzuvollziehen; es schien alles darauf hinauszulaufen, dass die Regierung ein großer Betrug sei, dass die echte Regierung von Konzernen vereinnahmt worden war. Wer zu den Eingeweihten gehörte, wusste folglich, dass die Macht der Regierung, Steuern einzutreiben, hinfällig war, und wer dennoch Steuern zahlte, war ein Idiot.

Calvin, der sich alles anhörte, widersprach nicht, stimmte aber auch nicht zu. Dafür teilte er eine treffende Beobachtung: »Diejenigen, die versuchen, sich der Einkommenssteuer zu entziehen, landen entweder im Gefängnis oder werden erschossen.«

Ania und Jurek, die beide aus Polen stammten, hatten einige Jahre in New Jersey und Denver gelebt, bevor sie sich hier draußen niederließen. Ich fühlte mich in der Gegenwart derart leidenschaftlicher Verschwörungstheoretiker nicht sonderlich wohl. Und fand es besonders beunruhigend, dass Einwanderer gültige Normen derart ablehnten. Seid ihr nicht hergezogen, um einer schlimmeren Situation zu entkommen?, fragte ich sie. »Ich stamme aus Polen, ich habe dort unter der repressiven kommunistischen Regierung gelebt!«, rief Jurek aus.

Ania widerlegte ihn auf recht charmante Weise. »Jurek, du lügst«, sagte sie. »Du wurdest 1965 geboren.« Er war in den Jahren nach dem Zweiten Weltkrieg, als die Kommunisten zahlreiche Menschen ermordeten, noch gar nicht auf der Welt gewesen. Die Sache sei, sagte sie, dass sie wegen der Freiheit gekommen wären, »und wir wollen in Ruhe gelassen werden. Ich nehme nichts von der Regierung. Nichts. Ich möchte, dass sie mich in Frieden lassen, das ist mein gutes Recht.«

Ich versuchte, eine gemeinsame Basis zu finden, und sagte, sicherlich seien sie schlecht behandelt worden. Aber es fiel mir schwer, ihre Wut darüber mit ihrer völligen Skepsis gegenüber jedweder amerikanischen Regierungsinstitution in Einklang zu bringen, ihrer Bereitschaft, ganz offensichtlich völlig durchgedrehte Aussagen zu glauben, wie die, als Ania sagte: »Schau dir deine Geburtsurkunde doch einmal genau an – das Papier, auf der sie gedruckt wurde, ist einen Haufen Geld wert. Und ob ihr's glaubt oder nicht, als ich meine Sozialversicherungsnummer bekommen hab, ging ich auf so eine Website, habt ihr je von der CUSIP-Nummer gehört? So heißt deine Nummer, die entweder auf deiner Sozialversicherungskarte oder deiner Geburtsurkunde steht. So nennen sie sie ... angenommen, du würdest auf die Homepage der Wall Street gehen und deine Sozialversicherungsnummer oder die rote Nummer von deiner Geburtsurkunde eingeben, würdest du herausfinden, dass sie dich als Ware verkaufen, in deinem Namen, weil sie deinen Namen urheberrechtlich geschützt haben, deswegen wird er immer in Großbuchstaben geschrieben.«

James Worley, obgleich nicht so wortgewandt wie Ania, war ganz offenkundig bereits deutlich tiefer im Kaninchenbau. Er und Roxanne hatten ihre drei Kinder zunächst auf staatliche Schulen geschickt, waren dann jedoch aufgrund religiöser Differenzen, die sich, wie er sagte, nicht so einfach zusammenfassen ließen, zum Homeschooling übergegangen. Seine Ablehnung der Regierung aber reichte mindestens zwölf Jahre zurück. »Vor zwölf Jahren bin ich ohne Führerschein und Ausweispapiere Auto gefahren ... ohne Ausweis. Es ist nicht leicht, auf diese Weise ein Fahrzeug zu halten und zu versichern. So habe ich mein Auto verloren, weil es nicht versichert war, dann hab ich meinen Job verloren. Ähnlich wie beim Schneeballeffekt. Mit den Nachbarn betreibe ich Tauschhandel und Handel, damit wir das Nötigste zum Überleben haben, aber es ist schwer, haufenweise Geld aufzutreiben« – wenn das County plötzlich verkündet, man würde gegen seine Gesetze verstoßen.

Fairerweise sollte festgehalten werden, dass sie auch Dinge sagten, die ich nachvollziehen konnte. Auf meinem Weg zu ihnen hatte ich einige Flaschen Eistee und Limonade in einem Supermarkt gekauft, um etwas zu ihrem Abendessen beizusteuern. Aber sie wollten sie nicht, weil sie Plastik ablehnten. Und sie sagten, sie vertrauten auf natürliche Heilmethoden. Sie hielten am Wert der Familie fest und daran, sich um die zu kümmern, die einem nahe sind – was ich sah, als ich Jureks Mutter im Inneren ihres Trailers begegnete. Wir plauderten ein wenig. Sie sei fünfundsiebzig Jahre alt, erzählte sie mir, und aus Denver zugezogen. Sie lebe gerne hier draußen und werde gut versorgt.

Als ich wieder hinausging, drehte sich das Gespräch um die Rechtschaffenheit der Familie Bundy und die »Ermordung« eines ihrer Unterstützer durch das FBI, zu der es bei ihrer Besetzung des Malheur National Wildlife Refuge in Oregon vor nicht allzu langer Zeit gekommen war. Jurek schwärmte von Präsident Trump und seiner Arbeitsmarktpolitik. Ich hatte den Eindruck, als sei eine abfällige Bemerkung über Barack Obama einen Hauch rassistisch gewesen. Doch dann tauchte Charlie auf.

Er war Afroamerikaner, Mitte fünfzig, und er humpelte. Einer seiner Füße war in einen Verband gewickelt, und Ania führte ihn sofort in ein Hinterzimmer, in dem sie, Roxanne und Vera warmes Wasser für ihn vorbereiteten, in dem er seinen Fuß einweichen konnte. Sie fügten Kräuter hinzu, die, wie Ania sagte, gegen die Infektion halfen. Nach einer Weile setzte ich mich zu ihm.

Charlie erzählte mir, er sei aus Maryland und habe sein Grundstück hier draußen ein paar Jahre nachdem er aus der Navy ausgetreten war gekauft. Letzten Winter aber habe er sich Erfrierungen zugezogen und infolgedessen Läsionen an einem Bein und

Fuß, die noch nicht abgeheilt seien. Er habe vier Monate in Pflegeeinrichtungen verbracht und sei erst kürzlich entlassen worden. Ich sah die Wunden, die von dem Verband verdeckt gewesen waren – sie waren groß und sahen übel aus, und sein Fuß war geschwollen. »Sie haben dich entlassen, bevor du gesund warst?«, fragte ich. Charlie zuckte die Schultern.

Ein weiterer Nachbar kam vorbei, und mit ihm wechselte das Thema zur Installation und Verkabelung von Windturbinen, was ich als Erleichterung empfand. Keiner war auf einen anderen der Anwesenden wütend, nur auf die Regierung, und irgendwann holte Jurek eine Flasche Schnaps und kleine Gläser, und wir stießen alle miteinander an.

Auf der Rückfahrt nach Alamosa döste Calvin auf dem Rücksitz, und Vera räumte ein, dass ich womöglich eine größere Dosis Politik abbekommen hatte, als mir lieb war. Ich fragte sie, ob die abrupte, rigide Durchsetzung der Bauvorschriften wohl zur Radikalisierung der Menschen beigetragen hätte. Denn auf jene, die ich kennengelernt hatte, schien dies zuzutreffen. Ob unsere Gastgeber wohl bereits früher derart starke Gefühle gegenüber jedweder Regierung geäußert hatten?

Bei Ania und Jurek war sich Vera nicht sicher, aber die Worleys hätten schon seit Langem Außenseiterpositionen vertreten. Kurz nachdem sie James Worley kennengelernt hatte, erfuhr sie, dass er den Führerschein für ein »Zeichen des Tieres« oder des Antichristen hielt und er sich weigerte, einen zu machen. Vera hatte mit Roxanne gesprochen und gesagt, ein Führerschein habe nichts mit dem »Zeichen des Tieres« zu tun – aber Roxanne hatte dies zurückgewiesen und war ihrem Ehemann beigesprungen, nicht nur in ihrem Verzicht auf einen Führerschein, sondern auch in dem auf eine Sozialversicherungsnummer. Wie James betrachtete sie es als Gefahr, wenn Menschen Zahlen zugeordnet wurden, und war immer auf der Hut vor der 666, dem »Zeichen des Tieres«. Dieses auf der Hut sein bedeutete natürlich, dass die beiden weder legal Auto fahren noch ihren Lohn beziehen konnten, wenn sie Arbeit fanden. Es beförderte sie wirkungsvoll an den Rand der Gesellschaft.

Vera sagte, das Ehepaar sei früher einmal unter dem Einfluss eines christlichen Sektenführers gestanden, aber das sei vorbei. Sie selbst war Bewohnerin der bekannten New-Buffalo-Kommune in der Nähe von Taos gewesen. Jetzt, da sich die Worleys weniger ängstigten, in ihrem Haus zu wohnen, galt ihre größte Sorge ihrem jüngsten Kind, einer Tochter, die schwanger war. Aber die Tochter und ihre Eltern kämen nicht immer gut miteinander aus, sagte Vera, daher »bleibt ihr entweder La Puente oder ich«. Eine dritte Person erzählte mir, dass auch Drogen involviert seien und der Vater des Babys angeblich ein Sexualstraftäter war.

Zuerst setzte ich Calvin ab, dann Vera. Es war dunkel und spät, und mir stand noch immer eine einstündige Fahrt bevor, bis ich zu Hause war.

Ich hatte einiges zu verdauen und war froh um die Stille, die sich dafür anbot. Ein Landstreicher, mit dem ich vor Jahren einmal mitgereist war, hatte mich zu einem Rettungswerk in Spokane mitgenommen, wo wir uns, bevor wir zu Abend essen durften, eine Predigt anhören mussten, die er als »absolute Zumutung« bezeichnete. Ich fühlte mich, als wäre mir gerade eine weitere solche Zumutung widerfahren.

Der zweite Eindruck, den ich an jenem Abend gewonnen hatte, war der einer engen Gemeinschaft. Diese Menschen, die so wenig besaßen, waren füreinander da, vereint gegen ihre Feinde – reale und herbeifantasierte. Mitten im Nirgendwo teilten sie Essen, Getränke und Medikamente. Außer wenn man Journalist war (oder sich offen auf der Seite der Wissenschaft verortete), herrschte in den notdürftig errichteten Unterkünften eine herzliche Atmosphäre. Ihr Alleinsein war nicht einsam.

Einsamkeit gibt es selbstredend überall, auch in großen Städten. Doch mir schien, dass das Land, durch das ich fuhr – die Straßen ohne Lichter, die gewaltigen Entfernungen zwischen den

Häusern in der Prärie –, sie geradezu einlud. Mir kam es vor, als müsse man gegen sie ankämpfen, so wie man es gegen Hunger oder Kälte tut. Letztere waren körperliche Gefahren, sie aber eine psychische; für mich war sie ein Höllenschlund.

Ich hielt mich vom Rand dieses Schlundes fern, indem ich Pläne schmiedete, die meist andere Menschen beinhalteten. Für La Puente besuchte ich meine Prärienachbarn. Zum Wäschewaschen fuhr ich in das eine halbe Stunde entfernte Antonito. Oder ich fuhr nach Alamosa, um Lebensmittel zu besorgen oder für die Teamsitzungen bei La Puente oder um in der Stadtbibliothek, die über gutes Internet und zwei Arbeitsplätze verfügte, zu schreiben. Brenzlig wurde es, wenn ich für einen längeren Zeitraum – mehrere Tage am Stück – keine Pläne hatte. Ich liebte das offene Land. Die Leere bedeutete Freiheit. Doch zu viel davon konnte einem übel bekommen.

Diese Lektion hatte ich früher einmal in einem anderen Teil Colorados gelernt, in dem meine Familie ein Haus in den Bergen besitzt. Dort hatte ich versucht, mein erstes Buch zu schreiben, und war dabei fast verrückt geworden. Erfahrungsgemäß brauchen Schriftsteller die Einsamkeit, um zu schreiben. Doch um bei geistiger Gesundheit zu bleiben, brauchen sie auch Kontakt zu anderen Menschen. Im Grunde bin ich eine soziale Natur, auch wenn ich nicht immer darauf aus bin, mich mit anderen zu unterhalten. Von meinem Freund aus New England, der eine Zeit lang allein in der Prärie lebte, erhielt ich die folgende E-Mail:

> Wie ist es um deine Munitionsvorräte bestellt? Hast du schon darüber nachgedacht, dir ein Pferd zuzulegen? Fühlst du dich frei und sicher auf deinem Land? Ist der Himmel im Westen noch immer weit und verheißungsvoll?

Diese Fragen gestellt zu bekommen war schön – ich hatte das Gefühl, dass mich jemand verstand und sich in angemessener Weise darum sorgte, dass ich mich nicht isolierte und versackte. In meinem Kopf spielten sich Bilder von dem eingeschneiten Schriftsteller ab, den Jack Nicholson im Horrorfilm *Shining* spielt (und der auf unzähligen Manuskriptseiten den Satz »All work and no play makes Jack a dull boy« tippt). Oder von dem einsamen Trailer des geisteskranken Mörders Robert Dear, der die Planned-Parenthood-Klinik in Colorado Springs attackierte. Und dann gingen mir auch Neil Youngs Gedanken dazu durch den Kopf: »My head needs relatin', not solitude.«

Natürlich war es in der Gesellschaft der Grubers kaum möglich, sich isoliert zu fühlen. Ständig (und vor allem im Sommer) kam ein Kind hereingeschneit, ein Hund oder fünf, irgendetwas war immer los.

Das, was sich ein paar Tage später zutrug, ist ein Paradebeispiel dafür. Als ich auf das Grundstück der Grubers einbog, sah ich, dass etwas anders war: Neben der Einfahrt lag der Schwanz einer Kuh, ein Teil einer Haxe und in der Nähe ein Stück Fell. Ich parkte meinen Wagen, lief auf das Haus zu und sah, dass der offene Ladebereich neben der Werkstatt zu einem Schlachthaus umfunktioniert worden war. Von einem Balken hingen Kadaverteile; Frank, Josh (der weiterhin auf dem anderen Grundstück der Grubers wohnte) und die vierzehnjährige Trin waren allesamt mit Messern zugange und bearbeiteten große Fleischstücke. Sie sahen müde aus – eine Kuh zu zerlegen ist eine anstrengende Arbeit.

Ich beließ es in dem Moment bei einem »Wow«. Ich wusste, dass es besser war, sie nicht mit Fragen darüber zu löchern, wie es zu diesem Fleischsegen gekommen war. Sie wiederum wussten, dass ich in einem Schlachthaus in Nebraska gearbeitet hatte, ebenso wie in einem in Spanien. Ich bot ihnen meine Hilfe an, doch es gab nicht wirklich genügend Platz. »Woher wisst ihr, wie man das macht?«, fragte ich schließlich.

»Es ist so ähnlich, wie einen Elch auszunehmen«, sagte Frank. Ich wusste, dass Josh fast immer ein Messer bei sich trug. Es sei wichtig, ein *scharfes* Messer zu verwenden, merkte ich an, und sie nickten.

»Wünschst du dir jetzt, wieder Fleisch zu essen?«, fragte mich Frank, der wusste, dass ich keines mehr zu mir nahm.

»Zugegebenermaßen, ich bin verlockt«, sage ich. »Man ahnt bereits, dass es köstlich wird.« Hunde umringten den Bereich. »Sieht ganz so aus, als ahnten die Hunde es ebenfalls.«

Später erfuhr ich, dass das Tier ganz in der Nähe mit einem AK-47 erschossen worden war. Der Schütze, der hier namenlos bleiben soll, hatte ein Tier gewählt, das noch nicht voll ausgewachsen war, damit man es auf die Ladefläche eines Pick-ups hieven konnte.

Nun, die Kuh eines anderen zu schießen mag ein Vergehen sein. Zu Pionierzeiten stand auf Viehdiebstahl der Strick. In meiner Gegend der *Flats* war die Nutztiersituation jedoch kompliziert. Früher einmal waren die Rinder frei über privates Land gestreift, das aus einer Reihe von Ranches bestand. Diese Art Land gilt allgemein als »offenes Gelände«, was, wie ich bereits an früherer Stelle erwähnte, bedeutet, dass, sollte ich beschließen, irgendwo darauf zu leben, es an mir ist, das Vieh durch einen Zaun fernzuhalten, und nicht an den Viehzüchtern, es einzuzäunen. Doch auch als das Weideland an Bauunternehmer verkauft wurde, die daraus riesige Siedlungen mit zahlreichen Drei-Hektar-Grundstücken schufen, hörte das Grasen nicht auf. Die Rinder verbrachten nun zwar nicht mehr den größten Teil des Jahres in den *Flats*, wurden dafür aber von ein paar Viehhandelsbetrieben herangekarrt, fürs Gratis-Grasen freigelassen und dann nach ein paar Monaten wieder zusammengetrieben (oft mithilfe von Geländefahrzeugen oder Quads, die über Privatgelände fuhren) und zum Markt gebracht.

Das Problematische daran: Rinder haben durchaus Zerstörungspotenzial und verwüsten unter anderem Gärten und Zäune. Ein paar der Einheimischen besaßen Hunde, die gut darin waren, Rinder fortzujagen, aber selbst dann noch konnten sie nachts wiederkommen, wenn die Hunde drinnen schliefen. Am schlimmsten war es für die Anwohner, die nahe am Ufer des Rio

Grande lebten, an dem die Rinder manchmal tranken, bevor sie sich zum Grasen wieder in höhere Lagen zurückbewegten. Einer von ihnen war einer meiner Nachbarn, dessen Grundstück nur ein paar Minuten von dem bereits genannten Badestrand entfernt lag. Eines Tages, er ging mit seinem Hund spazieren und war in Richtung Fluss unterwegs, traf er auf einen Pulk von Rindern, die dorthin geschickt worden waren, um zu trinken. Sie wühlten das Flussufer auf, alles war schlammig. Mein Nachbar erzählte mir, er habe sie angebrüllt und mit den Armen gewedelt, bis ihr Aufpasser auf einem Quad angerollt kam und ihm bedeutete, damit aufzuhören. Fast wäre es zwischen den Männern zu einem Schlagabtausch gekommen, und der Cowboy rief sogar die Hilfssheriffs, die, so mein Nachbar, nicht den Cowboy, sondern ihn selbst verhafteten und ins Gefängnis brachten. Mir war bekannt, dass Costilla County bereits seit Jahren versuchte, das Grasen einzudämmen. Der Bezirksrat Ben Doon sagte zu mir, er könne den Frust der Anwohner verstehen. Als ich andeutete, dass Präriebewohner, die der Kühe überdrüssig waren, sie hin und wieder als Nahrungsmittel nutzten, sagte Doon: »Gut so!«

Es war Sommer, sechs Uhr dreißig morgens, und ich fuhr Trin und Meadoux nach Antonito zum Bus, der sie zu einer zweiwöchigen Ferienfreizeit transportieren sollte. Frank und Stacey hätten es gern selbst getan, hatten aber kein Geld für Benzin, und außerdem war ich ohnehin in die Richtung unterwegs.

Etwa zwanzig Minuten nachdem wir aufgebrochen waren, wurden wir von einem Paar angehalten, das am Straßenrand entlanglief. Der Mann und seine Frau, beide schätzungsweise um die siebzig, wirkten ein wenig panisch. »Können Sie uns in die Stadt mitnehmen?«, fragte er. »Wir sind fast die ganze Nacht durchgelaufen.«

Ich fragte, woher sie kamen, und er sagte, aus dem Punche Valley. Sie waren aus New Mexico; hatten eine Spazierfahrt unternommen, auf einem Rundweg, der an ihrem Zuhause, in der

Nähe von Taos, begann, doch gestern Nachmittag war ihr Range Rover liegen geblieben. »Da draußen gibt es absolut keinen Handyempfang.«

»Ihnen muss kalt sein«, sagte ich. »Lassen Sie mich ein wenig Platz im Auto schaffen.« Doch es war klar, dass ich dafür eine ganze Menge hätte ausladen müssen – die kleine Rückbank meines Pick-ups war voll beladen mit dem Reisegepäck der Mädchen und Kisten voller Versorgungsmaterial von La Puente.

»Machen Sie sich keine Umstände, wir fahren einfach auf der Ladefläche mit«, sagte der Mann. »Das geht schneller.« Und so raste ich mit dem Paar, das auf Rucksäcken auf meiner Ladefläche saß, in die Stadt.

Das Punche Valley war der Inbegriff von Abgeschiedenheit. In dem riesigen Gebiet, das, von den Grubers aus betrachtet, auf der anderen Seite der Berge lag, fanden sich nur ein paar wenige spärliche Überreste menschlichen Lebens. Ich wusste, dass Lance Cheslock von der völlige Leere und dem damit einhergehenden Mangel an historischen Informationen fasziniert war. Wir hatten sogar eine Verabredung mit der Lokalhistorikerin Loretta Mitson, die das Tal gemeinsam mit uns durchqueren und uns erzählen wollte, was sie darüber wusste. Bislang war es mir nur als Ort bekannt, an dem man zweifellos leicht verschwinden konnte. Meine Vorstellung davon beinhaltete einen gesuchten Verbrecher, darauf bedacht, der modernen Welt zu entfliehen. Eine realistischere Version davon war jedoch wohl das erwähnte Paar, der (Gott sei Dank) lebende Beweis dafür, was Reisenden an so einem Ort widerfahren kann. Auf ihren Wunsch setzten wir sie am Hometown Food Market in Antonito ab. Der Mann bedankte sich bei mir und sagte, von da an könnten sie wieder übernehmen.

Der Bus ins Ferienlager wartete auf dem Parkplatz hinter der örtlichen Schule. Trin und Meadoux wirkten nervös – die Aussicht, Teil einer ganzen Kinderschar zu werden, muss für sie eine große Sache gewesen sein. Ein Kind erkannten sie, und sie winkten ihm schüchtern zu. Kurz darauf stiegen sie in den Bus und waren weg.

Ein paar Wochen darauf fand meine Besichtigungstour im Punche Valley mit Loretta Mitson und Lance statt. Ich hatte Troy Zinn aus den *Flats* angeboten, mitzukommen, und er kam in Begleitung seines Sohns Jason. Ich hatte mehr Zeit mit Troy verbracht – der ehemalige Lkw-Fahrer war herzlich und zugewandt und tief an diesem Ort verwurzelt, außerdem diskutierte er gerne über Geschichte. Und so machte ich mich auf den Weg, um Loretta und die anderen in Antonito zu treffen.

Meine Gedanken kreisten um die Geschichte des Tals, von der einige Überbleibsel genau dort zu sehen waren, wo ich mich befand: Ein Vorteil weniger Bäume und spärlicher Entwicklung ist, dass viele Spuren menschlicher Besiedlung für alle sichtbar sind. Vom Grundstück der Grubers aus fuhr ich auf einem Feldweg, der für ein oder zwei Meilen parallel zum Rio-Grande-Canyon verlief. Auf der anderen Seite ragten die Überreste einer Mine auf, in der Bentonit, ein lehmähnliches Gestein, abgebaut wurde; an der Böschung flossen gelbliche Rückstände aus der Mine in den Fluss. Mir war bekannt, dass an den Wänden des Canyons, just außerhalb meines Blickfelds, Petroglyphen in den Fels geritzt waren (menschliche Gestalten, Sonnen, eine Art Fragezeichen, eine Figur, die einer Schlange ähnelte) und Tonscherben aus dem sandigen Untergrund ragten. Außerdem gab es glänzende Einbuchtungen in dem dunklen Vulkangestein, die zeigten, wo die Menschen einst ihr Getreide, ebenso wie vielleicht Lehm, gemahlen hatten.

Die Straße endete an der einspurigen Lobatos Bridge, die 1892 in Ohio geschmiedet wurde. Die Landschaft war wunderschön, und ich war jedes Mal versucht, in der Mitte der Brücke anzuhalten und die Schlucht des Flusses zu betrachten, und da auf der Straße meist wenig los war, konnte ich mir das oft auch erlauben. Einmal flog ein Schwarm Kormorane unter der Brücke hindurch, als ich sie querte – der Canyon war ein eigenes Ökosystem, das sich von der verdorrten Prärie darüber unterschied. Nach der Brücke passierte ich Land, das dem U.S. Bureau of Land Management gehört, einen Bereich ohne Häuser und eine Erhebung namens Kiowa Hill oder, auf Spanisch, El Cerrito de los Kiowa. Frank Gruber nutzte den einen Balken seines Handysignals, um im Netz nach Informationen über den Berg zu suchen, und sendete mir ein PDF aus einem Geschichtsmagazin von 1942, das einen Bericht über die Schlacht enthielt, die dort wahrscheinlich in den 1850er-Jahren stattgefunden hatte. Juan M. Salazar sagte, er habe die Geschichte oft auf den Knien seines Großvaters gehört, eines Augenzeugen. Salazar zufolge hatte eine Gruppe von dreißig Kiowa-Kriegern aus der Prärie im Osten, offenbar waren sie betrunken, eine Gruppe von Ute angegriffen, die gerade zu einem großen Ute-Camp ganz in der Nähe zurückkehrten, und dabei deren Anführer getötet. Am Kiowa Hill wurden sie von etwa zweihundert Ute eingeholt; die Schlacht dauerte fast den ganzen Tag, »bis alle Kiowa tot waren, entweder verdurstet oder durch gut gezielte Pfeile. Mehr als sechzig Indianer ließen ihr Leben auf diesem Berg.« Einer anderen Quelle zufolge habe der Gestank verwesender Leichen tagelang angehalten.

Ich stellte mir die Krieger zu Pferde vor (auch wenn das wahrscheinlich nicht zutraf), allein weil Wildpferde heute ein so prägender Teil der Landschaft sind. Oft sah man sie in der Umgebung von Kiowa Hill, meist in kleinen Herden und im Frühling mit Fohlen. Vielleicht hatten auch ein paar von ihnen Vorfahren, die schon damals dort gewesen waren.

In Antonito selbst lebt die Geschichte in den verlassenen Häusern weiter, zu denen die leer stehende Unterkunft der Sociedad Protección Mutua de Trabajadores Unidos (die SPMDTU, im Englischen die Society for the Mutual Protection of United Workers) gehört, ein Tanzsaal und die Villa eines Viehbarons, die kurz davor stand, zum Rathaus umfunktioniert zu werden. Ein Stück weiter die Straße hinunter erfreute sich eine Eckkneipe einer kurzlebigen Wiedergeburt als »Dab Lounge«, in der Fans von über einer Butanflamme verdampftem Haschischöl ihrem Laster frönen konnten. (Die Betreiber der Lounge, die offenbar gegen das Gesetz verstieß, dem zufolge es untersagt ist, Marihuana in einem kommerziellen Betrieb zu konsumieren, verpflichteten jeden Gast, eine Erklärung zu unterscheiben, die garantierte, sie oder er sei kein Journalist.)

Am neu eröffneten Family Dollar Store – inzwischen gibt es scheinbar in jeder Stadt einen oder etwas Vergleichbares – verließen Lance und Loretta ihre Autos und stiegen in meins, und wir machten uns auf den Weg ins Punche Valley. (Wir befinden uns noch in der Zeit vor Corona.) Beide lebten seit langer Zeit im Valley; ihre Töchter waren gute Freundinnen gewesen. Loretta war als Anthropologiestudentin aus Fullerton, Kalifornien, nach Manassa gezogen, wo sie ihren künftigen Ehemann Leandro Salazar kennenlernte, der einen Master in Theologie hatte und sich auf dem Weg zum Priesteramt befand. Beide arbeiteten für die Gewerkschaft United Farm Workers und deren Gründer César Chávez. Leandro war der älteste Bruder von Ken Salazar, der Senator und dann Innenminister unter Präsident Barack Obama werden sollte. Leandro starb 1992 bei einem landwirtschaftlichen Betriebsunfall.

Unsere Ankunft am oberen Ende des Tals scheuchte eine Herde Elche auf, die davonrannte. Als wir pausierten, um sie zu beobachten, fuhren Troy und sein Sohn hinter uns heran und hielten an. Dann fuhren wir alle ein Stück weiter: Unsere Besichtigungstour sollte am eindrücklichsten, von Menschenhand geschaffenen Relikt im Punche Valley beginnen, einem kaputten Damm. Nach seiner Fertigstellung 1889 schuf der Damm einen Stausee, den Cove Lake, der, obgleich von bescheidenem Ausmaß, doch so groß war, dass früher darauf in Motorbooten gefischt werden konnte. Der Damm brach 1974 – Loretta und Troy hatten beide gehört, er sei vorsätzlich gesprengt worden. (Und auch wenn dies zahlreiche Anwohner bestätigten, erzählte mir ein Wasserbauingenieur in Alamosa, Studien hätten später zutage gefördert, dass der Damm auf einer Spannungslinie lag und der Bruch auch durch ein kleines Erdbeben hätte verursacht worden sein können.) Ein Kreis blasser toter Baumstümpfe zeigte an, wo früher die Uferlinie verlaufen war.

Zwischenzeitlich war das Tal so trocken, dass es schwer war, sich den üppigen Garten vorzustellen, der es einst gewesen war. Der Cove Lake war von einem Seitenarm des San Antonio River gespeist worden, der heute ausgetrocknet ist. Loretta sagte, der See habe über achthundert Hektar Land bewässert, und Bauern hätten Salat, Kohl, Kartoffeln und andere Feldkulturen sowie Alfalfa angebaut und Schafe und Rinder weiden lassen. Jetzt war davon nichts mehr übrig.

Tona von La Puente hatte mir erzählt, ihre Eltern hätten hier Land bewirtschaftet; Loretta sagte, früher wäre es einmal ein Ort gewesen »an dem hispanische Familien etwas aus sich machen konnten«. Als wir an einer Seite des Damms hinabstiegen und einem stillgelegten Bewässerungskanal folgend einen alten Stacheldrahtzaun überquerten, der größtenteils am Boden lag, erzählte sie mir, früher einmal habe sie Ken Salazar und seinen Vater in der Nähe getroffen, der weinte, als er davon erzählte, wie er seinen Eltern in den 1920er-Jahren dabei half, ihre Zäune aufzustellen. Die ganze Familie kam von ihrem großen Bauernhof östlich von Manassa her, um ihre Sommer hier zu verbringen und die Auflagen des Heimstättengesetzes[1] zu erfüllen. Damals habe man keine Weideerlaubnis gebraucht, fügte sie hinzu. »Es war eine gesetzesfreie Zone.«

Wir befanden uns am nördlichen Ende des Tals, an einem hohen Punkt. Links von uns erstreckten sich sanfte Hügel, die die Grenze zum Nordosten hin markierten; vor uns und rechts von uns lag ein gigantischer Raum, der auf einem endlosen Beet voll gelber Gräser und Sträucher ruhte. Gen Süden dehnte sich das Tal weiter aus, als wir sehen konnten, und verlor sich in einem Vulkanfeld, dem Taos Plateau in New Mexico.

Von menschlichen Siedlungen war kaum etwas zu sehen. Wir

erkundeten eine Reihe kleiner eingefallener Behausungen, die hauptsächlich aus Vulkangestein gebaut worden waren und die, wie Loretta vermutete, womöglich einmal zu einer Postkutschenstation gehört hatten, da sie sich direkt am Weg befanden. Bei einer waren noch Teile des Dachs vorhanden, und wir konnten die alten *vigas* sehen – dicke Balken, die einst das Dach gestützt hatten. Schließlich sahen wir uns in drei größeren, aufwendiger gebauten Häusern um, die, so Loretta, einem Viehbaron gehört hatten. Sie hatten kleine Veranden, Zedernschindeln und Wände, die in einem blassen Grün gestrichen waren, das größtenteils abgeblättert war und Balken und Putz zum Vorschein kommen ließ.

Das größte Gebäude war ein Bauernhof mit einer Holzscheune, die kurz davor stand, einzustürzen, einem riesigen Kartoffelkeller ohne Dach und den Überresten von Pferchen und Gehegen. Zwei Quellen hatten Loretta berichtet, man habe dort deutsche Kriegsgefangene interniert und zur Arbeit auf dem Bauernhof gezwungen.

Troy war höflich, aber skeptisch – seit er denken könne, habe er Fragen zu den Kriegsgefangenenlagern gestellt, aber noch nie von Beweisen dafür gehört oder welche zu Gesicht bekommen. Loretta hingegen schien davon überzeugt: Während des Zweiten Weltkriegs habe es Hunderte solcher Lager gegeben, oft an Orten, an denen die Gefangenen in der Landwirtschaft eingesetzt werden konnten. »Außenlager« wie dieses hätten selten bewaffnete Wachen gehabt, sagte Loretta; ihr sei erzählt worden, dass das großflächige Betonfundament einen Pferdestall untermauert habe, der später zu einer Baracke umgewandelt wurde, und, wie sie ergänzend hinzufügte, den Gefangenen seien zwanzig bis vierzig Dollar pro Monat bezahlt worden.

Loretta erinnerte sich, dass ein paar junge Leute aus ihrer Heimatstadt an einem Wintertag in den 1990er-Jahren aus unbekannten Gründen hier herausgefahren waren. Als ihr Auto im Schnee stecken blieb und dann das Benzin ausging, erfror einer von ihnen. Später machte ich zwei der vier Überlebenden ausfindig. Bei der Tragödie sei Alkohol im Spiel gewesen, sagten sie. Beide hatten Erfrierungen erlitten; einer verlor ein paar Zehen. Das offene Gelände konnte unerbittlich sein.

An einem warmen Sommertag hingegen war es himmlisch. Ich war gern draußen in der Weite des Valley, und es gefiel mir, wie wir durch Lorettas Wissen eine Vorstellung davon bekamen, wie es hier in längst vergangenen Zeiten gewesen war. Ein anderes Mal führte sie mich und Lance und eine Gruppe aus Conejos County weiter in den Süden, zu einem Steinkreis auf dem Taos Plateau. Niemand wusste, was es mit dem Kreis auf sich hatte, aber es gab weitere in der Region, und Archäologen schätzten, sie seien Hunderte oder gar Tausende Jahre alt. Mir war es einerlei, dass niemand wusste, welchem Zweck sie gedient hatten; das Rätsel erweckte eine Zeit, in der die Menschen hier Gott in der Natur erblickten und sich vor ihr verneigten. Historiker konnten auch für Facetten der Vergangenheit sensibilisieren, die andernfalls wohl absichtlich vergessen worden wären. Auf ebenjener Exkursion führte Ronald Rael, ein Professor für Architektur in Berkeley, der familiär tief in der Gegend verwurzelt war, unserer Gruppe durch Conejos, eine frühe Siedlung außerhalb von Antonito. Mexikanische Familien aus Abiquiú, im heutigen New Mexico, hatten dort ab etwa 1854 landwirtschaftliche Betriebe gegründet, eine Plaza gebaut und gegen die indigene Bevölkerung gekämpft. Viele der Bewohner, von denen Rael sprach, waren wahrscheinlich Genízaros gewesen – versklavte Indigene, meist Kriegsgefangene anderer indigener Stämme. Oftmals wurden sie von Hispanos zu Zwangsarbeit verpflichtet oder von Menschen wie Lafayette Head, Colorados erstem Vizegouverneur. Head, dessen Frau aus einer angesehenen mexikanischen Familie stammte, gehörte zu ebenjenen frühen Siedlern.

Nachdem wir uns von Loretta verabschiedet hatten, aß ich mit Lance zu Abend. Obgleich das Restaurant The Dutch Mill hieß, wurde mexikanisches Essen serviert. Lance hatte sein Leben der Unterstützung anderer gewidmet. Aber er hatte auch noch weitere Interessen. Der passionierte Hobbyornithologe hatte in der Nähe des Postkutschenhalts einen Schwarm Ohrenlerchen ausgemacht. Er war von der Idee begeistert, Ruinen wie die, die wir gerade besucht hatten, mit einem Metalldetektor zu inspizieren, um herauszufinden, welche interessanten alten Gegenstände deren Bewohner womöglich weggeworfen hatten. Er war außerdem einer von vielen, die mir im Valley begegneten, die offenbar nie genug davon bekommen konnten, den Himmel zu betrachten, und ihn manchmal zu fotografieren. (Hin und wieder posteten Präriebewohner Fotos desselben Sonnenuntergangs, etwa zur gleichen Zeit fotografiert.)

Seit Monaten war die Notwendigkeit, Tank »einzuschläfern«, ein Dauerthema bei den Grubers. Der Bernhardiner wurde alt und verwirrt. Er hatte eine »Futteraggression« entwickelt und andere Hunde gebissen, außerdem war er von 100 auf 70 Kilo abgemagert. Seine lächerlichen Versuche, den Chihuahua-Mischling Little Bear zu bespringen, führten zu Heiterkeit (und Spekulationen darüber, was dabei wohl für Welpen herauskommen würden). Doch als er anfing, Frank und Sam anzuknurren, spürte ich sein Ende nahen.

Mein Wohnwagenanhänger hatte einen kleinen Wassertank. Obgleich ich weit vom Brunnen der Grubers entfernt stand, gelangten sie, wenn sie alle Gartenschläuche, die sie besaßen, miteinander verbanden, gerade so zu mir. Eines Morgens brauchte ich eine neue Tankfüllung und lief an Sams zähnefletschenden Pitbulls vorbei zum Haus der Grubers. Ich bemerkte, dass ihr Pickup weg war, und ging davon aus, dass sie nicht zu Hause waren, doch dann sah ich, dass die Tür einen Spaltbreit offen stand und Frank im Wohnzimmer über etwas gebeugt war. Ich trat ein.

Frank werkelte mit freiem Oberkörper an einem Betonrelief, das er in eine Kuchenform gegossen hatte. In der Mitte war ein riesiger Pfotenabdruck. Darum herum ritzte Frank »Tank 9/2018«. Aber Tank lag doch neben ihm auf dem Boden und atmete ganz offenbar. Sam und Nick saßen auf dem Sofa und machten ernste Gesichter.

»Moment mal, aber Tank ...«, setzte ich verwirrt an.

»Heute ist es so weit«, sagte Frank. Er erklärte, dass er, nachdem Stacy mit den Mädchen in die Stadt gefahren war, Tank eine extragroße Dosis der Butter-CBD-Öl-Mixtur verabreicht hatte, die der Hund jeden Morgen zur Beruhigung bekam und um seine Schmerzen zu lindern. Infolgedessen »ist er so gut wie bewusstlos«, sagte Frank. Während er an dem Abdruck weiterarbeitete, flüsterte er dem Hund zu: »Heute Morgen und gestern Abend gab's was Leckeres zu fressen, stimmt's, mein Junge?«

Franks Wangen war feucht. Ich hatte ihn nie zuvor weinen gesehen.

Sam ging dorthin, wo Frank hockte, und breitete eine Decke auf dem Boden aus. Frank hievte den riesigen Hund zwischen seine Beine und begann, Tank in Richtung der Decke zu ziehen. Der Hund bewegte seine Vorderläufe, als versuche er, aufzustehen, aber Frank brachte ihn dazu, liegen zu bleiben. Ich trat heran, um den Zipfel der Decke zu greifen, der am nächsten bei Sam war.

»Nick, könntest du das andere Ende nehmen?«, fragte Frank, da Nick seinen Einsatz scheinbar verpasste. Nick erhob sich und nahm die dritte Ecke. Dann legten wir alle unsere Zipfel ab und halfen Frank, Tank auf die Decke zu legen. Zu viert hoben wir die Decke an und wankten in Richtung Tür, wobei wir Tank kaum vom Boden bekamen.

Der Teil des Grundstücks, der sich schräg gegenüber von meinem Wohnwagenanhänger befand, war ein Tierfriedhof, und ich sah, dass das nächste Grab bereits ausgehoben worden war. Franks Bulldozer stand neben der neuen Grube. Wir ließen Tank in die Erde hinab. Sam, Nick und ich traten daraufhin zurück, doch Frank blieb da und wickelte die Decke um Tank. Er umarmte ihn noch einmal und weinte – ich erinnerte mich daran, wie oft der Hund mit ihm und Stacy im Bett geschlafen hatte, wie oft ich gesehen hatte, wie Frank seinem Hund den Sabber aus dem Gesicht wischte, wie er hin und wieder liebevoll ein bisschen Marihuanaqualm in das Maul des großen Hundes geblasen hatte.

Schließlich erhob sich Frank, drehte dem Grab den Rücken zu und lief zum Haus. Nick und ich begleiteten ihn, nicht aber Sam. Sam hatte eine Hand in der Tasche, und als wir an ihm vorbeigingen, zog er etwas daraus hervor. Nick und Frank gingen hinein. Ich verweilte an der Tür und beobachtete Sam. Er trat in die Grube, säuberte die Decke und streichelte Tank ein letztes Mal. Dann platzierte er die Pistole an Tanks Schädel. Ich hörte einen Knall.

Dann kam auch Sam herein und wurde ebenfalls emotional. Er erzählte uns, dass seinen eigenen Hund zu töten, der mit gerade einmal neun Jahren schwer erkrankte, etwas vom Schwierigsten gewesen sei, »was ich je tun musste«. Ich fragte Sam, wohin er gezielt hatte. »Auf die Oberseite des Kopfes, so geht die Kugel direkt in den Hirnstamm«, sagte er. »Wenn man es richtig anstellt, ist es so, als würde ein Schalter umgelegt.« Auf der Erde vor Tanks Kopf war ein wenig Blut. Wenn der durch eigene Hand herbeigeführte Gnadentod für Menschen, die sich keinen Tierarzt leisten können, die beste Lösung ist, hatte Sam alles richtig gemacht.

Frank ging wieder nach draußen und kletterte auf seinen Bulldozer. Er sprang mit lautem Getöse und einer Rauchwolke an. Sam reichte ihm einen Joint und hielt ihm dann ein Feuerzeug hin. Frank nutzte den Bulldozer, um aus mehreren Richtungen Erde auf Tank zu schieben. Es dauerte etwa zehn Minuten. Als alles vorbei war und er in Richtung Haus lief, legte Sam eine Hand auf Franks Schulter. Es war das erste Mal, dass ich die beiden einander berühren sah.

Die Prärie hielt aber auch heitere Momente bereit. Im August, als die monsunartigen Regenfälle die Straße, auf der wir täglich entlangfuhren, in eine kaum befahrbare Schlammgrube verwandelt hatte, tauchte am Straßenrand auf wundersame Weise ein Fiberglas-Motorboot auf. Und es war nicht von selbst dorthin geschwommen. Dieser Scherz roch ganz eindeutig nach Sam, auch wenn er sich nie öffentlich dazu bekannte. Doch eines Tages, als wir uns über den Ersatztruck unterhielten, den er nach seinem Schusswechsel mit den »Shims« bekommen hatte, erzählte er mir, wie schön es gewesen sei, kürzlich abends damit über die Prärie zu rasen, das rote Boot im Schlepptau. Als das Boot an etwas hängen blieb, habe er nur einen Ruck gespürt und dann einen Schreck bekommen, als es durch die Luft flog und unmittelbar vor seinem Truck landete. »Ich hätte es fast erwischt!«

Ein andermal klopfte Sam am späten Vormittag aufgeregt an meiner Wohnwagentür. »Auf der Straße ist ein junger Mann, der die Hilfe von La Puente gebrauchen könnte!« Ich vermutete einen Unfall. »Was ist passiert?«

»Keine Ahnung, aber dort drüben läuft ein Kerl ohne Kleider herum. Meinst du, du könntest ihm etwas zum Anziehen leihen?«

Ich kam heraus, um nachzusehen, wohin er zeigte. Frank und Sam waren auf dem Nachhauseweg gewesen und hatten den Mann in der Ferne gesehen; als sie näher heranfuhren, lief er von der Straße ins Gebüsch und legte sich auf den Rücken.

Ich hatte ein Reserve-T-Shirt und Socken. Nick bot an, ein Paar alte Hosen beizusteuern, und wir fanden ein Stück Seil, das als Gürtel herhalten könnte. Nick, Sam und ich machten uns in meinem Truck auf den Weg.

Unterwegs erzählte Sam, wie er dem Mann bei ihrer vorherigen Begegnung seine Pistole gezeigt hatte. Aber warum?, fragte ich. Schließlich trägt ein Nackter keine Waffe.

»Wir sind in der Nähe eines Hauses, in dem fünf Mädchen wohnen«, sagte Sam. »Davon muss er sich fernhalten.« Ich bat Sam, seine Waffe diesmal für sich zu behalten.

Der Kerl war schnell gefunden, und diesmal versuchte er nicht, sich zu verstecken. Ich redete mit ihm. Ganz offensichtlich hatte er diverse Drogen eingenommen – er sagte etwas von LSD, Meth, Meskalin und Gras. Ich reichte ihm die Kleider, und er zog sie unter großer Anstrengung an. Ich fragte, ob wir ihn an seinen

Franks Cannabispflanzen.

Zielort fahren könnten, und er bejahte. Er sagte, er wohne irgendwo in der Nähe von Troys Grundstück, was besser war, als keinen Orientierungspunkt zu haben, und so fuhren wir los. Nick kletterte auf die Ladefläche, um sich zu ihm zu setzen. Als wir uns näherten, klopften sie an die Scheibe und bedeuteten mir, rechts abzubiegen, und dann später, dass ich links abbiegen sollte.

Unser Ziel war ein Wohnwagenanhänger, vor dem ein Prius und ein kleiner Pick-up parkten. Als er näher herantrat, steckte Sam eine Hand in seine Pistolentasche – der Ort war ihm nicht bekannt.

Ein amüsiert dreinblickender Mann trat aus dem Wohnwagen. »Ich habe mich schon gefragt, wo du bleibst«, sagte er. Der ehemalige Nackedei war offensichtlich am Abend zuvor verschwunden.

»Haben Sie sich keine Sorgen um ihn gemacht?«, fragte ich ein wenig überrascht.

»Dachte mir, dass er schon wieder auftauchen wird«, sagte der Mann. Die Kleider könne er behalten, sagte ich zu dem jungen Kerl. Als wir zu den Grubers zurückfuhren, fragte ich Nick, worüber sie da hinten gesprochen hatten. »Hauptsächlich darüber, was er sich eingeworfen hat«, sagte Nick. Der Rat, den ihm Nick beim Abschied auf den Weg gab, lautete: »Nimm lieber nur eine Droge auf einmal.«

Die Allgegenwärtigkeit von Waffen in Sams Umgebung machte mich ein wenig nervös, vor allem angesichts seiner Reibungen mit den unberechenbaren anderen. Eines Tages erschien ein für seine Trunksucht und Streitlust bekannter Mann am Tor. Frank ging hinunter, um mit ihm zu reden. Der Mann behauptete, Sam schulde ihm Geld für Gras und dass er es bereuen würde, sollte er nicht dafür bezahlen. Frank erwiderte, er kenne Sam ziemlich gut und dass der Mann es bereuen würde, wenn er nicht augenblicklich verschwände. Der Mann fuhr davon, sagte aber, er würde wiederkommen.

Troys Sohn Jason fuhr nachts gerne ohne Scheinwerferlicht herum. Sam, der nichts davon wusste, folgte ihm eines Abends. Angeblich eskalierte die Jagd und endete bei hoher Geschwindigkeit auf der Road G. Es sollen sogar Schüsse gefallen sein, aber es wurde niemand verletzt. Sam sagte, er habe Jason danach gefragt: »Bist du verrückt? Was hast du bei Nacht ohne Licht auf *meinem* Grundstück verloren?«

Und dann war da das Grundstück westlich von uns, ein Trailer und eine Plantage. Eines Nachts geriet sie in Brand. Danach schlich ein dunkles SUV auf eine Weise über die Straße bei den Grubers, die Sam als bedrohlich empfand. Ich sah, wie er es durch einen Zaun beobachtete, sein Maschinengewehr im Anschlag.

Die Leute, denen Sam und Cindy ihr Grundstück während ihrer langen Segelreise überlassen hatten, hatten die Feuergrube der

Grubers mit ihrem Abfall gefüllt und darüber hinaus haufenweise Müll hinterlassen. Eines Nachmittags, ich ruhte mich gerade aus, beschlossen Frank und Sam, dass es an der Zeit sei, alles zu verbrennen. Leider Gottes stand mein Wohnwagen in Windrichtung, und die Grube war mit allerlei giftigen Gegenständen gefüllt – vor allem mit Kunststoff, dessen Geruch sich in meinem Wohnwagenanhänger ausbreitete. Ich hielt dennoch mein Mittagsschläfchen und hoffte, der Wind möge sich noch drehen. Ich wurde von einem BUMM! BUMM! BUMM! und lauten Rufen geweckt. Ich ging hinaus. Sam sagte, der Lärm stamme von Sprühdosen, die, wenn sie heiß wurden, tief in der Grube explodierten. Das erleichterte mich ein wenig, aber nicht allzu sehr.

Manchmal führt ein Ärgernis zum nächsten. Irgendwann stellte ich fest, dass mich das Geräusch von Sams und Cindys Generator nachts störte. Die beiden schliefen gerne bei laufendem Fernseher ein. Zu diesem Zweck starteten sie ihren Generator und ließen ihn einfach so lange laufen, bis das Benzin ausging, üblicherweise gegen fünf Uhr in der Früh. Ich hatte mich an den Lärm der Generatoren im Winter gewöhnt – man war auf sie angewiesen, wenn man nicht genügend Akkus hatte, um die Heizung die ganze Nacht angeschaltet zu lassen. Aber im Sommer? Ich erwähnte es gegenüber Sam, doch da mir bewusst war, das wir uns auf seinem Grundstück befanden, beließ ich es dabei. Und dann, manchmal nachts, stritten er und Cindy lautstark, oder ihre Hunde schlugen an.

Angesichts dessen, dass ich mich inmitten einer so weitläufigen Landschaft befand, begann ich mich zu fragen, ob es wirklich klug war, derart nahe bei den Unannehmlichkeiten zu leben, auf die man ebenso in einem belebten Mehrfamilienhaus stoßen könnte. Hatte mir zu Beginn die Einsamkeit Sorgen bereitet, so dachte ich jetzt darüber nach, wohin ich umziehen könnte.

Bei La Puente verbrachte Matt weniger Zeit damit, sich neuen Klienten vorzustellen, und mehr damit, sich den Anfragen derer

Matt auf seinem Grundstück.

anzunehmen, die er bereits kannte – sein Ruf hatte sich durch Mund-zu-Mund-Propaganda weiterverbreitet. Seine Freizeit hingegen widmete er hauptsächlich Renovierungsarbeiten an seinem neuen Zuhause am Fuße des Blanca Peak. An einem schönen Nachmittag, die Sonne schien warm, und es wehte eine leichte Brise, fuhr ich zu ihm hinauf, um nachzusehen, wie er vorankam. Der weite Himmel über mir bot Platz für mehrere Wettersysteme: In Richtung Osten sah es nach Sturmwolken aus, über mir waren Eiswolken, und drüben, am San-Juan-Gebirge im Westen, wo sich ein Großteil der Witterung des Valley zusammenbraute, kündigte sich eine weitere Wetterlage an, die noch nicht eindeutig einzuordnen war. Zu mir sagte dieser Himmel, *Egal wo du bist, es geht weiter. Es gibt noch etwas anderes, neue Möglichkeiten, anderes Wetter, nur eine kurze Fahrt entfernt.*

Matts neues Zuhause befand sich auf Land, auf dem mit großer Wahrscheinlichkeit noch nie jemand gelebt hatte (gejagt oder Tiere hatte weiden lassen aber vielleicht schon), und sah jetzt wirklich aus wie ein kleiner Hof. Die Koppel war fertig, und das Pferd stand gemeinsam mit einem Fohlen darauf, das er vor Kurzem bei einer Auktion in Monte Vista für 500 Dollar erstanden hatte. (»Ich musste ein paar Amische überbieten.«) Seine Bestellung eines großen Schuppens hatte er storniert, nachdem er von einem entkernten Trailer auf dem Campingplatz bei Blanca erfahren hatte, den er zu einem Spottpreis bekommen konnte. »Im Prinzip ist es das Gleiche«, meinte er, und jetzt stand sein künftiges Zuhause, ein Wohnauflieger, vor Ort.

Joshua kam aus dem Trailer und setzte sich auf die Treppe. »Würdest du Mr. Conover bitte Hallo sagen?«, fragte ihn Matt.

»Hallo, Mr. Conover«, sagte Joshua.

Wir saßen eine Weile zusammen und unterhielten uns hauptsächlich über Pferde. Ich sah dabei zu, wie Matt das Fohlen Mingo nach vielen Mühen mit dem Lasso einfing, ihm ein Halfter anlegte und es an einem Pfosten festband – doch dann befreite sich das Pferd, da das Halfter nicht fest genug saß, um seinem Zerren standzuhalten. Matt gab sich alles andere als geschlagen. »Hast du schon mal was von Prärie-Skilauf gehört?«, fragte er. Hatte ich nicht. »Das ist, wenn man sich an einem Seil festklammert, während man von seinem Pferd durch die Prärie geschleift wird«, witzelte er. Etwas, das er nicht vom Prärieleben erwartet hatte, waren die Besuche von Wildpferden, die Roxy Dancer und Mingo beschnuppern wollten. Mehrmals sah er bei seiner Heimkehr, wie sie ihre Köpfe über den Zaun streckten. Er fürchtete, ein wilder Hengst könne den Zaun niederreißen, um sich Zutritt zu verschaffen – doch insgesamt schien ihn diese Aussicht eher froh denn sorgenvoll zu stimmen. Das war das Abenteuer, das er sich immer gewünscht hatte.

Auch wenn Matts Zuhause ästhetisch betrachtet nicht gerade ansprechend war, schien es mir spirituell betrachtet durchaus schön. Ein prägendes Merkmal des Valley war, dass jeder, selbst eine Person mit sehr bescheidenen Mitteln, ein Stück dieser weitläufigen Flächen – die meisten unberührt und ursprünglich – für nicht allzu viel Geld kaufen konnte.

Auch vor den jüngsten Ärgernissen hatte ich bereits darüber nachgedacht, und auch darüber, wo ich vielleicht gerne ein wenig Land kaufen würde. So ganz konnte ich nicht erklären, warum: Weder hatte ich vor, hier herauszuziehen, noch entsprach es der Vorstellung einer gemütlichen Urlaubsunterkunft meiner Frau. Und dennoch: Kaufen und Bauen gehörten in gewisser Weise zum Selbstverständnis der *Flats*. Von so viel schönem und erschwinglichem Land umgeben zu sein machte es fast unmöglich, *nicht* darüber nachzudenken.

Als die Sonne allmählich unterging, erstrahlten die Präriegräser in goldenem Glanz. Für jemanden, der, wie ich, nicht vorhatte, das ganze Jahr hier zu leben, war Diebstahl das größte Problem: Manche der Nachbarn waren arm, und unbeaufsichtigtes Land bot ein Einfallstor. Aufgrund der vielen Ruinen, die ich gesehen hatte, wusste ich, dass fast alles in Gefahr war, von Kupferdrähten in einem alten Wohnwagenanhänger bis zu den Fensterscheiben eines Hauses. Solarpanels waren im Nu verschwunden. Matt hatte mir von einem alten Mobile Home erzählt, an dem er vorbeigefahren war, aus dem die Bewohner ausgezogen waren. Ein paar Wochen darauf sah er, dass es umgekippt worden war: Diebe hatten die Stahlachsen darunter gestohlen, die, wie er sagte, an die 500 Dollar pro Stück wert waren. Um die Behausung umzukippen, hatten sie offenbar ein paar Ketten mit Enterhaken daran über das Dach geworfen und dann mithilfe eines Pick-ups an den Ketten gezogen – er sagte, er habe die Löcher sehen können, dort, wo die Haken die Aluverkleidung durchbohrt und sie in Richtung Dach gerissen hatten. Soweit ich es beurteilen konnte, bot einzig die Nähe zu einem vertrauenswürdigen Nachbarn wirksamen Schutz, jemand, der es bemerken würde, wenn Diebe etwas vergleichbares versuchen würden.

Ich hatte ein Auge auf ein Grundstück in der Nähe von Troy geworfen, das, obgleich scheinbar verlassen, unangerührt wirkte. Eines Tages fragte ich ihn danach. Es gebe darauf einen Brunnen und eine Kläranlage, sagte er. Der Trailer, der lang und hellblau war, sei wahrscheinlich ziemlich heruntergekommen – es hatte niemand mehr darin gelebt, seit sein letzter Bewohner, ein Freund von ihm, vier Jahre zuvor verstorben war. Wie viel so ein Grundstück wohl kosten würde?, fragte ich ihn. Troy zögerte. Off-grid gab es keinen verlässlichen Marktwert, und es war nicht möglich, so etwas genau zu beziffern. »Hier draußen ist es so viel wert, wie dafür bezahlt wird.«

»Okay«, sagte ich und bohrte noch einmal nach. »Aber wie viel würde jemand wohl dafür verlangen, und was würde jemand dafür hinlegen?«

»Hm, vielleicht so an die zwanzigtausend«, sagte Troy. Aber zufälligerweise wusste er, dass es nicht zum Verkauf stand.

»Sag Bescheid, falls sich das ändert.«

4
Unbebautes Land

> Wir alle können auf lukrative Verdienstmöglichkeiten zurückblicken, die wir uns durch die Lappen haben gehen lassen. Jetzt klopft eine weitere dieser Möglichkeiten an Ihrer Tür. Eine, die Sie auf keinen Fall verpassen dürfen. Es ist Ihre Chance, in Land zu investieren, das in einer der begehrtesten Regionen Amerikas liegt, in Colorados herrlichem San Luis Valley.
>
> »Ihre 2-Hektar-Ranch für nur 50 Cent am Tag«,
> Werbeanzeige in der *Chicago Tribune*, 1973

Wenn Troy Zinn aus seiner Haustür tritt, um eine Zigarette zu rauchen, liegt direkt vor ihm eine mächtige Bergkette, das Sangre-de-Cristo-Gebirge. Es türmt sich am Horizont im Osten auf und erstreckt sich über zweihundertfünfzig Meilen vom Poncha Pass am nördlichen Ende des San Luis Valley bis zum Glorieta Pass in der Nähe von Santa Fe, New Mexico. San Luis, die älteste Stadt Colorados, wurde 1851 gegründet und liegt am Fuße der Sangres. Manchmal, nachts, kann man die Lichter der Stadt sehen. Die höchsten Gipfel der Rockies in Colorado liegen größtenteils in nationalen Waldgebieten. Die Berge, die sich direkt vor Troy zu beiden Seiten von San Luis erheben, bilden eine Ausnahme. Sie sind Teil eines gewaltigen Stück Lands, das sich in Privatbesitz befindet. Besagtes Stück Land, über dreiunddreißigtausend Hektar, wird von seinem Besitzer, dem Erben eines texanischen Öl-Imperiums namens William Bruce Harrison, Cielo Vista Ranch genannt. Er erwarb das Grundstück 2017, nachdem es für 105 Millionen Dollar gelistet worden war.

Viele andere nennen das Land weiterhin Taylor Ranch, nach Jack Taylor, einem Holzbaron aus North Carolina, der es 1960 einer Gruppe von Investoren aus Denver, der Costilla Land Company, abkaufte. Damals betrug der Preis 497 798 Dollar. Die Costilla Land Company hatte den Einheimischen mehr als hundert Jahre erlaubt, das Land zur Jagd, als Weide und für Feuerholz zu nutzen. Dies änderte sich unter Taylor, der lange Zäune aufstellen, Eindringlinge festnehmen und sie sogar verprügeln ließ. So begannen Unruhen und ein vier Jahrzehnte andauernder Rechtsstreit. Zu jener Zeit, im Jahr 1975, als er gerade drinnen schlief, wurde Taylors Haus auf der Ranch von rund zehn Kugeln aus einem Scharfschützengewehr getroffen, von denen eine seinen Knöchel verletzte. Im darauffolgenden Jahr schrieb der Journalist Calvin Trillin einen Artikel über den Konflikt im *New Yorker*. Die Überschrift lautete: »A Cloud on the Title«.[1] Das, was Taylor den Menschen vor Ort zugestand, beschrieb Trillin als »halb garen Versöhnungsversuch«: Er bot ihnen zweitausend Hektar Erholungsflächen und wollte im Gegenzug dafür eine Garantie für »zivilrechtliche Schutzmaßnahmen und etwas Entgegenkommen in puncto Steuern und hinsichtlich diverser Enteignungsverfahren zwischen Taylor und dem County«. Sie lehnten sein Angebot ab. »Es wäre sehr viel billiger gewesen, jemanden zu bestechen«, sagte Taylor später, ohne darauf einzugehen, wer eine solche Person hätte sein oder wie solche Gelder dabei hätten helfen können, eine derart tief sitzende Wut aufzulösen.

Unter den Ortsansässigen gilt das Grundstück nicht als irgendjemandes Ranch, sondern heißt einfach La Sierra, die Berge. Für einen erheblichen Teil der Einheimischen, zu denen auch Shirley Romero Otero gehört, die Leiterin des in San Luis ansässigen Land Rights Council, sind die Auswärtigen, denen die Hoheitsgewalt über das Land obliegt, nicht dessen Besitzer als vielmehr dessen Besatzer.

Etwas südlich von San Luis, unmittelbar vor den Bergen, liegen ein paar Siedlungen, die sehr alt und durch und durch hispanisch sind. Dazu gehören San Pedro, San Pablo, Chama und Los Fuertes. Die Einwohner dieser Orte haben eine besondere Verbindung zu den Bergen, in denen sie jahrelang gejagt und Feuerholz gesammelt haben. Sie sind außerdem auf besondere Weise miteinander verbunden, was sich beispielsweise in einem spanischen Dialekt äußert, der nur in dieser Gegend gesprochen wird. Die Gemeinschaft lebt abgeschottet; Fremde berichten oft, sich nicht willkommen zu fühlen. Matt Little sagt, nur wenige der »Hilferufe«, die er ihm Rahmen des Rural-Outreach-Projekts entgegennimmt, stammen aus der Gegend.

Früher einmal bot eine alte Brücke direkten Zugang von einem Punkt südlich der Stadt zu einigen dieser Dörfer und zu La Vega, einer Wiese, die den Bewohnern der Gegend bereits seit Generationen als Weideland für ihr Vieh dient. Ab den 1970er-Jahren wurde die Brücke auch von den Bewohnern einer neuen Siedlung auf der Wild Horse Mesa genutzt, einer schroffen Hochebene südlich von San Luis.

Als sie baufällig wurde, ließ das County die Brücke schließen. Doch vom Versuch, staatliche Gelder für die Reparaturen aufzutreiben, riet der Gemeinderat von La Vega ab – man zog es vor, den Zugang ein wenig erschwert zu belassen.

Die Spannungen zwischen denen, die seit langer Zeit mit dem Land verbunden sind, und jenen, die darüber herrschen, reichen weit zurück. Es liegt nahe, sie mit einer der amerikanischen Geschichte zugrunde liegenden Dynamik in Verbindung zu bringen: Weiße Einwanderer aus Europa, und später deren Nachkommen, fassten zunächst Fuß und erlangten dann die Kontrolle über weite Gebiete des Landes, das andere bereits ihr Eigen wähnten. Im San Luis Valley führte dies zu Konflikten mit der mexikanischen, spanischen und indigenen Bevölkerung, die entweder bereits im Valley lebten oder ihre Ansprüche an dem Territorium geltend gemacht hatten.

Ein Teil der Geschichte lässt sich anhand von Landkarten erzählen: Mit dem Louisiana-Kauf 1803 wurden die Vereinigten

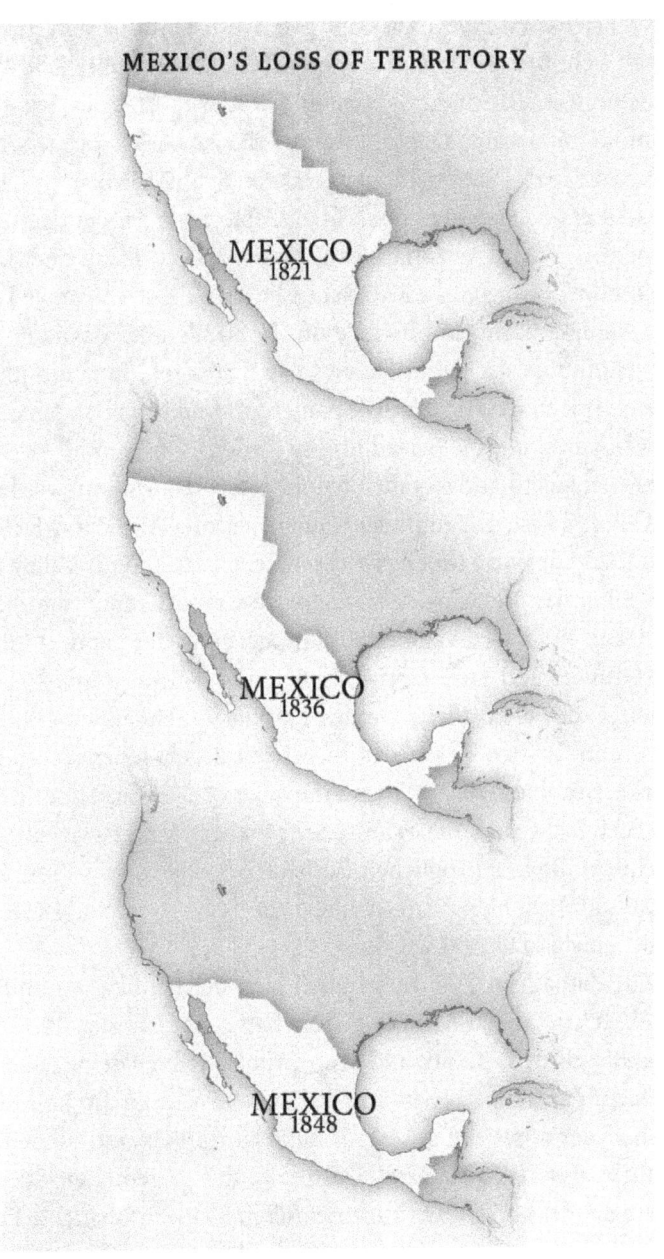

Mexikos Territorialverluste.

Staaten jenseits des Mississippi gen Westen hin erweitert, wodurch sich ihre Größe fast verdoppelte. Die kontinuierliche Verschiebung in Richtung Westen führte dazu, dass das Land in Konflikt mit der noch jungen Nation Mexiko geriet, die zwischen 1810 und 1821 ihre Unabhängigkeit von Spanien errungen hatte. Mexiko erstreckte sich damals über Gebiete wie das heutige Kalifornien, Nevada, Arizona, Utah, New Mexico, Texas und Teile Colorados, Wyomings sowie Kansas', war in den Gebieten jedoch nur wenig präsent und hatte kaum Kontrolle über das Land. In der Hoffnung, die Amerikaner so fernzuhalten, fuhr die junge Nation mit einem Brauch der Spanier fort und vergab sogenannte Land-Grants, um die Besiedlung zu fördern.

Sieben jener Landvergaben beinhalteten Teile dessen, was heute Colorado ist. Sie umfassten mehr als drei Millionen Hektar Land, und drei von ihnen schlossen Teile des San Luis Valley mit ein. Einer der drei wurde als Sangre-de-Cristo-Grant bekannt. Er umfasste einen Großteil des Südtals, darunter das Land, auf dem die Grubers und Troy Zinn wohnten, und das Sangre-de-Cristo-Gebirge, das die östliche Grenze markierte. Schließlich gelangte der Grant in den Besitz des in Montreal geborenen Pelzjägers Carlos Beaubien, der in Taos eine angesehene Mexikanerin geheiratet hatte und mexikanischer Staatsbürger geworden war, nachdem die ursprünglichen Besitzer, der Sheriff von Taos, Luis Lee, und Beaubiens dreizehnjähriger Sohn Narciso, 1847 im Taos-Aufstand getötet wurden.

Zur damaligen Zeit verschoben sich die Landkarten andauernd. Texas, das zu Mexiko gehört hatte, erklärte sich 1836 zur unabhängigen Republik und beanspruchte teils dasselbe Land im Westen (darunter das San Luis Valley) wie Mexiko. Im Jahr 1845 verhalf der amerikanische Präsident James Polk, ein glühender Befürworter des »Manifest Destiny«[2], den Vereinigten Staaten dazu, die Republik Texas zu annektieren. Danach versuchte Polk, Mexiko seine Ländereien nördlich des Rio Grande und westlich des Pazifiks abzukaufen. Als Mexiko sich weigerte, Polks Gesandten zu empfangen, marschierten die Vereinigten Staaten 1846 mit dem Ziel in das Land ein, genannte Gebiete einzunehmen, darunter das heutige New Mexico, Arizona, Nevada, Kalifornien und Teile Colorados. Mit der Unterzeichnung des Vertrags von Guadalupe Hidalgo 1848 fand der Mexikanisch-Amerikanische Krieg sein Ende. Mexiko hatte mehr als die Hälfte seiner Gebiete verloren.

Hispanics, die sich, ermutigt durch das Landvergabesystem, im San Luis Valley niedergelassen hatten, befanden sich ab den 1840er-Jahren im luftleeren Raum. Die Bestimmungen des Vertrags verpflichteten die amerikanische Regierung zwar dazu, alle bereits existierenden spanischen und mexikanischen Land-Grants zu achten, wurden aber nicht eingehalten: Die amerikanischen Gerichte erkannten nur sechs Prozent der Landvergaben auf dem Territorium New Mexicos an. Das Gefühl der Entwurzelung und Unterwerfung durch die Vereinigten Staaten nahm 1861 höchstwahrscheinlich zu, als große Teile des Valley von New Mexico losgelöst und Teil des neu eingerichteten Colorado-Territoriums wurden. Die Grenzen dieses neuen Territoriums (das 1876 zum Bundesstaat Colorado wurde) verliefen weder in Einklang mit der Natur (so gehörte der südliche Abschnitt des San Luis Valley beispielsweise nicht dazu) noch der Kultur. Die aufstrebende Gesellschaft Colorados war weiß, europäisch und überwiegend protestantisch geprägt – nachdem man 1858 Gold entdeckt hatte, waren Zigtausende Goldgräber, hauptsächlich weiße Männer aus dem Osten und Mittleren Westen, hergekommen.

»Das Ausmaß der Entrechtung, das die hispanische Bevölkerung des Valley in der Gründungszeit Colorados zu spüren bekommen haben muss, kann kaum hoch genug eingeschätzt werden«, schrieb der Journalist Robert Sanchez 2019 in der Zeitschrift *5280*. »Befördert wurde ihr Unbehagen außerdem durch den Bau von Fort Garland, einem Militärstützpunkt, der 1858 errichtet wurde, um die neuen angloamerikanischen Siedler vor Übergriffen indigener Stämme zu schützen. Die Hispanos kamen nicht umhin, darin ebenfalls eine an sie gerichtete Warnung zu erkennen.« Damals lebten etwa siebentausend Hispanos in einfachen Siedlungen, die um im spanischen Stil errichtete Marktplätze gebaut waren, in Lehmhäusern mit Strohdächern am Ufer des Conejos und des San Antonio River. Nach wie vor zogen indigene Stämme, allen voran die Ute, durch die Region und handelten und kämpften mit den Hispano-Siedlern, von denen sie manchmal versklavt wurden, doch sie wurden zusehends zurückgedrängt und verarmten. Aus Sicht der neuen Territorialregierung Colorados war die nicht weiße Bevölkerung ein »notwendiges Übel«, so Sanchez – sie war nützlich, um an Bundesmittel für die Staatsgründung zu gelangen, konnte aber auch Schwierigkeiten bereiten.

Im Jahr 1863 versammelte sich ein Dutzend Soldaten aus Fort Garland auf einem der Marktplätze der Hispanos, unweit des heutigen Antonito, um die Brüder Felipe und Vivián Espinosa festzunehmen. Ein Priester aus Taos hatte die beiden beschuldigt, einen Mann niedergeschlagen und ausgeraubt zu haben. Das Unterfangen endete in einem Fiasko, und die Brüder entkamen. Kurz darauf starteten sie eine Anschlagserie gegen weiße Siedler, die sich größtenteils nördlich des Valley abspielte und in deren Verlauf mehr als dreißig Menschen getötet wurden. (Kapitel sechs greift die Geschichte der Espinosa-Brüder noch einmal auf.)

Das Valley veränderte sich rapide. Um 1864 wurde der Hunderttausende von Hektar umfassende Sangre-de-Cristo-Land-Grant – der von der amerikanischen Regierung *anerkannt worden war* – vom ehemaligen Gouverneur des Colorado-Territoriums, William Gilpin, und seinen Partnern erworben. (Ich selbst bin in Denver nur einen Block von der Gilpin Street entfernt aufgewachsen.)

Ohne lange zu fackeln, teilten die Investoren die gigantischen Ländereien in zwei: Aus der nördlichen Hälfte wurde das Trinchera, aus der südlichen das Costilla Estate. Gilpin ersuchte den Kongress, die Rechtmäßigkeit des Arrangements zu bestätigen, was dieser 1870 tat und erklärte, Gilpin sei nun dafür zuständig, »Zuwanderung und Ansiedlung« zu fördern, Planwagenstraßen zu bauen und »sämtliche Liegenschaften zu vermieten, zu verkaufen oder zu verpfänden« sowie das Valley an die bereits existierenden Telegrafenleitungen und Eisenbahnstrecken anzubinden. Kurzum, das San Luis Valley war in die Entwicklungsphase eingetreten.

Wann immer ich jemanden in meinem Teil des Valley fragte, wen ich als Autorität in Sachen Lokalgeschichte befragen könne, hieß es: Harold Anderson. Anderson war ein Bauer in Jaroso, einem Städtchen, das kaum eine Meile von der mexikanischen Grenze entfernt lag, und seine Frau leitete die Poststelle. Zum ersten Mal war ich ihm im Frühjahr 2018 begegnet, als ich ein Postfach für mich beantragte. Ich sah den Namen Anderson auf der Vorderseite des alten Gebäudes, in dem sich die Poststelle befand (früher war es einmal eine Drogerie gewesen), und auf einem Getreidesilo in der Nähe. Da es gegen ein Uhr Nachmittag war, stand ich bei der Poststelle, die von zehn Uhr morgens bis Mittag geöffnet hatte, vor verschlossenen Türen.

Weil ich Harold aber unbedingt kennenlernen wollte, klopfte ich am nächstgelegenen Haus, wo man mich zu seiner Adresse, gleich um die Ecke, verwies.

Es war ein ansehnliches Steinhaus mit hohen Pappeln davor. Der kräftige Mann mit Backenbart, wie ich etwa um die sechzig, in Jeans, Stiefeln und einem Westernhemd, der die Tür öffnete und zu dem im Inneren des Hauses bellenden Hund sagte: »Beiß ihn nicht«, war Harold.

Ich erklärte ihm mein Vorhaben, und er sagte, er stehe mir gerne jederzeit zur Verfügung, um mir etwas über die Geschichte zu erzählen, und dass ich wiederkommen solle, wenn ich so weit sei. Indes bat mich seine Frau, die mitbekommen hatte, dass ich für La Puente arbeitete, kurz zu warten, und ging nach oben. Sie kam mit einem Stapel gut erhaltener gebrauchter Jeans zurück, die sie

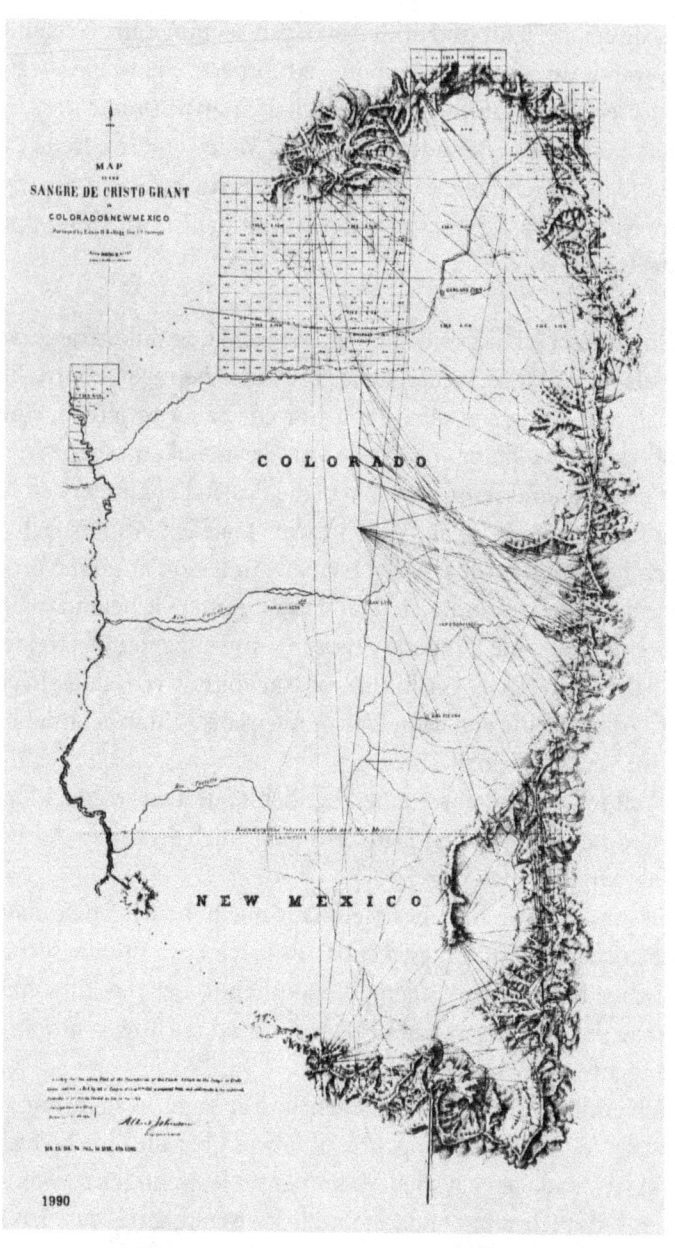

Der Sangre-de-Cristo-Land-Grant, der 1880 etwa vierhunderttausend Hektar umfasste. © *ProQuest Congressional Record database*

mir für das von La Puente betriebene Secondhandkaufhaus Rainbow's End in Alamosa überreichte.

Ein paar Monate und mehrere Bücher zum Thema später kehrte ich zu Harolds Haus zurück. Er öffnete mir, erinnerte sich an mich und sagte, er nehme sich gerne etwas Zeit.

Sein Wissen über die Region war geradezu enzyklopädisch. Das von Gilpin und seinen Partnern erschlossene Trinchera Estate war die pinienreiche, bergige Gegend nordöstlich von uns, und beim Costilla Estate handelte es sich um das Prärieland, auf dem wir uns befanden. Der Bezirksrat von Costilla County, so Harold, habe diese Vereinbarung einmal als »erste Parzellierung des Valley« bezeichnet.

Die Besitzer des heute als Costilla Estates Development Company bekannten Unternehmens waren sich damals sicher: Zwei große Infrastrukturprojekte würden ihrem Unternehmen zu einem guten Start verhelfen. Das eine war ein Damm und ein riesiger Stausee und das andere eine Kurzstreckenbahn. Der 1911 fertiggestellte Stausee Sanchez Reservoir war doppelt so groß wie alle anderen Stauseen in Colorado und verfügte über den fünftgrößten Erddamm der Welt. Vorgesehen war, dass er eine Reihe kleinerer Stauseen und Bewässerungskanäle mit Wasser versorgen würde, wodurch große Flächen des Prärielands als Ackerland nutzbar gemacht werden könnten. Die San Luis Southern Railroad, etwa zur gleichen Zeit in Blanca in Betrieb genommen, sollte den daraufhin entstehenden Bauernhöfen und Städten dienen und sie mit der Außenwelt verbinden. »Damals herrschte großer Optimismus«, sagte Harold.

Die Eigentümer der Costilla Estates planten Städte, die von der Eisenbahn angefahren werden sollten, darunter Blanca, San Acacio, Mesita und Jaroso, und ersonnen Strategien, um »Einwanderer« aus dem Mittleren Westen anzulocken. So boten sie in Blanca jedem, der in der Nähe Ackerland kaufte, damit einhergehend ein Grundstück in der Stadt an. In der Hoffnung, dadurch eine Gruppe deutschstämmiger Bauern aus Iowa zu gewinnen, trug Mesita ursprünglich den Namen Hamburg; doch die Bauern kamen nie. Dafür zogen 1913 etwa fünfundzwanzig bis dreißig Familien, allesamt Siebenten-Tags-Adventisten, nach Jaroso, einer von ihnen Harolds Großvater. Sie gründeten eine Adventistenschule mit eigenem Bauernhof und Milchviehherde. Harold erzählte, dass es die Eisenbahn, ursprünglich dazu vorgesehen, bis zum Streckennetz in New Mexico zu reichen, nie weiter gen Süden geschafft habe als bis zur gegenüberliegenden Straßenseite unmittelbar vor seinem Haus – insgesamt einunddreißig Meilen Strecke. Auch heute noch ist der Schienenverlauf sichtbar, alles andere aber ist verschwunden.

Bei einem Sommerurlaub in New Hampshire kaufte meine Frau in einem Secondhand-Buchladen eine Broschüre mit dem Titel *The Fertile Lands of Colorado and Northern New Mexico*. Im Jahr 1912 von der Denver & Rio Grande Railroad veröffentlicht, pries die Broschüre die in Teilen Colorados existierenden Anbaumöglichkeiten genau der von Harold beschriebenen Leserschaft an – und war dabei maßlos übertrieben:

> Die ersten amerikanischen Entdecker, die ihren Fuß in Colorado setzten, nannten das San Luis Valley ›ein Paradies auf Erden‹ ... Heute wirkt es so, als stehe das San Luis Valley ganz am Anfang, sowohl bei der Entwicklung bewässerter Nutzflächen als auch hinsichtlich dessen, wozu ebenjenes bewässerte Land genutzt werden könnte ...
> Die Bergbäche, die ins Valley fließen, sind kristallklar und wimmeln nur so vor Forellen. Die Berge sind nach allen Seiten voller Wild. Dank seines perfekten Klimas gehören Zelten und Fischen zu den beliebtesten Freizeitbeschäftigungen der Bauern des San Luis Valley ...
> Trotz des herrlichen Wetters, des guten Wassers und der zahlreichen Vorzüge kann Land im San Luis Valley zu derart geringen Preisen und so günstigen Konditionen erworben werden, dass es selbst für Menschen erschwinglich ist, die anderswo

keinen Fuß fassen könnten. Jährlich strömen Hunderte von Pächtern von ihren Bauernhöfen im Mittleren Westen ins San Luis Valley, kaufen Land und beginnen ihren Weg zum Wohlstand. Und es gibt Platz für Tausende mehr, und das zu denselben günstigen Konditionen …
Ein Teil des San Luis Valley entwickelte sich innerhalb weniger Jahre von einer hier und da von ein paar Mexikanern bewohnten Schafweide zu einem florierenden Landstrich, heutzutage als Costilla Estates bekannt … Noch vor zwei Jahren bestand das Gebiet aus nichts als einer riesigen Steppe voller Wüsten-Beifuß, die als Vieh- und Schafweide genutzt wurde; heute reihen sich hier moderne Bauernhöfe aneinander, die rekordverdächtige Weizen-, Hafer-, Gerste-, Alfalfa-, Futtererbsen-, Kartoffel- und Zuckerrübenernten sowie Gemüse- und Obsternten jeglicher Sorte erzielen.

Während des Ersten Weltkriegs hätten die Costilla Estates und die Eisenbahn »gut Geld gemacht«, sagte Harold, aber um 1920 »wurde es still um sie«. Im Jahr 1924 ging die Eisenbahn pleite, und kurz darauf entließen die Costilla Estates fast alle ihre Mitarbeiter. Heute, sagt Harold, »sind nur noch zwei der Familien übrig, die sich ursprünglich hier angesiedelt haben« – seine und eine weitere. Der Mangel an Wasser hatte sich als Dauerproblem erwiesen: Zwischen 1933 und 1952 erreichte die Wassermenge im Sanchez Reservoir durchschnittlich nur sechzehn Prozent des geplanten Volumens. Bauernhöfe, die überdauerten, konnten einen Teil ihres Wassers in der Regel aus einer Quelle beziehen. Die Versicherungsgesellschaft Bankers Life, die dem Industriellen John D. MacArthur gehörte, setzte genau auf diese Strategie und kaufte das Land um 1952. (Zugleich investierte MacArthur große Geldsummen in ein sehr viel lukrativeres Immobiliengeschäft im Süden Floridas.)[3] In der Hoffnung, sie damit wieder auf die Beine zu stellen, liehen MacArthur und Bankers Life den neuen Besitzern der Eisenbahn kurz darauf 175 000 Dollar.

Das Cover einer 1912 von der Denver & Rio Grande Railroad veröffentlichten Werbebroschüre. © 1912 by FRANK A. WADLEIGH, General Passenger Agent, Denver

Die Nutzung von Quellwasser beim Kartoffelanbau hatte in den vergangenen zwanzig Jahren an Bedeutung gewonnen; Bauern hielten die Kartoffeln kühl, indem sie große Erdkeller aushoben, von denen viele, obgleich nicht mehr in Nutzung, auch heute noch im Valley zu finden sind. Bankers Life grub ihren ersten Keller 1956. Im Jahr 1957 brach der Kartoffelmarkt ein. 1958 warf die Eisenbahngesellschaft schließlich die Flinte ins Korn und hinterließ neunundzwanzig Meilen Gleise, von denen nur zwei in der Nähe von Blanca weiterhin in Betrieb blieben. Die übrigen Gleise wurden abgebaut und an die Climax-Molybdän-Mine in der Nähe von Leadville verkauft.

Bankers Life wurde zurückgefahren, stellte den Getreideanbau ein und verpachtete ihr Land an Viehzüchter.

Genau zu jener Zeit zogen Troy und seine Familie her.

Im amerikanischen Westen, in dem der Gegenwart und Zukunft so viel Gewicht beigemessen wird, zeigt sich die Vergangenheit nicht immer von selbst. Das trifft insbesondere auf dünn besiedelte Orte wie das Punche Valley zu, wo einem das Internet praktisch nichts und die örtliche Stadtbibliothek nicht viel mehr verrät.

Doch in dem Teil der *Flats*, in dem ich lebte, gab es eindeutig eine Vergangenheit zu entdecken. Jedes zerfallene Haus hatte eine Geschichte, jeder sich in einem Feld verlierende Pfad, jedes Schlammbecken einer Mine. Die Zergliederung des Landes hatte ein Geschichte, und davor hatten die Land- und Viehwirtschaft die ihre gehabt. Die Vergänglichkeit der Bewohner vor Ort machte es schwer, diesen Geschichten auf die Spur zu kommen, doch ein paar von ihnen lebten in Troy weiter.

Troys Vater war ein Lebemann und Cowboy gewesen, der manchmal einen Revolver bei sich trug und Kneipenschlägereien nicht abgeneigt war. Er betrieb eine Viehzucht in der Gegend – Troy sagte, seine Eltern hätten mehrere Grundstücke in der Gegend besessen und für andere wiederum Weiderechte gehabt – und war, Troy war gerade zehn Jahre alt, in ein Haus auf der anderen Straßenseite gezogen, wo er auch heute noch lebte. Doch die Geschichte seiner Familie im Valley reichte weiter zurück. Nachdem ich mit Harold gesprochen hatte, gab ich Troy ein Exemplar von P. R. Griswolds Buch *Colorado's Loneliest Railroad: The San Luis Southern*, das mir von Harold Anderson empfohlen worden war. Er hatte es nie zuvor gesehen.

In dem Buch waren zahlreiche historische Fotos abgebildet, und Troy, der die Seiten bedächtig umblätterte, war hin und weg.

»Das ist Georgiana West. Wir nannten sie Grandma Georgia«, sagte er, »und das war ihre Schwester, Beulah.« Zwischen seinem Leben und dem Buch gab es zahlreiche Verbindungen. Am Ende schenkte ich es ihm. Später bot er mir an, mich herumzufahren und mir zu zeigen, wie es früher gewesen war. Er wollte versuchen, mir die Dinge zu erklären, die in der von Menschen geschaffenen Kulturlandschaft keinen Sinn ergaben.

Unser erster Halt war sein weiß gestrichenes, aus Hohlblocksteinen gebautes Haus. Es hatte drei Zimmer und ein rotes Dach, war ans Stromnetz angeschlossen und wurde mit einem Holzofen beheizt. Es war von Büschen umgeben und es stand der größte Baum darauf, den ich in den *Flats* je gesehen hatte – eine nicht sonderlich massive Chinesische Ulme die ihm einen Anstrich der Dauerhaftigkeit verlieh. An einer Seite befanden sich eine Reihe kleiner Garagen und viele alte Trucks, größtenteils Fords. Das Haus, sagte Troy, habe dem Manager der Landwirtschaftsabteilung von Bankers Life gehört, die Kühe und Hühner züchtete sowie Kartoffeln und andere Nutzpflanzen.

Der nächste Halt lag kaum zwanzig Meter entfernt auf der gegenüberliegenden Straßenseite, doch wie fast alle Präriebewohner fuhr auch Troy überallhin, ging niemals zu Fuß. Wir parkten zwischen zwei alten Gebäuden, die ebenfalls Teil der Ranch gewesen waren. Beide hatten weiße Steinmauern und rote Ziegeldächer, waren aber in einem schlechteren Zustand. Das größere, halb verfallen, ohne Türen oder Fenster, war eine Schlafbaracke für bis zu sechsundvierzig Arbeiter gewesen, je nach Jahreszeit. Das kleinere hatte die Küche und den Speisesaal beherbergt, war jetzt aber ein Bungalow, den Troy an seinen Freund Bobby und dessen Frau Sonia vermietete, ein Paar, das er bereits seit vielen Jahren kannte. Außer Sichtweite im Nordwesten seien drei Kartoffelkeller gewesen, sagte er – große Lagerräume, die fast vollständig unter der Erde lagen und früher einmal Dächer gehabt hatten. Ein weiterer, zu seiner Müllgrube umfunktioniert, befand sich direkt hinter seinem Haus. Auf Matt Littles DIY-Jagdkarte prangten über unserem Aufenthaltsort die Worte »Sky Valley Ranch«, allerdings sagte Troy, er könne sich nicht daran erinnern, dass der Ort je so genannt worden wäre.

Alles hier draußen hatte Bankers Life gehört, erläuterte Troy – etwa einunddreißigtausend Hektar, die sich bis nach New Mexico ausdehnten. Einen Großteil seiner Kapitalanlagen hatte das Unternehmen in Brunnen und Bewässerungskanäle investiert, um Landwirtschaft an einem so trockenen Ort überhaupt erst zu ermöglichen. Inzwischen waren fast alle der landwirtschaftlich genutzten Brunnen versiegelt, doch er fuhr mich zu einem in der Nähe, den »jemand zwar hätte versiegeln sollen, es aber nicht getan hat«. Wir stiegen aus und blickten in das Bohrloch – ein Rohr mit einem vierzig Zentimeter dicken Mantel. Als Troy ein paar Kieselsteine in den Brunnen fallen ließ, hörten wir, wie sie an den Seiten des Schachts abprallten, dann, schließlich, ein schwaches Platschen; die Brunnen waren fast hundertzwanzig Meter tief. Da wir uns an einem Ort jenseits der Stromversorgung befanden, waren sie mit Propan oder Diesel betrieben worden. Das Land, auf dem sie standen, war vor fünfzig oder siebzig Jahren einmal bestellt worden, weswegen die Vegetation darauf anders aussah als die auf unberührtem Land: Hauptsächlich wuchsen hier Sommerzypressen, eine invasive Pflanze, die manchmal auch Besenkraut genannt wird. Ungünstigerweise schmeckte es den Rindern, die daher zum Grasen herkamen. Troy erzählte mir: »Die Büsche sind nicht wirklich wiedergekommen.«

Als wir uns weiter durch die Gegend treiben ließen, zeigte mir Troy einen anderen Brunnen, der hätte versiegelt werden sollen, in Wirklichkeit aber Rindern in der Nähe weiterhin eine kleine, widerrechtliche Oase bot. Costilla County war ein Ort, an dem so etwas schon einmal passieren konnte. Eine Zeit lang hatte man Wasser aus dem Rio Grande auf die Felder gepumpt, und im Fluss war sogar ein kleiner, der Bewässerung dienender Staudamm gewesen, der 1952 jedoch weggespült wurde. Wie bereits erwähnt, war es inzwischen streng verboten, dem Rio Grande Wasser zu entnehmen, unter anderem deswegen, weil der Bundesstaat Colorado dazu verpflichtet war, eine bestimmte Wassermenge flussabwärts nach New Mexico fließen zu lassen.

Hier und da hielt Troy inne, um auf alte Gräben zu deuten, die früher einmal mit Wasser gefüllt gewesen waren. Ich hatte zwar bereits einige dieser Einkerbungen gesehen, identifizierte sie jedoch erst als Spuren der Vergangenheit, als Troy mich darauf hinwies. »Die Erde hier ist an und für sich sehr fruchtbar«, sagte Troy. »Das Schwierige ist nur, sie feucht zu halten.« Bei dem Versuch, das Wasser in den Gräben davon abzuhalten, im Boden zu versickern, habe man diese eine Zeit lang mit Plastikfolien ausgekleidet, sagte er. Und die Wassermengen, die man aus der Erde pumpte, waren gewaltig gewesen – in einem Jahr, so Troy, wurde derart viel Wasser abgepumpt, dass der Wasserspiegel zu tief sank, als dass der Brunnen seiner Familie ihn hätte erreichen können, und seine Pumpe durchbrannte.

Ein wesentliches Merkmal der Landschaft hier, einer der Gründe, die mich ursprünglich hergezogen hatten, war das gigantische Linienraster, das sie durchzog. In Troys Kindheit hatte es die Straßen noch nicht gegeben, und auch nicht, als Bankers Life die Ranch besaß. Sie entstanden in den späten 1970er-Jahren, als sich die Bedeutung des Landes wandelte: von Land, auf dem man Viehzucht betreiben konnte, hin zu Land, auf dem man leben konnte – oder, genauer gesagt, hin zu Land, das man zusammen mit *der Idee* verkaufen konnte, darauf zu leben sei möglich.

Nach dem Zweiten Weltkrieg hatte der Verkauf von Wohngrundstücken in den Vereinigten Staaten einen starken Aufschwung erlebt, vor allem aber in Florida und Kalifornien. Bauunternehmer kauften große Ackerflächen und teilten diese in viele Grundstücke auf. Die Parzellierung des Landes bescherte relativ schnelle Gewinne; sie war, mit den Worten eines Historikers, »für die Erschließung des Westens entscheidend«. Bezirksregierungen befürworteten sie oft, da die Parzellierung ihre Steuereinnahmen erhöhte. Die seriöseren Bauunternehmer investierten in die Infrastruktur, um die Orte attraktiver und lebenswerter zu machen: Sie bauten Straßen, Wasserleitungen und Abwassersysteme, legten einen Zugang zum Stromnetz. Manche gingen sogar noch weiter und sorgten für Schwimmbäder, Golfplätze oder Gemeindezentren; andere bauten einfach nur Häuser. Wieder andere taten nichts dergleichen.

Mit Tiefstpreisen und kreativem Marketing, häufig anhand von Zeitungs- und Zeitschriftenannoncen, fanden sich ebenfalls Käufer für das Land, das nur schwerlich oder überhaupt nicht bewohnbar war. Ein klassischer Fall von Landbetrug sah in den 1960er-Jahren wie folgt aus: Ein Ehepaar aus dem Mittleren Westen, das für seinen Ruhestand vorsorgen wollte, kaufte sich unbesehen ein Grundstück in Florida, nur um dann festzustellen, dass es in den Besitz eines Stücks Sumpf gekommen war.

Ich wollte wissen, wer die Prärie im San Luis Valley parzelliert hatte: Wer hatte in den 1970er-Jahren diese Linien gezogen, sie dem Land eingebrannt, es gewissermaßen entweiht – und war dann einfach weitergezogen. Ich fand heraus, dass es viele Verkäufer dieser kostengünstigen Parzellen gegeben hatte, und konzentrierte mich daher auf den, der hinter den Straßen der Gegend steckte, in der ich lebte.

Sein Name war Al Perry, und er war Sohn italienischer Einwanderer, die nicht einmal einen Highschool-Abschluss hatten. Wie mir sein Sohn Tony mitteilte, besaß und arbeitete Perry, der 1994 verstorben war, in verschiedenen Bars und Clubs in Los Angeles. Laut Tony war Al ein Player, ein »Tausendsassa« mit vielen Freunden, die er im Nachtleben kennengelernt hatte. Einer von Als Bekannten war ein ganz großer Fisch, ein Bauunternehmer im Billigsegment namens M. Penn Phillips, am bekanntesten wohl für sein Vorhaben, den Badeort Salton Sea in Südkalifornien zu errichten – und seine Werbemaßnahmen, wie beispielsweise dafür, potenzielle Käufer für einen »Gratisurlaub« einfliegen zu lassen, um sie dann mit ausgefeilten Verkaufsmethoden unter

Druck zu setzen. Phillips ermutigte Al, ins Immobiliengeschäft einzusteigen, was dieser, so Tony, dann auch tat. Für Phillips verkaufte er Grundstücke in Hesperia und Victorville bei Apple Valley am Rand der Wüste, nicht weit von Los Angeles (heute Teil der Metropolregion San Bernardino).

Im Großen und Ganzen liefen die Geschäft gut, und Al begann darüber nachzudenken, auf eigene Faust weiterzumachen. Nevada war weniger stark entwickelt und reguliert, und Al Perry erhielt den Hinweis, dass außerhalb der Stadt Elko Ranch-Land zum Verkauf stand, das sich, so seine Annahme, profitabel parzellieren ließe. »Mein Dad dachte sich: *Ich kaufe das Weideland und verwandle es in Unsummen an Geld*«, erzählte Tony Perry. Al fand Partner und zog mit seiner Familie nach Elko, wo Tony die Highschool abschloss und seinem Vater in seiner Freizeit beim Verkaufen assistierte. Al verkaufte mithilfe von Katalogen – damals eine neue Strategie –, die er auf dem Postweg verschickte, und der Laden brummte.

Tony Perry war zweiundsiebzig Jahre alt, als ich ihn in Grand Junction, Colorado, aufspürte. Im Wohnzimmer des Vorstadthauses, das er mit seiner fitnessbegeisterten Frau und ihrem Golden Retriever bewohnte, erzählte er mir, dass er nach der Highschool ein Gastspiel bei der Armee eingelegt habe und sich bei seiner Rückkehr mit dem Gedanken trug, mit dem Verkauf von Grundstücken weiterzumachen. Auch wenn die Beziehung zu seinem Vater schwierig war – Al, ein langjähriger Alkoholiker, hatte ihn als Kind bei seinen Großeltern zurückgelassen –, war sein Vater in der Immobilienbranche gut vernetzt und würde ihn am Anfang unterstützen. Der Makler, dem Al den Tipp für das Ranch-Land bei Elko verdankte, hatte weitere Grundstücke im Hinterkopf, die näher an seinem Wohnort lagen, in Alamosa, Colorado. Sein Name war Lonnie Brownlow. Al schickte Tony zu einem Treffen mit Lonnie, um ihre Optionen abzuwägen.

»Wir machen uns miteinander bekannt, Lonnie ist einer dieser freundlichen alten Southern-Baptist-Typen, wirklich nett, aber auch einer, der gut nach sich sehen konnte«, sagte Tony. »Wie dem auch sei, er zeigt mir das San Luis Valley. Wir fahren in Richtung Süden nach San Antonito, wir fahren in Richtung Osten nach Manassa, wir lassen die Stadt hinter uns, und er fährt uns zu seinem Gelände. Schau, hier ist es, er führt uns an einen Zaunpfahl direkt am Rio Grande und sagt, es erstreckt sich zwanzig Meilen in Richtung Süden, zehn in Richtung Osten.« Sie blickten auf die künftigen Rio Grande Ranches, das Land, auf dem Troy und die Grubers einmal leben sollten.

Tony war interessiert, doch Grundstücke näher am Blanca Peak hatten es ihm noch mehr angetan, da sich ein Foto der Landschaft mit dem Berg im Hintergrund gut für die Werbung eignen würde. »Ich rief meinen Dad und Alvie Linnick an« – den Anwalt Albert R. Linnick, einer der Partner von Al – »und sagte, wir müssen dieses Land einfach unbedingt kaufen. Aber dann hat sich herausgestellt, dass es John D. MacArthur gehört. Wissen Sie, wer das ist? Er war damals einer der reichsten Menschen der Welt! Aber MacArthur wollte raus aus dem Geschäft – er zog mit Sack und Pack nach Kissimmee, Florida«, unweit von Orlando. Und so wurde eine Abmachung getroffen. Das Vorhaben durchführen würde die G-R-P Corporation, zu deren Partnern Al Perry, Albert Linnick und ein Werbe- und Marketingmitarbeiter namens Richard Greenberg zählten. Tony Perry, seine damalige Ehefrau und ihre beiden Kinder zogen nach Alamosa, um das Projekt abzuwickeln. Al Perry folgte ihnen ein oder zwei Monate später, um Tony dabei zu helfen, sich zu etablieren und um ein Auge auf die Geschäfte zu haben.

Die erste parzellierte Fläche lag im nördlichen Teil der Ebene – die San Luis Valley Ranches, in der Nähe von Blanca. Die letzte und größte, sie kam Ende der 1970er-Jahre dazu, waren die Rio Grande Ranches. Alles in allem, meinte er, hätten sie in Costilla County an die vierzigtausend zwei Hektar große Grundstücke geschaffen. Tony sagte, sein Vater habe die Überzeugungsarbeit bei den Bezirksbeauftragen vor Ort übernommen, die zwar nicht viel

Ahnung von Immobilienentwicklung hatten, aber schnell begriffen, wie viele Steuermehreinnahmen durch die Parzellierung generiert werden könnten. Als Entwickler waren die Perrys und ihre Partner Minimalisten. »Im Grunde bauten wir nur Straßen«, sagte Tony. »Wir heuerten Männer mit Planierraupen an und gaben ihnen einen Monat Zeit.« Außerdem steckten sie die Grundstücke ab, sodass die Interessenten sehen konnten, was sie kauften. Was die meisten aber gar nicht wollten – sie kauften direkt aus dem Katalog, unbesehen.

Die Marketingstrategien waren raffinierter als die in Elko. Richard Greenberg holte Lee Rogers an Bord, einen Pionier des Direktmarketings. Tony Perry erzählte mir, Rogers habe sich »Gewinnspiele« ausgedacht, bei denen den Lesern das Profil Abraham Lincolns oder der Umriss des Bundesstaats Montana gezeigt wurde und sie die richtige Lösung angeben sollten. »Erkennen Sie, was das ist? Schicken Sie uns Ihre Antwort.« »Die Antworten waren ihnen völlig egal«, sagte Tony. »Man bekam einen Brief zurück, in dem stand, *Sie haben gewonnen,* und das Angebot, etwas für wenig Geld zu kaufen.« Er erzählte mir, Rogers sei »einer der Ersten gewesen, der Namen und Adressen von Leuten sammelte, die Gewehre kauften oder Westernromane oder Abonnements für das Jagd- und Outdoormagazin *Field & Stream* abschlossen. Wir bezahlten jeweils für tausend und konnten so die Rücklaufquote für je tausend Personen einschätzen. Und wie viele dann kaufen würden. Wer ist wohl eher ein potenzieller Käufer als jemand, der den Westen liebt? Die Werbung war der Schlüssel« für diese Art Grundstückverkäufe per Katalogversand.

Ich fand Werbeanzeigen, die das Unternehmen in der Programmzeitschrift *TV Guide,* der *Chicago Tribune,* dem *Hartford Courant* und der *Washington Post* geschaltet hatte.

»Preiswerte Naherholungsgebiete SIND großartige Investitionsgebiete!« stand da unter Fotos Golf spielender, Ski laufender, fischender oder Schneemobil fahrender Menschen. Und »Sichern Sie sich Ihr Stück der RIO GRANDE RANCHES in COLORADO.

Werbeanzeige für Land in Colorado im »Hartford Courant«.
© »Hartford Courant« Historical Newspapers (ProQuest)

Die Bergwipfel Colorados winken Ihnen mit einer Investitionsgelegenheit zu, die so groß ist wie das Land selbst!« Und: »Die kleinste Ranch ist so groß wie vier Fußballfelder!«

Üblicherweise bestand eine Ecke der Anzeige aus einem Formular, das man im Gegenzug für eine »kostenlose 16-seitige Broschüre« einschicken konnte. Tony Perry zeigte mir die Pakete, die sie damals verschickt hatten. Glänzend, bunt und hochwertig produziert, beinhalteten sie eine Landkarte, die Kopie eines 1971 erschienenen *Reader's-Digest*-Artikels mit dem Titel »Colorado – The State Nearest Heaven« und eine Broschüre, die ins selbe Horn stieß wie die Anzeigen. Die Texte darin handelten von rasantem Wirtschaftswachstum, einem gesunden Lebensstil und Möglichkeiten zur Freizeitgestaltung und lockten die Leser an einen Ort, der »das Beste zweier Welten bietet: die Erholung des Westens & den Luxus der Großstadt«, auch wenn die erwähnten Städte (Denver und Colorado Springs) mehrere Stunden entfernt waren. Die zweiunddreißig in der Broschüre abgedruckten Fotos zeigten Bergszenen, Seen, Wintersport und ein Foto, das möglicherweise in den *Flats* aufgenommen worden war – einen Cowboy, der mit seinem Pferd in einem Feld stand.

Ich ließ Tony wissen, dass ich sein Marketing für irreführend hielt. Er entgegnete, seine Kunden seien im Großen und Ganzen recht zufrieden gewesen.

»Wie gesagt, wir haben Träume verkauft«, meinte er. »Ein Kerl aus einer chaotischen Großstadt wie Chicago denkt sich, ich könnte im friedlichen Colorado leben und Adlern beim Fliegen zusehen. Wir haben niemanden hinters Licht geführt, das möchte ich nochmals betonen. Unsere Broschüren räumten jedem eine Geld-zurück-Garantie ein.«

Die Leute fühlten sich angesprochen und kauften. Der Preis für zwei Hektar Land lag bei 15 bis 30 Dollar Anzahlung, 15 bis 30 Dollar pro Monat, ohne Zinsen, etwa 1950 Dollar insgesamt. Tony gründete ein Maklerbüro in Blanca für Laufkundschaft und Versandhandelskunden, die sich das Land gerne ansehen wollten, er erzählte mir: »Neunzig Prozent gefiel, was sie sahen.« Indes boten persönliche Verkäufe vor Ort künftigen Immobilienmaklern eine Gelegenheit, ins Geschäft einzusteigen. Ein Schwager von Geneva Duarte, der Mutter von Angelo, dem Kämpfer, verdiente als Student an der Adams State Geld, indem er Zwei-Hektar-Grundstücke verkaufte – wobei er zehn Prozent Provision einstrich –, und erwarb selbst eines. »Wahrscheinlich dachten die Menschen: *Wir müssen jetzt eines dieser Zwei-Hektar-Grundstücke kaufen, später können wir uns so etwas bestimmt nicht mehr leisten*«, erzählte mir Maggie Duarte. Auch sein künftiger Chef Chet Choman verkaufte sie. »Für Menschen von außerhalb war es, als wohne dem Besitz eines Stücks von Colorado ein Zauber inne«, sagte er. Er erinnerte sich daran, wie der Sänger John Denver, der ursprünglich Henry John Deutschendorf Jr. hieß und seine Kindheit auf Luftwaffenstützpunkten in Bundesstaaten wie Arizona, Alabama und Texas verbracht hatte, nach Colorado kam und sich selbst in ebendiesem Geiste neu erfand.

Choman, der Besitzer der Colorado Realty & Land Company in Alamosa und Vorstandsvorsitzender von La Puente (er war auch einer der Mitbegründer der Organisation), erzählte mir, ihn hätten damals die Landgeschäfte ins Valley geführt. Im Alter von 23, er lebte damals gerade in Denver, erfuhr er von Zwei-Hektar-Grundstücken in einem parzellierten Teilgebiet namens Mount Blanca Valley Ranches, dessen Besitzer, wie er sagte, wohl Al Perrys Idee geklaut hatte. »Es war meine erste Berührung mit der Geschäftswelt. Ich kam hier raus, um es mir anzusehen, und dachte: *Wow, das ist super! Die Bergwelt im Hintergrund, und das für fünfzehn Dollar im Monat.* Also erzählte ich meinen Freunden davon.« Auch sie waren interessiert. »Nachdem ich ein paar Grundstücke verkauft hatte, kontaktierte ich das Unternehmen und sagte: *Schaut, ihr verkauft die Grundstücke für so gut wie nichts. Wenn ich hundert Dollar mehr dafür bekommen würde, dürfte ich die dann behalten?* Sie waren einverstanden.« Choman sagte, er habe daraufhin all seinen Freunden und Verwandten von dem Angebot erzählt und in seinem ersten Monat zwischen zwanzig und fünfundzwanzig Grundstücke verkauft.

»Dann ruft mich ein Kerl an und sagt: ›Sie haben unser gesamtes Sales-Team übertroffen. Ich bin auf dem Weg nach Denver, ich habe ein Angebot für Sie.‹ Ich sagte Okay, treffe ihn zum Mittagessen, und der Kerl meint: ›Na ja, also wir haben letzten Monat dreitausend Dollar für Werbung ausgegeben und haben damit zwar einiges an Land verkauft, aber Sie haben doch tatsächlich mehr Land verkauft als unser gesamtes Sales-Team. Ich würde Sie gerne einstellen.‹« Ich sagte: ›Mich wofür einstellen?‹ Er darauf: ›Nun, um hier herauszukommen, in unseren Geschäftsräumen zu sitzen und Zwei-Hektar-Grundstücke unters Volk zu bringen.‹« Das Unternehmen bot Choman 300 Dollar im Monat, doch am Ende des Sommers stellte ihm der Chef einen Bonusscheck über 10 000 Dollar aus. »Also, damals waren zehntausend Dollar für mich sehr viel Geld; das war 1972.« Choman zog ins Valley und war selbst überrascht, als er dort noch mehr Land verkaufte.

Ein Großteil der Arbeit bestand darin, Leute in die *Flats* zu kutschieren, die einen Kauf erwogen oder bereits ein Grundstück aus dem Katalog gekauft hatten, damit sie ihr Land in Augenschein nehmen konnten. Der Rest bestand darin, im Büro herumzusitzen und potenzielle Käufer anzurufen.

»Die folgende Masche zogen wir am Telefon ab: ›Rauchen Sie?‹ ... Wenn der andere antwortete: ›Nein, ich rauche nicht‹, erwiderten wir: ›Wissen Sie, was? Bestimmt sparen Sie dadurch monatlich an die fünfzehn Dollar.‹ Oder, antwortete unser Gegenüber: ›Ja, ich rauche‹, erwiderten wir: ›Nun, für das Geld, das Sie für Zigaretten verschwenden, könnten Sie sich ein zwei Hektar großes Grundstück kaufen.‹ Und die Psychologie dahinter, das, was dann passierte, war, dass dieser Kerl in Illinois seinen Nachbarn erzählte: ›Jupp, ich hab mir gerade eine Ranch in Colorado gekauft. Im Sommer fahr ich hin und schau mir an, wie es dort aussieht.‹ Ein zwei Hektar großes Grundstück war in Chicago sehr viel mehr wert als im Valley.«

Zum damaligen Zeitpunkt bereitete der Grundstücksverkauf per Katalog der Regierung bereits seit mehreren Jahren Kopfzerbrechen. Der Senat-Sonderausschuss, der sich mit Betrugsfällen zum Nachteil älterer Menschen befasste, hatte diesbezüglich 1964 Anhörungen abgehalten; einen besonderen Anlass zur Sorge sahen die Senatoren darin begründet, dass alte Menschen und solche, die kurz vor dem Ruhestand standen, besonders empfänglich dafür waren, von Landspekulanten über den Tisch gezogen zu werden. (Zu den Hauptzeugen zählte der Historiker Robert Caro, damals Journalist bei der *Newsday*, der in einer Artikelreihe mit dem Titel »Misery Acres« über Fälle von Landbetrug berichtet hatte.) Im Jahr 1976 übernahm die Federal Trade Commission (FTC) den Fall und nahm die Landverkäufe in Colorado ins Visier – hauptsächlich die im San Luis Valley, aber auch jene in South Park. Indem sie Kataloge per Post verschickten, die suggerierten, die Investition der Käufer würde an Wert gewinnen, und da sie den Wert der angebotenen Grundstücke irreführend darstellten, hätten Unternehmen wie die G-R-P Corporation, so lautete der Vorwurf der FTC, unlauter und betrügerisch gehandelt. (Auch die Versicherung Bankers Life, die einige der Geschäfte finanziert hatte, wurde benannt.) Die FTC erklärte, »die Grundstücke haben für ihre Käufer kaum oder keinen Nutzen oder Wert, weder als Kapitalanlage noch als Bauland«, dass sie »weder heute noch in absehbarer Zukunft Nutzen haben werden« und dass sie »sich nicht als Baugrund für Häuser eignen, aufgrund der nicht vorhandenen beziehungsweise unverhältnismäßig teuren Energieversorgung, der Schwierigkeit, eine Baufinanzierung zu erhalten, der abgeschiedenen Lage der Grundstücke und der schlechten Qualität des Bodens«.

Immobilienleute, mit denen ich sprach, sagten, es sei die Behauptung gewesen, die Grundstücke wären eine gute Kapitalanlage, die den Unternehmen am meisten Ärger eingehandelt hätte. In der Tat, den meisten Käufern gelang es nicht, sie auch nur annähernd für den Preis weiterzuverkaufen, den sie selbst bezahlt hatten – wenn es ihnen überhaupt gelang. Im Jahr 1979 stimmten die Unternehmen einem Schuldenerlass und Rückzahlungen in der Höhe von circa 14 Millionen Dollar an die Käufer der Grundstücke zu.

Tony Perry sagte, dieses Kapitel habe ihnen zwar einen Dämpfer verpasst, sie aber nicht kleingekriegt. Fortan durften sie den Blanca Peak nicht mehr in ihren Werbematerialien abbilden, durften nicht mehr schreiben, dass das Land »mit städtischen und industriellen Grundstücken sowie mit Ski- und Naherholungsgebieten vergleichbar ist«. Außerdem mussten sie ihren Käufern genauere Angaben an die Hand geben. »Die FTC und andere hielten mich für einen Schuft, aber ich war überzeugt von dem, was ich tat«, sagte Tony.

Ermutigend sei gewesen, so Tony, dass sich nur wenige Käufer ausgenutzt oder betrogen fühlten. Chet Choman und andere bestätigten dies. Es sei schwirig, Käufer zu finden, deren Unzufriedenheit so groß war wie die der FTC. »Die Sache ist die«, sagte Chet, »wenn man ein Grundstück kauft, ist es sehr, sehr ungewöhnlich, ja fast unmöglich, etwas ohne Anzahlung und Zinsen zu bekommen. Daher hatte die Regierung den Verdacht, etwas sei faul, jemand müsse dabei abgezockt werden. Aber in Wirklichkeit waren die, die eines der Grundstücke kauften, die Letzten, die sich so fühlten.« Die allermeisten hatten, wie Tony es formulierte, einen Traum gekauft. Und genau den hatten sie auch bekommen.

Choman fühlte sich nicht, als sei er an betrügerischen Geschäften beteiligt gewesen. Er erzählte mir, damals, als er immer mehr billige Grundstücke verkaufte, habe er erwartet, inmitten der Prärie würde »innerhalb von zehn Jahren eine Großstadt entstehen, einfach nur, weil sich so viele Leute einkauften. Ich dachte wirklich, dass sie dort rausziehen würden.« Als ich 2017 ins Valley kam, teilte dort niemand mehr diese Einschätzung. Ein Großteil, vielleicht sogar alle, die an der Parzellierung des Landes beteiligt gewesen waren, hatten ihre Grundstücke verkauft und waren nach dem anfänglichen Boom weitergezogen. Das war nun einmal die Art der Landzerstückler. Einer, der nach ihrem Abzug Grundstücke in Perrys Teilgebieten verkaufte, beobachtete, dass Leute aus der Mittelschicht nur selten auf ihre Grundstücke gezogen waren. Seiner Meinung nach war der Grund dafür, dass ihnen manchmal erst im Nachhinein aufging, wie viel es kosten würde, einen Brunnen bohren zu lassen und eine Leitung zum nächstgelegenen Strommast zu installieren, und manchmal, weil es sie doch abschreckte, ihren Alterssitz an einen derart weit entfernten, kargen Ort zu verlegen. An ihrer Stelle kamen hauptsächlich arme Menschen, solche, die nur selten überhaupt das Geld für einen Brunnen oder ein Abwassersystem aufbringen konnten, die in die *Flats* kamen, um ihren Traum vom Grundeigentum wahr werden zu lassen.

Die FTC hatte recht gehabt: Als Kapitalanlage waren die billigen Grundstücke von überaus fragwürdigem Wert. Kaum eines hatte während ihrer dreißig- oder vierzigjährigen Existenz an Wert gewonnen – eine Seltenheit auf dem amerikanischen Immobilienmarkt. Der Grund dafür lag auf der Hand: Bei der Parzellierung des Landes war ein Überangebot an Grundstücken geschaffen worden – allesamt ohne Wasser, Elektrizität oder Abwasserleitungen. Nicht nur waren einige der Grundstücke nie verkauft worden, viele waren auch wieder an das County zurückgefallen, nachdem die Käufer aufgehört hatten, Steuern zu zahlen. Immobilienmakler verloren das Interesse daran, einzelne Grundstücke zu verkaufen – es war kaum das Benzingeld wert, jemandem für vielleicht gerade einmal 180 Dollar Provision das entlegene Land zu zeigen. Letztlich wurden die Grundstücksverkäufe ins Internet verlegt. Was Matt und zahllose andere ins Valley führte, waren nicht Zeitungsannoncen, sondern ihre Onlinesuche nach »cheap land Colorado«. Damit landeten sie in der Regel Treffer für Zwei-Hektar-Grundstücke auf Seiten wie landwatch.com, landsofamerica.com, zillow.com, landfarm.com und landhub.com.

Auch auf Craigslist und eBay finden sich Grundstücke, die zum Verkauf angeboten werden. Unter diversen Annoncen, die ich für Land im San Luis Valley fand, als ich anfing, mich für das Thema zu interessieren, war auch die folgende:

> ☆ **Caution--Cheap Desert Land** ⊠
>
> This land is worthless and its only value is so you can tell your friends you own land in Colorado. You will get tired of paying taxes on it and it will be resold to the next sucker. You would be hard pressed to do anything with it as it is a oven in summer and north pole in winter. If you think you can leave something of value there and come back next summer and it will still be there---------Why do you think it is vacant?? Nobody except you has found it yet? People want to make a living off you selling you this stuff----over and over again. COSTILLO COUNTY IS OUTLAWING LONG TERM CAMPING ON YOUR OWN LAND---THEY DON"T WANT YOU THERE. Google it for yourself
>
> • do NOT contact me with unsolicited services or offers

Annonce auf Craigslist.[4]

Bei den Verkäufern handelte es sich häufig um Investoren, die bei einer Zwangsversteigerung mehrere Grundstücke erworben hatten. Einer, der erfolgreich mit dem Land der Rio Grande Ranches handelte, hatte unter dem Namen »guatemike« größtenteils auf eBay verkauft. Viele der Bewohner aus meiner Gegend der *Flats* waren bei ihm fündig geworden.

Seine ausführlichen Beschreibungen der Grundstücke waren informativ und entsprachen der Realität, doch je mehr Zeit ich in den *Flats* verbrachte, desto weniger stimmte ich der Aussage zu, es sei nicht wichtig, sich die Grundstücke vor Ort anzusehen, weil »sie alle so ziemlich gleich sind«.

Ein Grundstück konnte mit dem Müll der Vorbesitzer oder eines Nachbarn übersät sein, der in Windrichtung wohnte. Es konnte abgeschieden sein (was auf die meisten zutraf) oder neben jemandem mit frei laufenden Hunden oder angeketteten, die bellten. Es konnte an einem tiefer gelegenen Platz liegen, wo es billiger war, einen Brunnen zu bohren, oder auf einer Anhöhe, wo so etwas schnell mehrere Tausend Dollar teurer werden konnte. Und vielleicht gab es dort guten Handyempfang – oder überhaupt keinen.

Als ich auf dem ersten Grundstück der Grubers wohnte, musste ich, falls ich einmal guten Handyempfang für einen wichtigen Anruf brauchte, fünf Minuten in höher gelegenes Gelände fahren.

So kam es, dass ich mich eines Tages auf der Jerry Road wiederfand. Sie war nicht weit vom Grundstück der Grubers entfernt, lag aber ein gutes Stück höher und bescherte mir drei Signalbalken anstatt einen, zwei oder keinen. Als ich an jenem Tag meinen Anruf beendete und bei ausgeschaltetem Motor in meinem Truck saß, spürte, wie ihn der Wind sanft nach vorn und hinten wiegte, fiel mir auf, wie schön und unberührt die Umgebung war. Weder Häuser noch Müll.

Das Land hatte seine Vor- und Nachteile – für guten Handyempfang wäre es ratsam, einen Hohlweg zu meiden. Für ein Haus jedoch wäre die Ecke dort drüben oder die Sackgasse hier vielleicht genau das Richtige. Gemächlich erkundete ich die Gegend. Die Winkel hier waren unregelmäßig, nicht wie bei einem Gitternetz. Es gab ein paar Kurven. Die Straßen hatten komische kurze Namen, ein paar davon auf Straßenschildern sichtbar: Tom, Dawn, Duck, Säufer (Säufer?!), Joe, Jerry, Ned, Fred, Er, Sie. (Den Menschen, die das Land kartiert hatten, waren eindeutig die Ideen ausgegangen.)

Als ich mich so auf der Jerry Road treiben ließ, kam die Sonne heraus. Und dann sah ich etwas, das sich bewegte. Ich stieg aus und erkannte, dass es eine Krötenechse war. Seit meiner Kindheit hatte ich keine mehr gesehen, doch sie war so langsam und leicht zu fangen wie eh und je. Das war ein gutes Omen. Und Jerry der Name meines Vaters. Ich beschloss, darüber nachzudenken, mir ein Stück Land an der Jerry Road zu kaufen.

Im Netz fand ich nur ein Inserat für ein Grundstück an der Jerry Road – eine ungewöhnliche Aneinanderreihung von drei nebeneinanderliegenden Parzellen, kostspieliger als das, was mir vorschwebte. Daraufhin ging ich auf die Website des Bezirksassessors, auf der man die Namen und Postadressen aller Grundstücksbesitzer einsehen konnte. Bei einigen handelte es sich um Einzelpersonen, bei anderen um Unternehmen.

Ich beschloss, eine kleine Aktion zu starten, und schrieb insgesamt fünfzehn Briefe an Besitzer von Grundstücken an der Jerry Road und nahe gelegenen Straßen. In jedem der Briefe erklärte ich, dass ich kein Investor sei, sondern lediglich jemand, der zur Miete in den *Flats* wohnt und sich jetzt nach einem eigenen Grundstück umsah, und ich erkundigte mich, ob jemand daran interessiert sei, zu verkaufen. Ich gab meine Anschrift, E-Mail-Adresse und Telefonnummer an.

Nach einem Monat hatten sich drei Personen bei mir gemeldet. Zwei davon telefonisch. Beiden Anrufern erklärte ich, ich sei Autor und daran interessiert, die Geschichte hinter ihrer Eigentümerschaft zu erfahren.

Der erste Anrufer war eine Frau, die nördlich von Los Angeles lebte und ihre zwei Hektar seit 1993 besaß. Die Steuern für das Grundstück beliefen sich auf 49 Dollar im Jahr. Ihr Land hatte keine 3000 Dollar gekostet, und sie fragte mich, ob es meiner Meinung nach an Wert zugelegt hätte. Ich verneinte.

Zur gleichen Zeit wie sie kauften sich auch ihr Bruder, dessen Freundin, ihre ehemalige Schwägerin und ihr Cousin Grundstücke. Sie erzählte mir, sie hätte immer vorgehabt, sich eines Tages dort zur Ruhe zu setzen, vielleicht in einem Strohballenhaus. Sie hatte außerdem darüber nachgedacht, das Grundstück einzuzäunen, sodass sich niemand darauf verletzen und sie verklagen könnte. Nach all den Jahren ruhte ihre wahre Hoffnung jedoch darauf, dass sich die Regierung bei ihr melden und ihr etwas Besseres im Gegenzug dafür anbieten würde, denn genau das war ihrem Vater passiert, der Land in den Everglades besessen hatte. Ich sagte zu ihr, dass mir das für ihr Grundstück in Colorado unwahrscheinlich erschien. *War doch klar, dass er so etwas behaupten würde,* ließ ich sie in meiner Vorstellung denken. Letzten Endes sagte sie, sie habe kein Interesse daran, zu verkaufen.

Der nächste Grundstücksbesitzer, der mich anrief, hieß Albert Jibilian und erwies sich als professioneller Investor, der ebenfalls in der Gegend von Los Angeles lebte. Er habe zahlreiche Öllizenzen verkauft, erzählte er mir, aber auch einige Immobilien ge- und verkauft. An das Grundstück, an dem ich interessiert war, konnte er sich nicht erinnern, sagte aber, er besitze mehr als hundert Parzellen im Valley. Er bot mir das Grundstück, für das ich mich erwärmte, für 2250 Dollar an – ein fairer Preis –, und ich sagte, ich würde es mir überlegen.

»Da könnte ich Ihnen ein paar Horrorgeschichten erzählen«, sagte er, als ich ihn fragte, wie er zu dem Land gekommen war. Ich sei ganz Ohr, erwiderte ich.

Er sei vor dreißig Jahren hergekommen und hätte sich mit ein paar Vertretern der Bezirksregierung von Costilla County getroffen. »Bei uns gibt es all diese mit Steuerschulden belasteten Grundstücke«, berichteten sie ihm und erklärten, dass die Parzellen keine Einkünfte einbrachten. »Sie machten mir ein Angebot, das ich nicht ausschlagen konnte. Sie sagten: ›Hier, schauen Sie mal, das bekommen Sie, wenn Sie alle kaufen.‹ Meine Augen leuchteten! Sie sagten: ›Und nicht nur das, wir sorgen auch dafür, dass niemand sonst bei der Auktion auftaucht.‹ Als sie die Auktion dann ankündigten, nannten sie absichtlich ein falsches Datum. Die Auktion fand eine Woche früher statt.« Bei der Auktion »nehmen die Stenografen einen Posten nach dem anderen durch, zwei verdammte Stunden lang, obwohl keiner bietet, niemand da ist, außer mir«.

In einem anderen Jahr »wurde die Auktion im Dezember abgehalten. Und es schneit. Den Namen des kleinen, eine halbe Meile vom Gericht entfernten Motels habe ich vergessen. Außer mir waren nur zwei andere Personen anwesend, also machen wir am Tag der Auktion aus: *Ich biete auf das, Sie auf jenes.*«

Persönliche Beziehungen zu den Bezirksräten seien für diese Gelegenheiten ausschlaggebend gewesen, sagte er. Eine, an die er sich immer noch gut erinnerte, kannte er namentlich. »Ich unterrichtete ihren Sohn in Mathe, oder war es ihre Tochter? Es ist schon zwanzig Jahre her, die Tochter war im Krankenhaus, sie brauchte zweihundert Dollar, um sie rauszuholen. Ich ließ ihr das Geld zukommen und sagte: *Nein, ich will es nicht zurück.*« Anders gesagt: Er gab ihr einen Wink mit dem Zaunpfahl.

Jibilian erzählte mir, er habe begonnen, seine Memoiren zu verfassen: »The Wrong-Way Kid: How to Do Everything the Wrong Way.« Er sagte: »Die ersten beiden Kapitel handeln hauptsächlich von Costilla County.«

Natürlich war es mir nicht möglich, Jibilians Behauptungen zu überprüfen, aber sie stimmten mit dem überein, was mir andere über den Grundstücksverkauf im Valley und die Anfangszeit der Landparzellierung erzählten. Damals, als es nur wenige Baubeschränkungen, Planungsabteilungen oder staatliche Regulierungen hinsichtlich der Zergliederung von Land gab, hatten die Bezirksräte vor allem in den armen Countys sehr viel Macht inne, wenn es darum ging, Geschäfte zu genehmigen.

Eine andere Person, ebenfalls mit langjähriger Erfahrung in Sachen Immobilien im Valley, erzählte mir: »Man kaufte Land und kartierte es – man musste es noch nicht einmal unbedingt vermessen lassen oder Straßen einfügen –, dann ging man zur Bezirksverwaltung. Und manchmal sagten die dort: *Und wie viel springt für mich dabei raus?*«

Ein Immobilienmakler erzählte mir davon, wie ein aufstrebender Bauherr einmal einen Beamten in den Cotton Club in Colorado Springs eingeladen hatte. »Es war eine Art Nachtclub, aber im Obergeschoss gab es da ein paar Räume, vergleichbar mit einem besseren Bordell. Wie dem auch sei, sie füllen den Kerl mit Essen und Wein ab, bekommen ihre Zusage für den Deal. Und dann, kurz darauf, geht ein Anruf bei ihnen ein. Der Beamte sagte: ›Wissen Sie was, ich habe mir einen Tripper eingefangen und meine Frau angesteckt, die sich jetzt von mir scheiden lässt. Sie werden keine einzige Parzelle mehr in Costilla County zwischen die Finger bekommen.‹ So lief es Anfang der 1970er-Jahre.

»Diese Typen rückten an und kauften das billigste Land, das sie finden konnten, und dann legten sie ein paar Straßen an. In der Regel wurde von ihnen erwartet, das Land zu vermessen. Die Vermessungsmethoden damals – ich erwähne an dieser Stelle nur äußerst ungern Namen, weil es ein schlechtes Licht auf gewisse Leute wirft –, also jedenfalls waren da zwei Brüder, zwei Landvermesser, und die beiden zogen mit einer Kette los, meist mit einer dreißig Meter langen Kette, und einer steckte sie fest und vermaß das Land, und das war dann im Wesentlichen die Vermessung. Und sie verlegten die ersten Leitungen. Heute würde man das so nicht mehr machen. Und im Grunde kostete sie das nichts. Es gab einen Kerl namens Cochran, der eine Planierraupe hatte; der fuhr raus und planierte die Straßen. Sie hätten den Vorgaben des County entsprechen müssen, und das County hätte sicherstellen müssen, dass sie diese erfüllten, aber es scherte sich nicht sonderlich darum – sie bekamen Geld, für das Grundstück wurden Steuern abgeführt, und wenn es erst einmal in zwei Hektar große Parzellen zerteilt worden war, stieg der Wert ein ganzes Stück und somit die Steuereinnahmen.« Und alle waren glücklich.

Bevor ich Albert Jibilians Land für 2250 Dollar kaufte, wollte ich versuchen, ob ich ein günstigeres Grundstück bekommen würde, wenn ich mir eines suchte, das mit Steuerschulden belastet war. Dann würde ich die Steuern für zwei Jahre bezahlen und mich um den Grundbucheintrag bewerben. Wenn alles glattging, könnte ich für 200 bis 300 Dollar Grundstücksbesitzer werden.

Die Akten im Bezirksarchiv offenbarten drei Grundstücke in der Nähe der Jerry Road, die im Zahlungsverzug waren. Ich ging zum Büro des Bezirksassessors in San Luis und sagte, ich sei bereit, die Steuern zu bezahlen; der Angestellte kam mir gerne entgegen.

Am Ende klappte es dann aber doch nicht. Die drei Grundstücksbesitzer wurden vom County darüber in Kenntnis gesetzt, dass sie ihre Grundstücke verlieren könnten, und zahlten ihre

Steuern. Pflichtbewusst informierte mich die Bezirksverwaltung jedes Mal per E-Mail und ließ mir einen Scheck inklusive aufaddierter Zinsen zukommen.

Eines Tages, als wir durch die Gegend fuhren, erzählte ich Matt Little davon. Es habe Spaß gemacht, mir auszumalen, Grundstücksbesitzer zu werden, sagte ich, und dass ich jetzt enttäuscht sei. Matt meinte, er habe das Gleiche auch einmal versucht, mit demselben Ergebnis.

Bald darauf veranstaltete das County eine Zwangsversteigerung – wollte in meiner Gegend aber 3000 Dollar für die Zwei-Hektar-Grundstücke. Keines lag in der Nähe der Jerry Road, und es waren auch nicht gerade Spottpreise.

Da ich das Gefühl hatte, meine Zeit mit den Grubers sei abgelaufen, begann ich, pragmatischer zu denken. Wo auch immer ich mir am Ende ein Grundstück kaufte, war mir wichtig, dass ich meinen Wohnwagenanhänger darauf stehen lassen könnte, ohne dass in ihn eingebrochen oder er gestohlen würde. Ich brauchte also einen Nachbarn in der Nähe, dem ich vertrauen konnte.

Die Grubers sagten, sie seien gerne bereit, meinen Anhänger unterzustellen. Ebenso Paul, der schwule Mann, den ich am Anfang meiner Zeit in den *Flats* kennengelernt hatte.

Er war Schriftstellern zugetan und erzählte mir, er habe vor Jahren den Anhänger der Ratgeberautorin Rebecca Merriman, die auch als Lehrerin in Tennessee tätig war, bei sich deponiert. Sie verbrachte ihre Sommer gerne in Colorado und fuhr mit ihrem Jeep Cherokee hierher heraus. Ihre Camping- und Trailer-Erfahrungen ließ sie in ihre Bücher mit Titeln wie *Writing Out the Storm*, *Simply Happy* und *Simply Free* einfließen. Sie kam zu einem Zwei-Hektar-Grundstück unweit von Paul, indem sie es von der Steuerschuldenliste in San Luis freikaufte. »Ich habe mich nach einem kleinen Wohnwagenanhänger umgesehen, natürlich gebraucht, den ich nach Colorado mitnehmen kann, wo ich den Juli und August über bleiben möchte«, schrieb sie.

Paul erzählte mir, sie habe einen gefunden, klein und pink, den sie auf seinem Land zurückließ, wenn sie weg war; wenn sie zurückkam, schleppte er ihn für sie zu ihrem Grundstück.

Wie Paul rang auch Merriman mit einer Bipolaren Störung und einer Sozialphobie. »Manchmal grenzte es an Agoraphobie, ich konnte den Gedanken daran, mit anderen Menschen zu interagieren, nicht ertragen«, schrieb sie. »Es war nicht so, als hätte ich andere Menschen nicht gemocht. Das tat ich wohl. Aber mit ihnen kamen Lärm und Chaos und Unwägbarkeiten. Für einen erschöpften Geist ist das ein beängstigendes Durcheinander, das um jeden Preis vermieden werden muss.« Eines Sommers hatte sie einen Autounfall in der Nähe von Colorado Springs, bei dem sowohl sie als auch ihre Hunde verletzt wurden.

Paul kamen Tränen, als er mir erzählte, ihr Mann habe ihn noch im selben Jahr angerufen, um ihm mitzuteilen, dass sie sich erschossen hatte.

Paul sagte, er habe ihren Wohnwagenanhänger für 300 Dollar an einen Mann verkauft, der in Sichtweite von Franks und Stacys altem Grundstück wohnte. Später nahm sich dieser darin das Leben. Der Anhänger landete im Besitz einer Familie, die Paul nicht leiden konnte und gegenüber von ihm lebte. »Sie haben ihn als Scheißhaus benutzt«, bevor sie ihn zum Abwracken auseinandernahmen, erzählte er mir. »Ich musste es mir jeden Tag ansehen.«

In der Nähe von Troys kleinem Anwesen, knapp fünfzig Meter östlich, befand sich ein Mobile Home, das früher einmal als modulares Bürogebäude für das Los Alamos National Laboratory in der Nähe von Santa Fe gedient hatte. Die gegenwärtigen Besitzer, ein pensioniertes Ehepaar aus Mississippi, hatten ihm eine über die gesamte Länge verlaufende überdachte Veranda hinzugefügt, und genau auf dieser stellte mich Troy Billy und Martha Jo Donaldson vor, die er vergötterte. Sie waren Sommermenschen und liebten die Gegend.

Sie besaßen ein zweites Grundstück, etwa hundert Meter nörd-

Die zwei Hektar der Donaldsons, mit Trailer.

lich von Troy, das seit fünf Jahren unbewohnt gewesen war. Es beinhaltete einen großen alten Trailer aus den 1980er-Jahren und ein paar verwitterte Schuppen. Ich hatte das verblichene blaue Mobile Home von der Straße aus in der Sommersonne brutzeln sehen. Größtenteils war es von einem Stacheldrahtzaun gesäumt, der an manchen Stellen zu Bruch gegangen war. In der Nähe standen ein paar billige Schuppen, ein zerfallener Hühnerstall, ein Briefkasten, der von seinem Pfosten gefallen war. Die Rückseite war weniger gut einsehbar, doch waren dort eine Hundeklappe, eine überflüssige Satellitenschüssel und ein altes Windrad auf einem kurzen Mast, das sich noch immer drehte.

Eine Zeit lang lebte ein pensionierter Bodenverleger namens Terry dort, mit dem sich Troy angefreundet hatte, bis er 2014 »im Wesentlichen wegen seiner Trinkerei« starb, wie Troy es formulierte. Kurz darauf hatten es die Donaldsons Terrys Familie abgekauft, da sie dachten, ihre Kinder wollten eines Tages vielleicht darin wohnen. Dies war nicht der Fall, außerdem waren die Behausungen in einem miserablen Zustand.

»Aber das Grundstück selbst ist solide«, erzählte mir Troy. »Es gibt darauf einen Brunnen und eine Kläranlage.«

Ich erwischte mich dabei, wie ich jedes Mal, wenn ich daran vorbeifuhr, aus dem Fenster starrte. Wahrscheinlich war ich in den Bann des Landes geraten: Es war schwer, die ganze Zeit von derart schönem, günstigem Land umgeben zu sein, ohne davon zu träumen, ein Stück davon zu besitzen.

Besitz allein aber reichte nicht, denn: Welchen Sinn hätte das gehabt? Ohne mehrere Tausend Dollar zusätzlich für eine Kläranlage zu investieren, wäre ich den Aufsichtsbehörden ausgeliefert, sollte ich je vorhaben, auf meinem Land zu leben. Ich hatte so oft erlebt, wie andere an diesem Punkt gescheitert waren, ihr ganzes Leben auf den Kopf gestellt wurde, dass ich einen anderen Pfad einschlagen wollte. Für mich war das Grundstück in der Nähe von Troy der Jackpot. Auch wenn ich nicht sicher wusste, ob es bewohnbar war, gab es dort sogar einen alten Trailer. Genauso wichtig war jedoch, dass Troy nebenan wohnte – eine verlässliche Person, eine Person, die ich mochte, eine Person, deren Anwesenheit Präriediebe vielleicht fernhalten würde, die stehlen, wenn die Bewohner weg sind.

Ich bat Troy, mich anzurufen, sollte das Grundstück zum Kauf angeboten werden.

Eineinhalb Jahre später kam der Anruf. Billy Donaldson war gestorben; Martha Jo fand, es sei an der Zeit, zu verkaufen. Wir verhandelten am Telefon. Die jährlichen Steuerzahlungen beliefen sich auf 48,74 Dollar. (»Wir lachten immer, wenn wir die Rechnung bekamen.«) Die Nachbarn waren gediegen. Sie verlangte 20 000 Dollar. Ich bot 15 000.

Verkauft.

5
Besitz

> Sie waren nicht viele, nur ein paar Tausend. Doch ihr Anliegen erfährt im ganzen Land großen Rückhalt. Sie sagen – durchaus stolz –, sie seien die »sans-dents«, der Pöbel, die vergessene Mehrheit aus dem Hinterland. Und dass es ihnen reicht.
> *Der BBC World Service über die Unzufriedenheit der französischen Landbevölkerung, Dezember 2018*

> – Anzahl der zwanzig ärmsten amerikanischen Kongresswahlbezirke, die von Republikanern vertreten werden: 16.
> – Der zwanzig wohlhabendsten Bezirke, die von Demokraten vertreten werden: 20.
> – Anteil der landesweiten Wahlen, die die Republikaner im tiefen Süden gewonnen haben: 97 Prozent.
> *Harper's Index,* April 2019

Als ich Anfang 2019 als Grundstücksbesitzer ins Valley zurückkehrte, war der Schnee knöcheltief und matschig. Ich schreibe bewusst Grundstücks- und nicht Hausbesitzer, denn es war alles andere als klar, ob das zwanzig Meter lange, blaue Mobile Home aus den 1980er-Jahren bewohnbar gemacht werden könnte. Troy Zinn hatte mir versprochen, mir eine Besichtigung zu geben, und so stieg ich in seinen alten Ford-Diesel-Pick-up, und wir tuckerten über die Straße zu meinem etwa hundert Meter entfernt gelegenen Grundstück. Anstatt anzuhalten und das Eingangstor zu öffnen, fuhr Troy lieber darum herum und durch eine Lücke zwischen zwei Metallpfosten hindurch. Wir parkten vor dem Mobile Home.

Troy schleppte sich von seinem Truck zum Trailer – er hatte Schwierigkeiten, mit seiner Beinprothese, die man sonst nicht bemerkte, durch den weichen Schnee zu gelangen. Das Mobile Home sah im Winter keinen Deut besser aus. Es war einige Zentimeter über dem Boden auf Betonblöcken abgestellt, obgleich seine Radachsen und Reifen noch vorhanden waren. Die konnte man sehen, weil die Sockelleisten – billige Grobspanplatten –, die früher einmal den darunterliegenden Raum versiegelt hatten – inzwischen größtenteils abgefallen waren und man zur anderen Seite hindurchschauen konnte. Ich folgte Troy die wackelige Vordertreppe hinauf und richtete meinen Blick nach oben in die Überwachungskamera-Attrappe, während er nach dem Schlüssel für die Tür suchte, die nicht richtig schloss – man sah, dass sie schon einmal aufgebrochen worden war. Dann traten wir ein.

Wie befürchtet, herrschte drinnen ein einziges Durcheinander. Überall lagen Kisten mit Müll, teils mit Kleidung vollgestopft, teils mit altem Sanitärzubehör, mit VHS-Kassetten, Geschirr, Kontoauszügen und Familienfotos. Auf einem Regalbrett standen Gläser, die mit unterschiedlichen Schrauben gefüllt waren. Nagetiere hatten Teile der Polsterung aus dem Sofa gerissen. Es gab jede Menge Mäusedreck und einige zugeschnappte Mausefallen mitsamt den Skeletten und kleinen Fellbüscheln ihrer Opfer. Die Holzverkleidung war von den Wänden und der Decke gerutscht, die Decke und Böden hatten einen Wasserschaden erlitten, und ein paar der Türen waren aus den Angeln gehoben. Der rote Flokatiteppich in dem winzigen Schlafzimmer war vielleicht der einzige Originalbodenbelag.

»Ehrlich gesagt«, meinte Troy, »wurde hier seit Terrys Tod kaum etwas angerührt.«

So war es: In der Spüle stand dreckiges Geschirr. Der Kühlschrank war nicht geöffnet worden; beklommen spähte ich hinein und sah ein paar Eier, ein Glas Mayonnaise, einen Becher Buttermilch. In den Badezimmerschränkchen befanden sich noch immer alte Toilettenartikel, alte Putzutensilien füllten den

Raum unter den Waschbecken. An der Wand hing ein Kalender von 2013 – der Ort war eine Zeitkapsel. Man konnte ihn als Müllhalde betrachten oder als archäologische Grabungsstätte; ich schwankte zwischen beidem.

Draußen zeigte mir Troy zwei marode Schuppen, im gleichen Himmelblau angestrichen wie der Trailer. Der dritte und kleinste Schuppen hatte die Form einer Scheune im niederländischen Kolonialstil und sah aus, als wäre er mithilfe eines Bausatzes errichtet worden. Es war das Stromhäuschen. In seinem Inneren befanden sich Akkus und Komponenten zur Generierung von Solarenergie, die, wie Troy mir erzählte, vor zwanzig Jahren Stand der Technik gewesen waren, als es aufgebaut wurde. Neben dem Stromhäuschen surrte das kleine Windrad unregelmäßig auf einem mit Zugseilen befestigten Turm. Troy sagte, es habe aufgehört, Strom zu produzieren. Ich äußerte mein Erstaunen darüber, dass alles nach so vielen Jahren Leerstand immer noch da war. »Tja, ich behalte es immer im Blick«, antwortete Troy.

Wir fuhren wieder zu Troys Haus, wo er mir den Rest der Geschichte des Grundstücks erzählte. Um die Jahrtausendwende hatten sich Tom und Melinda Wilkinson darauf niedergelassen, und fast alle Verbesserungen waren ihnen zuzuschreiben – der Trailer, der Brunnen und die Kläranlage, die Schuppen, der Zaun. Tom war Scharfschütze einer militärischen Spezialeinheit gewesen. Manchmal positionierte er sein Gewehr auf einem Stativ inmitten eines Felds und schoss auf weit entfernte Ziele. Melinda stammte aus Norwegen. Ihre Kinder waren beinahe im gleichen Alter wie die von Troy und Marcie, und die Familien stimmten sich untereinander ab, wer die Kids zur Schule in Manassa brachte und von dort abholte.

Als die Wilkinsons nach Texas zogen, verkauften sie das Grundstück an Troy und Marcie und kamen ihnen bei der Finanzierung entgegen. Troy und Marcie nutzten den Trailer hauptsächlich als Lernzimmer für ihre Kinder, bis ihre Ehe in die Brüche ging und er anfing, dort zu übernachten. Nach zwei oder drei

Jahren geriet das Paar mit seinen Ratenzahlungen an die Wilkinsons in Rückstand, die, ohne es ihnen zu sagen, das Grundstück »unter unseren Hintern an Terry weiterverkauften«, den Troy ihnen als Handwerker empfohlen hatte, als Terry auf seinem eigenen Grundstück in der Nähe lebte. »Ich fand es heraus, als Terry Jr. klopfte und um die Schlüssel bat«, sagte Troy. Er war verletzt, dass ihm die Wilkinsons nichts von dem Verkauf gesagt hatten. Aber Terry, von dem ein Schnappschuss am Kühlschrank klebte, nahm er es nicht übel. Ganz im Gegenteil, sagte er, binnen kurzer Zeit »wurde Terry einer meiner besten Freunde«.

Troy erinnerte sich daran, dass Terry, der seinen Trailer wie so viele in den *Flats* mit einem Holzofen heizte, just als es kalt wurde, das Feuerholz ausging. Zwischen ihren beiden Grundstücken lag ein ehemaliger Sammelpunkt für Viehherden aus den Zeiten, als Troys Familie eine Rinderzucht betrieb: Kaputte Pferche, Tore und Rinderrutschen und jede Menge altes Holz lagen am Boden. Er bot Terry an, sich so viel Holz zu holen, wie er brauchte, was dieser dankbar annahm.

Ein abendlicher Besuch bei Terry wurde fester Teil von Troys Tagesablauf. Er brachte Holz mit, vergewisserte sich, dass Terry gegessen hatte, und sah eine Weile mit ihm fern. Troy war einsam und fand in Terry einen Leidensgenossen. Terrys Ehe war schon vor Jahren zerbrochen. Seine Kinder verließen sich auf seine Unterstützung, die er nicht immer geben konnte (ganz wie bei Troy). Sie tranken zusammen, wurden Freunde. Und als Troy Terry im Frühjahr 2014 mit schweren Bauchschmerzen fand und merkte, dass er im Grunde aufgehört hatte, zu essen (»Ich brachte ihm Essen, und er fütterte es dem Hund«), rief er einen Krankenwagen und fuhr mit seinem Freund zu dem kleinen Krankenhaus in La Jara. Kurz darauf starb Terry.

An Troys Tür klopfte es, und der Nachbar mit dem Spitznamen Tie Rod Tony gesellte sich zu uns. Ich erzählte Tony, dass ich nicht sicher war, ob ich Terrys altes Zuhause sauber machen oder es einfach loswerden und mich nach etwas Besserem umsehen sollte.

»Was ich tun würde?«, sagte Tony. Mit einer Handbewegung deutete er an, ein Streichholz anzuzünden und es auf etwas Entflammbares zu werfen. »Wuuusch!«, sagte er, mit einem Augenzwinkern.

Ehrlich gesagt war das durchaus verlockend. Andererseits wollte ich auch nicht gerade Unmengen an giftigem Rauch gen Himmel senden.

Noch während ich über mein weiteres Vorgehen nachdachte, brachte ich meinen kleinen Wohnwagenanhänger vom Grundstück der Grubers auf mein Land. Es war ein bittersüßer Abschied, aber sie nahmen es gelassen – sie versprachen mir, mich oft zu besuchen (und ich würde auch oft bei ihnen vorbeikommen, schließlich zog ich ja nur zwei Meilen weit weg), und sagten, ich könne zurückkommen, sollte ich es mir anders überlegen. Ein wenig wehmütig fügte Stacy dem hinzu: »Jetzt hast du dein eigenes Land«, worauf ich in der Tat unerwarteterweise stolz war. Meine Investitionen waren zwar nicht allzu hoch, veränderten aber, zumindest in meinen Augen, meinen Status von wiederkehrendem Besucher zu, nun ja, Nachbar.

Matt hatte meinen Anhänger von Genevas Mobile Home zum ersten Grundstück der Grubers geschleppt und Sam von dort zu ihrem zweiten. Diesmal beschloss ich, es selbst zu tun. Im Laufe der Monate hatte ich mich mit den technischen Anforderungen von Trailern vertraut gemacht und wusste jetzt beispielsweise, dass die Größe der Zugkugelkupplung am Truck mit der ihres Gegenstücks am Trailer übereinstimmen musste. Am schwierigsten war das Rückwärtsfahren, aber die Strecke war überschaubar. Langsam fuhr ich den Anhänger zu meinem neuen Grundstück und parkte ihn an dem von mir vorgesehenen Platz mit herrlicher Sicht in Richtung Westen und Blick auf den Blanca Peak, etwas, das ich zuvor nicht gehabt hatte. Die Eingangstür positionierte ich so, dass sie von Troys Haus wegzeigte und ich in Unterhosen ins Freie treten konnte, ohne dass es jemand mitbekam. Zu guter Letzt musste ich den Anhänger auf dem unebenen Untergrund gerade ausrichten, aber inzwischen war ich darin geübt, und es dauerte nicht lange. Danach saß ich einfach in der offenen Tür. Es war still! Es *gehörte* mir. Meine neu gewonnene Unabhängigkeit entspannte mich.

Gleichwohl musste ich mich andernorts erklären. Dort, wo ich herkam, war nicht unmittelbar nachvollziehbar, warum ich Grund und Boden besitzen wollte. Ich rang um Worte. Mein Vorhaben war es, das Leben in den *Flats* zu verstehen, und *Grundbesitz* war ein wichtiger Aspekt desselben. Ich hätte Hunderte von Landbesitzern befragen können (und wahrscheinlich hatte ich das auch getan), doch mir kam es vor, als würde ich sie alle besser verstehen, wenn ich selbst Eigentümer wäre. Wenn auch ich ein Risiko eingegangen war. Und in der Prärie lag es durchaus im Bereich des Möglichen, Eigentümer zu sein. Ein gutes Leben lässt sich für mich, in meinem Buch, an der Anzahl interessanter Bekanntschaften bemessen, die man macht, von denen man etwas lernen, mit denen man Zeit verbringen kann. Für mehrere Tausend Dollar kann man in Afrika auf Safari gehen, die Regenwälder Südamerikas erkunden oder wirklich gut essen in Frankreich. Oder man kann, wie es die Zeitungsannoncen aus den 1970er-Jahren nahelegten, seine eigene Ranch besitzen und an einem, zumindest in meinen Augen, der schönsten Orte der Welt leben.

Das letzte und wahrscheinlich schwerwiegendste Argument war jedoch, wie ich mich hier draußen in der Prärie fühlte. Ich fühlte mich gut. Ich fühlte mich frei und lebendig. Ich mochte das Wetter, ja, selbst das schlechte – vielleicht sogar besonders das schlechte, weil es dann so dramatisch war. Ich hatte den Drang, alles, was ich sah, wovon ich erfuhr, festzuhalten. Wenn ein Ort so etwas in einem auslöst, sollte man ihm meiner Meinung nach seine Aufmerksamkeit schenken.

Ich lief um mein neues Grundstück, um ein Gefühl für das Land zu bekommen. An den Rändern wuchsen Hasenpinsel, Chico-Büsche, Wüsten-Beifuß und ein paar kleinere Kakteen – Pflanzen, denen ich bereits begegnet war. Außerdem war da das struppige Unkraut mit den stacheligen Samenkapseln, deren Namen ich zum ersten Mal von Kanyon Gruber gehört hatte: Ziegenköpfe. Sie blieben einem gerne an den Socken hängen, und es war die Hölle, sie wieder loszuwerden. Dann gab es auch noch ein halbes Dutzend kleine Holzgewächse, die ich fälschlicherweise für eine weitere Art Wüstenstrauch gehalten hätte, hätte Troy mich nicht darauf hingewiesen, dass es sich um Fliederbüsche handelte, die die Wilkinsons vor Jahren gepflanzt hatten. Sie hatten nur überlebt, weil er sie hin und wieder wässerte. Das Land hielt noch etwas anderes für mich bereit – dunkelgrüne Sommerzypressen, die dort wuchsen, wo die Bodenstruktur durch Landwirtschaft oder Bebauung beeinträchtigt worden war. Einige waren fast dreißig Zentimeter hoch, andere wuchsen nah am Boden. Der Untergrund war weich, doch das störte mich nicht ... noch nicht. Auch das Grundstück auf der anderen Straßenseite in Richtung der Sangre de Cristos war von Sommerzypressen überwuchert – schließlich hatte hier früher einmal die Zentrale von Bankers Life's Sky Valley Ranch ihren Sitz gehabt. Auf den Grundstücken gen Westen befanden sich drei eingestürzte Kartoffelkeller nebeneinander. Ein Großteil des Holzes, das die Dächer gestützt hatte, war verschwunden, aber ein paar Balken lagen noch herum. Ich liebte diese Überreste aus vergangenen Tagen; Geschichte, die in den Senken im Boden und den langen Erdhaufen zu ihren Seiten weiterlebte. Die Satellitenansicht auf Google Maps zeigte den Grundriss der historischen Ranch, darunter Grundmauern und verwaiste Pfade, die ich nicht gesehen hatte. Es war, als hätte ich meine private Ausgrabungsstätte.

Gut eine Stunde lang konnte ich Präriehunde, Hasen, eine Maus und einen am Boden lebenden Raubvogel beobachten, der sich vom Boden erhob, als ich in sein Revier eindrang, und sich auf einem Zaunpfosten niederließ. Ich hielt nach Schlangen Ausschau. Im Stromhäuschen bemerkte ich Schwarze Witwen.

Ich hatte noch immer nicht entschieden, ob ich das alte Mobile Home behalten würde, wollte es aber in jedem Fall entrümpeln,

Rinder, die von meinem Land fliehen.

um seinen Inhalt, ganz wie ein Archäologe, zu analysieren. Größere Priorität hatte es jedoch, das Stromhäuschen wieder herzurichten und hoffentlich den Brunnen wieder zum Laufen zu bringen.

Die Notwendigkeit eines dritten Projekts zeichnete sich in meiner vierten oder fünften Nacht in meinem Wohnwagenanhänger ab. Ich schlief tief und fest, als sich der Anhänger mit einem Mal bewegte. Es war, als lehne sich jemand dagegen oder würde sich absichtlich gegen ihn stemmen. Ich setzte mich in meinem Bett auf und lauschte: nichts. Die Bewegung hatte aufgehört. Ich legte mich wieder hin und war gerade dabei, wegzudösen, als es erneut begann, diesmal stärker. Das Geräusch kam vom hinteren Teil des Anhängers. Mein Herz raste. Ich stützte mich auf die Ellenbogen und überlegte, wie ich dem Eindringling gegenübertreten sollte. Ich spähte aus dem Fenster, konnte aber nichts sehen. Hatte ich geträumt? Ich schlüpfte wieder unter die Decke und war gerade dabei, erneut wegzudämmern, als direkt vor meinem Anhänger, etwa einen Meter von meinem Kopf entfernt, ein tiefes, lautes Brüllen erklang. Über mein Kissen hinweg spähte ich erneut aus dem Fenster. Draußen bewegte sich etwas Großes. Ich stand auf, legte meine Stirnlampe an, öffnete die Tür und trat hinaus: Der Lichtkegel fing eine überraschte Kuh ein, die sich an der Ecke anlehnte, an der ich das Schieben gespürt hatte.

»Hey!«, rief ich. Das Tier lief, wahrscheinlich erschreckter als ich selbst, los und verschwand in der Dunkelheit. Ich folgte ihm um meinen Anhänger herum und sah, wie etliche weitere Kühe und Kälber wegtrotteten. Sie waren wegen der Sommerzypressen vom Fluss heraufgekommen, und wahrscheinlich auch aufgrund der Strohballen, die ich an den Ecken meines Anhängers aufgestellt hatte, um den Wind abzuhalten. Und so entstand der dritte Punkt auf meiner To-do-Liste für den Sommer: Zaun reparieren.

Ein paar Monate zuvor, noch vor meinem Grundstückskauf, hatte ich im *Harper's Magazine* einen Artikel über die *Flats* und meine Zeit dort veröffentlicht. Der Bildredakteur, dem eine moderne Version von Dorothea Langes Fotos der Dust-Bowl-Flüchtlinge zur Zeit der Großen Depression vorschwebte, hatte eine Fotografin beauftragt, die mit einer altmodischen Kamera arbeitete (so eine, bei der ein dunkles Tuch über dem Kopf des Fotografierenden liegt) und ihre Bilder anhand eines Nassplattenverfahrens aus dem neunzehnten Jahrhundert entwickelte. Die Gruber-Mädchen waren von ihr begeistert, und sie von ihnen. Ein Bild von Stacy, draußen in Jeans und mit Cowboystiefeln, das lange Haar offen, zierte das Cover der Ausgabe. Ich besorgte ihr mehrere Exemplare und verteilte mindestens zwanzig weitere an andere Leute, die ich in den *Flats* kennengelernt hatte. Wieder andere lasen den Artikel online.

Den meisten schien er zu gefallen, doch es gab auch ein paar unerwartete Reaktionen. Einigen sprang ein Fehler ins Auge: Relativ zu Beginn hatte ich geschrieben, das San Luis Valley erstrecke sich über eine Fläche von etwa achttausend Quadratmeilen.

Später im Artikel hieß es jedoch, es erstrecke sich über etwa achttausend Morgen. Eine Quadratmeile ist sechshundertvierzig Mal so groß wie ein Morgen. Ich hatte zwei Personen als Afroamerikaner beschrieben, die Kreol-Amerikaner waren. Und meinem backenbärtigen Nachbarn Camaro Jim stieß auf, dass ich Menschen wie ihn unerwähnt gelassen hatte, als ich, sowohl in meinem Artikel als auch in einem Podcast-Interview, einige der Beweggründe dafür beschrieb, in die *Flats* zu ziehen: der Wunsch, Land zu besitzen; der Wunsch, allein zu sein (der manchmal in Verbindung mit einem posttraumatischen Belastungssyndrom stand, vor allem bei Kriegsveteranen); der Wunsch, autark zu leben; der Wunsch, von der Polizei und anderen Autoritäten unbehelligt zu bleiben.

»Eine Situation wie meine hast du nicht erwähnt«, sagte Camaro Jim, als ich bei ihm vorbeischaute, um der Sache nachzugehen. Ich war froh, dass er nicht wütend war, sondern mich einfach nur dafür sensibilisieren wollte. »Du hast nicht erwähnt, dass manche Leute hier sind, weil sie beim Versuch gescheitert sind, es in der Großstadt zu etwas zu bringen.« Jim erklärte es mir genauer. Er war Navy-Veteran. Im Alter von fünfundfünfzig hatte er seine Festanstellung bei einem Hightechunternehmen in Denver verloren, für das er Telefonsysteme entwickelte. Er hatte damit knapp 80 000 Dollar im Jahr verdient. Das Land befand sich in einer Rezession, und er hatte Schwierigkeiten, eine neue Stelle zu finden. Dann folgten innerhalb kürzester Zeit eine Reihe persönlicher Schicksalsschläge: das Dahinscheiden seiner Mutter, der durch eine Überdosis verursachte Tod seines Sohns, der Selbstmord seiner Frau. Er verlor sein Haus und beschloss, »aus wirtschaftlichen Gründen« ins Valley zu ziehen – er hatte gelesen, es sei der Ort mit den zweitbilligsten Lebenshaltungskosten in Kontinentalamerika, nach irgendwo in Alabama oder Tennessee. Außerdem gab es eine familiäre Verbindung: Seine Mutter war Japanerin, und »mein Grandpa mütterlicherseits war in den 1920er- und 1930er-Jahren Viehhändler da draußen«. Tragischerweise wurde sein Großvater in den 1940er-Jahren in ein Internierungslager deportiert. Nach seiner Rückkehr besuchten Jim und seine Familie ihn jedoch regelmäßig und wohnten bei befreundeten Bauern. In der zweiten oder dritten Klasse liebte es Jim »abgöttisch«, und ihm gefiel der Gedanke, eines Tages zurückzukehren. »Es ist fast so, als hätte sich ein Fluss in lauter Nebenflüsse geteilt, aber dann, am Ende, fließen alle wieder zusammen, so ist mein Leben.«

Troy fragte mich, warum Stacy aufs Cover gekommen war, »wo die doch gerade einmal seit vier Jahren hier leben«. Kurzlebigkeit war hier draußen weniger Ausnahme als Regel, und langjährige Präriebewohner waren stolz auf die Zeit, die sie durchgehalten hatten. Ich witzelte, sie sei eben hübscher als er, doch dann gab ich zu, dass ich keine Kontrolle über die Auswahl der Fotos gehabt hatte – Zeitschriften taten, was sie wollten.

Und dann zeigte auch noch ein Reality-TV-Produzent Interesse an meinem Artikel. Der Produzent eines großen Filmunternehmens in Los Angeles schrieb sowohl mir als auch La Puente eine E-Mail und bat um ein Gespräch und Unterstützung bei der Kontaktaufnahme mit den Menschen aus meinem Artikel.

Ich war nicht allzu überrascht, da ich und andere Autoren schon öfters von Reality-TV-Produzenten angesprochen worden waren – das Genre gierte nach neuen Inhalten. Doch es war ein zweischneidiges Schwert: Obgleich aus dem Interesse der Produzenten Einkünfte für die erwachsen konnten, die zu ihren »Figuren« wurden, bestand auch die Gefahr, dass ebenjene Menschen der Lächerlichkeit preisgegeben und Teile ihres Lebens in die Öffentlichkeit gezerrt würden, die sie besser für sich behalten hätten.

Bevor ich dem Produzenten antwortete, kontaktierte ich La Puente. Die Mitarbeiter waren skeptisch. Eine Recherche hatte ergeben, dass der Produzent in gute Projekte involviert gewesen war, wie eine Serie über Schwarze Cowboys, dass er aber auch für die blamable Sendung *Snow Cougars, about divorcees in Aspen* mitverantwortlich war. Ein Clip zeigte eine der Frauen, die sagte, sie habe mit jedem ihrer drei Ehemänner beim ersten Date geschlafen. »Tja, ich bin wohl ziemlich gut im Bett, was?« In so ein Fahrwasser wollte sich La Puente nicht begeben; die Mitarbeiter sahen von einer Beteiligung ab und rieten auch Matt dazu. Auch ich hatte keinerlei Interesse daran, meine Interviewpartner in Richtung Schund zu bugsieren. Dennoch beschlossen wir, den Leuten in den *Flats* die Entscheidung selbst zu überlassen – womöglich war damit Geld für sie zu holen.

Ich rief Stacy an, die es mit Frank besprach und mir dann textete, dass sie »gerne hören würden, was der Mann zu sagen hat«.

Der Produzent flog für einen zweitägigen Besuch her. Er verbrachte Zeit mit den Grubers und mit Leuten, die, wie die Grubers dachten, interessiert sein könnten. Ein oder zwei Tage danach erkundigte sich Matt, ob wir darüber am Telefon sprechen könnten, da »mich alle um Rat fragen«.

Jene, die dafür waren, lockte das Geld. Niemand wusste genau, wie viel man damit verdienen konnte, doch allgemein hatte sich der Eindruck verfestigt, umso länger man vor der Kamera stand, desto mehr Geld würde man bekommen. Was das Genre anging, war keiner naiv: Die vorherrschende Darstellung von Amerikanern aus ländlichen Regionen war in den letzten zehn Jahren durch Reality-TV-Serien geprägt worden – *Duck Dynasty, Here Comes Honey Boo Boo* und unzählige Goldgräber-, Prepper- und Aussteigersendungen. Diese Art Serien nahmen ihre Zuschauer zwar mit in die Provinz, brauchten aber, wie jedermann wusste, eine Dramaturgie. Charaktere mussten aneinandergeraten, Geheimnisse gelüftet werden, einer musste sich danebenbenehmen. Und nicht jeder kam in den Sendungen gut weg.

Ein paar der Nachbarn hatten juristische Bedenken. Einer machte sich Sorgen, ein höherer Bekanntheitsgrad könne das Interesse der Landesbehörden darauf lenken, dass er keine Kläranlage besaß, womit man ihn bislang in Ruhe gelassen hatte. Der Produzent antwortete darauf: *Mit einer Folge würden Sie mehr als genug für eine Kläranlage verdienen*. Die Anlage könne noch vor Ausstrahlung des Beitrags installiert werden.

Matt sagte, der Produzent habe an aktuellen Ereignissen Interesse gezeigt, die einen Präriebewohner betrafen, den Matt kannte. Als ein Inkassobevollmächtigter an der Haustür des Manns erschien, floh dieser mit seinem Truck nach Blanca, wo er einen Unfall mit drei Fahrzeugen verursachte. Die Versicherung kam jedoch nicht für den gesamten Schaden auf; wüsste jemand, dass er Geld verdiente, da war er ganz sicher, hätte er nie wieder seinen Frieden. Auch andere, solche mit rachsüchtigen Ex-Partnern oder verstoßenen Kindern oder überdimensionierten Marihuanaplantagen, fürchteten sich davor, Bekanntheit zu erlangen (und für reich gehalten zu werden).

Stacy hatte sich vernünftigerweise mit jemandem in Verbindung gesetzt, der Erfahrung hatte: einem Edelsteingräber nördlich vom Valley namens Brian Busse, der in einer wöchentlich ausgestrahlten Reality-TV-Serie mit dem Titel *Prospectors* besetzt worden war. Sie sagte, er habe enthusiastisch geklungen – er habe ihr erzählt, dass ihm die ganze Aufmerksamkeit bei seinen Edelstein- und Jeep-Tour-Geschäften und seinem Auftritt in den sozialen Medien geholfen hätte, und er inzwischen Videos für einen YouTube-Kanal produziere. Doch Stacy wusste, dass ohne Edelsteingeschäfte die gesamte Aufmerksamkeit auf ihrer Familie und ihren Bekannten läge und sie nur wenig Kontrolle hätte.

Dennoch war sie gewillt, der Sache eine Chance zu geben, und andere waren es auch. Sie gründete eine Facebook-Gruppe, damit sie Informationen und Ideen untereinander austauschen konnten. Bedauerlicherweise waren nicht alle, die sie sich erhoffte, an Bord – eine Familie wollte nichts damit zu tun haben, und eine andere wiederum war sich nicht sicher. »Er wirkte enttäuscht darüber, dass es nicht mehr Familien waren«, sagte sie über den Produzenten. Trotzdem habe er jede Menge Videos mit seinem Handy gemacht, erzählte sie und ihr versichert, sie seinem Team zu zeigen und ihr Bescheid zu geben.

Sie warteten und warteten. Die Parallelen zum Goldschürfen lagen auf der Hand: Mit etwas Glück erwartete einen der große Zahltag. Doch das Glück blieb aus. Sie warteten noch ein bisschen länger. Der Produzent sagte, es würde noch ein wenig dauern – das sagte er immer wieder. Zwar kam von ihm nie ein Nein, aber er sagte auch nicht Ja.

Im März 2019 trank ich mit Matt einen Kaffee in Alamosa, den ersten seit ein paar Monaten. Mir war sehr an diesen Treffen gelegen, wenn ich wieder einmal in der Stadt war, damit mich Matt auf den neuesten Stand in Sachen Rural Outreach und La Puente bringen konnte und ich wusste, was zu tun war. Noch immer fuhr ich zweigleisig als Ehrenamtlicher und Schriftsteller, doch Matt hatte Verständnis dafür, dass ich künftig auch Zeit damit zubringen würde, mein neues Zuhause herzurichten. Und aus diesem Grund brachte Matt jemanden zu unserem üblichen Treffpunkt, dem Milagros Coffee House, mit – seinen Freund Luke.

Ich hatte das Gefühl, Luke bereits ein wenig zu kennen, da Matt ihn oft erwähnt hatte. Luke, sagte er, sei eine Art Genie, das alle Elektrogeräte reparieren könne und viele mechanische Dinge obendrein. Da Matt in diesen Bereichen selbst äußerst geschickt war, war dies ein großes Lob. Zunächst waren die beiden einfach nur Nachbarn in den *Flats* am Fuße des Blanca Peak gewesen, die einander bei Bauvorhaben, bei der Arbeit mit Maschinen und dergleichen aushalfen. Als sich ihre Freundschaft intensivierte, erwarben sie gemeinsam Abbaurechte für Gold, hauptsächlich am Blanca, und fraßen einen Narren an der Vorstellung eines verlorenen Schatzes. Beide hatten auch noch andere Pläne, um Geld zu verdienen. So wollte Matt einer App erlauben, den Prozessor seines Smartphones zu übernehmen, wenn er es gerade nicht nutzte, um Bitcoin zu schürfen. Damit würde er zwar nur ein paar Pennys pro Tag verdienen, aber »Kleinvieh macht auch Mist«, wie er sagte. Beide liebten es, Tiere großzuziehen, und wollten auch dieses Hobby in bare Münze umwandeln: Matts neuester Plan war, Pferdedung auf eBay zu verkaufen. Der Dung war bio, das Ergebnis einer Fütterung mit Alfalfa; er verkaufte ihn getrocknet, in Plastik gewickelt und in einen Postversandkarton gepackt. Bislang hatte er mehrere Verkäufe getätigt, je Karton fünfundzwanzig Dollar, etwa die Hälfte davon Gewinn. Verschmitzt sagte er: »So wird Pferdescheiße zu Geld!«

Luke wollte herausfinden, was der Verkauf von Ziegenmilch – sie besaßen mehrere Tiere – und -käse wohl einbringen mochte. Luke glaubte auch, dass man mit alten Tomatensorten Geld machen könne, und gab mir seine Visitenkarte. »Kunkels Familienbetrieb« stand da, »biologischer Anbau traditioneller Erzeugnisse. Gentechnikfrei.«

Die beiden waren außerdem Prepper und hatten erkannt, dass all ihre Projekte genug Material für einen YouTube-Kanal abwerfen würden. »Das Problem ist nur, dass keiner von uns vor die Kamera möchte«, schmunzelte Luke.

Luke war vierzig und übergewichtig, unvorteilhaft gekleidet und energisch, mit rötlichem Haar und einem ungepflegten Bart. Matt war älter und schlanker. Über einem Sweatshirt trug Luke ein dreckiges gelbes T-Shirt mit dem Logo eines Zementherstellers. Das Gespräch wandte sich dem Asperger-Syndrom zu; Luke hatte das Thema aufgebracht. Es sei einer der Hauptgründe, weshalb er »in der Wüste« lebe, sagte er. Von mehr als ein bis zwei Personen umgeben zu sein mache ihn gereizt, gestresst. »Mein nervöses Lachen wird dann viel schlimmer! Soziale Situationen verunsichern mich oft.«

Mir fiel auf, dass Blickkontakt für Luke offenbar kein Problem war, und merkte an, es wirke, als wisse er genau, was ihn von anderen unterschied. »Na ja, ich lebe ja auch schon seit vierzig Jahren damit«, erwiderte er. Einmal im Monat hatte er einen Termin bei einem Psychiater in Salida, eineinhalb Stunden von dort entfernt, wo er lebte, weil zurzeit kein Psychiater im San Luis Valley niedergelassen war. Ich fragte Luke, ob er einen Blick auf mein Stromhäuschen werfen könne, wozu er gerne bereit war.

Ein paar Tage darauf, als Matt gerade in der Gegend war, schaute er mit Luke bei mir vorbei. Luke brannte darauf, das Innere des Häuschens in Augenschein zu nehmen, und war, einmal dort, ganz in seinem Element. Als er mir erklärte, was wozu da war, wusste ich nicht, ob ich mir Notizen machen sollte, auf die ich mich später berufen könnte, oder lieber versuchen sollte, mich auf das zu konzentrieren, was seinen Kopf füllte – Volt, Ampere, Watt, Serien- und Parallelschaltungen und die Unterscheidung zwischen monokristallinen und polykristallinen Solarzellen, stationären Bleiakkus und Lithium-Ionen-Akkus sowie die Vorzüge effizienter neuer Maximum-Power-Point-Tracking-Laderegler (MPPT) gegenüber der älteren, billigeren Sorte, wie ich einen hatte.

Besonders war mir daran gelegen, das Windrad wieder in Gang zu setzen. Luke bestätigte, dass es keinen Luftstrom mehr erzeugte, und schlug mir vor, ein neues zu kaufen, das wir auf denselben Pfosten montieren könnten – es würde 300 bis 400 Dollar kosten und zehn Mal so viel Strom erzeugen wie das alte. Er würde mir den Link zu einem Unternehmen schicken, das er gut fand. Ich war von der Idee begeistert, etwas von der Naturgewalt nutzbar zu machen, die die Lebensrealität im Valley derart stark prägt; eine funktionsfähige Windturbine wäre ein Grund, den Wind *willkommen zu heißen*.

Wie viel ich ihm für seine Unterstützung bezahlen solle?, fragte ich. Luke hatte darüber bereits nachgedacht, doch nicht so, wie ich es erwartet hatte. »Würdest du dich auf einen Tauschhandel einlassen?«, fragte er und zeigte auf einen unbenutzten Schaltkasten am Boden der Hütte. »Natürlich erst, nachdem ich etwas gearbeitet habe.« Ich sagte Ja und fragte, ob er sonst noch etwas wollte. Also, sagte er, wenn ich es nicht brauchen könnte, würde er das alte Windrad mitnehmen und überlegen, ob er etwas damit anfangen könne – aber erst, wenn er es sich in meinen Augen verdient hätte. Später zeigte er noch auf ein rostiges altes Fass, eines von drei oder vier, die auf dem Grundstück benutzt worden waren, um Müll zu verbrennen. »Glaubst du, du wirst das brauchen?«

»Eher nicht«, erwiderte ich.

»Es hat eine gute Größe, so etwas findet man selten.« Matt nickte zustimmend.

»Nimm es«, sagte ich.

Ein paar Tage später fuhr ich mit Luke und vier Batterien auf der Ladefläche meines Trucks, die wir bei Walmart gekauft hatten, von Alamosa zu mir nach Hause. Wie sich herausstellte, war Luke oft verfügbar, wenn man ihn ein Stück mitnahm. Seine Autosituation änderte sich ständig; wie die Grubers schien auch er ziemlich oft ohne dazustehen. Matt hatte ihn auf seinem Weg zur Teambesprechung von La Puente nach Alamosa mitgenommen; später übergab er ihn mir, und unser Tag begann.

Die Fahrt eignete sich gut zum Reden. Luke wies auf ein Umspannwerk westlich von Alamosa hin, das mir nie aufgefallen war; ich merkte an, es sehe wie eine größere Version dessen aus, das neben der Waldparzelle von La Puente lag.

»Stimmt, aber das wird kaum ausgeschöpft – vielleicht zu einem Viertel«, sagte Luke.

»Woher weißt du das?«

»Na ja, ich habe festgestellt, dass nur ein Teil summt«, sagte er. »Und die Schalter für den Rest sind deaktiviert.« Ich meinte darauf, es sei ungewöhnlich, einem Umspannwerk und seinen kaum wahrnehmbaren Geräuschen so viel Aufmerksamkeit zu schenken. Woraufhin er mir erzählte, es mache ihm Spaß, herauszufinden, wie Verschaltungen und Elektroniksysteme funktionierten – was genau dem entsprach, was Matt gesagt hatte. Er sagte, es käme von seinem Asperger. Von einem anderen Symptom der Erkrankung zeugten seine Notizbücher. Er hatte schon immer die Angewohnheit gehabt, Notizbücher mit Lösungsvorschlägen für Probleme zu füllen, über die er nachdachte, etwa wie man Alkohol komprimieren und seine Energie konzentrieren könnte. Er stammte aus der Provinz Oklahomas und hatte ein paar Seminare an der University of Oklahoma belegt, sein Studium aber nie abgeschlossen. In Oklahoma war er für ein Unternehmen tätig gewesen, das Wetterprognosen erstellte. Im Valley, in das er erst drei Jahre zuvor mit seiner dritten Ehefrau und seinem Therapiehund Yuna gezogen war, hatte er für einen Kerl gearbeitet, der Geldautomaten installierte. Seit einiger Zeit hielt er sich jedoch mit den 217 Dollar über Wasser, die der Staat alleinstehenden Männern ohne Arbeit monatlich zukommen ließ; wann immer er einen Gelegenheitsjob finden konnte, besserte er damit sein Einkommen auf.

Sein Interesse an allem Elektrischen, sagte er, stamme aus seiner Kindheit.

»Meine Mom gab mir einen alten Fernseher, den ich mit in den Keller nehmen durfte«, dort nahm er ihn auseinander und machte sich daran, »herauszufinden, wie das Ganze funktionierte«.

Ich erinnerte mich an einen Tag, an dem Matt in die Beratungsstelle von La Puente gekommen war und sich darüber ärgerte, dass Hilfssheriffs, die infolge eines Anrufs wegen etwas anderem auf Lukes Grundstück gekommen waren, eine Pistole in seinem Trailer gefunden hatten. »Und jetzt steckt er in Schwierigkeiten, wird vielleicht festgenommen«, sagte er.

»Warum das denn?«, fragte ich. »Warum darf er keine Pistole besitzen?«

»Na, er ist Straftäter«, sagte Matt, der an der Rechtmäßigkeit der Waffenbeschlagnahmung so seine Zweifel hatte.

Ich befragte Luke selbst dazu. »Tja, ja, das ist wahr«, sagte er; in seiner Jugend hatte er ungedeckte Schecks ausgestellt und dafür sieben Jahre im Gefängnis gesessen. Aber, sagte er, heute fühle es sich an, als sei das in einem anderen Leben gewesen. Damals sei er ein bisschen draufgängerisch gewesen; inzwischen versuche er nur noch, am Leben zu bleiben. Zu seinen Gesundheitsproblemen zählten unter anderem Bluthochdruck und insbesondere Herzprobleme. »Mein Psychiater sagt, Menschen wie ich hätten eine durchschnittliche Lebenserwartung von achtundvierzig Jahren«, sagte Luke. Er fragte sich, ob er überhaupt so lange durchhalten würde.

Obgleich Luke umgänglich war und sein nervöses Lachen etwas Selbstironisches hatte, räumte er ein, es könne schwierig sein, mit ihm zusammenzuleben. Seine dritte Frau, der ich ein Jahr zuvor einmal kurz begegnet war, hatte ihn unlängst verlassen. Er sagte, dazu sei es hauptsächlich »aufgrund meiner Macken« gekommen. Eine große war seine Gereiztheit. Er hasste es, gestört zu werden, wenn er gerade in einem seiner Notizbücher oder einem Mechanik- oder Elektroprojekt versunken war: »Dann fahr ich andere selbst bei einer harmlosen Frage an.«

Etwa eine Woche später wurde ich ebendavon Zeuge, als Luke seinen Sohn Maverick bei einem seiner Besuche mitbrachte. Maverick – einundzwanzig, stämmig, gutmütig, mit einem Cowboyhut auf dem Kopf – sagte, er sei eine Weile bei Luke zu Besuch. Später stellte er klar, er sei auf der Flucht: Seine Freundin hatte ihn bei der Polizei angezeigt, und da sie noch nicht volljährig war, lag nun eine Klage wegen sexuellen Missbrauchs einer Minderjährigen gegen ihn vor. An jenem Tag war Luke gereizt: Maverick wollte ihm einen Schraubenschlüssel oder -zieher reichen, nur um von seinem Vater dafür beschimpft zu werden, den falschen ausgesucht zu haben. In seinem Frust brüllte Luke sogar mich an – auch wenn er sich später entschuldigte, war es ein anschauliches Beispiel für seine sozialen Unzulänglichkeiten (und gewährte einen Einblick in die Herausforderungen, denen Maverick mit ihm als Vater ausgesetzt war). Eine seiner Töchter, hatte Luke mir erzählt, sei schwanger und wohne mit ihrem Freund in der Notunterkunft von La Puente. Eine andere, die bei ihm gewohnt hatte, hatte eine Handyapp genutzt, um sich in seinem Trailer mit einem Mann zu verabreden, als Luke gerade in der Stadt war, aber der Kerl war gewalttätig gewesen, und sie rief den Sheriff. In Lukes Leben gab es jede Menge Drama.

In der Welt der Elektronik, in der mit ein wenig Kreativität und Geduld fast alles verstanden und funktionstüchtig gemacht werden konnte, lagen die Dinge einfacher. Nach und nach bekam Luke alles in meinem Schuppen zum Laufen. Einige der Komponenten tauschte er gegen Billigware made in China aus – empfahl mir jedoch, den überdimensionierten alten Wechselrichter, den ich geerbt hatte, zu behalten, da man seine kaputten Relais reparieren konnte. Ja, er beschloss, es sei am günstigsten, wenn er das Gerät zu sich nach Hause nähme und die Relais selbst austauschte. Wie immer, wenn ich ihn fragte, welche Kosten auf mich zukämen, nannte er nur die für das Material. Und für seine Arbeit? »Zahl mir einfach, was du für richtig hältst«, lautete sein Mantra. Entgegenkommenderweise schlug er ein paar Gegenstände vor, die ich nicht brauchte, für die er sich aber interessierte (ein ungenutztes Leistungsschalterfeld, alte Akkus, ein paar Werkzeuge); als uns diese ausgingen, ging ich zu Bargeld über, und wir überschlugen seine Arbeitsstunden.

Im Frühsommer waren zwei neue Solarpanels auf dem Dach des Stromhäuschens angebracht und lieferten den gesamten Strom, den mein kleiner Wohnwagenanhänger brauchte. Der Brunnen hingegen wollte immer noch nicht funktionieren. Auch wenn er jahrelang nicht benutzt worden war, hätte er, als das Stromhäuschen wieder Strom generierte, funktionieren müssen. Luke wusste nicht, was das Problem sein könnte. Wochenlang versuchte er, dahinterzukommen: Die Pumpe schien an zu sein, und hin und wieder erreichte uns ein Rinnsal aus hundertzwanzig Metern Tiefe. Es tröpfelte aus einem Schlauch, der an einem Rohr im Inneren des Häuschens angeschlossen war. Eines Tages im Hochsommer schließlich machte es *wuuusch*, und etwas, das festgesteckt hatte, lockerte sich, und das Wasser schoss auf den Boden der Hütte. Ich fühlte mich, als wären wir auf Gold oder Öl gestoßen: Gratis und in rauen Mengen sprudelte es aus dem Boden auf mein Land.

Der nächste große Meilenstein war die Windturbine. Wir hatten sie langsam zu Boden gelassen, die alte Turbine von dem Mast entfernt und den Mast und die Verkabelung inspiziert. Im Laufe

Beim Errichten der Windturbine.

der vergangenen Wochen waren die Ersatzturbine und andere Teile bei Troy abgeliefert worden (da meine Adresse, nur eine Straße von Troy entfernt, aus unerfindlichen Gründen nicht in den Datenbanken der Lieferunternehmen auftauchte). Jetzt war es an der Zeit, die neue Turbine zu montieren.

Dieses Unterfangen würde sich am besten zu mehreren bewerkstelligen lassen, und so holte ich mir Hilfe. Wir würden früh starten müssen, um fertig zu sein, bevor der nachmittägliche Wind einsetzte. Luke kam mit seinem Truck, mit Maverick und Yuna, seinem Hund mit dem einen blauen Auge. Auch Troy fuhr mit seinem Truck vor und mit Joseph, einem Teenager, der in schwierigen Familienverhältnissen lebte und an den Wochenenden bei Troy, seiner Frau Grace und ihren beiden Kindern wohnte. Wir versammelten uns vor dem Stromhäuschen, um unser Vorgehen zu besprechen. Eine Seilwinde wäre hilfreich gewesen, um den Turm wieder aufzurichten, doch keiner von uns besaß eine. Luke hatte einen Greifzug mitgebracht, der denselben Zweck erfüllte, nur sehr langsam. Ich hatte dem Rohr eine Verlängerung hinzugefügt, sodass die neue Turbine weiter vom Boden entfernt und, wie ich hoffte, weniger laut sein würde. Infolgedessen mussten wir längere Zugdrähte anbringen; da wir die Höhe des neuen Rohrs kannten und die Entfernung von seinem Sockel zu den langen Metallheringen, die die Drähte im Boden verankerten, war es, wie mir aufging, möglich, ihre Länge mit dem Satz des Pythagoras zu berechnen (der Mast stand im rechten Winkel zum Boden; die Drähte wären die Hypotenuse des Dreiecks).

Ich bat die anderen, kurz zu warten, und ging in meinen Trailer, um die Zahlen mithilfe meines Handys zu berechnen. Troy hatte so seine Zweifel an dem gesamten Versuchsaufbau und meiner bunt zusammengewürfelten Truppe und spottete: »Beschlossen einmal ein ehemaliger Lkw-Fahrer, ein College-Professor und ein Jugendstraftäter, eine Windturbine aufzustellen«, als wäre das Ganze der Anfang eines Witzes. Luke und ich lachten, während der als Jugendstraftäter titulierte Joseph finster dreinblickte. (Troy und fast alle anderen wussten, dass ich an der New York University unterrichtete.)

Zu guter Letzt kam ich mit meinen Zahlen zurück. Wir machten uns an die Arbeit und passten die Länge der Kabel an. Indes half Maverick dabei, die Turbine auf dem Turm festzumachen, und, weil er nicht glaubte, dass ihre Kohlefaserflügel so scharf waren, wie sie aussahen, fuhr er mit einem Finger daran entlang und zog sich eine Schnittwunde zu. Schließlich begannen vier von uns, den Mast hochzuziehen, während auf der anderen Seite Luke – mit nur geringer Wirkung – an seinem Greifzug loskurbelte. Dann hatte Troy einen Geistesblitz: Wenn wir seinen Truck benutzten, könnten wir ihn schneller hochziehen. Mich ließ er fahren, während er und Joseph hinter mir standen und sich gegen den Mast stemmten. Als ich so Zentimeter für Zentimeter auf den Mast zufuhr, bewegte sich die Turbine immer weiter nach oben. Maverick hielt ein seitlich gespanntes Drahtseil fest, um zu verhindern, dass der Mast kippte. Schließlich war er in der richtigen Position, und die Drähte strafften sich. Da es kaum windete, konnten wir die Turbine nicht gleich ausprobieren; würde sie aber erst einmal anfangen, sich zu drehen, wären meine Akkus auch an wolkigen Tagen geladen. Und sollte ich je einen Heißwasserspeicher in meinem Mobile Home haben, könnte der Wind das Wasser warm halten.

Troy und Joseph fuhren zurück zu Troys Zuhause. Für Luke und Maverick hatte ich bereits ein Mittagessen bei einem Subway in La Jara besorgt und fragte, ob es nicht vielleicht ein günstiger Moment sei, ein bisschen mehr über ihr Leben zu reden. Wir räumten einen Platz im Inneren des großen blauen Trailers frei und setzten uns, ich mit einem Notizbuch.

Luke wirkte erschöpft. Auf meine Nachfrage hin sagte er, hauptsächlich läge das an seinem Übergewicht und seinem schwachen Herzen. Aber er gab auch dem Asperger-Syndrom die Schuld, »wegen der Ängste und all dem«, was ein Asperger so mit sich bringt: »Es macht einen körperlich viel schneller fertig. Jetzt, wo ich älter werde, merke ich, dass mich der ganze emotionale Kram viel mehr mitnimmt«, fuhr er fort. »Ich merke, dass ich mir Dinge stärker zu Herzen nehme und mich viel schneller aufrege. Letzten Monat hatte ich Frauenprobleme. Das hat mich viel mehr fertiggemacht, als es hätte sollen. Und, also, ich wollte eigentlich gar nicht mehr aus dem Haus gehen, einfach nur drinnen bleiben.« Sein Arzt, fügte er hinzu, »hat mir Antidepressiva verschrieben. Ich nehme Angstlöser. So was halt. Ich glaube, es hilft.«

Ich fragte Maverick, wie sich der Autismus seines Vaters auf sein Heranwachsen ausgewirkt hatte. Eigentlich gar nicht, erzählte er mir – Luke war im Gefängnis, als er geboren wurde, und er wurde zur Adoption freigegeben. Nachdem Luke aus dem Gefängnis entlassen worden war, sah er hin und wieder nach Maverick, ohne ihm zu sagen, wer er war. Dann kam sein sechzehnter Geburtstag, sagte Maverick. »Ich wusste noch immer nicht, dass er mein Vater war, bis ... bis mir an dem Tag buchstäblich ein

Licht aufging. Er meinte noch: ›Och, ich denke, wir sollten erst an deinem achtzehnten Geburtstag klären, wer ich bin‹, und da machte es klick bei mir: *Das muss mein Dad sein.* Na ja, eine Weile lang haben wir keinen Kontakt gehabt, so bis ich achtzehn, neunzehn wurde, und dann fingen wir wieder an, miteinander zu reden.«

Abgesehen von seinen rechtlichen Problemen, sagte Maverick, sei er immer wieder in Auseinandersetzungen mit seinem Adoptivvater geraten. »Und Luke meinte so: ›Also, ich habe Land hier oben, wenn du willst, kannst du mitkommen und mit mir auf der Farm arbeiten.‹ Und ich darauf: ›Klar doch, kein Problem.‹ Da bin ich also hier heraufgezogen, um ihn ein bisschen besser kennenzulernen. Das ist jetzt etwas länger als eineinhalb Jahre her, bald zwei.«

Maverick sagte, er habe seine »echte Mutter« nie kennengelernt, und Luke ergänzte, sie sei keine seiner drei Ehefrauen.

Luke erzählte mir, er selbst sei seinem Vater nie begegnet. Ich fragte ihn, ob er ihn gerne kennenlernen würde. »Im Moment nicht. Es gab eine Zeit, ja. Aber als ich dann so um die zwanzig war, gelangte ich an einen Punkt, tja, da war ich mir nicht mehr sicher, ob ich ihn umarmen oder ihm in den Hintern treten würde. Heute bin ich an einem Punkt, an dem ich denke, also, er ist immer noch nicht aufgetaucht, deswegen möchte ich ihm jetzt nur noch in den Arsch treten!« Luke lachte nervös. »Wahrscheinlich hab ich mich deswegen immer so bemüht, ein Auge auf meine eigenen Kinder zu haben.«

Maverick hatte Luke bei verschiedenen Projekten geholfen, darunter die alten Tomatensorten, doch Luke sagte, mit denen sei es jetzt vorbei. Ende Juni hatte es Frost gegeben – eigentlich nichts sonderlich Ungewöhnliches –, der einen Großteil der Tomatensetzlinge zerstört hatte. Er hatte Hunderte gehabt, am Leben gehalten durch seinen großen Einsatz in Form täglicher Fahrten zum Brunnen, um Wasser zu holen. Jetzt blieben ihm nur noch ein paar Kartoffelpflanzen in der Nähe seines winzigen Hühner-

und Ziegenstalls. Die Bezeichnung »Farm«, die Luke so gerne verwendete, hatte das Ganze aber eigentlich nicht verdient.

Am späteren Nachmittag spürte ich einen Windhauch, der meinen Trailer sanft wiegte, und sah aus dem Fenster: Die Turbine drehte sich so auf ihrem Mast, dass ihre Blätter zum Wind hin ausgerichtet waren. Und dann, nach ein paar Sekunden, begann sie, sich zu drehen. Als eine Böe in sie hineinfuhr, surrte sie – der Wind war nun mein.

Für meine neuen Nachbarn waren der Frühling und Frühsommer ereignisreich gewesen, jedoch nicht immer auf gute Weise. Jack, der sein Versprechen gehalten und den Gruber-Mädchen im vorigen Sommer seine Pferde geschenkt hatte, war an Blasenkrebs erkrankt. Frank und Stacy hatten ihn von seinem Wohnwagen, in dem er allein auf seinem kargen Grundstück lebte, zu seinen Arztterminen nach Alamosa gefahren. Ich bot meine Hilfe an und erfuhr so, dass Jack ein radikaler christlicher Fundamentalist war. Einmal fuhren wir in Antonito an ein paar alten Gebäuden vorbei, auf denen sich Wandgemälde befanden, als Jack brummelte, die Gemälde – sie zeigten indigene Menschen – seien unmoralisch.

»Was meinst du damit?«, fragte ich.

»Na, schau dir doch mal die da an, die neben dem Lagerfeuer – sie ist oben ohne.«

Die abgebildete Frau befand sich etwa zehn Meter über dem Boden und wäre mir niemals aufgefallen. Auch dass die jüngsten der Gruber-Töchter nackt herumflitzen durften, störte ihn, und auch das Chaos, in dem sie lebten, hieß er nicht gut. Zu meiner Überraschung erzählte er mir, dass er vorhabe, den Krebs mit Cannabiszäpfchen zu bekämpfen, die er selbst herstellen und sich verabreichen wollte.

Was Jack nicht wusste, war, dass seine Pferde im Januar gestorben waren. Auf dem Land der Grubers war das Grünfutter zur Neige gegangen. Zunächst brachte ihr Freund Josh, der für ein paar Monate bei ihnen lebte und auf einer Ranch namens The T-Bone Arbeit gefunden hatte, Heu mit nach Hause, um den Speiseplan der Pferde aufzustocken. Als Josh dann jedoch gefeuert wurde, fand das kostenlose Heu sein Ende. Als ich die Pferde im Spätherbst 2018 zum letzten Mal gesehen hatte, wirkten sie abgemagert. Da, wo ihr Fell kahle Stellen aufwies, erzählten mir die Mädchen, hätten sie die Hunde gebissen. Stacy sagte, sie wolle sie in einem Stall unterstellen, um sie vom Winterwind zu schützen. Doch mitten im Winter starben die beiden Pferde innerhalb von zwei Wochen. Das war ein großes Problem. Jack war noch nicht darüber in Kenntnis gesetzt worden, würde es aber sicherlich nicht gut aufnehmen. Trin erzählte mir, eines der beiden Pferde sei an einem Schlaganfall gestorben, doch ein Bekannter, der es mit Pferden zu Geld gebracht hatte, sagte, sie seien wohl eher infolge von Mangelernährung gestorben. »Man braucht Geld, um ein Pferd zu ernähren«, sagte er. »Wer von Lebensmittelmarken lebt, sollte keine Pferde halten.«

Frank und Stacy hatten aber auch gute Neuigkeiten: Sie hatten endlich ihren alten Trailer und das Land, auf dem er stand, verkauft. Die Käuferin war eine Freundin, Lori, die in Greeley, nördlich von Denver, wohnte. Sie war Anfang sechzig und hatte eine Tochter Anfang vierzig, die ans Haus gefesselt war. Beim ersten Weihnachtsfest, das ich mit den Grubers verbrachte, stammte das größte Geschenk unter dem Baum von Lori – sie hatte den Mädchen Tablets geschenkt, und die waren natürlich überglücklich. Sie hatte außerdem den Internetzugang für drei der Handys der Familie bezahlt.

Frank und Stacy erklärten mir, sie hätten, als Franks Malerbetrieb zwei Jahre zuvor gut lief, zum Jahresende hin beschlossen, das Haus einer Familie in Not kostenlos zu streichen. Lori war die dankbare Empfängerin gewesen, und die Familien hatten sich darüber angefreundet.

Lori war von der Entscheidung der Grubers, in die Prärie im Valley zu ziehen, fasziniert gewesen und hatte sie einmal besucht.

Seit die Familie auf ihr neues Grundstück gezogen war, hatte sie versucht, das alte zu verkaufen. Lori hatte Interesse geäußert, und schließlich waren sie sich einig geworden und hatten einen Vertrag aufgesetzt.

Vor der Ankunft von Lori und ihrer Tochter im März 2019 waren jede Menge Aufräumarbeiten und andere Vorbereitungen angesagt. Ich besuchte die Grubers eine Woche bevor die Frauen mit ihrem Möbelwagen eintreffen sollten und sah dabei zu, wie Josh und Frank einen neuen Durchlauferhitzer installierten, während Stacy und die Mädchen kehrten und sauber machten. Das Haus und seine unmittelbare Umgebung glichen einem Katastrophengebiet, es gab also viel zu tun. Trin gestand mir, sie zweifle daran, dass Lori es hier draußen lange aushalten würde. »Sie mag es gerne wirklich sauber, wird aber einen Hund haben« – einen von Trins Welpen –, »der rein- und rausgeht, also wird es schmutzig sein.«

Ich war nicht vor Ort, als die beiden Frauen einzogen. Es genügt wohl, zu sagen, dass das Experiment keine achtundvierzig Stunden gut ging. Angeblich war es bei ihrer Ankunft bewölkt, die Akkus waren nicht vollständig aufgeladen, und im Laufe der Nacht ging der Strom aus. Um 5 Uhr 7 postete Lori auf Facebook: »Wir haben keinen Strom. Der Wechselrichter schlägt Alarm, und der Generator lädt weder erneut auf, noch versorgt er das Haus mit Strom. Hilfe. Wer immer das hier sieht, bitte rufen Sie mich an, ich kann Sie abholen [um für die Reparatur herzukommen]. Es ist dringend.«

Josh, der damals noch in seinem Wohnwagenanhänger auf dem Grundstück wohnte, meldete sich bei ihr und setzte den Generator in Gang. Allerdings war er da bereits mit Lori aneinandergeraten – er sagte, sie habe Müll in der Feuergrube verbrannt, als es windete, und so angrenzendes Gras in Brand gesetzt. Indes rief Loris Tochter im Büro des Sheriffs an und beantragte einen »Sozialhilfescheck« – sie wollte, dass eine Autoritätsperson gelegentlich nach ihr sah. Später am Tag packten die beiden ihr Hab und Gut wieder in den Umzugswagen und kehrten auf Nimmerwiedersehen nach Greeley zurück.

Kurz darauf setzte Lori den folgenden Post für ihre Facebook-Freunde ab:

»Ich wurde so was von übers Ohr gehauen: Monatelang habe ich Geld in das Haus gesteckt, aber es wurde nichts gemacht, und was gemacht wurde, war falsch.
Es war ein Albtraum. Trotzdem wollte ich durchhalten, bis es letzten Sonntag ins Haus regnete. Angeblich wurde das Dach letzten November gedeckt.
Das Fass kam zum Überlaufen, als die Polizei zu uns herauskam. Sarah hatte wegen der Sozialhilfe angerufen, sie machte sich Sorgen. Damit habe ich KEIN Problem.
Die Polizei informierte mich, dass ich an schlechte Leute geraten sei, gefährliche Leute.
Ich möchte nicht allzu sehr ins Detail gehen, aber dieses Foto teilen, das das ›Häuschen‹ zeigt, in dem die Akkus gelagert werden. 350 Dollar für die Materialien allein ...
Ich fühle mich wie ein Idiot.«

Der Journalist in mir wollte Lori kontaktieren und das Bild vervollständigen, das sie von ihren Erfahrungen mit den Grubers skizziert hatte. Andererseits wusste ich, dass es, wenn ich dies täte und die Grubers davon erfuhren (was mir wahrscheinlich schien), meine Beziehung zu ihnen dauerhaft schädigen könnte. Ich hielt mich also zurück.

Was soll ich sagen? Die Grubers haben mich kein einziges Mal betrogen, noch haben sie es versucht. In der Zeit (mehr als ein Jahr), als ich einen Stellplatz für meinen Wohnwagenanhänger von ihnen pachtete, ließ ich diesen oft unbeaufsichtigt und unabgeschlossen, doch es war nie etwas angerührt. Frank und Stacy verkauften mir zwei Solarpanels und einen einfachen Wechselrichter zu einem fairen Preis. Außerdem half mir Frank viele

Stunden dabei, meine Solarstromanlage einzurichten, und auch bei anderen Dingen. Im Umgang mit mir waren die Grubers immer anständig; ich empfand sie als absolut vertrauenswürdig. Aber was Lori angeht – keine Ahnung. Nur gut, dass ich mir das nicht noch einmal im Fernsehen ansehen muss.

Ich schaute gerne bei Sam vorbei, wenn ich die Grubers besuchte, weil bei ihm immer etwas los war; mit Sam wurde es nie langweilig. Wie immer wurde meine Ankunft auch in jenem Herbst vom wilden Kläffen seiner Pitbulls angekündigt, die vor dem kleinen Wohnwagenanhänger, den er sich mit Cindy teilte, angekettet waren. Sam trat heraus, brüllte den Hunden zu, sie sollten die Schnauze halten, und humpelte an einen Platz, an dem wir uns ungestört unterhalten konnten.

Sam humpelte, seit seine Schienbeinmuskulatur vor Jahren bei einem Motorradunfall verletzt worden war. Heute aber humpelte er stärker als üblich, und seine Hand war bandagiert. Sam trug immer ein schwaches Grinsen im Gesicht (und sein zahnloser Mund trug nur zu seinem Charme bei) und war stets darauf bedacht, die Dinge mit Humor zu nehmen, was auch die Schläge mit einschloss, die ihm seine gegenwärtigen Verletzungen zugefügt hatten. Seine Schmerzen an jenem Tag, so sagte er, stammten teils von einer nächtlichen Schlägerei mit den »Shims«, im vorigen Sommer am Strand. Mehr noch aber davon, als er kürzlich mit hoher Geschwindigkeit in eine Schneewehe am Ende der Straße gerauscht war. Bei Nacht. Nick sei bei ihm gewesen. Sie hätten es nicht vermocht, das Auto zu bewegen, fuhr er fort, doch ob dies am Zustand des SUV oder an ihrer Trunkenheit lag, blieb unklar. Sein größtes Bedauern sei, dass der Unfall am nächsten Tag beim Sheriff gemeldet wurde und, so unwahrscheinlich dies auch klang, ein Beamter den Abschleppdienst gesandt hatte, um das Fahrzeug zu entfernen; es auszulösen würde 500 oder 600 Dollar kosten, weswegen Sam jetzt ein »neues« SUV hatte.

Was seine Hand betraf: Nein, sagte er, das sei nicht der Unfall gewesen, an den ich mich erinnerte, als die Stichsäge, die er bei der Installation eines neuen Wassertanks unter seinem Trailer benutzte, unerwartet zurückschnellte und sein Handgelenk umknickte. Das war fast wieder verheilt. Diesmal war seine Hand im Radkasten seines Trucks gequetscht worden, als das Fahrzeug vom Wagenheber rollte (eine der Gefahren bei der Arbeit auf unebenem, unbefestigtem Boden). Vielleicht sei eine Operation erforderlich, um die Sehnen zu flicken.

Sams Verletzungen waren fast immer selbst verschuldet. Meine Lieblingsgeschichte war die, wie er einmal mitten im Winter eine große volle Windel auf der Einfahrt gesehen hatte, die ein Hund aus einem Müllhaufen gezerrt hatte. In einem Moment sorglosen Draufgängertums war er auf die Windel zugelaufen und hatte ihr einen flotten Tritt verpasst – nur um festzustellen, dass sie komplett hart- und am Boden festgefroren war. Die Windel gab keinen Deut nach, sein Fuß dafür schon.

Sams Krebs war weiterhin Thema. Die größeren Baustellen schienen momentan jedoch Probleme für einen orthopädischen Chirurgen zu sein. Außerdem hatte er seit Neuestem Schwierigkeiten mit dem Innenohr, die, wie er erklärte, nach einem MRT als Menière-Krankheit identifiziert wurden, die Schwindelanfälle verursacht.

Nichts von alldem hatte ihn und Cindy jedoch davon abhalten können, sich auf ihren Winter-Roadtrip vorzubereiten, der sie zum Goldschürfen nach Arizona und dann wahrscheinlich auf die Slabs in Südkalifornien führen würde – zu einer legendären Off-Grid-Gemeinschaft in der Wüste ganz in der Nähe eines Militärstützpunkts. »Was man nach einer Weile satthat«, sagte Sam, »ist die Kälte.« Sie wollten den Winter an einem wärmeren Ort verbringen, so wie andere Senioren auch.

Einer von denen, die mich seit meinem ersten Besuch in den *Flats* am herzlichsten empfingen, war Paul. Wenn er bei klarem Verstand war, wie meist der Fall, war er zu allen freundlich. Obgleich von schmächtiger Statur, hatte er keine Angst davor, auf Fremde zuzugehen; er fuhr in seinem Auto vor (einem alten Mercedes-Kombi, als ich ihn kennenlernte, später dann in einem Nissan-Kleinwagen), machte sich bekannt und fragte, ob sein Gegenüber sicher sei, auf dem richtigen Grundstück zu campen oder zu bauen (man konnte sich dabei leicht irren) und ob dem oder derjenigen die im County geltenden Bauvorschriften bekannt waren. Er war unverschämt neugierig und durchaus selbstironisch – »Ich bin die Gladys Kravitz der Prärie«, sagte er gerne und bezog sich dabei auf die aufdringliche Nachbarin aus der Sitcom *Verliebt in eine Hexe,* mit der wir beide aufgewachsen waren. War der Neuankömmling ein Mann, hatte seine Freundlichkeit oft etwas Kokettes. Als ich ihn zum ersten Mal traf, mit Robert von La Puente, zeigte er uns das Fernglas, das er neben einem seiner Fenster aufbewahrte. Er benutzte es, um »alle Aktivitäten« in seinem »Hoheitsgebiet« von seinem Wohnzimmerfenster aus im Blick zu behalten. Später einmal, als ich auf das Grundstück der Grubers gezogen war, ergänzte er, von seinem Küchenfenster aus könne er jede meiner Bewegungen in über einer Meile Entfernung verfolgen. Bei diesen Neuigkeiten muss ich erschrocken dreingeblickt haben, denn er sagte, wohl zum Spaß: »Du siehst gut aus in Shorts.«

Er lud mich oft zum Essen ein; einmal versprach er, der Brunch, den er mir servieren würde, sei »so gut, dass du danach deine Frau verlässt«. Ich schätzte die nachbarschaftlichen Gesten. Jeder, der zu seinem Haus fuhr, fand sein Auto von den »Girls« umzingelt wieder, seinen vier oder fünf Hündinnen. Auch wenn sie bellten, bissen sie nie, und man musste auch nicht befürchten, angeschossen zu werden, wenn man sich Pauls Haus näherte, weil Paul, wie er offenherzig bekundete, keine Waffe besaß. Auf Pauls zwei Hektar großem Grundstück standen zwei verwitterte Mobile Homes in L-Form aufgestellt, doch eines wurde nur als Lagerraum benutzt. Zwei Beweise seiner Ausdauer auf dem Grundstück – fünfundzwanzig Jahre, in denen das Land wahrscheinlich keinen Cent an Wertsteigerung erfahren hatte – waren die Chinesischen Ulmen, die er aus Setzlingen gezogen hatte. Paul erklärte, sie könnten ohne weiteres Zutun überleben, habe man sie die ersten vier oder fünf Jahre am Leben gehalten. Um sie durch die Sommerhitze zu bringen, wässerte er sie mehrmals pro Woche; und nach und nach waren ihre Wurzeln so tief gewachsen, dass sie selbstständig fortbestehen konnten. Sie waren ein Zeichen der Beharrlichkeit. (Später hörte ich Frank Gruber sagen, er würde für Pauls Grundstück ein paar Tausend Dollar obendrauf legen, »nur um an die Bäume zu kommen«.)

Hin und wieder bat mich Paul, ihm etwas aus der Stadt mitzubringen – eine Tüte Eis, wenn ich durch Manassa kam, weil es an der Tankstelle dort fünfzig Cent billiger war als überall sonst, oder Pepsi oder RC Cola vom Family Dollar in Antonito, wo ein Sixpack nur 4,75 Dollar kostete, oder Propannachschub von Gibson's in La Jara oder Hundefutter vom Tractor Supply in Alamosa (beides zu Spottpreisen).

Nach meinen Warenlieferungen saßen wir manchmal in dem halbwegs geschützten Raum im Inneren des von den beiden Trailern geformten L, in den Paul eine Holzterrasse mit einem kleinen Tisch und Stühlen gebaut hatte. Eines Tages stürzten sich seine Hunde alle zugleich auf einen Eindringling; ihre Jagd endete an einem weit entfernten Zaunpfosten, wo sie kläffend stehen blieben, doch von einem Unbefugten war weit und breit nichts zu sehen.

»Was ist denn in sie gefahren?«, fragte ich.

»Och, die Krähen«, erwiderte Paul. Ich hatte sie noch nicht einmal bemerkt, doch in der Ferne flogen ein paar schwarze Vögel. Vielleicht war es sogar das Rabenpaar, das die Gruber-Mädchen Coo und Caw getauft hatten. Ich hatte noch nie Hunde gesehen, die Vögel jagten. An einem anderen Tag, es war windig, und die Hunde waren drinnen, sah Paul einen kleinen gelbbraunen Vogel, der wirkte, als habe er sich womöglich verletzt – er kauerte am unteren Ende eines Grasbüschels.

»Das ist eine Ohrenlerche«, sagte Paul. Ich fragte, ob es ihr gut gehe. »Ja, sie weicht nur dem Wind aus.«

Mir war klar, dass die missliche Lage des Vogels bei Paul auf Sympathie stieß. Der Wind hatte großen Einfluss auf ihn, aber keinen guten, wie jeder wusste, der ihm auf Facebook folgte: »Diese STURMBÖEN sind brutal. Wüten die ganze Nacht @28-35 mph. Haben mich alle 2-4 Stunden geweckt ... Ich bin so was von fertig ... oh, und sie haben einen Teil des Hühnerlaufs weggeblasen ... ☹️☹️☹️☹️☹️☹️« Oder, eine Woche darauf: »O Jesses, Herr, wenn es dich gibt, dann mach, dass es aufhört Mach, dass es aufhört.« Oder: »Könnte bitte ☹️ jemand mein Flehen erhöhen ... STOPP DEN WIND ... Wir sind jetzt bei Tag 6 Arggggggggggg ☹️.« Wenn der Wind zunahm, wehte er manchmal den Müll seiner Nachbarn auf sein Grundstück; davon, aber auch von den Nachbarn selbst, war er dann wie besessen.

Paul rührte keinen Alkohol mehr an, nahm hin und wieder aber andere Drogen, und er erzählte mir, dass ihm Beruhigungs- und Schmerzmittel manchmal bei windigem Wetter halfen. Er nahm sie auch bei anderen Gelegenheiten, wie beispielsweise im Vorfeld eines Zahnarzttermins in Alamosa, bei dem ihm mehrere seiner Zähne gezogen werden sollten, um Platz für Zahnprothesen zu machen. Ich hatte zugesagt, ihn zu dem Termin in der Stadt zu fahren.

Als ich ihn abholte, wirkte er ein bisschen sediert; er erzählte mir, er habe »ein paar Valium« genommen. In der Zahnklinik jedoch fürchtete man, er habe zu viel intus, und weigerte sich, die Zahn-OP (auf die er monatelang gewartet hatte) durchzuführen. Paul schimpfte und fluchte, nicht ganz zusammenhängend, und wollte den Direktor sprechen, der allerdings auch nicht nachgab. Schließlich bugsierte ich ihn zurück zum Auto. Da ich wusste, dass er Taco Bell liebte, kehrten wir vor unserer Rückkehr in die *Flats* dort ein.

Die Frühlingsstürme, der abgeblasene Termin in der Zahnklinik – dies und andere Faktoren jenseits meiner Kenntnis waren das Vorspiel für einen langsam eintretenden Nervenzusammenbruch Pauls. Mir war bekannt, dass er mit zwei Nachbarinnen, Tamera und Grace, gerne Einkaufstouren in die Stadt unternahm – er bezeichnete sie alle drei gerne als »Prairie Bitches« und ihre gemeinsamen Fahrten als »Bitch Trips«. Doch dann kam es zu Streitereien und Meinungsverschiedenheiten zwischen den dreien, und irgendwann im Sommer endeten die Gruppenausflüge. Seine Posts in den sozialen Medien und seine Textnachrichten wurden derart kryptisch, dass es manchmal kaum möglich war, zu verstehen, was er eigentlich damit sagen wollte. An einem Junitag postete er Bilder von seinem Wohnzimmer, das komplett verwüstet war. Es sah aus, als wäre etwas umgefallen und als habe er dann, aus lauter Frust, alles, auch seinen kleinen Fernseher, kurz und klein geschlagen. Er fragte mich, ob ich ihm vermittels La Puente helfen könne, einen Termin für eine psychologische Beratung zu bekommen. Ich fand heraus, dass es kurzfristig am einfachsten wäre, ihn zur Anlaufstelle in Alamosa zu bringen, und bot ihm an, ihn zu fahren.

Kurz darauf, im Frühherbst, schickte Paul mir eine rätselhafte, kaum lesbare Textnachricht, die verzweifelt klang. Ich antwortete, dass ich nicht da sei und er auf eigene Faust zu der Beratungsstelle gehen müsse. Bald darauf erreichte mich eine ganze Reihe besorgter Textnachrichten von seiner Nachbarin Tamera:

Kannst du mir sagen wo Paul ist
Ich kann ihn nirgends finden
Ich weiß nicht wo er ist und hab überall nachgesehen
Er hat seinen Hund im Auto zurückgelassen
Und sein Strom ist an so was macht er normal nicht
Das sieht ihm nicht ähnlich
Wenn er mit den Hunden spazieren gegangen wäre wären sie ihm gefolgt
Sie waren draußen außer Clio die war im Auto bei geschlossenem Fenster nur eines war einen Spalt offen

Ich rief sie an; sie sagte, Camaro Jim sei unterwegs, um nach Paul zu suchen.

Erst am nächsten Tag schien die Krisensituation ausgestanden. Paul, zwischenzeitlich wieder zu Hause, erzählte mir, er habe die Polizei gerufen, weil er Angst hatte, sich etwas anzutun. Daraufhin kam ein Hilfssheriff und hielt ihn so lange in seinem Einsatzwagen fest, bis ein Krankenwagen anrückte und ihn ins Krankenhaus brachte. Dort wurde er aufgenommen, ruhiggestellt und über Nacht zur Beobachtung dabehalten. Jetzt war er wieder zu Hause, ängstigte sich jedoch vor dem, was als Nächstes passieren könnte.

Ich besprach mich dazu mit meiner Betreuerin bei La Puente, einer erfahrenen Sozialarbeiterin, die sich in puncto psychologische Hilfsangebote im Valley bestens auskannte. Sie stellte die Verbindung zum Case-Manager eines Kliniknetzwerks her, und ich schilderte Pauls Fall am Telefon.

Am nächsten Tag machte sich das bezahlt: Sie wollten mit ihm einen Termin zur psychiatrischen Begutachtung vereinbaren. Daraus resultierten regelmäßige Beratungsgespräche für Paul, die ich noch immer als eine meiner größten Errungenschaften in meiner Zeit als Ehrenamtlicher bei La Puente betrachte. Das bedeutete nicht, dass Pauls innere Kämpfe ein und für alle Mal ausgestanden waren – es dauerte noch einige Monate, bis er wieder guten Muts und stabil war, und zu negativen Vorfällen kam es auch in der Folgezeit noch, wie dem, als er seinen Kühlschrank umkippte und dessen gesamten Inhalt auf den Boden und einen Teekessel durch die beiden Scheiben seines Küchenfensters pfefferte.

Andere Sorgen kamen stiller daher. In meiner Anfangszeit im Outreach-Projekt von La Puente hatte ich bei einem jungen Mann namens Sundance vorbeigeschaut, um mich vorzustellen. Sein Zuhause war ein einfacher, ziemlich kruder Bau aus Holz und Beton und bestand aus nur einem Raum. Er hatte ihn im Alter von neunzehn fünf Jahre zuvor selbst gebaut. Seine Eltern, erzählte er mir, seien Hippies in Vermont, »die wollten, dass ich einen ungewöhnlichen Namen trage«. Wie sich herausstellte, fuhr er leidenschaftlich gerne Ski und hatte im Skigebiet Mad River Glen als Skilehrer gearbeitet. Am Ende seiner Auffahrt befand sich ein Wegweiser in Form einer schwarzen Raute, auf der »Paradies« stand, und vor dem Haus war ein Zaun aus alten Skiern und Skistöcken – etwas, worauf man typischerweise in den 1970er-Jahren in Skiorten stieß. Die Skier, erzählte er mir, als ich aus der hellen Umgebung ins Dunkel seines Hauses trat, seien von einem Laden im Skiresort Red River in New Mexico ausrangiert worden. Während wir uns so unterhielten, bemerkte ich aus dem Augenwinkel eine Bewegung und sah, dass sich jemand aufsetzte, der in eine Decke gewickelt auf der Couch gelegen hatte. Es war Jon, aka Little Jon, und er sah ganz so aus, als hätte er einen üblen Kater. »Wir hatten hier gestern Nacht eine Art Party«, sagte Sundance. Mir fiel auf, dass in Sundance' Haus anstelle von dekorativen Kieselsteinen, so wie im Eingangsbereich von Vorstadthäusern, Hunderte platt getretene Bierdosen den Boden bedeckten.

Etwa eine halbe Stunde lang führte ich mit den beiden ein lockeres, ungezwungenes Gespräch. Sundance hatte sowohl den Ruf, ein guter Arbeiter zu sein – er hatte oft mehrere Jobs zugleich –, als auch ein guter Kerl. Was Little Jon betraf, gingen die Meinungen vor Ort auseinander. Der zierliche Mann schien nicht zu arbeiten, oft hatte er kein Auto. Musste er wohin, bat er Sundance oder jemand anderen, ihn mitzunehmen. Stacy sagte, als ihre Familie herzog, habe Little Jon in einer geliehenen Jurte in der Nähe von ihnen gewohnt, auf Land, das weder ihm noch dem Besitzer der Jurte gehörte. Eines Tages, als sie gerade draußen war, kam er herüber und versuchte, seine Zigarette in trunkenem Zustand am Lagerfeuer anzuzünden, wobei er sich zu weit nach vorn lehnte und sein Gesichtshaar versengte. Kurze Zeit später hatte er sich Land gekauft und darauf ein Haus gebaut, ebenso einfach wie das von Sundance, aber bunt angestrichen. Ich erinnerte mich daran, wie er eines schönen Sommertages einen Rasenmäher davor hin und her schob, ein ungewöhnlicher Anblick in der Prärie. Ich brachte ihm Feuerholz; er fragte, ob ich eine DVD aus seiner umfangreichen Sammlung haben wolle, die er einmal gekauft hatte und jetzt weiterverscherbelte und die in dem Teil seines Zuhauses auf Regalbrettern verwahrt war, der einen Lehmfußboden hatte. Troy wiederum erinnerte sich daran, eines Tages von Little Jon herbeizitiert worden zu sein, um ihm dabei zu helfen, zwei Klapperschlangen zu töten, die in sein Haus gekrochen waren. Ich erinnerte mich, wie er bei Troys Barbecue zur Feier des vierten Julis vorbeikam, eine offene Flasche Wein in der Hand, die er dann – fast wie die Persiflage eines Trinkers – zum Mund führte.

Und dann, später, eines Tages im Winter, hielt Sundance am Haus seines Freundes, nachdem er drei oder vier Tage daran vorbeigefahren war, ohne Rauch zu sehen, und fand Little Jon tot, erfroren. Hatte er das Bewusstsein verloren und daraufhin den Holzofen nicht mehr schüren können? War er durch das Gas des Herds ums Leben gekommen? Die Meldungen gingen auseinander. Sundance erzählte mir, Little Jon sei seiner Mutter zufolge an einem Herzinfarkt gestorben. Kurz darauf postete Sundance auf seiner Facebook-Seite ein Foto von einer Flussfahrt, die die beiden gemeinsam unternommen hatten. Er schrieb: »Vor ein paar Jahren sind wir auf diesem Fluss entlanggefahren ... Ich werde es nie vergessen! Ruhe in Frieden, Jon, sorge dafür, dass gute Musik läuft, wenn ich zu dir komme!«

Ein andermal schaute ich bei Sundance vorbei, um mit ihm über etwas weniger Trauriges zu sprechen. Zunächst hatten Troy und Grace mir davon erzählt: Sie waren draußen gesessen, es dämmerte gerade, als sie Motorenlärm auf der Hauptstraße unten am Berg hörten. Ein Truck hatte die einspurige Brücke über den Rio Grande bei hoher Geschwindigkeit überquert, gefolgt von mehreren Polizeiautos. Sie beobachteten, wie sich das Polizeiauto, das am nächsten am Truck war, direkt hinter ihn drängte und ihm einen strategischen Stoß verpasste, der den Truck ins Schleudern brachte. Als er schließlich zum Stillstand kam, sprang der Fahrer zur Tür hinaus und floh. Die Beifahrerin wurde festgenommen. Polizeiautos, insgesamt vielleicht ein Dutzend, durchkämmten das umliegende Gebiet, als die Dunkelheit hereinbrach, fanden den Mann aber nicht.

In den Nachrichten hieß es, der Truck habe bei einer Verkehrskontrolle in Antonito nicht angehalten. Stattdessen hatte der Fahrer das Auto eines Polizisten touchiert und war aus der Zivilisation in Richtung Osten, in die *Flats* geflohen. Die Polizei war ihm auf den Fersen und berichtete danach, die Jagd habe Geschwindigkeiten »weit über dem Tempolimit« erreicht.

Sundance befand sich drei Straßen von alldem entfernt. Er erzählte mir, er habe gesehen, wie der Himmel vom Schein der Polizeiautos erleuchtet wurde, hätte aber erst gewusst, was vor sich ging, als er davon am nächsten Tag im Spirituosengeschäft hörte, in dem er arbeitete. An jenem Tag ging er wie immer nach Hause. Am nächsten Morgen erwachte er hungrig und beschloss, sich eine große Portion Spaghetti mit Hackfleischsauce zu kochen.

Dann, während des Kochens, bemerkte er, dass jemand draußen vor seiner Tür stand, »nur ein paar Meter entfernt«. Sundance öffnete die Tür. Der Mittdreißiger, der vor ihm stand, habe völlig unvermittelt gesagt: *Ich bin der Kerl, der den ganzen Ärger verursacht hat.* »Das hat er mir einfach so ins Gesicht gesagt!«, erzählte Sundance. Der Mann hatte nicht mitbekommen, was mit seiner weiblichen Begleitung geschehen war; Sundance erzählte ihm, sie sei verhaftet worden. Der Typ sagte, er sei mit hundertzwanzig Meilen pro Stunde bis zu der Brücke gerast und mit achtzig Meilen pro Stunde darüber. Er habe sich zwei Tage lang am Fluss versteckt und behauptete, er sei nicht hungrig, weil er gerade erst einen Fisch mit seinem Messer erlegt und ihn gegessen habe. »Er war absolut aufrichtig, abgesehen von der Sache mit dem Fisch«, sagte Sundance. Hatte er beim Anblick eines Flüchtigen an seiner Tür nicht die geringste Angst verspürt?, fragte ich. Ein Flüchtiger, der zugab, ein Messer bei sich zu haben?

Sundance sagte, das Einzige, was ihm wirklich Sorgen bereitet hätte, wäre, wenn der Mann eine Schusswaffe getragen hätte, was er aber ausschloss – durch seine Arbeit im Spirituosengeschäft hatte er gelernt, einzuschätzen, ob jemand eine Pistole trug oder nicht.

Die Spaghetti waren beinahe fertig, und so bot Sundance dem Kerl einen Eimer zum Sitzen und einen Teller Nudeln an. Dieser setzte sich, schlang das Essen hinunter und fragte dann, ob Sundance ihn im Auto mitnehmen könne. Sundance erzählte, sein Auto funktioniere nicht zuverlässig. Daraufhin fragte der Kerl, ob er sich Sundance' Handy ausleihen könne, um einen Freund um eine Mitfahrgelegenheit zu bitten. Das tat er, und nach einer Weile rief der Freund zurück und sagte, er könne nicht herausfinden, wo sich Sundance befand. Indes kam ein Nachbar auf einen Freundschaftsbesuch vorbei. Er bot dem Mann an, ihn zum Colorado Aggregate mitzunehmen, einem leicht auffindbaren Orientierungspunkt an der Biegung von Highway 142. Als sie weg waren, rief Sundance bei der Polizei in Alamosa an. Drei Tage später wurde der Mann in Denver gefasst.

Als sie miteinander plauderten, so Sundance, habe der Mann angedeutet, später einmal in die Gegend zurückzukommen, um etwas zu holen, das er versteckt hätte. Sundance war der Überzeugung, er habe damit Meth gemeint, und gab zu, dass er auf der Suche nach Anzeichen eines Verstecks den Fluss abgelaufen sei. Interessanterweise starteten die Grubers, die überhaupt keinen Kontakt zu dem Mann gehabt hatten, unabhängig davon eine Suche nach potenziellen Hinterlassenschaften – an der Stelle, an der das Auto ins Schleudern geraten war. Stacy erzählt mir, dass sie und Frank die Gegend am nächsten Tag mit einem Metalldetektor abgesucht hätten. Sie fanden ein paar Inbusschlüssel und eine kleine Digitalwaage, der Art, die sich zum Abwiegen von Drogen eignet.

Manchmal fühlte sich das Leben in der Prärie an, als würde man Scheuklappen abnehmen. Ich hörte, dass ein Paar, beide in ihren Siebzigern, eines der wenigen Holzhäuser in der Gegend herrichteten, ein bescheidenes Heim, das jahrelang leer gestanden hatte. Don und Sherry Bosdell waren aus Oregon zugezogen, wo sie Ken Hershey begegnet waren. Ken besaß mindestens drei Grundstücke, darunter das in der Straße von Paul, dessen Bewohner Paul in regelmäßigen Abständen in den Wahnsinn trieben. Paul zufolge verpachtete Ken seit jeher an buchstäblich jeden, ohne Rücksicht auf den Schutz der Gemeinschaft. Ein Musterbeispiel dafür war Phillip Quinn aus Alabama, dessen Müll auf Pauls Grundstück flog und der schließlich wegen sexuellen Missbrauchs an einer jungen Frau mit Behinderung, die bei ihm lebte, verurteilt wurde. Die Nächsten, ein Paar aus Missouri, sperrten ihre Wolfshunde in winzige Gehege, die, für Pauls Dafürhalten, wenig Schutz vor Sonne und Wind boten.

Don und Sherry schienen da anders zu sein. Sie wirkten bescheiden, höflich, zurückhaltend. Zum ersten Mal begegnete ich Ken bei Troy; als er mitbekam, dass ich für La Puente arbeitete, schlug er mir vor, die beiden zu besuchen, mich bei ihnen vorzustellen. Zu Beginn mochte ich Ken, einen schnurrbärtigen Mann Ende sechzig, der intelligent, offen und gewitzt war. Er hatte an der von Loretta Mitson angebotenen Führung über die Geschichte der *Flats* teilgenommen, bei der er ganz nebenbei die Idee aufgeworfen hatte, eine Art Eigentümerverband zu gründen, um gegen die zerstörerische Landnutzung großer Milchviehbetriebe vorzugehen. Ich bezweifelte, dass er in einer Region voller bettelarmer, zum Libertarismus neigender Querdenker Erfolg damit hätte, und das hatte er auch nicht. Doch abgesehen davon, dass es nicht der Lebensart der Menschen hier entsprach, hielt ich es für eine kluge Idee.

(Als ich Ken kennenlernte, spielte ich mit ein paar Blue-Heeler-Welpen, auch unter dem Namen Australian Cattle Dogs bekannt, die eine von Troys Hündinnen vor Kurzem geworfen hatte. Ken fragte Troy, wie viel er für sie verlangte, zahlte ihm fünfundzwanzig Dollar und zog mit einem Welpen unter dem Arm von dannen.)

Ken war gerade zufälligerweise bei den Bosdells, als ich bei ihnen vorbeischaute. Ein Generator brummte, und überall war Elektrowerkzeug verstreut – Don, zweiundsiebzig Jahre alt, ein schielendes Auge, richtete das Haus her. Es gab jede Menge zu tun. Ich fühlte mit ihm. Er sanierte Wände, Böden und Decken. Die Küche sollte eine kleine Kochinsel bekommen. Er hatte gerade erst das Schlafzimmerfenster und die Haustür repariert. Anstelle von regulärer Dampfsperrfolie wurde ein Teil der Decke mit Aluminiumfolie versiegelt. Ein schlecht isolierter Hauswirtschaftsraum war abgedichtet worden und sollte bald schon das Zuhause zahlreicher Küken sein. Das Grundgerüst des Hauses sei gut, sagte er zu mir – es war daraufhin konstruiert worden, starkem Wind standzuhalten.

Er machte draußen eine Pause, und Sherry servierte uns allen Softdrinks. Sie hätten Ken in einer Kirchengruppe in Oregon kennengelernt, erzählten sie. Don hatte viele Jobs gehabt, unter anderem in einem Indianerreservat. Er und Sherry hatten vor Kurzem geheiratet und suchten nun einen neuen Lebensmittelpunkt. Ken bot ihnen ein Mietverhältnis auf Lebenszeit, wenn sie das Haus wieder in Schuss brachten. Don sagte sogar, er könne sich vorstellen, eine neue Gemeinde in der alten Steinkirche der Baptisten in Mesita zu gründen. »Kostet nur vierzig Dollar Miete«, sagte er. Wo wir gerade von der Kirche sprachen, fragte ich Don, ob einer der kirchlichen Arbeitskreise, die La Puente im Sommer besuchten, ihm und Sherry vielleicht behilflich sein könnte, und er bejahte. Ich bot ihnen auch an, ihnen bei der Antragstellung für Zuschüsse für Energie- und Sanierungskosten für Hausbesitzer mit geringem Einkommen zu helfen, was sie dankend annahmen.

Ein oder zwei Monate später kam Matt mit dem Arbeitskreis vorbei. Die Küken waren inzwischen zu Hühnern herangewachsen.

Das Grundstück war größtenteils mit Stacheldraht umzäunt, und am Eingangstor stand ein Fahnenmast. Am Ende des Masts war eine Flagge der Vereinigten Staaten überlagert vom Konterfei Donald J. Trumps sowie den Worten »Make America Great Again«.

Bei den Ehrenamtlichen der Kirche handelte es sich überwiegend um Erwachsene aus New Mexico. Zum damaligen Zeitpunkt war Trump seit über einem Jahr Präsident, doch viele Menschen hatten sich noch immer nicht damit abgefunden. Eine Frau kam zielstrebig auf mich zu und fragte: »Was hat's mit der Trump-Flagge auf sich?« Ich erwiderte, da müsse sie sich bei den Hausbesitzern erkundigen, woraufhin sie Sherry fragte.

»Es war die günstigste Flagge bei Walmart!«, sagte Sherry zu ihrer Verteidigung. Doch dann schaltete sich Don ein und sagte, Amerika ginge es besser seit der Wahl Trumps, und dass sich nach Obama etwas hatte ändern müssen. Die ehrenamtliche Helferin stellte das infrage. »Meinen Sie damit die gesetzliche Krankenversicherung?«

Während die Ehrenamtlichen einen Pferdeanhänger mit Werkzeugen und Bauutensilien entluden, den Don aus Oregon hergebracht hatte, Zaunmaterial und Holzpaletten für ein künftiges Hühnergehege schleppten und hinter dem Haus einen großen Müllberg auftürmten, wandte sich mein Gespräch mit Don und Sherry dem Thema Hunde zu. Vor allem wandte es sich Stormy zu, der Hündin der Grubers, die trächtig war, womöglich von Jacks Großem Pyrenäenberghund oder von Warrior, dem weit kleineren Hund der Bosdells. (Die meisten Hunde streunten frei über die Prärie; nur wenige waren angebunden.) Don und Sherry waren ziemlich sicher, dass Warrior der Hundevater war: »Früher nannten wir sie ›Mrs Warrior‹, weil sie so oft hier war«, sagte Sherry. Wie mir bekannt war, hofften die Grubers, dass Jacks Großer Pyrenäenberghund der Vater sei, da die stattlichen weißen Hunde in der Prärie sehr begehrt waren, aber das behielt ich für mich; die Zukunft würde es zeigen, und ich versprach, sie auf dem Laufenden zu halten.

Als ich wieder einmal bei den beiden hereinschaute, war Don nicht zu Hause, aber Sherry bat mich herein. Ich erzählte ihr, dass sich Jacks Pyrenäenberghund nicht als Vater der Welpen entpuppt hatte und ergo Warrior der Vater war. Sie sagte, Troys Frau Grace sei kürzlich für eine Bibelstunde bei ihnen gewesen – ob ich interessiert daran sei, ebenfalls teilzunehmen? Ich gestand, nicht sonderlich religiös zu sein. Wir redeten über ihre Familie in Arizona und kamen kurz auf ihren Mann zu sprechen. Ich bewunderte seine Tüchtigkeit. Sherry sorgte sich um sein Sehvermögen und sein Herz. Sie sagte, sie sei seine sechste Ehefrau, was mich überraschte. Dann fuhr sie fort: »Er hat zehn Kinder, von denen kein einziges mit ihm spricht. Was halten Sie davon?« Ich fragte sie, was wohl der Grund dafür sein könnte, und sie sagte, sie wisse es nicht, wobei sie vermute, dass die Pause zwischen Ehefrau Nr. 4 und Ehefrau Nr. 5 vielleicht zu kurz gewesen sei. Ich erwiderte, dazu könne ich wirklich nichts sagen, dachte aber bei mir: *Das ist ein Warnzeichen.*

Don begann, in der kleinen Kirche in Mesita zu predigen. Grace nahm an den ersten Gottesdiensten teil und saß gemeinsam mit Ken im Rat der neuen Gemeinde. Dann, an einem Freitag, kurz vor seiner Predigt, wurde Don aufgrund eines Haftbefehls aus South Dakota festgenommen. Das Büro des Sheriffs postete ein Fahndungsfoto von ihm auf seiner Facebook-Seite, überlagert von dem Wort »gefasst«. In dem Post stand: »Boswell [sic!] wurde aufgrund sexuellen Kindesmissbrauchs per Haftbefehl aus South Dakota gesucht. Boswell wurde in Mesita, Colorado, aufgespürt und ohne weitere Zwischenfälle verhaftet. Vor Ort liegt keine Anklage gegen ihn vor. Bis zu seiner Auslieferung bleibt er in Polizeigewahrsam.«

Zahlreiche Kommentatoren forderten seinen Kopf – Sexualstraftäter werden von allen gleichermaßen gehasst. Einer schrieb, dass »er sich in der Kirche Mesitas als Pastor ausgab«. Andere wetterten gegen die Prärie insgesamt: »Gut gemacht, Costilla County, draußen in der Prärie sind noch viel mehr von denen«, und: »Ein paar dieser widerlichen illegalen Siedler kommen wahrscheinlich her, weil Dreckskerle wie dieser widerliche alte Scheißkerl, der Kindern wehtut, und Gott weiß, was so jemand noch getan hat, und dann kommen sie her, um sich unters Volk zu mischen, kaum zu fassen.« Darauf erwiderte wieder ein anderer: »Ich bin zwar kein illegaler Siedler, habe mich aber hier niedergelassen, und mir ist aufgefallen, dass ganz schön viele Leute hier auf der Flucht vor dem Gesetz sind.« Das war zweifellos richtig: Viele Menschen in der Prärie versuchten ganz offensichtlich, Haftbefehlen zu entkommen.

Letzten Endes wurde Don nicht ausgeliefert, sondern auf freien Fuß gesetzt. Offenbar war er bereits für den Missbrauch eines sechzehnjährigen Jungen verurteilt worden, und sein gegenwärtiges Vergehen bestand darin, sich in Costilla County nicht als Sexualstraftäter registriert zu haben. Wie dem auch sei, dies war das Ende seiner Zeit als Pastor.

Ein paar Monate später schaute ich wieder einmal bei den Bosdells vorbei – ich fand es nur fair, Don zuzugestehen, für sich selbst zu sprechen. Doch diesmal war das Tor verschlossen. Im Inneren standen Fahrzeuge, die darauf hindeuteten, dass jemand zu Hause war, aber es kam niemand heraus, um mich zu begrüßen. Mir wurde klar, dass die Bedürftigen nicht immer die Guten sind.

Etwas mehr als ein Jahr später, im Juni 2020, durchsuchten die Strafverfolgungsbehörden das Grundstück der Bosdells und beschlagnahmten »mehr als 100 Hunde und Welpen« sowie Hundekadaver. Ken Hershey fand in der Pressemeldung des County keine Erwähnung, doch der ganze Betrieb schien auf seinem Mist gewachsen: Wie die unglückseligen Bewohner seines anderen Grundstücks, das gegenüber von Paul, seit Monaten jedem erzählten, der es hören wollte, war ihr Verpächter in der Vergangenheit bereits mehrfach aufgrund von Tierquälerei mit dem Gesetz in Konflikt geraten, insbesondere aufgrund des Betreibens sogenannter Welpenfarmen. In Oregon lief ein Verfahren gegen ihn wegen der Vernachlässigung von Tieren in zweiunddreißig Fällen, größtenteils Hunde. In Florida war er für den Missbrauch von Tieren angeklagt und dafür, kranke Hunde mit gefälschten Abstammungspapieren zu verkaufen. Sechs Jahre zuvor war er wegen Tierquälerei verurteilt worden, weil er den Schäferhund seiner Nachbarn getötet und in einer Scheune in Kalifornien aufgehängt hatte. Und es gab weitere Klagen in anderen Bundesstaaten, so hatte er beispielsweise sieben Rinder verdursten und Pferde verhungern lassen, die in ihrer Not die Rinde von Bäumen abgenagt hatten.

Costilla County erhob aufgrund von 107 schweren Straftaten und einem geringfügigen Vergehen Klage gegen ihn. Ein Großteil der geretteten Hunde waren Heelers. Genau die Rasse Hund, die Ken Troy abgekauft hatte.

In die unendliche Weite der *Flats* strömten nicht nur Menschen auf der Suche nach Freiheit im guten Sinne, sondern auch solche, die nach der Befreiung von ihren schlechten Taten strebten – oder, schlimmer noch, nach der Möglichkeit, mehr Schlechtes zu tun.

Es war an der Zeit, das Mobile Home auszuräumen. Auf Troys Vorschlag hin heuerte ich Joseph an, den Siebzehnjährigen, der am Wochenende bei ihm und seiner Familie wohnte, da es bergeweise alten Krempel hinauszutragen gab. Obgleich noch vor Corona, trugen wir Einwegmasken, da überall Mäuse gewesen waren.

Als wir uns so durch Terrys unzählige Haufen an Hinterlassenschaften wühlten, dachte ich über die kleinen Nager und die Metapher der Packratte nach. Mein erstes echtes Packrattennest hatte ich im Jahr zuvor im alten Zuhause der Grubers gesehen. Frank hatte es in der Nähe der Feuerstelle gefunden, eine mehrere Meter breite Grube, die mit glänzenden Teilen aus dem Spielzeug der Mädchen gefüllt war – ein Stückchen Lamé von einem Barbie-Kleid, die grell leuchtende Mähne eines My-Little-Pony-Pferdchens. Terry hatte keine Glanzstücke gesammelt, sondern eher potenziell nützliche Dinge, und zwar auf die Weise, die den Generationen derer bekannt ist, die zu einer Zeit aufwuchsen, als Schrauben, Muttern und Bolzen einzeln verkauft wurden und nicht in Plastikpackungen in großen Kaufhäusern. Es gab Dosen und Gläser und Kisten voller Eisenwaren.

Obwohl ich Joseph gebeten hatte, mir dabei zu helfen, alles hinauszutragen, war er immer wieder abgelenkt und sah sich ein bisschen zu angestrengt nach Dingen um, die er gerne für sich behalten wollte – eine Sporttasche aus Vinyl, einen Trekkingrucksack, eine mit Fleece gefütterte Jeansjacke. (Ich sagte zu allem Ja.)

Troy indes war eine große Hilfe, seine Beinprothese hinderte ihn nicht an seiner Arbeit als Umzugshelfer. Wir hievten das abscheuliche Sofa nach draußen und auf einen flachen Anhänger an seinem Pick-up und machten uns dann an den Kühlschrank. Als wir ihn hinausgetragen hatten, hielten wir inne. Umsichtig, wie er war, behandelte Troy ihn wie die Büchse der Pandora und hatte keinerlei Interesse, hineinzuspähen. Leider entschied ich mich für eine andere Herangehensweise. Ich möchte nicht zu sehr ins Detail gehen, aber so viel sei gesagt: Sollten Sie je einen sechs Jahre alten Becher Buttermilch finden, lassen Sie die Finger davon.

Joseph hatte etwa eine halbe Stunde lang keinen Laut von sich gegeben, als er plötzlich einen Schrei ausstieß – ich dachte, er sei auf eine Klapperschlange gestoßen. Ich eilte zum Hauptschlafzimmer, wo er die Matratze anhob – und auf einen Revolver zeigte, der zwischen der Matratze und dem Lattenrost versteckt gewesen war. Es war eine silberne Derringer mit zwei Läufen. »Ich wette, dass die geladen ist«, sagte er, als ich die Waffe aufhob. Ich öffnete sie, und er hatte recht. Wir nahmen sie mit nach draußen, um sie Troy zu zeigen.

Er war überrascht, sagte aber, sie habe definitiv Terry gehört. Er fragte, ob er sie Terrys Tochter in Colorado Springs zurückgeben solle. Ich sagte Okay. Abgesehen davon, dass ich mich

Die Derringer, die wir unter der Matratze fanden.

schwertat, zu entscheiden, ob ich den großen Trailer überhaupt behalten sollte, musste ich mich jetzt auch noch entscheiden, ob ich eine Pistole wollte.

Wir sortierten Unmengen an Kram und schleppten ihn fort: entflammbare Materialien wie Kleidung zu meiner Feuerstelle; Gegenstände von Kentucky-Deluxe-Whiskey-Flaschen bis hin zu uralten Toilettenartikeln zu Troys großer Feuergrube in einem Kartoffelkeller. Eine Stelle in Alamosa bezahlte ich für das Recycling des Kühlschranks, und ich spendete ein paar Sachen an Rainbow's End, das Secondhandkaufhaus von La Puente. Ich gab Troy ein Album mit Schwarz-Weiß-Fotos von Terrys Familie – das er mit der Pistole zurückgeben wollte – und schenkte Joseph eine alte Polaroidkamera mit Blitzlicht, die er ausgegraben hatte und gerne behalten wollte. Ich dankte den beiden und rätselte dann alleine darüber nach, was ich mit ein paar besonderen Relikten tun sollte, die ich nicht einfach wegwerfen konnte, weil sie ganz offensichtlich in eine Terry-Zeitkapsel gehörten.

Dazu zählten Terrys Zahnprothesen, die in ihrer Dose auf der Dunstabzugshaube des Herds standen; eine Western-Airlines-Ticket-Mappe aus dem Jahr 1974 (für einen Hin- und Rückflug von Denver nach Phoenix); eine Benachrichtigung vom Büro des Sheriffs von Jefferson County von 2012 (»Hilfssheriff hat versucht, Sie zu kontaktieren«); ein paar Bögen von S&H Green Stamps; ein paar Zielscheiben für Schießübungen, darunter eine in Form eines Angreifers, der einer Frau ein Messer an den Hals hält; ein Taschenbuch von 1966 mit dem Titel *Saucers – Serious Business*; Autoaufkleber mit der Aufschrift »You're a Great Cure for Happiness« und »Steal Here Die Here« sowie Visitenkarten und Rechnungen von Terrys Teppichservice.

Der Kalender von 2013, das Jahr, in dem Terry eingezogen war, bestand aus Fotos von Oldtimern vor protzigen Villen und leicht bekleideten Frauen. An mehreren Tagen waren Anmerkungen eingetragen, die, wie ich feststellte, keine To-dos waren, sondern vielmehr bewältigte Ziele. Im April 2013 stand da beispielsweise: »Große Heizung installiert. Propanheizung aus Wohnz. entfernt, ein bisschen Holz geschnitten, den ganzen Tag Feuerholz gemacht, Wasser geschleppt, beim Bewährungshelfer gewesen und Essen eingekauft. Farbe und VHS-Kassetten abgeholt. Mich bereit gemacht, das dreckige Geschirr zu spülen.« (Dieses Geschirr! Anstatt das schmutzige Geschirr von 2014 abzuspülen, das noch immer in der Spüle stand, steckte ich es kurzerhand in eine Mülltüte.)

Hinter dem Kalender von 2013 hing etwas, das mir zunächst Rätsel aufgab: ein Kalender von einem Eisenwarengeschäft aus dem Jahr 2002. Ratlos fragte ich Troy danach, als er mich besuchte. Er gluckste. »Terry war der größte Geizkragen der Welt«, sagte er. »Er wusste, dass sich Kalender irgendwann wiederholen, und hob ihn auf, damit er sich keinen neuen kaufen musste.« So viel hatte ich in etwa verstanden: Kalender vollziehen sich zyklisch, und alle paar Jahre fällt das gleiche Datum auf den gleichen Tag. »Du meinst also, Terry hat seinen Kalender von 2002 elf Jahre lang aufbewahrt?« Genau das vermutete Troy. Als wir ihn näher betrachteten, sahen wir, dass am 1. März 2002 eine Markierung angebracht war: »2013«. »Wahrscheinlich hat ihm jemand mitten im Jahr den Kalender mit den Autos geschenkt«, sagte Troy mit Blick auf den neuen Kalender. »Aber er wollte den alten trotzdem nicht wegwerfen.«

Ich saß auf einem Plastikstuhl in der untergehenden Sonne und ließ den Trailer auf mich wirken. Im Großen und Ganzen roch er angenehm – irgendwie holzig. Terry war zwar Raucher gewesen, aber nachdem all die Kleidung, die Polstermöbel und der Teppich weg waren, war der Geruch kaum noch wahrnehmbar.

Ich hatte den Verdacht, dass Terrys Leben nicht sonderlich glücklich gewesen war. Als er hier auf das Grundstück gezogen war, hatte er bereits die sechzig erreicht, etwa mein Alter, wirkte aber aufgrund seines Alkoholkonsums, des Rauchens und der sein Leben prägenden, körperlich harten Arbeit sicherlich älter. Troy sagte, Terry habe es nicht vermocht, den Brunnen flottzumachen, und dass er seine Lichter oft ausgeschaltet gelassen habe, um den überalterten Akkus so viel Strom wie möglich abzutrotzen – seine oberste Priorität bestand darin, den Fernseher mit Strom zu versorgen. Auf seinem ersten Grundstück in den *Flats*, zwei Straßen weiter, hatte er ein kleines Haus und einen Schuppen gebaut, und sein handwerkliches Geschick hatte die Aufmerksamkeit der Wilkinsons geweckt, das Paar, das das Mobile Home hergebracht und einen Großteil aller Optimierungsmaßnahmen vorgenommen hatte. Sie hatten ihn zur Unterstützung bei ein paar ihrer Projekte angeheuert, und später verkauften sie ihm, wie bereits erwähnt, ihr Grundstück. Doch wie es aussah, war er, als er hier einzog, am Ende seiner Kräfte. Er nahm nur noch wenige Verbesserungen vor und schien sich hauptsächlich auf einen ruhigen Lebensabend zurückzuziehen. Ich stellte mir vor, wie die Zeit langsam verrann, so wie dann, wenn man nichts zu tun hat.

Sollte ich den Trailer nun besser abfackeln, wie Tie Rod Tony vorgeschlagen hatte, oder ihn wieder herrichten? Er hatte nichts von der Ästhetik eines Airstreams, war nichts, das man überholen und dadurch aufwerten kann. Vielmehr war er wie all der andere Krimskrams, den ich aussortiert hatte, eine Billigversion. Ich könnte ihn entsorgen, doch wollte ich wirklich einen neuen Trailer auf dem Grundstück, der Einbrecher anlocken würde und dessen Kunststoffarmaturen meinen Wohnbereich mit ihren Dämpfen verpesten würden?

Das Gute an diesem Trailer: Der Kunststoffgestank war fast gänzlich verflogen. Die Fenster und Türen sowie die grässliche grüne Badewanne zu ersetzen wäre keine große Sache. Ich hatte bereits ein paar Einheimische mit handwerklichem Geschick im Sinn, die mir helfen könnten, und, sollten sie keine Zeit haben, waren da auch noch die Baumeister der Amischen, die, wie alle sagten, solide Arbeit verrichteten. Und aus irgendeinem Grund war es mir immer schon lieber gewesen, zu renovieren, anstatt von Grund auf neu zu bauen.

Von meinem Stuhl im Wohnzimmer konnte ich sehen, dass sich ein außergewöhnlich dramatischer Sonnenuntergang anbahnte. (Zwei meiner Nachbarn sollten Fotos davon auf Facebook posten.) Um diese Tageszeit sah das Valley am schönsten aus, am meisten so, als wäre es ein Gemälde, am wenigsten, als hätten Menschen je auch nur einen Fuß hineingesetzt.

Ich dachte an den Schriftsteller Barry Lopez, einer meiner frühen Helden, den ich einmal in Idaho getroffen hatte. Er war stark durch die Natur geprägt, vor allem von der der Arktis, und rühmte die Schönheit und Gewalt von Naturlandschaften. Ich liebte diesen Ort und wie ich mich an ihm fühlte. Doch ich war mir nicht sicher, ob seine Schönheit tatsächlich das Gute im Menschen, unser besseres Selbst, hervorbringt, wie Lopez nahelegt. In der arktischen Welt des Barry Lopez existierten keine alkoholabhängigen, ausgebrannten Teppichverleger, die ihre letzten Lebenswochen versoffen; es gab dort überhaupt nur wenige Menschen. Kommen Menschen hinzu, verändert sich alles. Eine Freundin von mir, die nach ihrem Abschluss in Stanford als Kellnerin in Aspen arbeitete, haderte sehr mit dem Raubbau an der herrlichen Natur und der Gentrifizierung des unkonventionellen alten Bergorts, die sie um sich herum wahrnahm. Womöglich zitierte sie eine ihrer Freundinnen, als sie eines ihrer Mantras mit mir teilte: »Das Problem am Paradies«, sagte sie, »ist, dass man sich selbst mitbringt.«

6
Liebe und Mord

Du Mistkerl hast mich dazu gebracht,
mich in dich zu verlieben.
       Zahra Dilley zu ihrem künftigen Ehemann,
              einem Weißen
Ich bin Jüdin, er ist aus Colorado.
       Meine Frau beschreibt uns gegenüber Freunden

Die Windturbine war umgeweht worden und lag zertrümmert am Boden. Troy nahm an, es sei drei Monate zuvor im Dezember geschehen, an einem Tag mit Orkanböen von über siebzig Meilen pro Stunde. Aufgrund der zusätzlichen Höhe, die ich ihr hinzugefügt hatte, hätte sie offensichtlich stärker befestigt werden müssen. Es war der Frühling 2020, ein Jahr nachdem ich das Land gekauft hatte. Ich lief über den nach wie vor verschneiten Boden unterhalb der Turbine und sammelte die Scherben der Kohlefaserflügel ein, die beim Aufschlag zerbrochen waren. »Ich werde wiederkommen«, raunte ich dem Wind zu, aber nicht so laut, als dass er es gehört hätte.

Es gab einiges in der Nachbarschaft und bei La Puente aufzuholen. Matt Little war eine Beziehung mit einer Frau aus Blanca eingegangen, Willow. Kurz darauf hatten die beiden einen gebrauchten Trailer draußen in den *Flats* gekauft und waren dort mit Willows vorpubertärer Tochter und eine Zeit lang mit Matts Sohn Joshua eingezogen. Auf dem Grundstück war zwar viel zu tun, es gab dort jedoch einen Brunnen, was ein enormer Vorteil war. Im Laufe zahlreicher Fahrten zogen sie alle Tiere von Matt um. Seine Wolfshunde lebten jetzt hauptsächlich draußen, da das

Innere des Trailers den beiden Zwergspitzen von Willow vorbehalten war. Ich freute mich sehr für ihn.

Dann kollidierte Matt auf dem Weg in die Stadt in seinem Pick-up auf den Schotterpisten der *Flats* mit einem Elch. Der Truck fuhr daraufhin in einen Mast und erlitt einen Totalschaden. Der Elch wurde bei dem Unfall getötet. Matt brach sich den Oberschenkelknochen.

Paul ging es sehr viel besser. Die wöchentlichen Therapiesitzungen halfen, seine Ängste zu mildern, und sein psychischer Zustand war stabil. Auf Facebook fragte er seine Freunde, was sie von den Farben hielten, in denen er seine Zimmer streichen wollte. Er postete Fotos von Mahlzeiten, die er gekocht hatte. Er lud Freunde zum Essen ein.

Im Juni nahm er mich auf einen seiner täglichen Spaziergänge mit seinen Hunden mit. Unsere Route führte uns an einem Haus an einer Ecke vorbei, an der ich schon oft vorübergefahren war. Es wirkte heruntergekommen, doch von der Straße aus konnte man nicht wirklich viel erkennen; Paul führte mich an die andere Seite des Hauses, wo ich sah, dass es ziemlich raffiniert war: Größtenteils befand es sich unter der Erde, doch ein Raum, der sich über zwei Stockwerke erstreckte, ließ Sonne durch große Fenster hinein. Wir traten ein; das Haus stand leer, war früher aber zweifellos gemütlich gewesen. Eine Treppe führte auf eine ebenerdige Galerie. »Zahra hat hier ein paar Monate lang mit ihren Kindern gelebt«, erzählte er mir. Ich kannte den Namen und wusste, dass sie eine von Pauls Facebook-Freunden war, doch die Einzelheiten ihrer Geschichte waren mir nicht bekannt.

»Das Foto von ihr kennst du aber schon?« Da fiel es mir wieder ein: Das PDF, das mir meine Schwester von ihrem Besuch bei La Puente vor mehr als drei Jahren hatte zukommen lassen, enthielt auch das Bild einer Afroamerikanerin, die mit mehreren kleinen Kindern an einem Tisch stand. »Das war Zahra, und zwar hier«, sagte Paul. Später beim Dinner, es gab Spaghetti mit Hackbällchen, Salat und Knoblauchbrot (ich hatte einen Kuchen beigesteuert), erzählte er mir mehr.

Zahra Dilley war 2014 aus der Gegend von Chicago ins Valley gezogen. Paul fiel sie auf, als sie in La Jara tankte. »Ich sah dieses Auto, vollgestopft mit Kindern und das ganze Gepäck auf dem Dach festgezurrt, und dachte: *Die ist auf dem Weg in die* Flats.« Er hatte recht. Ihre Zeit in der Prärie sollte nur wenige Monate dauern und war turbulent. Paul schilderte mir die Geschichte in groben Zügen und setzte mich dann mit Zahra in Verbindung, sodass ich ihr meine Fragen selbst stellen konnte.

Sie traf sich mit mir an einem Wochenendmorgen im Juni im graswachsenen Cole Park in Alamosa, der am Ufer des Rio Grande gelegen und von Pappeln gesäumt ist. Zahra war siebenunddreißig Jahre alt, lebhaft und fröhlich und trug Jeans und Schnürstiefel, Creolen in den Ohren und einen orangefarbenen Schal im Haar. Wir saßen an einem Picknicktisch – ich hatte uns beiden Iced Coffee mitgebracht –, an dem sie mir im Laufe der nächsten zwei Stunden ihre abenteuerliche amerikanische Lebensgeschichte erzählte.

Zahra Dilley, oder Ankhzahra Soshotep, wie sie sich damals nannte, hatte Michigan City, Indiana, mit ihren sechs Kindern in einem Mietwagen verlassen und war drei Tage bevor Paul sie sah in Richtung Westen gefahren. Sie war noch nie außerhalb der Großstadt gewesen, und als sie spätnachts durch das kleine Nest Eads, Colorado, fuhr, kurz bevor sie das San Luis Valley erreichte, geriet sie völlig aus der Fassung.

»Ich hatte gerade die Grenze nach Colorado in eine andere Zeitzone überquert und denke mir: ›Was ist das denn?‹ Es war das erste Mal, dass ich Sterne aus der Nähe sah. Ich dachte, es wären Bäume mit Lichtern dran. Ich fuhr an den Straßenrand und sah, dass es tatsächlich Sterne waren, aber wir waren so nah dran, dass es aussah, als würden sie sich bewegen. Und ich so: ›Aber das können keine Bäume sein. Sie bewegen sich.‹« Sie rief Leroy an, der Mitglied einer Gruppe afrikanischer Nationalisten und als Wegbereiter ins Valley gezogen war und sie beherbergte. »Ich fragte ihn, und er sagte: ›Nein, das sind Sterne.‹ Weil ich aus Chicago komme, hatte ich bisher nur diesen einen Sternenhimmel gesehen. Mein ganzes Leben lang. Ich hatte keine Ahnung, dass die Welt so verdammt schön sein kann.«

Zahra strebte nach einem neuen, ihren Idealen entsprechenden Leben. Sie betrachtete sich selbst als Panafrikanerin – »Ich kämpfe für die Befreiung des Schwarzen Amerika«. Als Schulmädchen auf der South Side Chicagos sei sie mit der Vorstellung großgeworden, dass die Geschichte ihrer Leute mit deren Versklavung begann. Als sie eines Tages hörte, wie ihr Vorgesetzter im Clarion Inn in Michigan City, Indiana, ein Weißer, über die Geschichte der afrikanischen Menschen vor ihrer Versklavung durch Europa und Nordamerika sprach, öffnete ihr das die Augen. Und: »Ich wurde wütend. Weil, also, das war Wissen, das man mir hätte früher vermitteln sollen. Vor mir steht ein Weißer, der mehr über meine Geschichte und meine Kultur weiß als ich. Das ist nicht richtig. Darum war ich wütend. Ich war auf die Regierung wütend und dachte bei mir, das sind Sachen, die ihr absichtlich vor uns verbergt. Warum lernt er diese Dinge an seiner Schule, in seinem Viertel, aber auf unserem Lehrplan steht nichts davon? Uns wird beigebracht, dass wir von vornherein Sklaven waren. In diesem Glauben sind wir aufgewachsen.«

Gefehlt habe ihr, sagte Zahra, die Information, »dass wir früher Könige und Königinnen waren. Wir hatten unser eigenes Land. Wir lebten selbstständig, dann kam die Sklaverei ins Spiel. Also ja, ich war sehr wütend. Und dann machte ich bei diesen Gruppen mit und hörte mir an, was sie zu sagen haben. Und jetzt ist es so, als verwandle sich meine Wut in Hass. Jetzt mag ich noch nicht einmal mehr euren Geruch«, sagte sie zu mir und meinte damit den Geruch weißer Menschen.

Bei ihrer Entdeckungsreise in ihre Vergangenheit war Zahra auf den Kemetismus gestoßen, eine religiöse Praxis, die auf dem ägyptischen Polytheismus beruht. Ein paar ihrer Bekannten waren Teil einer Gruppe, die die Wurzeln Schwarzer Amerikaner in Ägypten verortete.

»Mir war aufgefallen, dass viele Leute, die ich kennenlernte, entweder kemetische oder muslimische Namen hatten«, sagte Zahra. »Weil in einer anderen Gruppe, der ich beitreten wollte, mein Name Kamaliyah Shakur gewesen wäre.« (Shakur ist einer der neunundneunzig Namens Allahs im Islam.) »So erfuhr ich, dass selbst die politisierten Schwarzen Communitys, dass auch sie ihre Meinungsverschiedenheiten haben, darüber, woher wir ursprünglich stammen. Denn genau darum geht es bei dieser Art Meinungsverschiedenheiten. Waren wir Muslime oder Heiden, oder waren wir Ägypter, die die Heiden *gefangen nahmen* und diese versklavten?«

Nachdem sie sich der Gruppe angeschlossen hatte, die Ägypten zu ihrem Ursprungsland erklärte, hatte Zahra eine Offenbarung, die sie dazu veranlasste, ihren neuen Namen Ankhzahra Soshotep anzunehmen. Die Wiederentdeckung ihrer Schwarzen Identität bedeutete, neue Namen und Wörter in Anspruch zu nehmen und führte bald zu der Idee, eine neue Gemeinde ins Leben zu rufen. Ein paar der Mitglieder ihrer Gruppe waren vom Konzept der Earthships begeistert und wussten um das günstige Land im San Luis Valley. Mit dem Fernziel, einen souveränen Staat zu gründen, begannen sie sich dort anzusiedeln.

Zahra schloss sich ihnen an; in dem Moment, in dem sich die meisten zur Ruhe setzen, wollte sie mit ihrem alten Leben und ihren alten Denkweisen brechen und etwas Neues beginnen. Leroy, der Mitglied der Gruppe war, baute ein Haus und sah sich nach neuen Siedlern um. Er hieß Zahra und ihre Familie unter der Bedingung willkommen, dass sie ihm halfen, Fuß zu fassen, und irgendwann ihr eigenes Zuhause bauen und weitere Siedler unterstützen würden.

»Meine sechs Kinder und ich gehörten also zu den Ersten, die herkamen. Jupp. Meine Jüngste war gerade einmal zwei.« Ihr Ältester Damian, inzwischen zwanzig, war damals fünfzehn Jahre alt. Zahra war nicht nur auf der Suche nach einer neuen Umgebung, sie wollte auch eine saubere Trennung von ihrem Ex-Mann, der sie, wie sie mir erzählte, misshandelt hatte. Jahrelang waren sie zusammen und dann wieder voneinander getrennt gewesen; er habe sie verprügelt, sie zitternd und mit Blutergüssen übersät zurückgelassen, sagte sie, und ihre Kinder in Angst und Schrecken versetzt.

Es war November, als Zahra im Valley eintraf. Ihr Mietwagen musste zurückgebracht werden, wobei Leroy ihr half, von dem sie danach in puncto Transportmittel komplett abhängig war. Sein Haus, drei Straßen von Pauls entfernt, war in einem weit schlechteren Zustand, als die Anzeige sie glauben gemacht hatte: Obgleich Leroy Zahra erzählt hatte, dass das Haus fertig sei, traf dies nicht zu.

»Es ist wie eine vierzehn auf sechzehn Meter große Sperrholzkiste. Die Hälfte des Bodens ist nicht fertig. Es hat kein Dach. Es gibt noch nicht einmal einen Holzofen.« An der Unterseite einer Tür war ein großes Loch, »in das wir eine Decke stopfen mussten, damit nachts keine Kojoten hereinkamen«. Leroy versprach, dass die Hütte mit der Unterstützung von Zahra und ihren Kindern bald schon fertig sein würde, und Zahra versuchte, positiv zu bleiben, »weil es für einen höheren Zweck war, ein höheres Wohl. Es sollte etwas Gutes dabei entstehen.«

Doch dann wurde Leroy abgelenkt. Seine Freundin kam ins Valley; sie holte ihn in ihrem Auto ab, und sie verbrachten eine Zeit lang in einem Motel. »Natürlich wollte er Zeit mit seinem Schatz verbringen. Das verstand ich – Sie wissen schon, wenn man hier draußen ist und ganz ausgehungert nach Sex. Aber wir hatten noch immer kein Dach überm Kopf. Oh, mein Gott. Also, da fing es an zu regnen. Alles wurde klatschnass. Mein Ältester und ich versuchen also, auf das Auto zu klettern, um Sperrholzbretter oben auf das Haus zu legen und den Regen abzuhalten. Aber als wir alles so einigermaßen hinbekommen hatten, waren all unsere Decken klatschnass, all unsere Kleider klatschnass. Wir waren klatschnass, der Boden war klatschnass. Als Leroy kam, um nach uns zu sehen, war das Haus schon ziemlich überflutet.«

Dann »kommt seine Freundin, und wir wohnen alle in dieser winzigen Schuhschachtel. Alle sechs Kinder, ich, sie und er. Und es ist eiskalt. Das war das erste Mal, dass ich ein Thanksgiving-Dinner auf dem Kofferraum eines Autos zubereitet habe.« Zahra lachte. »Ich lernte, wie man eine Propanflasche mit einem Grill obendrauf benutzt. Und dann habe ich versucht, am windigsten Tag ein Thanksgiving-Essen für meine Kinder zu machen. Aber ich habe Bratensauce hinbekommen, ich habe Füllung gemacht, ich habe ein paar Dosen Gemüse gefunden. Es war nicht wie sonst, aber ich glaube, meine Kinder wussten es zu schätzen, weil ich versuchte, ein bisschen Normalität in die Situation zu bringen.«

Zerrissen zwischen ihrer Wut auf Leroy und dem Drängen der Gruppe, dass »wir uns unseren Männern unterordnen«, hielt Zahra es zwei Wochen länger aus, bis Dezember. Dann verkündete Leroy das Eintreffen einer weiteren Frau und ihres Sohnes. »Und da hat es bei mir klick gemacht. Ich sage: ›Wenn du Pionierfamilien suchst, die mit dem Bauen anfangen, warum bringst du dann keine Männer her? Warum sind es nur Frauen oder Frauen mit Kindern? So langsam denke ich, du bist Polygamist und dass es deine Masche ist, uns herzulocken, isoliert, ohne Bleibe und so, dass wir nur dich haben.«

Ihre Widerborstigkeit machte Leroy wütend. »Er sagte: ›Mit deinen Aggressionen und deiner Attitüde will ich nichts zu tun haben. Pack deinen Kram und verschwinde.« Als er ging, um etwas in San Luis zu erledigen, sagte er zu ihr: »Wenn ich zurückkomme, bist du weg.«

Zarah beschloss, nach Manassa zu laufen, dem nächsten Ort mit einem Telefon. Es lag etwa zwanzig Meilen entfernt, doch das wusste sie nicht, weil er »immer der gewesen ist, der fuhr«. Da sie den Weg nicht kannte, begann sie, ihre Route auf der staubigen Straße mit »Z« zu markieren, »damit die Menschen wussten, Zahra war hier« – und damit sie, falls nötig, zurückfinden würde.

Doch dann sah sie ein Haus, dessen Bewohner ihr bekannt vorkam. Es war Little Jon, der Freund von Sundance. Er war kurz nach ihrer Ankunft bei ihnen vorbeigekommen und hatte ihr zum Einzug eine Schüssel Brownies gebracht. »Als ich zu seinem Haus kam, war ich in Tränen aufgelöst. Ich brach zusammen, weil ich nicht mehr weiter wusste. Ich dachte so, ich hab's echt verkackt. Das war alles, was ich noch denken konnte. *Ich hab's verkackt, ich hab's verkackt.* Ich kann nicht fassen, dass ich meine Kinder schon wieder in so eine Situation gebracht habe, und hab keine Ahnung, was falsch mit mir ist. Ich treffe einfach ständig schlechte Entscheidungen, die mich runterziehen. Er fragt mich also, was ist passiert, und ich habe es ihm erzählt.« Little Jon hatte auch kein Auto, aber er bat sie zu sich herein. Und als sie sich unterhielten, kamen Paul und seine Nachbarin Tamera, einem Weihnachtswunder gleich, mit einem Pappteller voll Plätzchen für Jon hereingeschneit.

(An dieser Stelle überschnitt sich meine eigene Präriegeschichte endlich mit der von Zahra: Auch mir hatte Paul an Weihnachten in den beiden Jahren davor so einen Pappteller mit Plätzchen gebracht.)

Bei der Erinnerung daran lachte Zahra. »Und da kam Paul in das Haus, und er so: ›Was zur Hölle? Du bist doch das Schwarze Mädchen, das mit dem ganzen Kram auf dem Autodach herkam, oder!‹ Und ich darauf: ›Ja, Sir.‹« Zahra umriss kurz ihre Krise. »Und er sagte: ›Na also, Leroy ist inzwischen zurück. Wir haben versucht, etwas Süßes vorbeizubringen, und er hat sich aufgeführt, als wollten wir deine Kinder vergiften.‹«

Paul und Tamera hatten eine Idee, wo Zahra unterkommen könnte. Sie nahmen sie mit zu Leroy, damit sie und ihre Kinder ihre Sachen zusammenpacken konnten, und dann, als ein Schneesturm heraufzog, fuhren sie sie zu einem leer stehenden Haus, wo sie es sicher, warm und trocken hatten. Dort befanden sie sich auch noch 2015, als Robert, der erste Mitarbeiter im Outreach-Projekt von La Puente, auf seiner Runde vorbeischaute und das Foto machte, das mir meine Schwester gezeigt hatte, bevor ich zum ersten Mal in die *Flats* kam.

Die Familie lebte dort etwa sechs Monate, die Zahra als eine der besten Zeiten ihres Lebens bezeichnet – und sicherlich als die beste ihrer fünf Jahre im Valley. In der Zwischenzeit gab es allerdings noch einiges an Theater. Leroy, sagte Zahra, habe der Gruppe berichtet, sie habe sich »mit einem Weißen aus dem Staub gemacht«, womit Little Jon gemeint war. Das entsprach zwar nicht der Wahrheit, hatte jedoch dieselbe Wirkung wie ein Bannfluch: Die Ideologie der Gruppe drehte sich doch gerade darum, dass afrikanische Frauen keine »Bettgenossinnen« weißer Männer werden sollten, so wie es zu Zeiten der Sklaverei geschehen war. Wütend und einsam feuerte Leroy, so Tamera und Paul, eines Tages mit einem Gewehr auf Tameras SUV, als sie an seinem Haus vorbeifuhr. Und Zahra sagte, Leroy habe, nachdem er herausgefunden hatte, wo sie und die Kinder lebten, beim Kinder- und Jugendschutzamt des County angerufen und behauptet, sie vernachlässige ihre Kinder. Doch als die Beamten eintrafen, fanden sie, so Zahra, ein warmes Haus mit jeder Menge Feuerholz draußen, jeder Menge Nahrungsmittel drinnen und Kindern, die die öffentliche Schule besuchten – wie sich herausstellte, hatte Paul dafür gesorgt, dass der Schulbus in der Nähe von Tameras Haus anhielt und die Kinder einsammelte. Als Leroy letzten Endes davon erfuhr, dass das Haus, in dem Zahra mit ihrer Familie wohnte, zum Verkauf stand, vereinbarte er mit einem Makler einen Besichtigungstermin – und das, sagte Zahra, war, was sie schließlich dazu brachte, in die Stadt zu ziehen. Sie wohnten in der Unterkunft von La Puente (später arbeitete sie dort als Ehrenamtliche). Als ihr Ex-Mann auftauchte und sich ebenfalls in der Unterkunft anmeldete, schritt Tona, die Leiterin der Unterkunft, ein, legte ihm nahe, das Weite zu suchen, und half Zahra dabei, eine einstweilige Verfügung gegen ihn zu beantragen.

Etwa um diesen Zeitpunkt in unserem Gespräch im Park – fast zwei Stunden nachdem wir begonnen hatten – schlenderte ein gut aussehender Mann mit einem Cowboyhut auf uns zu und fragte Zahra, ob er etwas für sie besorgen könne, und nickte mir zurückhaltend zu. »Das ist Jeremiah«, sagte Zahra. Ich hatte ein Foto von ihm auf Facebook gesehen, als ich mich mit Zahra anfreundete, und wusste, dass sie eine Beziehung hatten. Sie sagte, wir bräuchten noch ein bisschen, und er erwiderte, er hole sie dann ab.

Zahra gab mir ein kurzes Update darüber, wie es ihr ergangen war, seit sie die *Flats* verlassen hatte. Inzwischen betreute sie den Telefonservice des regionalen Gesundheitsdienstleisters, doch eine Zeit lang hatte sie ihr Geld als Barkeeperin verdient. So hatte sie auch Jeremiah kennengelernt, der auf einer Ranch im Valley aufgewachsen war und ganz eindeutig schwer von ihr angetan war. Sie wimmelte ihn ab, doch er ließ nicht locker. Eine ihrer Leidenschaften war Roller Derby; sie war einer Mannschaft in Salida beigetreten, und Jeremiah kam hin und wieder vorbei und sah ihr beim Training zu. Danach gingen sie auf ein Bier und Tacos in eine Bar.

»Eines Tages spielten wir Poolbillard. Damals trug ich immer die gleichen Sachen – Schnürstiefel, Jeans und RBG-Bandanas um die Knöchel.«

»RBG – wie Ruth Bader Ginsburg?«, fragte ich.

»Nein, RBG steht für rot, schwarz und grün«, sagte Zahra.

»Ah, die Farben Afrikas, wie die deiner Tätowierung?« Ich zeigte auf das Tattoo des afrikanischen Kontinents, das in den Farben Rot, Schwarz und Grün unter Zahras Schlüsselbein prangte.

»Ja«, sagte sie. »Und das war nur eines von vielen Beispielen. Mir ist egal, was ich getan, wen ich gekannt habe, jeder soll wissen, wer ich bin und wofür ich stehe. Das habe ich stolz gezeigt und mich nicht um die Meinung anderer geschert. Und das tue ich auch heute nicht.«

Sie hatte sich just an diesem Tag eine neue Tätowierung stechen lassen, und eine Freundin wollte sie sehen. »Daher musste ich den Stiefel ausziehen und mein Hosenbein hoch- und meine Socke runterziehen, und dann habe ich sie ihr gezeigt. Und dann, als ich die Plastikfolie wieder um mein Bein wickle, schubst Jeremiah meine Hand zur Seite und drapiert die Folie an Ort und Stelle. Er rollt meine Socke wieder hoch, mein Hosenbein runter und schnürt meinen Stiefel so, wie ich es selbst immer tue. Und dann hat er mir mein Bandana am Knöchel festgeknotet. Und ich hab ihn angesehen, und er hat mich angesehen, und ich dachte bei mir: *Du Mistkerl hast mich dazu gebracht, mich in dich zu verlieben.* So einfach war das. Und seitdem sind wir unzertrennlich.«

Einen Zwischenschritt habe es allerdings noch gegeben, erklärte sie. »Damals war ich Mitglied der New Black Panther Party« – Zahra war die Vertreterin von Colorado. »Als sie herausfanden, dass ich mit ihm zusammen war, bekam ich einen Anruf von einem meiner Generäle aus North Carolina, und er stellte mir ein Ultimatum. Er kam ohne Umschweife zur Sache, sagte, dass ich nicht für meine Leute kämpfen könne, solange ich mit dem Unterdrücker das Bett teile, das waren se
ine Worte. Und ich erwiderte, dass ich nachdenken müsse, weil ich damals bereits Hals über Kopf in Jeremiah verliebt war.« Sie bat ihn, klarzustellen, welchen Stellenwert ihre Beziehung für ihn hatte. »Ich texte ihm und fragte: *Was machen wir denn jetzt? Als Panafrikanerin bin ich meinen Leuten verpflichtet, unserem Fortschritt.* Ich sagte also, ich müsse mir sicher sein können, dass ich kein Fetisch bin (weil er davor noch nie mit einer Schwarzen Frau zusammen gewesen war). Und ich sagte, was ich nicht brauche, ist ein weißer Typ, der noch nie etwas mit einer Schwarzen Frau hatte, ein bisschen Gefallen daran gefunden hat und jetzt einen kleinen Fetisch hat. Ich muss wissen, ob das mit uns eine Zukunft hat. Und er schrieb mir zurück und sagte: Also, Babe, ich dachte eigentlich, wir wären längst fest zusammen. Und ich so: *Na ja, das haben wir so nie gesagt.*« Mit weiteren Textnachrichten versicher-

te er ihr, dass er es ernst meine – Textnachrichten, denen sie später mit der Spezialanfertigung einer Decke, auf der sie aufgedruckt waren, ein Denkmal setzte. »Als er mir diese Nachrichten schickte, rief ich den General zurück und sagte ihm, ich sei fertig mit den Panthers. ›Du verlässt uns also wirklich wegen eines Kolonisators?‹, fragte er. ›So sieht's aus‹, antwortete ich.«

»Und an dem Punkt hatten wir noch nie, also, er hatte bis dahin kein einziges Mal bei mir übernachtet. Er war überhaupt nur selten im Haus. Er war so respektvoll. Wenn man von einem Mann kommt, der einen regelmäßig würgt, also, verstehen Sie ... «

Jeremiah saß mit einem Iced Coffee an einem Picknicktisch außer Hörweite, um mein Interview mit Zahra nicht zu stören. Sie habe viel durchgemacht, sagte sie, und hätte auf den ganzen Leroy-Part gut verzichten können. Doch im Rückblick betrachtet, »hatte ich Glück«. Mit Leroy in der Schuhschachtel zu wohnen »hat mich hierhergebracht«. Ohne all das »würde ich mich wahrscheinlich nach wie vor in Chicago durchbeißen, noch immer versuchen, von meinem Ex-Mann loszukommen«. Das Leben in der Prärie sei genau die Art Bildung gewesen, nach der sie gesucht habe. »Wenn man off-grid lebt, lernt man, dass es Dinge gibt, auf die man vorbereitet sein muss, für ein gutes Leben so weitab vom Schuss.« Sie habe viel über Selbstversorgung nachgedacht, darüber, wie man mit Geld sparsam umgeht. »Als ich schließlich nach Alamosa zog, meinten die Leute so: ›Sie sollen sechs Monate lang off-grid gelebt haben? So riechen Sie überhaupt nicht!‹ Darauf sagte ich: Ich habe mir eben nicht literweise Wodka gekauft – deswegen rieche ich nicht nach Prärie. Ich habe sechs Kinder. So etwas kann ich mir nicht leisten. Ich brauch mein Geld für Wasser und muss mich um sie kümmern, darum also. Andere hingegen, die geben ihr Geld für die falschen Dinge aus, weil die ihnen ein besseres Gefühl geben.«

Sie hatte begonnen, Gemüse anzubauen, und lernte von Nachbarn, die Tiere hielten, dazu. Ihr Wissen wollte sie auch an ihre Kinder weitergeben. »Denn die können in einen Laden gehen

Zahra und Jeremiah Dilley. © Foto von Zahra Dilley

und Schinken und Eier kaufen. Aber wissen sie, wie das Fleisch, wie diese Eier zustande gekommen sind? Nein. Und genau deshalb möchte ich meinen Kindern so etwas von Anfang an beibringen, weil man die Dinge mehr wertschätzt, wenn man weiß, woher sie kommen.«

Meine Unterhaltung mit Zahra regte mich an. Ihre Geschichte war eine unverhoffte Fortschreibung der seit Generationen kursierenden Erzählung von Amerikanern, die in der Hoffnung auf ein besseres Leben gen Westen gezogen waren. Im San Luis Valley herrschte teils zwar der politische Konservatismus, den man so oft in ländlichen Regionen findet, aber kaum etwas von der Langeweile: Neben den bekannten Narrativen vom Ranch- und

Farm-Leben gab es Geschichten von Glücksrittern, Andersdenkenden, von Menschen die bereit waren, alles aufs Spiel zu setzen, in der Hoffnung, etwas Besseres zu finden oder aufzubauen. Und ausschlaggebend dafür war der Zugriff auf derart viel günstiges Land.

Natürlich gelang das nicht allen, die herkamen. In meiner Anfangszeit hatte ich eine Frau kennengelernt, die mit ihrem Partner und dem Traum in die *Flats* gezogen war, eine Gemeinschaft zu gründen, die sich der Permakultur verpflichtete – einer Art nachhaltiger Landwirtschaft, die den Kreisläufen der Natur folgt. Doch die Aufsichtsbehörden von Costilla County hatten sie während ihrer repressiven Phase der Durchsetzung der Bauvorschriften praktisch von ihrem Land geworfen. Ein paar Monate zuvor aß ich gemeinsam mit einer jungen Familie an einem Picknicktisch zu Mittag, der von dem, an dem ich mit Zahra gesessen hatte, nur etwa sechs Meter entfernt stand. Sie hatten sich unbesehen vier Hektar Land gekauft und waren von Maryland in Richtung Westen gezogen. Der Onlinemakler hatte das Grundstück nicht mit Fotos der kargen Ebenen versehen, sondern mit Fotos vom Cole Park. Sie hatten grünes Gras und Pappeln erwartet. Stattdessen fanden sie sich verzweifelt in La Puentes Notunterkunft wieder, und dann in einer Sozialwohnung im Walsh Hotel, einer schäbigen Absteige in Alamosa.

Jene Geschichten von Hoffnungen und Träumen, sowohl erfüllten als auch zerstörten, waren eine Konstante des Valley, und ich konnte nicht genug von ihnen bekommen. Meist basieren die Recherchen für meine Bücher auf einer intensiven Phase des Eintauchens – sei es in die Gesellschaft von mexikanischen Einwanderern auf Güterzügen oder in ein Gefängnis. Die längste, für mein Buch über die Straßen der Welt, dehnte sich auf mehr als zwei Jahre aus. All diese Erfahrungen waren bereichernd, aber auch, vor allem meine Zeit im Gefängnis, schwierig gewesen, und als ihr Ende näher rückte, war ich mehr als bereit.

Meine Erfahrung im San Luis Valley war anders. Diesmal wollte ich, dass das Eintauchen anhält. Je länger ich dort war, umso mehr fand ich heraus – es hatte beispielsweise drei Jahre gedauert, um von Zahra zu erfahren, ihr vorgestellt zu werden und ein Treffen mit ihr zu arrangieren. Vielleicht hätte ich anders gefühlt, wenn ich über einen bestimmten Zeitraum am Stück hätte berichten müssen – Anregungen zu finden und eine gesunde Lebensweise wären im langen Winter der *Flats* zu einer echten Herausforderung geworden. Aber so musste ich es ja nicht angehen. Ich konnte Zeit im Valley verbringen, für eine Weile verschwinden und dann für einen Nachschlag zurückkehren. Meine geliebte Frau und mein Lehrauftrag befanden sich an der Ostküste, doch beide waren nachsichtig und flexibel, sodass mein wiederkehrender Rückzug nach Colorado in Ordnung ging. (Ich hatte mehr als ein Zoom-Meeting auf dem Fahrersitz meines Trucks, nachdem ich an einen Ort mit guter Netzabdeckung gefahren war. Einmal, ich benötigte ein ruhiges Plätzchen mit einem Tisch, auf dem ich Dokumente für einen Termin auf Zoom ausbreiten konnte, fand ich ein Motel außerhalb von Antonito. Die Managerin überließ mir ein Zimmer für zwanzig Dollar, in dem ich für ein paar Stunden arbeiten konnte, solange ich weder Bett noch Bad schmutzig machte. Es stellte sich heraus, dass sie vor Jahren einmal eine Zeit lang in der Notunterkunft von La Puente verbracht hatte und sehr pro La Puente eingestellt war.) Während ich dies schreibe, zähle ich mehr als zwanzig Reisen ins Valley seit Frühling 2017, in dem ich Lance Cheslock, Matt Little und so viele andere zum ersten Mal traf.

New York war der betriebsame, stimulierende Teil meines Soziallebens; das Valley der ruhige, der mit dem weiten Horizont, der günstige und, offen gesagt, der entspanntere. Im Winter war mir oft etwas kalt, und im Sommer herrschte eine Gluthitze, vor allem im Inneren meines Wohnwagenanhängers – ich bemühte mich sehr, alles, was ich drinnen machen musste, bis neun oder zehn Uhr morgens zu erledigen, weil es danach einfach zu heiß wurde, um einen klaren Gedanken zu fassen. Nachdem Luke meinen Brunnen flottgemacht hatte, stand mir während des Sommers fließend Wasser zur Verfügung (die Rohre froren im Winter zu, wenn ich ihn anließ). Auch ein Leben ohne fließendes Wasser war zweifellos machbar: Eine Gallone artesisches Quellwasser kostete bei Walmart nur neunundsiebzig Cent und vereiste nicht, wenn ich sie in meinem Wohnbereich abstellte (oder vereiste zumindest nicht stark). Ich hatte mich daran gewöhnt, mir im Fitnesscenter in Alamosa eine Tageskarte für zehn Dollar zu kaufen, wo ich ein paar Mal in der Woche trainieren und dann duschen konnte. Allerdings bedeutete das auch, dass ich für eine Dusche eine einstündige Fahrt auf mich nehmen musste. Nachdem mein Brunnen wieder zum Leben erwacht war, entdeckte ich eine gute Alternative: Mein Grundstück war mit einem sechzig bis neunzig Meter langen Gartenschlauch ausgestattet. Am Ende eines sonnigen Tages war das Wasser darin recht warm – jedenfalls warm genug für eine Katzenwäsche oder, wenn ich das Ende an eine Gartenhandbrause anschloss und diese an der Leiter am hinteren Teil meines Wohnwagenanhängers befestigte, für eine fünfminütige Outdoordusche.

Eines der Highlights meines zweiten Sommers als Grundstücksbesitzer war der Tag, an dem mein geschickter Nachbar Woody und ich das Wasser des Brunnens an den Trailer anschlossen (so wie es Jahre zuvor gewesen war). Daraufhin reparierten wir stundenlang undichte Rohre, doch der Lohn war eine funktionstüchtige Toilette! Am darauffolgenden Morgen stattete ich ihr einen Besuch ab, und sie funktionierte exakt, wie eine Toilette funktionieren soll, sodass ich mich fast schon schlecht fühlte, bei einem solchen Luxus. (Seit meiner Ankunft in der Prärie hatte ich einen alten Gipskübel genommen, den Stacy Gruber für mich mit einer Klobrille versehen hatte. Er stand dicht verschlossen vor meinem Trailer, außer natürlich wenn ich ihn benutzte.)

Eine der größten Unannehmlichkeiten des Prärielebens waren die verheerenden Folgen der trockenen Luft auf meine Nasenschleimhäute. Wahrscheinlich sind meine Nasengänge nach und nach ausgetrocknet, bis ich niesen musste, Nasenbluten bekam und Schwierigkeiten hatte, im Schlaf zu atmen, weil sie zuschwollen. Am schlimmsten war es im Frühling, wenn die Allergiesaison, die mir ebenfalls zu schaffen machte, ihren Höhepunkt erreichte.

Woody, der schon lange in der Gegend lebte, litt ebenfalls unter Allergien und sagte, er sei sogar bei einem Allergologen gewesen und habe einen Prick-Test gemacht, bei dem herauskam, dass er gegen Steppenläufer allergisch war. Woody empfahl mir, nachts einen Luftbefeuchter einzuschalten. Als meine Solarpanels und Akkus genug Strom erzeugen konnten, probierte ich es aus und stellte eine Verbesserung fest. Auch mein Internist in New York half mir mit einem Rezept für Allergietabletten.

Tatsächlich war ich glücklich, wenn ich in Colorado war, und froh, wieder in New York zu sein. New York war neben anderen Vorzügen das Heilmittel gegen Einsamkeit. Noch immer erinnerte ich mich an den vergangenen Winter in Colorado und daran, wie ich an einem ungewöhnlich warmen Tag im November versuchte, mit meinem Stacheldrahtzaun voranzukommen. Der Tag war gut verlaufen, bis zum Schluss, als ein Schlag mit meinem Hammer anstatt auf einem Eckpfeiler auf meinem Daumen landete. Am nächsten Tag wurde die Haut unter meinem Fingernagel violett. Der Winter kam, und ich behielt meinen Fingernagel im Auge – er war zugleich passendes Souvenir der *Flats* und eine Art Zeitschaltuhr, anhand deren ich ablesen konnte, wie lange ich weg gewesen war. Als ich eines Tages im März 2020 wieder zurückkehrte, hatte sich das Hämatom bis zur Spitze meines Fingernagels vorgearbeitet, und eines Morgens knipste ich es auf der Vordertreppe meines kleinen Wohnwagenanhängers frohgestimmt ab.

Einige Monate später war ich bereit, die Arbeit an meinem Zaun wieder aufzunehmen. Beim Bau eines Zauns legt man Dinge auf den Boden, hebt sie auf und legt sie wieder ab: T-Pfosten, Drahtspanner, Hammer, Krampen, Drahtschere. Zur Vorbereitung auf den Endspurt meines Zaunbaus hatte ich ein paar neue T-Pfosten gekauft und eine Handvoll gebrauchter, aber weiterhin intakter Zaunpfosten aus Metall und Holz auf meinen knapp zwei Hektar Land eingesammelt und neben meinem Stromhäuschen aufgestapelt. Als ich eines Tages alles durchsortierte, ließ ich in der Nähe des Stapels einen Holzpfosten mit einem dumpfen Schlag zu Boden fallen. Ich wollte mich gerade bücken und den aufheben, der danebenlag, als mich ein Geräusch mitten in meiner Bewegung innehalten ließ. Es war ein Geräusch, das ich noch nie zuvor gehört, aber eines, das ich bereits erwartet hatte, seit ich damit begonnen hatte, Zeit in der Prärie zu verbringen. Es war ein Geräusch, das meinem Gehirnstamm bekannt war; mein Körper reagierte darauf mit Adrenalin. Das Geräusch war ein zischelndes Ssssssss.

Es dauerte ein paar Sekunden, bis ich die Schlange sah – oder, um genau zu sein, ihre Schwanzrassel, der Teil, der sich bewegte. Sie klapperte wie verrückt. Dann erblickte ich die Schlange selbst neben dem Stapel mit Pfosten, die gerade dabei war, in Richtung eines Lochs unter dem Schuppen zu kriechen. Die meisten der Pfosten waren knapp zwei Meter lang, die Klapperschlange um die ein Meter zwanzig. Sie war hellgrün und hatte ein regelmäßiges Muster auf ihrem Rücken. Ich vermutete, dass es sich um eine Mojave-Klapperschlange handelte, auch wenn ich mir nicht sicher war. Die Schlange glitt langsam unter den Schuppen. Dann sah man nur noch ihre Rassel, die wild hin und her zuckte.

Ehrlich gesagt hatte ich seit Langem erwartet, hier draußen einer Klapperschlange zu begegnen, doch nach vier Jahren hatte ich kaum noch daran gedacht. Ich wusste, dass meine Nachbarn Klapperschlangen, die sie auf ihrem Grundstück oder selbst auf der Straße entdeckten, ausnahmslos töteten. Ein Klapperschlangenbiss konnte für einen Hund, wahrscheinlich sogar für ein Kind, tödlich sein; Mojave-Klapperschlangen waren besonders giftig (»bekannt für ihr besonders starkes neuro- sowie hämotoxisches Gift, eines der wirksamsten der Welt«, hieß es dazu auf der Website »Wild Snakes: Education and Discussion«). Die Menschen erschlugen sie mit Schaufeln oder Schuhen, ja sie warfen sogar mit Dosen nach ihrem Kopf. (Stacy Gruber erzählte mir, Trinity habe in der Nähe des Flusses vor Kurzem eine mit einer Dose Spaghettisauce erledigt.)

In den darauffolgenden Tagen erzählte ich einer Handvoll Nachbarn, dass ich eine Klapperschlange gesehen hätte. Ihre Antwort war immer dieselbe: *Hast du sie getötet?* Ich musste eingestehen, es nicht getan zu haben. Was selbstredend dazu führte, dass sie mich ansahen, als wäre ich ein Idiot, oder, wohl gleichbedeutend, ein New Yorker. Um ehrlich zu sein, entstammte die Schlange direkt meinen Albträumen, und doch hatte ich sie nicht töten wollen. Schließlich war sie nicht hinter mir her; sie wollte nur, dass ich sie in Ruhe ließ.

Ich wollte die Schlange noch ein bisschen länger beobachten und fand heraus, dass sie am frühen Nachmittag meistens wieder am selben Platz neben dem Schuppen lag. Manchmal rekelte sie sich in der Sonne, manchmal lag sie zusammengerollt da. Wenn ich mit dem Fuß aufstampfte, brachte ich sie zum Rasseln. Ich hatte vor, ein paar Tage später abzufahren, und erwog, sie einfach zu ignorieren – erst kürzlich war mir aufgefallen, dass ich in letzter Zeit kein einziges Kaninchen gesehen hatte, obgleich es bei meinen vergangenen Aufenthalten nur so vor ihnen gewimmelt hatte. Damit konnte ich bestens leben.

Aber ich wusste auch, dass mein Nachbar Woody in den kommenden Wochen ein paar Tischlerarbeiten für mich erledigen und die Schlange ohnehin töten würde, wenn er sie sah – und es war klar, dass er sie sehen würde, da er den Schuppen benutzte. (Vor ein paar Jahren hatte eine Diamant-Klapperschlange den Dackel von Woodys Familie getötet. Als er mir davon erzählte, fügte er hinzu: »Innerhalb von zwanzig Minuten war sie zur Strecke gebracht.«) So beschloss ich, die Schlange umzuziehen.

Wie schon beim Bau des Stacheldrahtzauns holte ich mir Rat bei YouTube, wie man so etwas am besten anstellt. Das Internet ist voller mutiger (und machomäßiger) Männer, die Klapperschlangen fangen. Ich sah mir alles an, von einem Kerl, der es einhändig tat, bis hin zu einem professionellen Schlangenfänger aus Texas, der seine Technik mit einer langstieligen Schlangenzange präsentierte. Zum Vorbild nahm ich mir jedoch einen Mann, dessen Ziel ganz einfach nur darin bestand, seine Hunde zu schützen, indem er die Klapperschlange umsiedelte, die er in der Nähe seines Holzstoßes gefunden hatte. Er zeigte, wie er das eine Ende einer PVC-Röhre über der Flamme eines Propanbrenners erhitzte und das etwa zehn Zentimeter lange Endstück zu einem Haken zurechtbog. Ich hatte ein paar PVC-Rohre in meinem Schuppen, aber keinen Propanbrenner. Doch dann fiel mir ein, dass man in einer der alten Feuertonnen, die noch immer voller Dosen und Whiskeyflaschen waren, ganz einfach ein kleines Feuer entzünden könnte. Es dauerte nur etwa fünf Minuten, bis das Feuer heiß genug war, um das PVC zu schmelzen. Ich legte das warme Ende des Plastikrohrs auf den Boden und bog es mithilfe einer Metallstange um neunzig Grad. Anschließend entdeckte ich einen Vierziglitereimer aus Plastik und den dazugehörigen Deckel; offenbar hatte ich damit die komplette Ausrüstung zusammen.

Die Operation begann am darauffolgenden Nachmittag. Ich trug Lederhandschuhe, ein Langarmshirt, Jeans und Stiefel. Mein PVC-Haken war knapp zwei Meter lang; mein Ziel war, mit dem gebogenen Teil unter die Schlange zu gelangen, das Tier hochzuheben und es dann in den Eimer fallen zu lassen. Nachdem ich begonnen hatte, sie anzustupsen, bestand das Ziel der Schlange wiederum eindeutig darin, in ihr Versteck unter dem Schuppen zurückzukehren. Doch als sie loskroch, kroch sie über den Haken. Ich hob ihn an. Die Schlange war schwer und in der Körpermitte weniger flexibel, als ich gedacht hatte. Kurz vor dem Eimer fiel sie vom Haken und versuchte, Land zu gewinnen. Ich aber platzierte den Haken vor ihr, und als sie über ihn glitt, hob ich ihn wieder an. Ich verfehlte den Eimer erneut, doch beim dritten Versuch hatte ich Glück: Es gelang mir, sie in den Eimer zu bugsieren. Ich schleuderte den Deckel darauf und drückte ihn fest zu. Der Eimer vibrierte und zischte vom wütenden Rasseln der Schlange.

Schritt zwei: die Abwurfzone. Der YouTuber hatte den Eimer mit der Schlange auf dem Beifahrersitz seines Autos platziert. Hatte er nie den Film *Snakes on a Plane* gesehen? Ich befestigte meinen Eimer auf der Ladefläche meines Trucks, außerhalb der Fahrerkabine. Mein Ziel war ein unbewohntes Plätzchen in einigen Meilen Entfernung, an dem ich die maroden Überreste eines Schuppens gesehen hatte, schließlich brauchte die Schlange ein Zuhause. Ich fuhr hin und stellte meinen Wagen ab. Ich trug den Eimer von der Straße weg und in Richtung Schuppen. In ängstlicher Erwartung eines Springteufelszenarios, bei dem die Viper mir mit gebleckten Zähnen entgegenschnellt, öffnete ich den Deckel. Doch die Schlange blieb unten. Als ich in den Eimer hineinspähte, lag sie einfach zusammengerollt am Boden und klapperte. Ich schlug den Deckel weg. Die Schlange bewegte sich nicht. Schließlich hob ich den Eimer an und schüttelte die Schlange sachte heraus. Anders als zuvor hatte sie eindeutig keine Ahnung, wohin, doch dann begann sie, sich zu bewegen. Ihr Ziel: weg von mir.

Ich schätze, Mord und Giftschlangen wecken unser Interesse aus einem ähnlichen Grund: der Angst vor einem gewaltsamen Tod. Draußen in der Prärie gibt es viele Orte, die an Mord und Totschlag erinnern, sowohl an vergangene Gewalttaten als auch an solche aus der Gegenwart. Als ich am Kiowa Hill vorbeifuhr, erinnerte mich das beispielsweise an die blutige Schlacht zwischen den Ute und den Kiowa, die dort stattgefunden hatte. Etwas außerhalb des Valley war da noch mehr: Beim Sand-Creek-Massaker von 1864, das sich in den Ebenen östlich von Colorado

Springs zutrug, töteten rund 575 Mann der Kavallerieregimenter der Colorado National Guard etwa 230 Cheyenne und Arapahoe, größtenteils Frauen und Kinder. Und nicht weit entfernt von meinem Grundstück, hinter den Sangre de Cristo Mountains, töten Soldaten und privates Sicherheitspersonal fünfundzwanzig Menschen, als sie 1914 in Ludlow, Colorado, eine Zeltkolonie eintausendzweihundert streikender Bergarbeiter attackierten.

Die Geschichte der zweiunddreißig (oder mehr) Morde, die 1863 von den Gebrüdern Espinosa begangen wurden, beginnt im Valley und führt dann in Richtung Norden. Wie die bereits genannten folgten scheinbar auch ihre Morde auf soziale Unruhen. Fünfzehn Jahre zuvor hatte das Land der Espinosas zu Mexiko gehört. Nach Beendigung des Mexikanisch-Amerikanischen Krieges lag es jedoch im New-Mexico-Territorium der Vereinigten Staaten. Dann, nur zwei Jahre vor den Morden, wurde es Teil des neuen Colorado-Territoriums. Alteingesessene Hispanos litten ganz ohne Zweifel unter der Herrschaft der neuen weißen Regierung – sowie unter dem Bau von Fort Garland im Jahr 1858, der dortigen Stationierung von Soldaten und darüber hinaus dem stetigen Zuwachs an Goldsuchern, die in den Westen zogen. Aufgrund der fremden Sprache und Kultur muss sich der hispanisch geprägte südliche Teil Colorados wie ein anderes Land angefühlt haben. Jedenfalls wurde er oben im Norden so betrachtet. Im Jahr 1862 berichtete eine Zeitung aus Denver: »Mexikaner aus Costilla und Conejos County veranstalten geheime Treffen und planen einen bewaffneten Widerstand gegen die Eintreibung der Steuern.«

Die Brüder Felipe und Vivián Espinosa lebten mit ihren Frauen und Kindern am Conejos River, unweit vom heutigen Antonito, als sie von einem Priester beschuldigt wurden, einen Mann, der Waren für ihn transportierte, ausgeraubt und niedergeschlagen zu haben. Im Januar 1863 kamen ein Dutzend Soldaten aus Fort Garland, um sie festzunehmen. Doch die Großfamilie reagierte mit einem Pfeilhagel, der zu einem Tumult führte: Ein

Soldat kam ums Leben, weitere wurde verwundet. Die Häuser der Familien wurden angezündet und niedergebrannt, ihr Vieh und ihre Besitztümer (Betten, Decken) konfisziert. Doch die Brüder entkamen.

Das unvorhergesehene Nachspiel der Razzia bei den Espinosas war eine Reihe von Morden an weißen Siedlern. Die meisten davon wurden nördlich des Valley umgebracht. Ein oder zwei Mal schossen versteckte Angreifer auf Weiße, die auf abgelegenen Straßen unterwegs waren, ein Siedler wurde in einer Sägemühle getötet, andere in Lagern und in einer Schlucht. Oft wurden die Leichen verstümmelt. Schließlich überraschte ein Suchtrupp Felipe und Vivián in ihrem Lager und tötete Vivián Espinosa. Felipe gelang jedoch die Flucht, und angeblich rekrutierte er daraufhin den etwa vierzehnjährigen Sohn seiner Schwester, um den Rachefeldzug mit ihm fortzusetzen. Bis Herbst 1863 begingen die Espinosas mindestens elf weitere Morde. Kurz bevor Felipe und sein Neffe außerhalb von Fort Garland erschossen und geköpft wurden, schrieb Felipe Berichten zufolge einen Brief an den Gouverneur des Territoriums, in dem er behauptete, zweiunddreißig Menschen getötet zu haben.

Vieles spricht dafür, dass die Espinosas aufgrund der Unterdrückung der Hispanoamerikaner durch weiße Amerikaner und infolge der Gewalt, die ihren Familien angetan wurde, zu ihren Taten angestachelt wurden. In den 1970er-Jahren feierten Aktivisten sie als Widerstandskämpfer. Der pensionierte Philosophieprofessor Reyes Garcia, dessen Urgroßvater ein bekannter Sheriff und zur Zeit der Espinosas ein kleiner Junge gewesen war, erzählte mir, auch heute noch gebe es in der Gegend zahlreiche Nachkommen der Espinosas; der unkonventionelle und umstrittene Künstler Cano Espinosa, dessen folkloristisch anmutende Zwillingstürme zu den regionalen Sehenswürdigkeit in Antonito zählen, behauptete, einer von ihnen zu sein. Die Espinosa-Brüder seien, so Garcia, »Teil einer Widerstandsbewegung gewesen, die es bis zum Äußersten getrieben hat«.

Mahnmal für das Mordopfer Torrey Marie Foster.

Als ich im San Luis Valley eintraf, hatte die mörderische Gewalt ihr politisches Antlitz verloren – auch wenn sich das Zitat des Richters, der den bekanntesten Kannibalen Colorados verurteilte, weiterhin großer Beliebtheit erfreut. Angeblich sagte der Richter zu Alferd (alias Alfred) E. Packer, einem Goldsucher, der seine Kumpane im Winter 1874 östlich von Saguache verspeiste: »In Hindsdale County gab es gerade einmal sieben Demokraten, und Sie haben fünf von ihnen gegessen.« Weniger bekannt war die Geschichte von Carolyn Gloria Banton, einer Frau aus Alamosa, die 1994 ihren Freund tötete und verzehrte. (Die Schlagzeile im *Valley Courier* lautete: »Frau isst Freund zum Abendessen«.)

Viel näher bei mir und überhaupt nicht lustig war ein einsames, schwarz eingezäuntes Mahnmal abseits der Straße, östlich von meinem Grundstück. Ich fuhr auf meinem Weg nach San Luis jedes Mal daran vorbei. Der kleine und doch auffällige Gedenkort enthielt eine Kerze, ein kleines Skelett in einer Robe, das auf einem Thron sitzt, sowie ein etwa ein Meter zwanzig hohes

Metallkreuz, auf dem der Name »Torrey Marie Foster« geschrieben steht.

Ortsansässige und das Internet klärten mich auf: Torrey Marie Foster war eines von mindestens fünf Opfern des Serienmörders Richard Paul White, der in Mesita aufwuchs. (Whites Neffe war Junior, dessen Wohnwagen vor mir den Platz in der Nähe des alten Mobile Homes der Grubers belegte.) Die Polizei identifizierte sie als Prostituierte. White vergewaltigte und folterte mindestens drei weitere Frauen, die überlebten. 2002 hatte White Foster an einer Bushaltestelle in Denver aufgegabelt, sie zu seinem Haus in der Nähe gefahren und dort erwürgt. 2003 wurde er gefasst und entkam der Todesstrafe dadurch, dass er den Polizeibeamten zeigte, wo er sich seiner Opfer entledigt hatte. Foster hatte er dort begraben, wo heute das Mahnmal steht, westlich von Mesita.

Whites Strafmaß lautete drei Mal »lebenslänglich« sowie 144 Jahre für die Vergewaltigungen und Folter.

Eines Tages war ich mit Junior bei den Grubers, als das Gespräch auf seinen Onkel kam. Junior wollte nicht darüber sprechen, doch ein Cousin von ihm erzählte mir später, dass ihr Großvater – Whites Vater – den Schrein gebaut hatte.

Mein Freund Paul Anderson, den ich von meiner Zeit bei der *Aspen Times* kannte, war im vergangenen Sommer ein paar Tage zu Besuch gewesen. Wir gingen in den San Juan Mountains wandern. Paul rief mir in Erinnerung, wie er von Chicago nach Gunnison, Colorado, gezogen war, um aufs College zu gehen, und dann eine Weile für die Redaktion der Zeitung in Crested Butte gearbeitet hatte. Es war der Anfang der Mountainbike-Ära, und Paul wurde Teil der Szene und freundete sich mit einer ihrer schillerndsten Figuren an, einem Fahrradbauer und Fahrradladenbesitzer namens Mike Rust.

»Er war Künstler, er war Handwerker, er war smart«, erinnerte sich Paul. »Er hatte einen Bart und ziemlich langes Haar. Ich würde ihn nicht als Hippie bezeichnen – er wollte sich einfach nicht rasieren. Er ging ganz darin auf, das Fortbewegungsmittel zu erschaffen, das er liebte, und das waren Fahrräder. Und er war ein toller Sportler, sehr stark und beweglich.« Nach einer Weile verließ Rust Crested Butte und zog nach Salida, nördlich vom San Luis Valley, wo er einen neuen Laden eröffnete. Doch es gefiel ihm nicht, dass Salida »entdeckt« wurde, und angeblich entschloss er sich, weiterzuziehen, »als man beim Überqueren der Straße in beide Richtungen schauen musste«. 1995 zog er auf zweiunddreißig Hektar Land im Sanguache County im San Luis Valley und baute sich dort ein Haus.

Rust hatte bereits mehrere Jahre dort gelebt, als er eines Tages im März 2009 einen Freund anrief. Es war sieben Uhr abends, und er teilte ihm mit, jemand sei in seinem Haus gewesen, als er weg war, und habe seinen Revolver mit Kaliber .22 gestohlen. Er nahm sein Motorrad, um den Reifenspuren zu folgen, die von seinem Haus wegführten. Er wurde nie wieder lebend gesehen.

Rusts Familie bot eine Belohnung von 25 000 Dollar, doch das führte zu nichts. 2015 kam ein Dokumentarfilm über Rusts Leben und Verschwinden heraus, *The Rider and the Wolf*. (Ich sah ihn mir an und erhaschte einen Blick auf Paul bei einer Gruppenausfahrt mit Rust.) Kurz darauf kontaktierte Michael Gonzales, der zwanzigjährige Sohn von Charles Moises Gonzales, die Polizei und sagte, er glaube, sein Vater – der bereits aufgrund von unerlaubtem Waffenbesitz und Einbruch eingesessen hatte – habe etwas mit dem Verschwinden von Rust zu tun. Insbesondere glaubte er, Rusts Leichnam befinde sich womöglich in einer Grube auf der Ranch seines Großvaters, etwa fünf Meilen von Rusts Haus entfernt. Er erzählte der Polizei, dass er, seine Brüder und sein Dad früher einmal vorgehabt hätten, darin ein Clubhaus zu eröffnen, dass die Grube jedoch mit Müll zugeschüttet und mit Reifen abgedeckt worden sei, was sein Misstrauen weckte.

Die Stellvertreter des Sheriffs legten die Grube frei und fanden menschliche Überreste, die als die von Rust identifiziert werden konnten, sowie »73 Beweisgegenstände«, darunter »eine einzigartige Gürtelschnalle in Form einer Fahrradgangschaltung, wie Rust eine getragen hat«. Einige Monate später wurde Charles Gonzales des Mordes an Rust für schuldig befunden.

Vielleicht spielte die Abgeschiedenheit bei dem Diebstahl und Mord eine Rolle. Dort, wo keine Nachbarn in der Nähe sind, ist es ein Leichtes, einzubrechen, und vielleicht kann ein Mörder sogar den Konsequenzen seiner Tat entrinnen. (Und dennoch, trotz seiner gigantischen Ausmaße ist das Valley manchmal auch ein Dorf: Kurz nach Gonzales' Verurteilung erzählte mir Geneva, ihre Tochter und er seien einmal ein Paar gewesen. Gonzales war der Vater ihrer Enkeltochter, die mir bekannt ist.)

Die Isolation schien einen weiteren Mord begünstigt zu haben, einen, der 2018 begangen wurde, als ich mit den Grubers auf ihrem zweiten Grundstück lebte. Im Sommer wurde bekannt, dass es in Amalia, New Mexico, etwa zwanzig Meilen vom San Luis Valley entfernt, mehrere Festnahmen wegen Mordes gegeben hatte. Hilfssheriffs hatten infolge eines Tipps per Textnachricht, Menschen seien am Verhungern, ein abgelegenes Grundstück durchsucht, auf dem zwei Männer, drei Frauen und elf Kinder lebten. Die Kinder im Alter von eins bis fünfzehn waren mangelernährt und wurden unter staatliche Obhut gestellt. Die Erwachsenen, allesamt Schwarze Muslime, wurden wegen schweren Kindesmissbrauchs angeklagt. Die Beamten fanden Hinweise darauf, dass ein zwölftes Kind, das drei Jahre alt gewesen war, als seine Mutter in Georgia es Monate zuvor als vermisst gemeldet hatte, sich kürzlich dort aufgehalten hatte. Bald darauf fand man seinen halb verwesten Leichnam in einem unterirdischen Tunnel auf dem Grundstück vergraben.

Die Behörden berichteten später, dass es sich bei den Festgenommenen um religiöse Extremisten gehandelt habe, die an Wunderheilung glaubten. Einer der Männer, Siraj Ibn Wahhaj, der schließlich wegen der Entführung angeklagt wurde, war der Vater des toten Jungen. Der Junge litt an Epilepsie und war auf

Medikamente angewiesen. Der Staatsanwaltschaft zufolge seien Wahhaj und eine seiner Ehefrauen, eine Frau aus Haiti, nach ihrer Rückkehr aus Saudi-Arabien 2017 zu dem Schluss gekommen, sein Sohn sei in Wirklichkeit von Dämonen besessen. Sie glaubten, der Junge würde, wären die Dämonen erst aus seinem Körper vertrieben, zu Jesus und dass dieser den Erwachsenen, die auf dem Gelände zusammenlebten, befehlen würde, welche »korrupten« Militäreinrichtungen, Strafverfolgungsbehörden und Finanzinstitutionen sie vernichten sollten. Dem FBI zufolge trainierte Wahhaj die anderen Männer und einige der Kinder auf dem Gelände den Umgang mit Waffen und Nahkampftechniken. Er setzte die Medikamente des Jungen ab, und als der verstarb, versteckte er seinen Leichnam.

Sie hatten zu sechzehnt in einem kleinen Wohnwagenanhänger gelebt, umgeben von Reifenstapeln und Plastikplanen sowie jeder Menge Waffen und Munition. (Die Nachrichtenagentur Reuters sollte später berichten, »die zwei Männer und drei Frauen sind alle miteinander verwandt, entweder, weil sie Geschwister sind, oder durch Heirat. Bei dreien handelt es sich um die erwachsenen Kinder eines muslimischen Predigers aus New York, der der biologische Großvater von neun der Kinder ist.«) Das Paar vor Ort, dem das Grundstück gehörte, hatte der Polizei bereits Monate zuvor von seinem Verdacht berichtet, den vermissten Jungen gesehen zu haben, doch die Polizisten hatten daraufhin nichts unternommen. Auch wenn die Anklage wegen Kindesmisshandlung fallen gelassen wurde, da die Staatsanwaltschaft eine verfahrensrechtliche Frist versäumte, kam einige Monate später eine Bundesanklage aufgrund von Terrorplänen hinzu, der zufolge sich die Gruppe »auf gewalttätige Anschläge gegen Bundesvollzugsbehörden und Mitglieder des Militärs« vorbereitete.

Dieses Fleckchen Erde ist ein guter Ort für Menschen auf der Flucht oder solche, die verschwinden möchten; Nachbarn drängen sich in der Regel nicht auf, und die Strafverfolgungsbehörden scheinen manchmal kaum anwesend zu sein. Manche von denen, die gerne untertauchen möchten, sind gewöhnliche Verbrecher, doch für gewaltbereite Fanatiker, wie es die Mitglieder dieser Gruppe wohl waren, ist der Rückzug nur ein erster Schritt auf dem Weg, die bestehende Gesellschaftsordnung zu Fall zu bringen.

Es war bei einer von Troys Mitbringpartys zur Feier des vierten Juli, als ich zum ersten Mal von AJ hörte. Bobby, Troys Freund und Mieter, erzählte jemandem, wie er über dessen Leiche gestolpert war. Sie war größtenteils unter einer Tür verborgen gewesen, die am Boden lag, auf einem Grundstück, das nur zwei Straßen von meinem entfernt lag und von Terry verlassen worden war, als er den Wilkinsons mein Haus abkaufte. Bobby hatte nicht gewusst, um wen es sich bei der Leiche handelte – selbst dann nicht, als er den Kopf ein paar Meter vom Rest entfernt gefunden hatte, etwas, worüber er sich zu amüsieren schien. »Sah aus, als hätten sich die Kojoten daran zu schaffen gemacht.«

Doch eine Ahnung, um wen es sich handeln könnte, hatten Bobby und die anderen schon: AJ White alias Anthony White, Brother Anthony, Anthony Ferrer oder Gerry White, der bis zu seinem Verschwinden 2013 eine berüchtigte Gestalt in den *Flats* gewesen war. Er hatte seit zwei Jahren als vermisst gegolten. Sechs Monate nach seinem Auffinden bestätigten DNA-Tests, dass der Tote tatsächlich AJ war. Doch einen Mörder fasste die Polizei nie. Ein alteingesessener Bewohner aus Jaroso erzählte mir: »Wir witzelten immer: ›Hat schon wer Anthony ermordet?‹ Und dann tat es einer.«

Dass die Ermordung AJs als wünschenswert, ja gar als vorprogrammiert betrachtet wurde, kam von seiner langen Geschichte missbräuchlichen Verhaltens in den *Flats*.

Größtenteils ging es dabei um seine gigantische Pferdeherde, doch es ging auch um sein Verhalten gegenüber einzelnen Personen. Die meisten glaubten, AJ habe früher einmal der katholischen Kirche angehört und sei womöglich ein seines Amtes enthobener Priester. Die meisten hielten ihn außerdem für einen Pädophilen, der entweder in Kalifornien oder New Mexico verurteilt worden war und beschlossen hatte, seiner Vergangenheit in die *Flats* zu entfliehen. Der stets freundliche und allseits beliebte Troy sagte zu mir über AJ: »Er war mir quasi auf Anhieb zuwider.«

Angeblich umfasste AJs Pferdeherde um die zweihundert Tiere, größtenteils Paints, eine gescheckte Pferderasse, und Wildpferde. Sie hielten sich nicht auf seinem Grundstück auf, auf dem er in einem Trailer wohnte. Vielmehr wanderten sie umher, besser gesagt: Sie zogen marodierend durchs Land auf der Suche nach Futter, Wasser und Sex. Das war zwar durchaus erlaubt, so wie auch Rinder frei herumlaufen durften, zog jedoch weit massivere Folgen nach sich. Einige der Pferde waren groß und in der Lage, Zäune niederzureißen. Besonders alarmiert waren jene, die selbst Pferde hielten. Zu AJs Herde gehörten viele Hengste. Wer eine Stute besaß und das Pech hatte, dass die Hengste Gefallen an ihr fanden, musste damit rechnen, dass seine Zäune dem Erdboden gleichgemacht wurden (egal ob sie aus Holz oder Draht bestanden) und die Stute von einem gewaltigen, aggressiven Fremden geschwängert wurde.

Eine Nachbarin von AJ, die selbst eine kleine Herde hatte, erzählte mir, dass seine Pferde ihren Zaun niederrissen (»oder vielleicht war er es selbst«) und sich an ihrem Wasser bedienten. Als sie sich bei AJ darüber beschwerte, »bedrohte er mich mit einer Pistole«.

Woody, der mir dabei half, meinen Trailer herzurichten, erzählte mir, AJ habe sich an seinen zwölfjährigen Sohn herangemacht und diesem angeboten, ihm ein Pferd zu schenken. Daraufhin fragte Woodys Tochter, ob sie auch eines haben könnte; laut Woody habe AJ gesagt: »Kleinen Mädchen schenke ich keine Pferde, nur kleinen Jungs.«

AJs Leben kreuzte das eines jungen Schwarzen namens Demetrius, der in der Prärie auftauchte und eine Weile bei verschiede-

Wilde Pferde.

nen Leuten unterkam. Er hatte eine Zeit lang bei AJ gewohnt, als er eines Tages vom Regen durchnässt auf dem Rücken eines Pferdes bei Troy aufkreuzte. Troy und seine damalige Frau Marcie nahmen ihn bei sich auf, und er schlief einige Monate lang auf Troys Sofa. Irgendwann kehrte er wieder zu AJ zurück.

Als AJ verschwand, so erzählte man mir, verschwand auch Demetrius. Gerüchten zufolge war Demetrius der Täter, nachdem er auf irgendeine Weise von AJ misshandelt worden war.

Pat Crouch, ein Ermittler vom Colorado Bureau of Investigation, war vom Valley und seinen Verbrechen fasziniert. Im Ruhestand erwachte sein Interesse an ungeklärten Fällen. Auch ihm ist es zu verdanken, dass Charles Moises Gonzales für den Mord an Mike Rust vor Gericht gebracht wurde. 2019 hörte ich, dass er meine Nachbarn besuchte und sie über AJ befragte. (Einer, der davon Wind bekam, dass Crouch mit ihm reden wollte, tauchte monatelang ab.) Ich rief Crouch an.

Er wollte mir nichts über den Stand seiner Ermittlungen mitteilen, sagte jedoch, er glaube, in Kalifornien auf eine Akte von Demetrius gestoßen zu sein, in der stand, dieser sei wegen Hausfriedensbruch angeklagt worden, habe sich auf einen Deal eingelassen und sei nun auf Bewährung draußen. Crouch sprach lange über die Zeit, die er im Valley verbracht hatte.

»Wenn man anderen davon erzählt, wie die Menschen [in den *Flats*] leben, sehen sie einen an, als hätte man drei Köpfe. Schließlich befinden wir uns im einundzwanzigsten Jahrhundert.« Crouch war vor Kurzem in Mesita gewesen (das er richtigerweise mit dem »White-Serienmörderfall« in Verbindung brachte), wo »ein altes Grassodenhaus steht – mit einem Holzofen, einem Bettgestell mit Holzlatten und einem Lehmboden. Wenn man sich im Inneren aufhielt, war es, als wäre man im achtzehnten Jahrhundert.«

Er fuhr fort: »Jeder Tag, den man dort unten verbringt, ist lehrreich, denn nichts ist so, wie man es erwartet. Wer San Luis und Mesita hinter sich lässt, ist in einer anderen Welt. Das Einkommen, das den Menschen zur Verfügung steht, kann man nicht einmal als solches bezeichnen, und dennoch kommen sie über die Runden, betreiben Tauschhandel, tauschen Wasser, eigentlich alles – ganz wie die Pioniere im achtzehnten Jahrhundert.« Und im Guten wie im Schlechten, fügte er hinzu, »sind sie ihre eigene Polizei«, draußen in *den Flats*. »Sie halten nichts davon, das Büro des Sheriffs zu rufen.«

Ende 2020 fiel mir eine Schlagzeile in der *New York Times* ins Auge. Es ging um drei Leichen, die im San Luis Valley vergraben gewesen waren, vermutlich steckte hinter den Morden ein Mann aus Alamosa, der den Spitznamen »Psycho« trug.

Die verstümmelten Leichen waren auf zwei Grundstücken in einem verschlafenen hispanischen Dorf nur wenige Meilen von meinem Zuhause gefunden worden, das ich immer an den Tagen durchquerte, an denen mir danach war, die malerischere Strecke nach Alamosa zu nehmen.¹ Das Örtchen hieß Los Sauces und lag am Rio Grande. Es gab dort Bäume, ein paar alte Lehmgebäude, bewässerte Felder und pittoreske, aus toten Zweigen gewundene Zäune.

In der Lokalpresse und den Zeitungen Denvers folgten regelmäßige Updates mitsamt Fotos von Adre »Psycho« Baroz, einem Sechsundzwanzigjährigen, der im heruntergekommenen Walsh Hotel in Alamosa gelebt hatte. Baroz war stark tätowiert, auch im Gesicht, was ihm ein unheimliches Aussehen verlieh. Angeblich war er Mitglied einer im Süden Colorados beheimateten Gang, die mit den Sureños aus Südkalifornien in Verbindung stand. Er hatte bereits ein langes Strafregister voller Drogen-, Waffen- und Gewaltdelikte. Ein auf zwei Männer ausgestellter Haftbefehl, einer davon Baroz' Bruder, der im Obergeschoss des Hotels wohnte, legte nahe, dass Adre Baroz in seinem Apartment Drogen verkaufte und ein Deal schieflief. Die Baroz-Brüder drückten einen Mann zu Boden und schlitzten seine Kehle auf; scheinbar kooperierte sein Komplize mit der Polizei. Bei den anderen vergrabenen Leichen handelte es sich vermutlich um zwei junge Frauen – eine hatte wohl während des Mordes in einem Truck vor dem Hotel gewartet, die andere hatte Baroz mutmaßlich bereits einige Monate früher getötet. Am 25. November 2020 führte die Polizei eine Hausdurchsuchung im Walsh Hotel durch und fand unter den Dielenbrettern von Adre Baroz' Apartment Blut. In jener Nacht brannte das Walsh Hotel (das erst kurz davor zum Abriss freigegeben worden war) nieder. Seine Bewohnerinnen und Bewohner waren nun obdachlos, und, wie man annehmen darf, wurden durch das Feuer Beweise zerstört. Die Behörden gingen von Brandstiftung aus. »Psycho« wurde schließlich für die Ermordung von fünf Personen angeklagt.

Ich sprach mit meiner Schwester in Santa Fe über den Boulevardcharakter dieser Gewalttaten. Santa Fe wird üblicherweise mit Kunst, den roten Lehmziegeln der Adobe-Architektur und jahrhundertealter indigener Kultur verbunden. Man traf dort auf spirituelle Sinnsucher und Fitnessgurus und gut betuchte Rentner. Doch der Kultur New Mexicos haftet auch eine dunkle und brutale Seite an, über die wir uns ebenfalls unterhielten. Einer der blutigsten Gefängnisaufstände Amerikas hatte sich 1980 nur ein paar Meilen südlich von Santa Fe im Gefängnis von New Mexico zugetragen. Auch wenn er nicht so bekannt war wie der Gefängnisaufstand von Attica, der neun Jahre zuvor stattgefunden hatte (und viele Ortsansässige nie davon gehört hatten), war er weit grauenerregender: Menschen wurden regelrecht abgeschlachtet, zerstückelt, geköpft, an den Wänden aufgehängt und bei lebendigem Leib verbrannt. Dreiunddreißig Gefangene kamen ums Leben, einer mehr als in Attica. Es gab unzählige Verletzte. Sieben der zwölf Beamten, die als Geisel genommen wurden, wurden brutal zusammengeschlagen oder vergewaltigt.

War dies das Erbe der amerikanischen Invasion zur Zeit des Mexikanisch-Amerikanischen Krieges? Das der spanischen Invasion bei der Eroberung Mexikos? Schwer zu sagen. Die Geschichte von »Psycho« erinnerte meine Schwester an einen jungen Mann aus der Gegend, der 2017 westlich von Taos fünf Menschen systematisch getötet hatte und dann in seinem Auto in Richtung Norden bis nach Antonito geflohen war. Bei all ihrer Schönheit, sagte Margo, sei die Region »auch von einer unheimlichen Finsternis geprägt«.

Während Morde – natürlich – Schlagzeilen machen, bleibt dies Obdachlosen, die erfrieren, verwehrt. Die Mitarbeiter von La Puente aber waren sich ihrer mehr als gewahr, waren die Opfer zuvor doch häufig in der Notunterkunft untergebracht oder hatten andere Hilfsangebote in Anspruch genommen. Ja, die Kältetoten in Alamosa waren ausschlaggebend für die Gründung von La Puente und die Notunterkunft im Jahr 1982.

Lloyd Jim, sechsunddreißig, erst vor Kurzem aus der Haft entlassen, hoffte, er könne bei jemandem aus seiner Familie unterkommen, wurde jedoch abgewiesen, als er ihnen eröffnete, trans zu sein. Nach ein paar Nächten in der Notunterkunft und laut

Lance emotional »völlig am Boden« hatte er sich abgemeldet; kurz darauf wurde er unter einer Brücke aufgefunden. Erfroren. Es war Ende Januar. Sidney Arellano habe ich bereits erwähnt, er war regelmäßig in der Suppenküche der Notunterkunft zu Gast und wurde kurz vor der Weihnachtsfeier erfroren in seinem Auto gefunden. Es hatte da auch einen älteren Mann gegeben, der Matt aufgefallen war. Er lebte allein in seinem Van am Fuße des Blanca Peak. Matt fragte ihn immer wieder, ob er etwas brauche, beispielsweise Decken. Matt war schockiert (und schien sich übermäßig dafür verantwortlich zu fühlen), als der Mann im November erfroren aufgefunden wurde. Ein Gast der Notunterkunft, etwa dreißig Jahre alt und äußerst charismatisch, fror sich kurz nach Weihnachten in seinem Trailer in New Mexico zu Tode. Im darauffolgenden Monat hielt La Puente für ihn und andere obdachlose Opfer der Kälte eine Kerzenlichtmahnwache.

Matt war ein umtriebiger Mensch und misstraute den Anweisungen seiner Ärzte – ein gebrochener Oberschenkelknochen brauche sechs bis acht Monate zum Ausheilen und dass er solange die Füße still halten solle – zutiefst. Bei La Puente versuchte man, dem ärztlichen Rat Nachdruck zu verleihen, und bestand darauf, dass er sich freinehmen solle, doch Matt fand immer Gründe, hinters Lenkrad zu steigen, selbst wenn es ihm Schmerzen bereitete. Und als der Frühling in den Sommer überging, sagte er, es sei an der Zeit, einen der Claims aufzusuchen, an dem er und Luke Schürfrechte besaßen.

Gemäß geltendem Bergrecht war es erlaubt, Schürfrechte auf öffentlichen Flächen in Anspruch zu nehmen, solange man jährlich eine festgelegte Summe an Geld und eine gewisse Anzahl an Arbeitsstunden investierte – und Matt und Luke waren mit Enthusiasmus bei der Sache. Sie hatten drei verschiedene Standorte am Blanca Peak beantragt, an denen es ihrer Überzeugung nach Gold- und Silberablagerungen gab. Sie dienten außerdem als Rückzugsorte, wenn »die Kacke am Dampfen ist«, wie Doomsday-Prepper es formulieren, die sich auf den Untergang der Welt, oder doch zumindest der Zivilisation, vorbereiten; Matt erzählte mir, an einem der Standorte hätten sie genug Nahrungsmittel versteckt, um davon mindestens sechs Monate lang überleben zu können. Außerdem seien sie gut gerüstet, um sich selbst zu verteidigen: »Mit einem Fernglas kann ich von dort oben an manchen Tagen fast bis zum Highway 142 sehen«, eine Entfernung von vielleicht zwanzig Meilen. Wie viele andere glaubte auch Matt, soziale Unruhen, die aus den Städten in ländlichere Regionen überschwappten, wären eines Tages der Funke, der den Untergang entfacht. Menschen aus der Stadt würden dem Chaos entfliehen und nach Essbarem suchen, vorausgesetzt die Nahrungsmittelversorgung wäre zusammengebrochen. Ich fragte Matt ein wenig scheinheilig, ob er auf mich schießen würde, wenn ich den Berg hinaufkam, um mich ihnen anzuschließen. Er nahm die Frage ernst: »Nein, würde ich nicht. Du könntest bei uns bleiben. Du müsstest nur deinen Anteil der Arbeit verrichten.«

Matt und Luke nannten sich die »Goldgräber der verlorenen Berge«; sie erstellten Visitenkarten und einen YouTube-Kanal, den sie mit relevanten Videos bestückten wie beispielsweise *Wie man online Goldgruben findet* oder *Günstig und einfach Gold in Flüssen und Bächen schürfen*. In seinem Pick-up verwahrte Matt ein Fläschchen, das mit Goldflocken gefüllt war, die er beim Schürfen gefunden hatte; er liebte es, es anderen zu zeigen. Mir schien diese Art DIY-Vermögensbildung demselben Impuls zu entspringen, der bereits hundertsechzig Jahre früher massenhaft Goldsucher angetrieben hatte. Man musste gewieft sein und durfte körperliche Strapazen nicht scheuen – genau wie Matt und Luke.

Ich fragte, ob wir mit der Expedition nicht bis zum Herbst warten sollten, wenn Matts Bein besser verheilt wäre, doch er ließ sich nicht beirren. »Ich hasse es!«, sagte er, bezogen auf das erzwungene Stillhalten. »Es treibt mich in den Wahnsinn. Selbst als ich mir den Zeh abgesäbelt habe, war ich am nächsten Tag wieder bei der Arbeit.« (Der Zeh fiel einem Rasenmäher zu Opfer, als Matt Teenager war.) Die Vorbereitungen für den Ausflug erfolgten häppchenweise, da sein neues Zuhause in der Prärie, in das er mit Willow, seiner Liebsten, gezogen war, schlechten Handyempfang hatte. Außerdem mussten wir uns mit Luke absprechen. Doch zu guter Letzt stand unser Plan. Ich sollte nach dem Frühstück zu Matt fahren, und von dort würden wir zum Blanca Peak aufbrechen und Luke unterwegs aufsammeln.

Es war erst mein zweiter Besuch in Matts neuem Zuhause, das inzwischen mehr einer Farm glich als jedes andere Zwei-Hektar-Grundstück, das ich in den *Flats* kannte. Zum einen war es eingezäunt – Stacheldraht um das gesamte Gelände, und im Inneren weitere Zäune. Hinter dem Trailer war eine kleine Hanfplantage, deren Zugangstor mit einem Vorhängeschloss versperrt war. »Aber das Schloss dient nur dazu, ehrliche Leute nicht in Versuchung zu führen«, sagte Matt. An der Vorderseite hielt ein hoher Holzzaun seine Wolfshunde davon ab, zu weit in die Ferne zu schweifen. Ein kleinerer Zaun schützte ein paar Enten und Truthahnküken vor den Hunden und anderen Tieren – allerdings nicht, erzählte mir Matt, vor Virginia-Uhus: Als kürzlich Küken gefehlt hatten, überprüfte er seine Sicherheitskamera und sah, wie der große Vogel nachts auf Beutezug vom Himmel herabschoss. Seine Pferde standen auf einer Koppel in der Nähe, und seine Ziegen, darunter mindestens eine, die ihm die Grubers verkauft hatten, ließen es sich neben ihnen im frischen Stroh gut gehen. Unweit des Ziegenstalls lag ein Esel im Schatten; Matts Wolfshund Allie versuchte, durch den Zaun des Ziegenstalls hindurch an den Hörnern eines der Ziegenböcke zu nagen, dem das scheinbar gefiel. Matt erzählte mir, wie der Esel eines Tages durch den Außenzaun eingebrochen war. »Ich dachte: *Okay, klar, ein Esel*«, sagte er. »*Er kann beim Schürfen helfen – dabei, Sachen zu schleppen.*« Er fütterte ihn und gab ihm Wasser, und der Esel schien zufrieden.

»Zwei Wochen später fährt ein Kerl vor, sagt: ›Sie haben meinen Esel gestohlen.‹ Ich erwiderte: ›Wenn er Ihnen wirklich am Herzen liegen würde, hätten Sie nicht zwei Wochen gewartet.‹« Ohne es auszusprechen dachte Matt außerdem bei sich: *Und wenn Sie sich um ihn sorgen würden, hätten Sie seine überwachsenen Hufe getrimmt.* Matt sagte: »Sie können ihn gerne wieder mitnehmen«, und dachte, sagte aber wieder nichts: *Und Sie können mich gerne für den Zaun entschädigen, den er kaputt gemacht hat.* Der Esel sträubte sich, aber »der Kerl und seine Familie binden ihn fest und zerren ihn hinter ihrem Truck her«. Matt sagte, er sei auf der Straße hinter dem hinterhergeschleiften Esel gestanden und habe mit seinem Mund lautlos die Worte »What the fuck?« geformt. »Sie haben aufgegeben, sagten aber, sie kämen zurück. Ich befürchte, heute könnte es so weit sein.« Willow sagte, sie würde Matt anrufen, sollten sie sich blicken lassen.

Matt setzte seine Dose Mountain Dew ab, zündete sich eine Zigarette an und nahm einen Rucksack, in dem sich Walkie-Talkies und eine Pistole in einem Holster (»für Pumas oder Bären«) befanden, und dann ging es los.

Als wir an der nächstgelegenen Unterkunft vorbeifuhren, fiel mir auf, dass sein Grundstück, wie wir in der Großstadt sagen, in einem miesen Viertel lag. Alle Fenster des kleinen Stockhauses waren zerbrochen, der gesamte Ort verwüstet. Es war eine besondere Ruine, denn ganz offensichtlich war sie früher einmal ein nettes Häuschen gewesen; Matt sagte, er glaube, es sei eine ehemalige Meth-Höhle. Noch immer kämen Menschen her, mehr oder minder heimlich, und würden dann wieder mit allem Möglichen davonfahren. Auch Nachbarn aus einer anderen Richtung hatte er im Verdacht, nichts Gutes im Schilde zu führen – sie würden ihm nie in die Augen sehen.

In der Nähe der Kreuzung, auf der er den Elch angefahren hatte, war die sandige Böschung beschädigt und ein Strommast dort gesplittert, wo der Truck gegen ihn geprallt war. Matt schien durch den Unfall kein posttraumatisches Belastungssyndrom davongetragen zu haben. Und er erzählte mir, dass er im Januar doch tatsächlich ein paar Rehe angefahren habe, als sie die Straße vor ihm in der Abenddämmerung überquerten, sein Truck dabei aber kaum Schaden genommen hätte. »Elche sind viel größer – so hoch wie die Motorhaube.«

Ich freute mich, Luke in Overall und schweren Stiefeln zu sehen, obgleich er kürzlich mehrere gesundheitliche Rückschläge erlitten hatte. Die größte Sorge galt seinem Herzen: »Weißt du noch, dass ich im Januar einen Herzschrittmacher bekommen habe? Der spielt ziemlich oft verrückt.« Erst vor Kurzem hatte er ihm an der Quelle einen Schlag verpasst, als er und Matt ihre Wasserkanister gefüllt hatten. »Es ist, als würde einem ein Maultier in die Brust treten.« Neben seiner Flasche Snapple hatte er auch zwei kleine Flaschen mit Nitroglyzerin eingepackt und sagte zu mir: »Nur damit du Bescheid weißt, falls ich sie brauchen sollte.« Er machte es sich im hinteren Teil von Matts Truck bequem, zog einen Inhalator hervor und nahm einen tiefen Atemzug.

Zu den Gesprächsthemen auf unserer Fahrt in Richtung einer holprigen Straße, die uns den Blanca Peak hinauf zu dem Claim in sechshundert Metern Höhe führen sollte, zählten zwei Situationen, in denen Luke kürzlich mit den Behörden in Berührung gekommen war.

Zunächst war da ein unangemeldeter Besuch vom Flächennutzungsplaninspektor von Costilla County – obwohl Lukes Grundstück in Alamosa County lag. Luke sagte, der Mann sei neu gewesen, ein Weißer aus Denver, und wusste nicht, dass er sich im falschen County befand. Er forderte Luke auf, sein Tor zu öffnen und ihm Einlass zu gewähren. Luke weigerte sich – und rief bei der Funkzentrale der Polizei in Alamosa an, die ihm zufolge drei Streifenwagen vorbeischickte. Er sagte, er habe eine Beschwerde gegen den fehlgeleiteten Inspektor eingelegt.

Luke musste die Polizei unlängst außerdem rufen, als eine Lkw-Ladung Jäger, die Elche auf den Pisten des Blanca in einem SUV ins Tal jagten, den Tieren auf sein Grundstück folgten – und dort mit ihren Gewehren auf sie schossen. »Auf meinem Land! Die Sheriffs sind gekommen und haben sie festgenommen.«

Die Straße hinauf war sehr holprig. Matt war ein geübter Fahrer, und sein Truck hatte Allradantrieb, dennoch ruckelten und schwankten wir, teils heftig, als wir uns durch den trockenen Pinienforst, über Steine und Mulden wanden und uns manchmal zwischen Bäumen hindurchschlängeln mussten. (Mein Fenster auf der Beifahrerseite war einen kleinen Spalt geöffnet. So muss die Wespe hineingekommen sein, die mich später in den Finger stach.) Wir sahen Spuren kürzlich durchgeführter Baumfällarbeiten, die, wie Matt und Luke sagten, illegal waren, und wahrscheinlich auf das Konto einer Person gingen, die sich kostenlose Baumaterialien verschaffen wollte.

Einmal blockierte eine große Zeder den Weg. Wir stiegen aus und besprachen, wie wir sie fortbewegen könnten. Komischerweise hatte, wer auch immer den Stamm mit einer Kettensäge bearbeitet hatte, seine Arbeit nicht abgeschlossen. »Vielleicht haben sie es mit der Angst zu tun bekommen«, sagte Luke. Der umgestürzte Baum war zu schwer, als dass wir drei ihn hätten aus dem Weg räumen können, und wir hatten keine Säge und auch kein Seil, das stark genug gewesen wäre, um den Baum wegzuziehen. Doch dann fand Matt eine Machete in seinem Kofferraum, und nachdem wir uns eine halbe Stunde beim Kahlschlag des Baumes abgewechselt hatten, konnten wir uns an ihm vorbeiquetschen.

Währenddessen erhielt Matt einen Anruf von Willow: Die Eselbesitzer waren zurückgekehrt und befanden sich auf ihrem Grundstück und scheuchten »ihn auf ihrem Quad herum«. Sie war gestresst; er sagte, sie solle sie im Auge behalten.

Wir fuhren weiter, bis Matt schließlich auf einer kleinen Lichtung anhielt, kurz nach einer zerfallenen Goldgräberhütte. Luke schätzte sie auf die Zeit zwischen 1880 und 1910, als eine Unze Gold einen Wert von 18 bis 20 Dollar hatte. Heute lag der Wert jedoch bei etwa 1700 Dollar pro Unze, weswegen es durchaus

Sinn ergab, die Claims erneut aufzusuchen. Jedenfalls waren wir nicht die ersten Goldsucher, die herkamen.

Als wir uns an dem steilen Hang durchs Dickicht kämpften, kamen wir an mehreren alten Schürfstellen vorbei, an zerbrochenen Holzkonstruktionen und Metallstangen. Matt, der, wie Luke es ausdrückte, »das Kommando übernahm«, sprang trotz seines kaputten Beins wie ein Gämsbock voran. Luke fiel schnaubend und keuchend zurück, doch die Freunde nahmen in regelmäßigen Abständen ihre Walkie-Talkies zur Hand und blieben so in Verbindung. Beide hatten Lupen zur Bestimmung von Mineralien dabei. Unser Ziel war ein kleiner Wasserfall auf ihrem Claim; auf dem gesamten Weg dorthin sammelte vor allem Matt immer wieder Steine ein und brach sie auf. Sie fanden verschiedene Pyrite, möglicherweise Kupfer und hin und wieder Kristalle. Immer wieder legte Matt Gesteinsproben in seinen Rucksack, was diesen, wie ich aus eigener Erfahrung wusste, schnell beschweren würde. Doch das schien ihm nur noch mehr Energie zu verleihen.

Schließlich erreichten wir den Wasserfall, der in Wirklichkeit eher einem Rinnsal glich, das an der Vorderseite eines Felsens hinab in ein Becken floss. In der Nähe des Beckens war Schatten, und so legten wir alle eine Pause ein, um etwas Wasser zu trinken. Danach stocherte Matt im Schlick am Rand herum und begann, ihn auszusieben und nach Goldflocken zu suchen. Luke half ihm ein bisschen, zog sich dann aber wieder in den Schatten zurück. Der Claim sei einer von dreien, die sie auf dem Blanca Peak besaßen, sagte Luke. Auf seine höchst exakte Art bezifferte Luke jeden mit »acht Komma drei sechs Hektar, einhundertzweiundachtzig Meter breit und vierhundertsiebenundfünfzig Meter lang«. Der Claim, auf dem wir uns aufhielten, gehörte Luke; direkt darüber befand sich der von Matt. Der dritte Claim, den sie gemeinsam besaßen, lag ein bisschen weiter entfernt – und war der Ort mit den Prepper-Vorräten, die sie, so ihre Hoffnung, am Leben erhielten, wenn die Apokalypse über die Welt hereinbrach.

Luke beim Goldwaschen auf einem der Claims.

Luke benutzte seinen Inhalator, dann zündete er sich eine Zigarette an. Dort, wo wir saßen, war es friedlich und kühl, und wir konnten weit über die Ebene blicken. »Manchmal komme ich nur wegen der Ruhe herauf«, sagte Luke. »Ich komme hierher und verstecke mich einfach.« Unterhalb der Wasserfälle stand eine prächtige, von Bienen umschwärmte Mariendistel in voller Blüte, doch Kühen würde sie nicht bekommen, sagte Luke. Der untere Rand des kleinen Beckens war von Virginischen Traubenkirschen mit kleinen roten Beeren gesäumt; in dem Spanisch, das hier vor Ort gesprochen wurde, hießen sie *capulín*. Sie standen Matt im Weg, und er sagte, er wolle sie abschlagen.

Matt machte eine Zigarettenpause und sinnierte: »Wenn ich mir fünf Tage nehmen muss, um das Gold rauszuholen, mach ich's. Wenn ich fünf Jahre brauch, mach ich's auch. Es tut gut, einfach nur hier heraufzukommen und zu wissen, dass es uns gehört. Bisher haben wir insgesamt eine Unze rausgeholt – das ist meine Hausbank.«

Als wir zum Truck zurückkehrten, humpelte Matt wirklich stark. Teils aufgrund der fünfzig Pfund Gestein in seinem Rucksack, doch hauptsächlich wohl wegen seines gebrochenen Oberschenkels. Sobald er am Steuer saß, nahm er ein paar Tylenol. Doch erst als ich ihn auf seine Schmerzen ansprach, sagte er, wo es wehtat: im Muskel an der Oberschenkelinnenseite, am Knie. »Manchmal kann ich geradezu spüren, wie der Knochen heilt.«

Eine der größten Freuden bei meiner Rückkehr in die *Flats* war, zu erfahren, was sich verändert hatte. Am offensichtlichsten waren Neuankömmlinge: ein Zelt oder Wohnwagenanhänger oder sogar eine neue Unterkunft, die gerade hochgezogen wurde, vor allem in den warmen Monaten. Doch auch das Schwinden von etwas, das einmal gebaut worden war und jetzt leer stand, hatte seinen Reiz. Ein Teil dieses Reizes war ästhetischer Natur, so auch im Fall des langsamen Niedergangs eines markanten, zwei Meter fünfzig hohen Palisadenzauns aus Holzlatten. Er umschloss ein rundliches Grundstück von etwa neun Metern Durchmesser an einer der Hauptstraßen und diente zugleich als Sichtschutz. Meist verbarg sich hinter einem solchen Schutzwall eine Hanfplantage. Als klar war, dass das Grundstück verlassen worden war, wartete ich nur darauf, dass jemand begann, den Zaun zu zerlegen, das Holz zu stehlen, doch nichts dergleichen geschah während der drei Jahre, in denen ich es beobachtete. Dann, im vierten Jahr, fing der Zaun langsam an, umzukippen, wie eine Welle oder Dominosteine im Zeitraffer, zwei, drei Zentimeter pro Woche, bis man von außen durch die Lücken spähen konnte. Im Inneren lag nichts von Wert, nur etwas ausrangierter Ramsch.

Auf dem zweiten Grundstück der Grubers hatte mir die Eingangstür meines Wohnwagenanhängers den Blick auf ein ähnliches, wenngleich interesanteres Gebilde in etwa einer halben Meile Entfernung ermöglicht. Vom Anhänger aus wirkte es wie eine mittelalterliche Festung. Der hohe Holzlattenzaun war rechteckig und säumte die verlassene Anlage. Sie thronte auf einer Anhöhe, und an einer Seite flatterte hoch oben eine Art Stoff im Wind – wie Wimpel oder Banner eines längst verlorenen Unterfangens.

Eines Tages machte ich halt, um sie zu erkunden. Ich denke nicht, dass mein Truck dort, wo er abgestellt war, gesehen werden konnte, war mir aber bewusst, dass das, was ich vorhatte, in einer Präriegemeinschaft durchaus heikel war. Die Existenz zurückgelassener Gegenstände warf eine ethische Frage auf: Schenkte man (beispielsweise) Holzlatten ein zweites Leben, die definitiv zurückgelassen worden waren, war das vielleicht okay. Leute, die sich zu früh bedienten, gerieten in der Gemeinschaft in Verruf. Wartete man aber zu lange, kam einem ein anderer zuvor.

Das Vorhängeschloss am Vordertor des Anwesens war durchgeknipst, folglich war schon jemand hineingegangen. Das Erste, was mir auffiel, waren Hunderte von Butanflaschen, die auf überall auf dem Grundstück verteilten Haufen vor sich hin rosteten. Meist ein Hinweis darauf, dass die Bewohner Haschischöl oder Cannabisextrakt hergestellt hatten. Es sah aus, als wären früher einmal mehrere Fahrzeuge im Inneren abgestellt worden; eines davon, ein mit Holzplatten verkleideter Wohnwagenanhänger (vielleicht zur Isolation?), war übrig geblieben, aber bereits geplündert worden. In der Nähe lag ein großer Raumteiler aus Holz, der einmal mit einer Plastikplane bedeckt gewesen war, die jetzt in Fetzen hing. Ich begriff, dass sie die mittelalterlich aussehenden Fahnen waren, die ich von meinem Anhänger im Wind flattern sehen konnte.

Im Frühling 2020, ich befand mich auf dem Weg zu einem Besuch bei den Grubers, war ich zum ersten Mal seit Monaten wieder an dem Anwesen vorbeigekommen. Zu meiner Überraschung war ein Großteil des Holzes verschwunden. Ich fragte Frank und

Stacy danach, als ich aus meinem Truck stieg, und sie erzählten mir, ja, einer der Alteingesessenen sei aus der Stadt zurückgekehrt. Er wohne ganz in der Nähe und habe entschieden, die Zeit sei reif, das Holz zu kassieren und, wenn möglich, wiederzuverkaufen. Er war eine Prärieratte – einer jener, die wahrscheinlich irgendwo einen Niedriglohnjob bekommen würden, wenn sie nur wollten, es aber vorzogen, einfach abzuhängen, vor sich hin zu leben, nicht aufzufallen und die Drogen zu nehmen, die sie glücklich machten. Prärieratten waren nicht per se schlecht. Aber weil sie oft jung waren, drogenabhängig und kein Grundstück vor Ort besaßen (oder etwas anderes von nennenswerter Bedeutung, außer vielleicht ein altes Fahrzeug), und weil womöglich ein, zwei Haftbefehle gegen sie vorlagen, wurde ihnen oft die Schuld gegeben, wenn Dinge verschwanden.

Nick hatte die Grubers kurz nach mir verlassen (und war, wie er mir erzählte, nach Denver zurückgekehrt, um sich einem Haftbefehl zu stellen.) Doch als ich mit Stacy und Frank, den meisten ihrer fünf Töchter und einer Handvoll ihrer geliebten Hunde im Wohnzimmer zusammensaß, tauchte ein etwa siebenjähriger Junge aus dem Hinterzimmer auf. Das sei Tommy, sagte Stacy, der Sohn eines Freundes von Frank, der zurzeit bei ihnen wohnte. Tommy, klein, pummelig und extrovertiert, sagte Hi und ging mit Kanyon raus zum Spielen.

Die Grubers klärten mich auf: Es war eine lange Geschichte, die »damals im Jugendknast« begann, so Frank, in dem er seine vergeudete Jugend phasenweise verbracht hatte. Während eines besonders erinnerungswürdigen Aufenthalts hatte sich Frank mit Tommy Sr. angefreundet, »obwohl ich nur zweiundvierzig Tage« als Strafe hatte »und er zwei Jahre«. Sie boten einander Schutz, was damals besonders wichtig war. Tommy Sr. eilte der Ruf voraus, ein Schlägertyp zu sein; er schien von Kämpfen förmlich angezogen. Einmal, erinnerte sich Frank, piesackten zwei Männer einen dritten und wurden dabei immer brutaler. Tommy Sr. schaute sich das Ganze eine Weile an und »prügelte die beiden

Angreifer dann windelweich«. Ein andermal hatte Tommy Sr. einen Mitschüler mit einem Teppichmesser niedergestochen. Als ein Freund dem Mitschüler zu Hilfe kam, stach Tommy Sr. auch auf ihn mehrfach ein. »Seine Haftzeiten wurden aufgrund der Taten, die er beging, immer länger«, erklärte Frank.

Auch Jahre später noch, als Tommy Sr. sie in Casper besuchte, ergänzte Stacy, schien er voll Kampfesmut. Ein Mann schuldete Frank zwanzig Dollar und wollte sie nicht zurückzahlen. »Frank hätte es auf sich beruhen lassen, aber Tommy sagte: ›Einen Scheiß, den schnappen wir uns‹«, erzählte Stacy. Er sei niemand, der kampflos aufgeben könne, sagte Frank – so war es, Tommy Sr. als Freund zu haben, im Guten wie im Schlechten.

Als sich Tommy Sr., der inzwischen in Denver lebte, an Frank und Stacy gewandt und gefragt hatte, ob sie Tommy eine Zeit lang bei sich aufnehmen könnten, hatten sie zugestimmt. Sie wussten, dass es Tommy Jr. schwer hatte. Seine Mutter habe Meth genommen, so Stacy, als sie im achten Monat mit ihm schwanger war, und hatte frühzeitig Wehen bekommen; man hatte ihr Tommy nach der Geburt weggenommen. Tommy Sr.s Mutter holte ihn zurück. Doch es klang ganz so, als sei der Junge jahrelang von einer Pflegefamilie in die nächste weitergereicht worden. »Er hat Dinge gesehen, die kein Kind sehen sollte«, deutete Stacy an, ohne genauer darauf eingehen zu wollen.

Während unserer Unterhaltung rief Tommy Sr. an, und Frank stellte ihn auf Lautsprecher. Tommy Sr. fragte Frank, ob es möglich sei, dass Tommy Jr. beim Gehen das Scheckbuch seiner Großmutter eingesteckt hätte. »Er spielt so gerne mit dem Ding«, sagte er. Stacy verließ das Zimmer und sah in der Sporttasche des Jungen nach und sagte dann, sie habe das Scheckbuch nicht gefunden. Der Anruf endete. Als Tommy Jr. und Kanyon wieder hereinkamen, fragte Stacy ihn, ob er das Scheckbuch mitgenommen habe. »Nein«, antwortete er, »aber meine Grandma hat die Polizei angerufen und meinen Dad beschuldigt.« Au Backe!

Tommy Jr. wirkte einigermaßen in Ordnung, selbstbewusst

und unverblümt. Doch ein paar Tage zuvor hatte Sam, der von den Slabs in Kalifornien zurück war, gesehen, wie der Junge draußen, gleich dort, wo alle entlanggingen, Bierflaschen zerbrochen hatte. Sam sagte, er solle aufhören, und Tommy entgegnete: »Ich breche dir den Hals.« Sam hatte daraufhin angeblich innegehalten und sich dann vornübergebeugt, sodass Tommy an seinen Nacken kam. Der Junge rührte ihn nicht an. »Er testet uns«, sagte Stacy.

Sie meldeten ihn in der zweiten Klasse in San Luis an. Bald schon geriet er in Schwierigkeiten, weil er so getan hatte, als würde er mit einer Pistole auf den Kopf eines Klassenkameraden zielen, und gesagt hatte: »Da werde ich eine Kugel reinjagen.« Die Schulbehörde kümmerte sich um einen Therapieplatz für ihn. Stacy war aufgrund seiner Begeisterung für Horrorfilme und Gewaltexzesse alarmiert.

Ein paar Monate später erzählte mir Stacy, Tommy habe versucht, Meadoux und Trin an den Hintern zu fassen – ungewöhnliches Verhalten für einen Jungen seines Alters. Der Tropfen, der das Fass schließlich zum Überlaufen brachte, war, als Tommy, der seine Hausaufgaben hätte machen sollen, seine Hosen runterließ und sich vor Kanyon entblößte. Stacy sah es und schrie ihn an; Frank legte ihn übers Knie und versohlte ihn vier Mal. Beide waren erstaunt, dass die Schläge ihn nicht zum Weinen brachten; er schien abgestumpft, kampfgestählt. Er weinte auch nicht, als sie ihm kurz darauf mitteilten, er müsse wieder beim Partner seiner Grandma leben. Vier Monate sei er bei ihnen gewesen, sagte Stacy. Sie hätten es wirklich versucht. Aber dieses Verhalten gegenüber den Mädchen – auch sie hatten ihre Grenzen.

Da bei La Puente eine neue Kohorte von AmeriCorps-Freiwilligen begann, mussten ein paar Abendschichten besetzt werden, solange die Neuen eingearbeitet wurden.

Tona, die Leiterin der Notunterkunft, fragte mich, ob ich ein paar der Schichten übernehmen könne. Das Einzige, was mich zögern ließ, war, die Verantwortung für das Abendessen zu übernehmen – dabei mussten bis zu sechzig Personen bewirtet werden, und ich war nicht sicher, ob meine Fähigkeiten als Koch ausreichen würden. Wie wäre es, schlug Tona vor, wenn sie Geneva fragte, ob diese mir dabei helfen könnte? Geneva war seit vielen Jahren ehrenamtlich für La Puente tätig und außerdem für ihre Kochkünste berühmt; eine Zeit lang hatte sie sogar ein mexikanisches Restaurant in Alamosa betrieben. Mit Genevas Hilfe wäre ich definitiv dazu bereit, sagte ich.

Tona half bei meiner Einarbeitung am ersten Tag und erklärte mir die Regeln der Notunterkunft, die Handhabung des Dienstbuchs und zeigte mir den Vorratsraum. Sie erklärte mir das Aufnahmeverfahren und das, was man wohl als Rauswurfverfahren bezeichnen könnte, wenn jemand die Regeln brach. Um Letzteres zu verdeutlichen, spielte sie mir kürzlich aufgenommene Überwachungsvideos vor, auf denen ein Mann zu sehen war, der nach Mitternacht aus dem Flurfenster im Obergeschoss steigt, um Meth zu rauchen. »Woran hast du erkannt, dass es Meth war?«, fragte ich sie. »Daran, wie er die Pfeife dreht« – als sie mir das erklärte, sah ich, dass sie aus Glas war –, »wie er versucht, jedes Krümelchen zu erwischen.« Das Video zeigte auch einen Mitarbeiter vom Nachtpersonal, der, nicht ahnend, dass draußen auf dem Dach ein Mann saß, das Fenster schloss und verriegelte, und später einen Polizeibeamten, der vom Boden aus mit dem Mann sprach. Tona überreichte mir die Blackbox, einen Karteikasten aus Plastik, der die Namen all der Gäste enthielt – auch seinen –, die nicht so bald wieder Fuß in die Unterkunft setzen durften. (Später erfuhr ich, dass das Wort »Blackbox« in der Notunterkunft als Verb benutzt wurde, wie im Satz »Tona hat sie geblackboxt, weil sie Meth genommen hat«.)

Während wir uns unterhielten, kam ein Paar, um einzuchecken. Tona sah dabei zu, wie ich ihre Personalien aufnahm, sie fotografierte, sie Formulare ausfüllen ließ. Sie sagten, sie hätten vor Kurzem in Del Norte geheiratet – sie zeigten mir die Hoch-

La Puentes Notunterkunft in Alamosa, Colorado.

zeitsurkunde –, und fragten, ob sie sich ein Zimmer teilen könnten. Wahrscheinlich ja, erwiderte ich, solange vor der Abendessenszeit keine Familie mit Kindern einträfe. Sie waren weiß und in ihren Dreißigern; der Mann hatte Schwierigkeiten beim Gehen und sagte, er sei Kriegsveteran mit PTSD. Die Frau war mager, und im Unterkiefer fehlten ihr Zähne, doch das, was Tona auffiel, war, wie sie mir später berichtete, die Art, wie sie ihren Kiefer immer wieder zur Seite schob. »Sie ist mit ziemlicher Sicherheit Meth-Konsumentin«, sagte Tona. Das sei etwas, das wir im Auge behalten sollten. Der letzte Schritt des Aufnahmeprozesses war, ihnen dabei zu helfen, ihre gesamte Wäsche zu waschen, das war Voraussetzung vor dem Bezug eines Zimmers in der Notunterkunft.

An jenem ersten Abend bereitete eine mormonische Kirchengruppe das Abendessen zu: Backofenkartoffeln mit Chili. Am zweiten Abend zauberte Geneva einen Kessel grünes Chili mit Schweinefleisch und servierte dazu Reis mit Tortillas und zum Nachtisch Karottenkuchen, der von einer anderen Kirche gespendet wurde. Ich war froh, dass sie da war, nicht nur aufgrund des köstlichen Essens, sondern auch, weil sie schon oft in der Notunterkunft ausgeholfen hatte; von ihrer entspannten Art konnte ich mir noch etwas abschauen. In Gedanken führte mich meine Arbeit in der Notunterkunft zurück in die Monate, die ich als Gefängniswärter in New York verbracht hatte. Auch wenn die Notunterkunft von La Puente meilenweit von einem New Yorker Gefängnis entfernt war, erinnerte mich meine Rolle – ich hatte jetzt das Sagen – daran, wie ich weniger freundlich geworden, einem Nein weit eher zugeneigt war, als ich den Job innehatte. Als wir nach dem Abendessen sauber machten, tauchte beispielsweise ein Paar mit seinem Pitbull am Haupteingang auf. Tiere waren in der Unterkunft nicht erlaubt, bei diesem Hund handle es sich jedoch um einen Begleithund, sagte die Frau und zeigte mir seine Papiere. Könne ihr Partner eine Dusche nehmen und dürfe er den Hund dabei mitnehmen?

Ich fragte, ob der Hund nicht einfach mit ihr auf der Veranda warten könne, doch sie sagte, für ihren Freund sei es wirklich wichtig, den Hund bei sich zu haben. Ich wollte gerade Nein sagen, als Geneva kam und meinte, es sei es in Ordnung – eine Entscheidung, die Tona am nächsten Tag bestätigte. Geneva pflegte eindeutig einen menschlicheren Umgang als ich.

Sie versuchte immer, einen Draht herzustellen. Einen zuvorkommenden älteren Hispanic nannte sie »meinen Freund«. Viele ihrer an die Gäste gerichteten Sätze endeten mit »Liebes«. Brach jemand die Regeln, war sie schnell mit einem Tadel zur Hand, doch ließ denjenigen dann »dieses eine Mal« vom Haken. An ihren vielfältigen Verbindungen zu den Menschen vor Ort bestand kein Zweifel. Eine Frau um die dreißig, die gerade aus dem Gefängnis entlassen worden war, stellte sich als eine Art Stiefnichte heraus. Ein Freund ihres Sohns Angelo grüßte sie über den Empfangstresen hinweg und sagte, er vermisse Angelo und ihren Ehemann. Zu meinem Erstaunen erwiderte Geneva, der Lift, den Angelo zu nahe an eine Stromleitung bugsiert hatte, habe ihm ein mehrere Zentimeter großes Loch in den Magen gebrannt. »Es fällt mir inzwischen leichter, darüber zu reden«, erzählte sie mir danach. Als sie mit Rob, dem Kerl von der Nachtschicht, plauderte, fiel ihr irgendwann auf, dass sie seine Großmutter »wirklich gut« kannte.

»Und wie läuft's bei dir, draußen in den *Flats*? Wie geht's mit deinem Trailer?«, frage sie mich. Ich sagte, alles sei in Ordnung.

An meinem letzten Tag war Geneva nicht da, aber inzwischen fühlte ich mich etwas sicherer in meinem Job. Ihr lockeres Wesen hatte wohl auf mich abgefärbt – und, ehrlich gesagt, eine solche Tätigkeit konnte man auf Dauer auch nur mit dieser Einstellung überstehen. Während meiner achtstündigen Schicht begegnete ich einer ganzen Reihe unverwechselbarer Originale.

Da war ein seltsamer junger Mann in Kampfmontur und mit rötlich gefärbten Haaren, der mich bat, ihm bei einem Anruf in einer psychiatrischen Einrichtung zu helfen. Wann sei sein Termin, wollte er wissen, und weswegen noch einmal? (Später erfuhr ich, dass er sich etwa zwei Jahre zuvor, andere hatten ihn beschuldigt, Essen aus dem Gästekühlschrank der Notunterkunft gestohlen zu haben, vor dem Haus angezündet hatte.)

Da war eine Frau, deren Wohnung kürzlich zwangsgeräumt wurde und die die vorige Nacht in einem Zelt verbracht hatte. »Ich bin schwanger«, sagte sie. »Und drogensüchtig«, sagte ein anderer.

Da war ein älterer Mann aus Arkansas. Bei seiner Aufnahme schien er über alles, womit er zu kämpfen hatte, freimütig zu berichten: COPD, eine Bipolare Störung, fünf Jahre im Gefängnis, Krebs und mehr. Um zehn Uhr abends saß er rauchend vor dem Haus und sah völlig geschafft aus.

Ein anderer älterer Mann, ein Diabetiker, hatte geradezu grotesk geschwollene Füße.

Ich erlaubte einer jungen Frau und einem jungen Mann, ihre Fahrräder auf dem eingezäunten Hof abzustellen. Erst nachdem sie hereingekommen waren, sah ich, dass ihre Gesichter und Arme mit Schorf bedeckt waren, wahrscheinlich waren sie Meth-abhängig.

Da waren Gäste, die ihre Medikamente abholten, die sie beim Check-in in unserer Obhut hatten lassen müssen: Seroquel (ein antipsychotisches Medikament, das bei Schizophrenie und Bipolaren Erkrankungen verabreicht wird), Herztabletten, Antibiotika, Tinkturen.

Wenn es gerade ruhig war, las ich im Dienstbuch. So erfuhr ich, dass der gut gelaunte junge Gast, mit dem ich mich am Vorabend unterhalten hatte, an jenem Morgen der versuchten Vergewaltigung bezichtigt worden war; die Polizei war gerufen worden, und er wurde festgenommen. Ich las, dass eine Frau, die den ganzen Abend gegrummelt hatte, die Unterkunft werde von Idioten betrieben, nach Ausfälligkeiten gegenüber Mitarbeitern eigentlich drei Tage Hausverbot hatte – und doch war sie hier.

Ich hatte einen Schlüsselring mit zahlreichen Schlüsseln für Türen und Schließboxen. Ich passte gut auf ihn auf, nicht nur, weil ich im Gefängnis gelernt hatte, dass es etwas vom Schlimmsten ist, seine Schlüssel zu verlieren, sondern auch, weil ich mich daran erinnerte, dass Tona ihr Büro ein paar Monate zuvor einmal »nur für ein paar Minuten« unbeaufsichtigt und unabgeschlossen gelassen hatte, nur um am Ende des Tages festzustellen, dass ihre Autoschlüssel ebenso wie ihr SUV fehlten. Sie war außer sich – sie hatte es gerade erst abbezahlt und hatte nur eine Haftpflichtversicherung. Wenige Stunden später erfuhr sie zu ihrer Erleichterung von der Polizei, dass das Fahrzeug nur von einem Gast »ausgeliehen« worden war, der, wie sie auf Facebook erklärte, »es brauchte, um nach Colorado Springs zurückzufahren, um sich zu stellen, nachdem er gegen seine Bewährungsauflagen verstoßen hatte. Er war wegen Autodiebstahl auf Bewährung …
😁🥲😳😲«

Ich staunte darüber, dass Tona so lange als Leiterin der Notunterkunft durchgehalten hatte – inzwischen mehr als elf Jahre. Eines Tages erfuhr ich beim gemeinsamen Mittagessen mit ihr und ihrem Mann Robert, dass sie für den psychischen Gesundheitsdienst des County gearbeitet hatte und für eine Bank und im Verkauf, doch ihr Herz gehörte den Menschen in Not. »Ich bin eine von denen, die, wenn es brennt, genau in die Richtung fahren.« Obdachlosigkeit war für sie wie ein Feuer. Robert, selbst ein ehemaliger Ersthelfer (er hatte bei der Polizei in Manassa und Antonito gearbeitet), ergänzte, dass Tona »Polizistin hätte werden können«, bei ihrer Beobachtungsgabe und ihren analytischen Fähigkeiten, Menschen und Situationen einzuschätzen. Tona gab ein Beispiel: Vor Kurzem war eine junge Mutter mit ihrem zweijährigen Kind in der Notunterkunft gelandet und sagte, sie sei zu Hause bei ihren Eltern rausgeflogen. Von Drogen erwähnte sie nichts, doch Tona erkannte sofort, dass diese mit großer Sicherheit Teil der Geschichte waren – und bekam Recht.

Tona wirkte stark, dickhäutig, doch die Arbeit ging ihr sehr nahe, was sich darin äußerte, dass sie sich selbst recht oft infrage stellte – etwas, das ich nie vermutet hätte. Sie sagte, nachts läge sie oft wach und frage sich, ob sie das Richtige getan hatte. »War ich wirklich eine Fotze, wie mich die Bewohnerin der Notunterkunft genannt hat?« Sie hatte die Frau zum Gehen aufgefordert, nachdem diese einen AmeriCorps-Freiwilligen beschimpft und anderes mehr verbrochen hatte.

Rob, der Kollege vom Nachtdienst, kam zu meiner Erleichterung ein paar Minuten früher und sagte, er würde vor seiner Schicht draußen noch eine rauchen. Ich schloss das Büro ab und leistete ihm Gesellschaft. Er saß mit seiner Zigarette, einem Extra-Large-Kaffee von Starbucks und seinem Handy auf einem Stuhl und schaute auf eine App namens MobilePatrol. »Die zeigt mir die Fahndungsfotos von jedem an, der kürzlich vom Sheriff festgenommen wurde.« Er sagte, im Durchschnitt erkenne er einen von vier oder fünf der Inhaftierten. Er führte es mir vor: »Er war hier. Sie war ein paar Nächte hier. Oh, und der Kerl auch.« Er erzählte, dass er die App zum Selbstschutz verwende, damit er besser darauf vorbereitet war, was auf ihn zukommen könnte. Tagsüber war er Busfahrer; die Nachtschicht in der Notunterkunft erlaube ihm zwar etwas Schlaf, aber nicht genug, sagte er. Irgendetwas war immer los – ein Klopfen an der Tür, obwohl bereits geschlossen war; irgendein gesundheitliches Problem morgens um drei. Ich wünschte ihm eine gute Schicht, stieg in meinen Truck und kaufte mir im Supermarkt einen Kaffee – vor mir lag etwas mehr als eine Stunde Fahrt zu meinem Zuhause in den *Flats*, und manchmal, spät bei Nacht, war es nicht leicht, wach zu bleiben.

Auf halbem Nachhauseweg, dort, wo ich von der Hauptverkehrsstraße abbog, kamen mir keine Autos mehr entgegen, und um mich herum wurde es dunkler. In Romeo und Manassa gab es ein paar Straßenlaternen, doch kurz nachdem ich das Stromnetz hinter mir gelassen hatte, regierte die Finsternis. Fünfzehn Minuten später erklomm ich einen Hügel, und der Himmel öffnete sich und bot mir bei meiner Abfahrt zum Rio Grande einen spektakulären Blick auf das vom Sternenlicht erhellte flache Land.

Und dann leuchteten die roten und blauen Lichter von Polizeiautos auf. Sie waren zwar meilenweit entfernt, doch da ich Journalist bin und das ungewöhnlich war, beschloss ich, auf meinem Rückweg daran vorbeizufahren. Die Polizei war auf dem Grundstück von Rhonda und Kea, dem Mutter-Tochter-Gespann, dem mich Robert bei meinem ersten Besuch in der Prärie vorgestellt hatte. Zwischenzeitlich hatte ich sie etwas besser kennengelernt und verband ihr Haus vor allem mit ihren scharfen Hunden. Einmal hatte ich den Besuch einer Kirchengruppe bei ihnen angeleiert, die ihnen beim Saubermachen helfen sollte. Als die drei vor dem Haus angeketteten Hunde aufgehört hatten zu knurren, wurde ich leichtsinnig und machte einen Schritt nach vorn, wo der Pitbull mit der Delle im Kopf mich fassen konnte. Ich war vollkommen überrascht, als er sich auf meinen Fuß stürzte und ein Loch in die Seite meines Schuhs riss, wobei ich auf wundersame Weise kaum einen Kratzer davontrug.

In jener Nacht hielt ich nicht an, erkundigte mich aber später. Ich erfuhr, dass Kea den Sheriff gerufen hatte, weil ein betrunkener Ex-Freund spätnachts ohne Vorwarnung an ihrer Tür aufgetaucht war und nicht weggehen wollte. Der betrunkene Ex-Freund war der Sohn Terrys, dessen Trailer inzwischen mir gehörte. Laut Paul hatte Terry Jr. eine Zeit lang bei ihm gewohnt. Tatsächlich war dieser früher an jenem Abend zunächst bei Paul aufgetaucht. Paul trank nicht und wollte Terry nach einer Weile wieder loswerden. Schließlich fuhr er Terry zu Kea. Anstatt Terry an der Haustür abzuliefern, hatte er ihn jedoch auf der Straße abgesetzt; Terry war über ein Feld gestolpert, um zu ihrem Haus zu gelangen. Ich konnte mir vorstellen, wie die vor dem Haus angebundenen Hunde angeschlagen haben mussten.

Als ich zu Hause ankam, war von den roten und blauen Lichtern, die wie das Licht eines Stroboskops über der Ebene aufgeblitzt waren, nichts mehr zu sehen. Auch der Mond ließ sich nicht blicken. Doch die Sterne, dieselben, die Zahra bei ihrer Ankunft in Colorado verblüfft hatten, standen üppig und endlos über der leeren Weite, von den Sangre de Cristos bis hin zum Rio Grande und zum Kiowa Hill. Die Milchstraße war so groß, so allumfassend, wie ich sie nie zuvor gesehen hatte.

Obgleich die meisten Lebewesen zu dieser stillen Stunde schliefen, waren ein paar wach und regten sich. Zu den größten gehörten ein paar Pferde und jede Menge Rinder. Jedem, der, so wie ich, leichtsinnig genug war, bei Dunkelheit zu fahren, konnte es passieren, mit einem zusammenzustoßen, vor allem mit einem schwarzen. Man musste langsam machen. Kleiner waren die Hasen, die, von den Scheinwerfern angezogen, manchmal eine lange Strecke vor dem Truck herliefen, und die Packratten, Mäuse und andere Kleinlebewesen bis hin zu Insekten, deren Spuren man morgens auf dem staubigen Untergrund der Straße sehen konnte. Ihre Existenz erklärte wiederum das Vorkommen von Vögeln wie

Uhus und, viel weiter verbreitet, Nachtfalken. Nachtfalken nisteten am Boden, oft in der Nähe des Straßenrands und tauchten häufig im Licht meiner Scheinwerfer auf, wenn sie im Sturzflug lautlos hin und her schossen.

Von meinem Trailer aus hörte ich manchmal Kojoten, die einander etwas zuheulten. Und ein Tier, das ich zwar nie sah, jedoch wusste, dass es gelegentlich da war, war der Puma.

Auch die menschlichen »Prärieratten« erwachten nachts manchmal zum Leben und fuhren, ob unter dem Einfluss von Drogen oder nicht, ziellos umher. Troys Sohn Jason hatte Sams Verdacht erregt, weil er nachts mit ausgeschalteten Scheinwerfern in seinem Truck herumgeisterte. Auch ich war seinem verdunkelten, durch die Prärie rollenden Truck bereits begegnet, und meine erste Sorge war, dass ich versehentlich mit ihm zusammenstoßen könnte. (Meine zweite Sorge galt seiner psychischen Gesundheit.) Eines Abends, ich wohnte noch auf dem neuen Grundstück der Grubers und ihr Freund Josh aus Wyoming auf ihrem alten, rief er Frank und Stacy verzweifelt an: Sein geliebter Pyrenäenberghund war verschwunden. Er befürchtete, der Hund sei gestohlen worden, und fragte, ob ihm jemand bei der Suche im Dunkeln helfen könne. Frank und Stacy hatten nicht mehr genug Benzin, um mitzukommen, aber ich. Meadoux und Trin begleiteten mich.

Nachdem wir Josh am Wegesrand getroffen und besprochen hatten, wo wir jeweils suchen würden, machte ich mich gemeinsam mit den Mädchen auf zu Jack, bei dem sie ein paar Monate zuvor die Pferde gefüttert hatten. Jack war der konservative Christ, der sich über das Wandgemälde der barbusigen Indigenen in Antonito beschwert hatte; er konnte gut mit Pferden und hatte außerdem ein Zuchtpaar Pyrenäenberghunde, und manchmal kehrte ihr Nachwuchs für einen Besuch zu ihm zurück. Es war allgemein nicht sonderlich ratsam, nach Einbruch der Dunkelheit unangemeldet bei jemandem vorzufahren; und in der Tat tauchte Jack, nachdem ich ein paar Mal vor seinem Trailer gehupt hatte, mit einer Pistole in der Hand in der Tür auf. Dann jedoch sah er Trin und Meadoux und erkannte mich und bat uns herein. Jack sagte, er habe Joshs Hund nicht gesehen, würde aber die Augen offen halten.

Ich fuhr noch eine Weile mit den Mädchen herum und fragte sie irgendwann, ob sie sich noch an das ältere Paar erinnerten, dem wir an dem Morgen begegnet waren, als ich sie zum Bus ins Ferienlager in Antonito gebracht hatte – der Mann und die Frau aus New Mexico, deren Fahrzeug im Punche Valley liegen geblieben war. Sie waren die ganze Nacht gelaufen, um dorthin zu gelangen, wo wir sie fanden. Die Mädchen bejahten. Dann erzählten sie mir, dass einer ihrer Freunde vom Ferienlager nach einem Streit mit seinem Vater kürzlich versucht hatte, nachts von Antonito zu ihrem Grundstück zu laufen, eine Entfernung von fast achtzehn Meilen. Trin sagte, er habe es bis ein paar Meilen vor ihrem Zuhause geschafft und sei dann am Straßenrand eingeschlafen. Sie hatten ihm Richtungsanweisungen gegeben; ich sagte, er habe doch sicherlich eine Kartenapp auf seinem Handy benutzt, aber sie sagten, nein, er habe sein Handy zu Hause gelassen, da sein Vater »einen Tracker reingemacht« hatte. Seine Eltern fanden ihn tags darauf. Sie waren seinen Fußspuren auf den staubigen Straßen gefolgt.

Die Mädchen fuhren fort und erzählten, wie merkwürdig James war. Er war von der Ladefläche des Trucks seines Vaters auf den Rücken einer Kuh gesprungen und hatte sie bis nach Mesita geritten. Er war aus einem Fenster in einen Müllcontainer gesprungen.

»Ich kann noch immer nicht fassen, dass er barfuß hierhergelaufen ist«, sagte Trin.

Jetzt hatte ich ein anderes Bild von seinen Fußspuren im Kopf. Und bald darauf fiel mir ein schlaksiger Teenager ein, der eines Tages im Winter die Bahngleise in Antonito überquerte. »Trägt er kein Oberteil, selbst wenn es draußen kalt ist?«

»Das ist er.«

Zufällige und ominöse Botengänge, zielgerichtete und ziellose: Der Flüchtige, der Schutz vor der Polizei suchte und vor Sundance' Tür landete, war ebenso nachts unterwegs gewesen wie der nackte, vollgedröhnte Kerl, den Sam und Frank eines Morgens in der Nähe des Grundstücks der Grubers bemerkt hatten. Die Prärie sah nie unbewohnter aus als nachts, doch irgendjemand wanderte immer in ihr umher.

7
Waffen, Viren und der Klimawandel

Sie war froh, dass jetzt O'Malley da war und nicht der alte Doktor Barber. Sie sah den Saufaus noch vor sich mit hängenden Backen, zitternden Händen, benommen von seinem Morphium, oder was er sonst nahm … Jetzt erst fiel es Elsa auf; überall, wo sie und Bo gelebt hatten, war irgend so ein Barber gewesen, tüchtig, verloren und verkommen. Oder hatte Bo sie immer nur an jene gleitenden Grenzen der Zivilisation gebracht, wo das Strandgut angespült wurde, wo die Taugenichtse und die Gescheiterten zusammenfanden?

Wallace Stegner, Der Berg meiner Träume

Es war verlockend, sich das dünn besiedelte San Luis Valley weitab der Großstädte als einen aus der Zeit gefallenen, als einen Ort ohne negative Schlagzeilen vorzustellen, immun gegen den Stress des modernen Lebens. Aber natürlich war das eine Art Traum – kein Ort in den Vereinigten Staaten entsprach dem im einundzwanzigsten Jahrhundert.

Anfang 2020, als die Pandemie eher dünnen Wolken hoch oben im Himmel glich als einem düster heranrollenden Sturm, war ich mit Judy McNeilsmith von La Puente zum Frühstück in Alamosa verabredet.

Judy koordinierte das Rural-Outreach-Projekt und war somit für Matt zuständig. Sollte sich die Situation weiter zuspitzen, erzählte sie mir, müsse La Puente die Anzahl der Schlafplätze in der

Notunterkunft reduzieren und aufhören, hungrige Menschen zum Essen hereinzubitten; stattdessen würden sie Lunchpakete ausgeben. Beratungsgespräche im Outreach-Projekt würden remote durchgeführt. Lance Cheslock hatte bereits einen Vorrat an N95-Masken bestellt.

Wir hofften, dass es so weit nicht kommen würde, doch wie wir heute wissen, war dies nicht mehr als ein frommer Wunsch. Im Bestreben, das Virus einzudämmen, wies Colorado am darauffolgenden Tag Restaurants wie das, in dem wir gerade saßen, dazu an, den Essensbereich im Inneren zu schließen. Ich kehrte nach New York zurück, wo sich die Lage dramatisch zugespitzt hatte, und beschloss, nicht derjenige zu sein, der das Virus an abgelegene Ort einschleppte, die noch nicht damit in Berührung gekommen waren.

Ich wusste wohl, dass die pandemiebedingten Beschränkungen der Regierung vielen Bewohnern des Valley, in dem es bislang nur wenige Fälle gab, übertrieben erschienen. Troy nannte es das »Quatschvirus« und bezweifelte, dass es schlimmer als die saisonale Grippe war.

Vor der Post in Jaroso schnaubte Harold Anderson verächtlich, als ich ihm meinen Unterarm zum Gruß hinhielt, anstatt ihm die Hand zu reichen; seine Frau versicherte mir, die Pandemie sei »etwas, das die Medien erfunden haben, um Geld zu machen«. Im Inneren des Postgebäudes klang ein Bekannter weniger überzeugt; er sagte, er erinnere sich daran, wie seine Großmutter 1918 oder 1919 nach Alamosa gezogen war, um während der Spanischen Grippe als Krankenschwester auszuhelfen.

In New York las ich einen monumentalen Wälzer von Wallace Stegner, der im amerikanischen Westen angesiedelt ist und die Geschichte einer Familie erzählt, darunter die Jahre jener Epidemie. (Angeblich basiert die Familie auf seiner eigenen.) Der Vater, Bo Mason, ist ein aufbrausender, freiheitsliebender Querulant, der es hasst, gesagt zu bekommen, was er zu tun hat, und allein den Gedanken an die Quarantäne nicht erträgt, die über die Region verhängt wurde, in der sie leben. Es ist Winter, und Bo fühlt sich »irgendwie mißmutig und […] sonderbarerweise bedrückt, weil die Farmer, die den lieben langen Tag bei Anderson herumsaßen, nichts anderes mit sich anzufangen wußten, als sich Schreckensgeschichten von der Influenza zu erzählen«.

Er beschließt, dass die Quarantäne dieser Pfeifen seine Chance ist, und fährt in einem Schneesturm von Kanada in Richtung Süden, um schwarzgebrannten Schnaps in Montana zu besorgen und ihn in Saskatchewan zu verkaufen, wo Alkohol verboten ist. Auf seinem Weg in eine Stadt, in der er hofft, einen Barkeeper davon zu überzeugen, ihm ein paar Flaschen Fusel zu verkaufen, fährt Bo an Schneewehen und bescheidenen Bauernhöfen vorbei. Aber: Alle »aus dem Last Chance [sind] im Krankenhaus!«, erzählt man ihm.

Während sich Bo weiter durchschlägt, die Regeln ignoriert und mit Menschen in Berührung kommt, die eindeutig krank sind, bangte ich, ob er es mit seiner Fracht nach Hause schaffen würde, und fürchtete mich zugleich davor, herauszufinden, was geschehen würde, wenn dem so war. Oder, wie es ein Literaturkritiker 2020 formulierte: »Bo, die unbändige Verkörperung eines freiheitsliebenden Machertyps aus dem Mittleren Westen, ist für jeden in seiner Umgebung eine tödliche Gefahr.«

Letztlich bahnte sich das Coronavirus doch noch seinen Weg ins San Luis Valley. Es fing in den Städten an, vor allem in Alamosa, und in geschlossenen Umgebungen wie den Kartoffellagern. La Puente ergriff die Maßnahmen, die Judy mir bereits bei unserem Frühstück geschildert hatte. Doch dass der Ansturm auf Konserven und andere Lebensmittel, der den Beginn der Pandemie landesweit einläutete, die Tafeln derart belasten würde, damit hatten die Leitungskräfte der Organisation nicht gerechnet. »Die Läden, auf deren überschüssige Lebensmittel wir angewiesen sind, hatten plötzlich keine mehr«, erzählte mir Lance später. »Noch nicht einmal bei den kommerziellen Vertriebshändlern fanden wir Lebensmittel zum Kauf.«

Sie reagierten schnell. Der Leiter der Tafel telefonierte herum und nahm Kontakt zu einem in Kalifornien ansässigen Großhändler auf, der Lebensmittel vorrätig hatte, aber eine Mindestbestellung in Höhe von etwa 30 000 Dollar verlangte. Lance erzählte mir, sie hätten ein Holzschild mit einem Spendenaufruf bemalt, das sie an der Straße aufstellten, und dass sie die Nachricht auf Facebook verbreiteten. Noch bevor die Farbe trocken war, hatten sie die 30 000 Dollar beisammen, und das Geld floss unaufhörlich weiter. »Am Ende hatten wir genug Geld für zwei Ladungen.« Das brachte sie über die Anfangszeit der Pandemie.

Die monatlichen Mitarbeiterversammlungen wurden aus dem Gemeinschaftsraum einer Kirche auf Zoom verlegt. Auch wenn es mir das ermöglichte, von New York aus teilzunehmen, hatte ich das Gefühl, als hätten die Treffen etwas von ihrer Lebhaftigkeit verloren. Um acht Uhr morgens sahen alle Teilnehmenden ziemlich verschlafen aus. Alle, außer Matt Little.

Trotz des schlechten Empfangs wählte sich Matt von seinem Grundstück in den *Flats* aus mit seinem Handy ein. Oft war das Bild verwackelt und der Ton abgehackt, aber das machte nichts, denn Matt brachte die Prärie in die Zoom-Meetings. Nur etwa ein Meter von dort, wo er auf seiner Couch saß, stand ein Plastikeimer, der bei meinem letzten Besuch voller Küken gewesen war; ich konnte sie förmlich piepsen hören. In der Regel blieb Matt, da er nun einmal war, wie er war, nicht für die Dauer unseres gesamten Treffens sitzen, sondern nahm sein Handy mit nach draußen, wo er seine Erledigungen in Angriff nehmen konnte. So erhaschte ich einen Blick auf seine Ziegen, seine Truthähne, seine Pferde, auf Willows Tochter und das Heu auf der Ladefläche seines Pickups. Manchmal leuchtete die Sonne in seinem Bild auf, dann wusste man, dass er unterwegs war, wie immer ungeduldig, ruhelos. Bei allen anderen blieb der Bildschirm unbewegt, doch der von Matt glich einem Live-Action-Video. Ich saß in meinem Homeoffice in New York und wünschte mir, bei ihm zu sein.

Mit dem Mord an Georg Floyd durch einen Polizisten in Minneapolis später im Frühling spitzte sich die Situation auch auf dem Land zu. New York war eine der vielen Städte, die von den Ende Mai beginnenden Protesten erschüttert wurde. Meine Studenten nahmen an einigen der Demonstrationen teil, so auch ein paar befreundete Journalisten, die von der Polizei verprügelt wurden. Ein Kollege beobachtete, wie sich ein friedlicher Demonstrationszug aus Brooklyn bei seiner Ankunft in Manhattan »in einen Hexenkessel verwandelte«, als er von Randalierern gestürmt wurde. Am 1. Juni erfasste er die achtundfünfzig Schaufenster der Luxusgeschäfte in SoHo, die nachts zuvor von Plünderern zertrümmert worden waren. Meine Studierenden demonstrierten; meine Tochter ebenfalls. Meine Frau und ich nahmen an einer Versammlung im Bronx Park teil, die friedlich blieb.

Am 30. Mai veröffentlichte der *Valley Courier* aus Alamosa einen langen Leserbrief von Calvin Brown, einem ehrenamtlichen Mitarbeiter von La Puente. Der Brief mit der Überschrift »Gerechtigkeit für George Floyd« war ein eindringlicher Appell, sich dem Rassismus des Landes endlich zu stellen. Er schloss mit den Worten: »Die Zeit der Tatenlosigkeit ist vorbei. Wenn wir den ›falschen Frieden‹ je hinter uns lassen wollen, brauchen wir echtes Verständnis. Andernfalls wird es zu weiteren Ausschreitungen kommen. Unterzeichnet vom einzigen Schwarzen Mann in Alamosa, Calvin Brown.«

Selbstredend war Calvin Brown nicht der einzige Schwarze Mann in Alamosa – der Bürgermeister war Schwarz; Zahra hatte Schwarze Söhne –, aber man konnte sich durchaus vorstellen, dass es Zeiten gab, in denen er sich so gefühlt hatte.

Ich war nicht überrascht, als ich erfuhr, dass drei Tage später eine Black-Lives-Matter-Demonstration für Alamosa geplant war – solche Demonstrationen gab es jetzt überall. Sie sollte auf der Hauptkreuzung der Stadt stattfinden, wo bereits weniger organisiertes Schilderschwenken bezüglich des Mordes an Floyd vor sich gegangen war. Leute, die an der Demonstration teilnahmen, berichteten mir, was sich dort zutrug, ebenso zwei lange

Artikel, die Susan Greene für den *Valley Courier* verfasste, eine altgediente Journalistin aus Denver, die Regionalzeitungen unterstützte, wenn wichtige Nachrichten anstanden.

Besagte größere Demonstration begann früh am Abend vor dem Milagros Coffee House. Etwa ein Dutzend Menschen nahmen teil, die meisten jung, weiß und weiblich. Einige arbeiteten für La Puente. Unter den Teilnehmenden befand sich auch ein Ehepaar – er ein siebenundzwanzigjähriger Anwalt namens James Marshall, der für strafrechtliche Anliegen eintrat und auf Facebook negative Dinge über die Polizei postete. Er gab seinen Facebook-Freunden außerdem Tipps, »wie man nicht stirbt, wenn man protestiert. 1. Sei weiß. 2. Trage einen Freedom-Stick« (umgangssprachlich für »Waffe«). Marshall, der seine Vorgehensweise »Marshall Law« nannte, hatte an der University of Colorado Jura studiert und sein Grundstudium an der Ohio State University absolviert, wo er Präsident des Schützenvereins gewesen war. (Seine Ehefrau, eine Sachbearbeiterin beim Jugendamt des County, hatte bei einer früheren Protestaktion eine Pistole getragen.) Einer der Protestierenden bemerkte später gegenüber Susan Greene, dass Marshall an jenem Abend der Lauteste in der Menge war – »aber, also, nicht auf eine gute Art«.

Die Demonstrierenden trugen Schilder – auf dem von Marshall stand »Murder Is Murder No Matter BLUE Did It«[1] – und skandierten Slogans. Um die Aufmerksamkeit der Autofahrer zu erlangen, marschierten sie auf die Kreuzung, als der Verkehr gerade aufgrund einer roten Ampel stillstand, und verließen sie wieder, als diese auf Grün umsprang.

Unter denen, die gegen sechs Uhr abends an der roten Ampel warteten, befand sich auch der schwarze Pick-up eines neunundvierzigjährigen Veteranen, der aus Texas zugezogen war und Danny Pruitt hieß. Pruitt hatte eine Zeit lang auf dem Campingplatz in Blanca gewohnt, sich dann zweieinhalb Hektar Land in einem netzunabhängigen Gebiet östlich von Fort Garland gekauft und bereitete sich nun darauf vor, darauf ein Haus zu bauen. Später hieß es, er sei für einen Hamburger in die Stadt gefahren. (Anfang der 1970er-Jahre war das Land von Malcolm Forbes gekauft und aufgeteilt worden, etwa zur gleichen Zeit, in der Tony Perry weiter südlich in die *Flats* investierte. Es war etwas teurer als Perrys Rio Grande Ranches, da es Bäume gab und das Land näher bei den Bergen lag.) Susan Greenes Artikel berichtete, dass das Gebiet zahlreiche Menschen aus Texas und Oklahoma angezogen habe, »Offroad-Fans und Waffennarren, und mindestens zwei Bewohner, die unlängst Konföderiertenflaggen als Fensterabdeckung benutzen«. Eine Woche zuvor schrieb Greene auf Facebook, Pruitt habe

> einen Artikel über einen Soldaten in Kansas gepostet, der die Leben mehrerer Menschen gerettet haben soll, indem er einen vermeintlichen Schützen mit seinem Pick-up rammte. Davor hatte er bereits ein Foto seines eigenen Dodge Ram 4x4 gepostet und geschrieben: »Wenn du dem nicht ausweichen kannst, was vor dir ist, ramm es, wenn du es nicht gut sehen kannst, fahr drauflos.«
> [Drei Tage bevor er in die Stadt fuhr], teilte er fünf Facebook-Posts, die mit den Protesten in Verbindung standen. Bei einem handelte es sich um ein Meme, das Schwarze Randalierer abbildete und den Satz: »Ich weiß ja nicht, wie es Ihnen geht, aber für mich sieht es nicht danach aus, als würden sie trauern.« … Einer rief dazu auf, für Präsident Donald Trump zu beten: »Er bekämpft ein Übel, das wir uns noch nicht einmal vorstellen können.« Einer zeigte ein mit einer amerikanischen Flagge bedrucktes T-Shirt und dem Spruch: »Du musst es nicht lieben, musst aber auch nicht hier leben.« Und bei einem handelte es sich um ein Foto von Clint Eastwood als Dirty Harry mit gezogener Pistole und einer Anspielung auf das bekannte Filmzitat: »Go ahead, make my day.«

Videoaufnahmen umliegender Läden zeigten, wie Pruitts Truck auf die Kreuzung fuhr, auf der noch Menschen standen, darunter Marshalls Frau, und wie Protestierende aus dem Weg sprangen. Die Aufnahmen zeigen nicht, ob die Ampel bereits auf Grün umgesprungen war, als er losfuhr. Doch sie zeigen, wie James Marshall, der sich vor Pruitts Truck befunden hatte, seine Pistole aus dem Hosenbund zog, als der Truck vorbeifuhr, und sich umdrehte, um durch die Rückscheibe des Trucks auf ihn zu feuern.

Pruitt, der in den Hinterkopf getroffen wurde, kam auf der Kreuzung zum Stehen. Dann fuhr er zwölf Blocks weiter, bevor er das Bewusstsein verlor. Marshall erzählte den Polizeibeamten in Alamosa später, der Truck habe seine Frau angefahren, eine Behauptung, die von dem Video nicht gestützt wird. Pruitt wurde ins Krankenhaus in Colorado Springs transportiert, dann weiter nach Denver, wo er wochenlang im Koma lag. Später, das Projektil befand sich noch immer in seinem Kopf, kehrte er ins Valley zurück, um sich bei seiner Schwester zu erholen. Mit einer zu seiner Unterstützung ins Leben gerufenen »GoFundMe«-Kampagne wurden mehr als 150 000 Dollar Spendengelder gesammelt. James Marshall wurde festgenommen und des versuchten Mordes angeklagt. Er bekannte sich einer schweren Straftat mit bedingtem Vorsatz für schuldig und wurde zu einer Gefängnisstrafe von elf Jahren verurteilt.

Mir schien, Marshalls Handeln mehr als unüblich – die Strafverteidiger, die ich kannte, waren keine Pistolenhelden. Andererseits war zwei dunkelhäutigen Anwälten nur eine Woche zuvor vorgeworfen worden, einen Molotowcocktail in einen leeren Streifenwagen in Brooklyn geschleudert zu haben. Die Stimmung vor Ort richtete sich massiv gegen Marshall, vor allem draußen in den *Flats*. Dabei war keiner derer, mit denen ich sprach, auch nur in der Nähe der Proteste gewesen oder hatte die Artikel von Susan Greene gelesen. Aber die wütenden Posts von Pruitts Familie und seinen Unterstützern, die hatten sie sich zu Gemüte geführt. Es schien fast so, als hätte die Pandemie virtuellen Gemeinschaften zu einer neuen, einer bedeutenderen Rolle verholfen: So hatte nicht nur die Auseinandersetzung, die Marshall und Pruitt aufeinandertreffen ließ, ihre Wurzeln auf Facebook, Facebook war nun auch der Austragungsort ihres Nachspiels.

Seit George Floyd getötet worden war und die Black-Lives-Matter-Proteste begonnen hatten, war mir in den sozialen Medien aufgefallen, dass Protestierende, die die Straßen blockierten und den Verkehr aufhielten, bei Konservativen besonders unbeliebt waren.[2] Sprechchöre wie »Wessen Straßen? Unsere Straßen!« machten sie wütend. Bei Troys jährlich stattfindender Mitbringparty am 4. Juli gab ich den Advocatus Diaboli und stellte den Gedanken in den Raum, dass Pruitts aggressives Fahrverhalten womöglich zu seinem Schicksal beigetragen habe, stieß damit jedoch auf Ablehnung. Bereits im zweiten Jahr in Folge trug einer meiner Nachbarn ein mit einer großen Pistole bestücktes Gürtelholster. Ein Jahr zuvor hatte er mir noch erzählt, er habe vor, sein AK-47 zu verkaufen und den Erlös in eine Flinte zu investieren, doch nach den jüngsten Ereignissen hatte er es sich anders überlegt. Stattdessen, sagt er, »kaufe ich mir noch ein AK! Das lasse ich in meinem Truck, falls mir Protestierende begegnen.« Der Vater einer Familie aus Mississippi, die zu Besuch war, sagte, sie hätten drei Handfeuerwaffen für ihre Reise eingepackt – »das ist einfach gesunder Menschenverstand«.

Die starken Emotionen, die mit dem dringenden Bedürfnis nach Feuerwaffen einhergingen, deckten sich mit denen hinsichtlich der Tyrannei der Maskenpflicht. »Ihr Leute und eure Masken!«, hatte Troy entnervt zu mir gesagt, als ich Anfang der Woche ein paar seiner Propankanister zum Wiederauffüllen in der Stadt bei ihm abgeholt hatte. Es bereitete mir ein gewisses Vergnügen, ihn darauf hinzuweisen, dass inzwischen auch an seinem Rückspiegel eine Einmalmaske baumelte. »Nur falls ich mal in ein Geschäft muss!«, erklärte er. Der schwarze Stoff und die Gummibänder meiner Masken erinnerten ihn an »eine BH-Hälfte, vielleicht ein B-Körbchen«.

Bei Troys Mitbringparty trug niemand eine Maske, außer mir. Nach einer Weile nahm ich sie ab, um nicht als der seltsame Stadtmensch dazustehen (und vielleicht auch, um nicht ständig an die sich ausweitende Spaltung der amerikanischen Gesellschaft denken zu müssen, die von Impfungen bis hin zu Rassismus einfach alles betraf).

Vieles von dem, was meine Nachbarn über die Pandemie zu sagen hatten, war ein Widerhall dessen, was damals auf Fox News verbreitet wurde (beispielsweise: »unterscheidet sich kaum von der gewöhnlichen Grippe, die auch durch ein Coronavirus verursacht wird«). Oder, wie jemand auf Facebook schrieb: »Ich habe KEINE Angst vor diesem blöden Virus. Mir ist NICHT entgangen, dass 2009 mehr Menschen in Amerika an der Schweinegrippe gestorben sind als weltweit bislang am Coronavirus – wir können diesen ganzen ›Es ist tödlich‹-Stuss also sein lassen. JA, ich verdrehe jedes Mal die Augen, wenn deswegen wieder etwas in einem Bundesstaat geschlossen wird – 2009 musste niemand dichtmachen, und man hat es dennoch unter Kontrolle bekommen.« Die Verfasserin hatte chronische Gesundheitsprobleme, und ich hoffte, dass sie sich nicht mit dem Virus ansteckte; unterhielt man sich mit ihr allein, war sie eine freundliche und witzige Person. Außerdem befanden wir uns damals noch am Anfang der Pandemie, bevor sich die Zahl der Todesopfer in den Vereinigten Staaten auf eine und weltweit auf sechs Millionen belief, wie es im März 2022 der Fall war – damals, als es noch etwas leichter fiel, zu verdrängen.

Von Troy fuhr ich hinüber zu Pauls Mitbringparty. Hier sah die Situation ein wenig anders aus: Paul trug eine Maske, ebenso einer seiner Gäste, eine pensionierte Krankenschwester aus Texas. Auch ich behielt meine auf.

Doch die Tatsache, dass wir alle Masken trugen, bedeutete nicht, dass wir gleich über das Virus dachten. Eine Woche zuvor hatte mich Paul zu meinem Erstaunen gefragt: »Also, glaubst du, das Ganze könnte ein Schwindel sein?«

»Was, die Pandemie?«

»Ja, ich weiß nicht, wem ich wirklich glauben soll.« Er trug eine Maske, aber nur um auf Nummer sicher zu gehen.

»Vertraue mir – ich wohne in New York. Vor dem Krankenhaus, in dem meine Nachbarin arbeitet, steht ein Kühllastwagen für Leichen. Ein Nachbar ist gestorben. Es ist kein Schwindel.«

Zu Social-Distancing-Zwecken hatte Paul Klebestreifen auf seiner Terrasse angebracht. Aber er tolerierte es, wenn sie ignoriert wurden – wie es der Großteil seiner Gäste tat, unter ihnen ein junger Mann und eine junge Frau, die inmitten der Terrasse alle Blicke auf sich zogen. Beide waren schlank und attraktiv und etwa dreißig Jahre alt. Beide sahen aus, als hätten sie einiges durchgemacht. Der Mann trug Silberohrringe, Nieten und Tätowierungen und mehrere Schichten Denim und Leder; die Frau hatte ebenfalls zahlreiche Tätowierungen, und ihre abgeschnittenen Jeans offenbarten einige davon auf ihren sonnenverbrannten Beinen. Einer der Ohrringe des Mannes war gerade dabei, zu einem Nasenring für sie umfunktioniert zu werden, doch das Ganze klappte nicht reibunglos .

»Auuuuu!«, sagte sie auf ihrem Stuhl und stampfte mit ihrem Cowboystiefel auf. Er beugte sich über ihren Kopf und versuchte, den Stecker durch den Knorpel ihrer Nase zu bohren. Es blutete ein wenig, was es erschwerte, seinen Fortschritt einzuschätzen. Die pensionierte Krankenschwester aus Texas, die ich bereits kannte, klärte mich darüber auf, was sich fünfzehn Minuten zuvor zugetragen hatte: Die Frau auf dem Stuhl hatte die vielen Ringe im Ohr des Mannes bewundert und gefragt, ob sie einen davon haben könnte. Für ihre Nase.

»Geht's dir gut, Liebes? Kann ich etwas für dich tun?«, fragte die Krankenschwester.

»Früher hatte ich an der Stelle ein Piercing, vielleicht blutet es deswegen.«

Dann eröffnete sie der älteren Frau, dass sie selbst einmal Krankenschwester gewesen war. Sie machte einen intelligenten, sympathischen Eindruck, und ich fragte mich, was sie hierher verschlagen hatte. Sie hatte etwas Alkohol intus, vielleicht war das die Erklärung.

Pauls Präriefreunde waren eine bunt gemischte Truppe. Dazu gehörten ein konservatives Mormonenpaar, ein Nachbar, der zwar konservativ wirkte, mir gegenüber aber schwor, es nicht zu sein (»Ich halte mich einfach nur an die Verfassung«), und der langjährige Mitarbeiter eines Pizzaladens, der bei seinem Sohn lebte und erzählte, er habe gerade seinen Job verloren – der Pizzaladen war aufgrund der Pandemie pleitegegangen.

Eineinhalb Stunden später folgten der Ehemann der Krankenschwester und ich dem vielfach gepiercten Mann – ich werde ihn Harry nennen – zu seinem Auto. Waffen zu bauen war eines seiner Hobbys – ich hatte in der Prärie bereits mehrere Männer kennengelernt, die dieses Interesse teilten –, und er hatte uns angeboten, uns seine Werke zu zeigen.

Er fuhr einen kleinen Sedan ohne Nummernschilder und erklärte, er habe ihn erst vor Kurzem gekauft, und fügte hinzu, er habe »saubere Papiere«. Er öffnete die Kühlerhaube und griff ins Innere des Motorraums, in dem er die erste Pistole versteckt hatte – eine Pistole mit Schalldämpfer. Wir kamen aus dem Staunen nicht mehr heraus – der Schalldämpfer war natürlich illegal. »Der könnte mir ein paar Jahre einhandeln, deswegen verstecke ich ihn«, erklärte er. Er zog auch eine AK-Pistole hervor (ein AK-47-Gewehr, das zur Pistole umfunktioniert worden war) und einen kompakten Revolver. Der Ehemann der Krankenschwester sagte im Scherz, hier brauche man eine Waffe, die viele Runden schießen kann, falls man »einer Herde Maultierhirsche über den Weg läuft«.

»Oder einer Herde Demonstranten«, sagte Harry.

Er sprach davon, in den nächsten Tagen nach Oklahoma zurückzukehren, um seine Arbeit an den Maschinen wieder aufzunehmen, die beim Fracking zum Einsatz kommen – »Ventile und anderer Kram«. Ihm gefiel die Vorstellung, in Oklahoma oder

Missouri zu leben, weil »man seine Waffen dort offen tragen darf«, kein Waffenschein erforderlich ist und »ich eine Waffe trage, seit ich fünfzehn bin. Bei den Leuten, denen ich begegnet bin, war das auch nötig.« Eines Morgens um zwei Uhr, sagte er, seien ein paar Jungs, die er aus der Highschool in San Luis kannte, in den Gemischtwarenladen seines Großvaters in Mesita eingebrochen, um ihn auszurauben. »Aber meine Pistole war geladen, ihre waren es nicht.« Sein Hemd war so weit aufgeknöpft, dass man die Tätowierung auf seiner Brust sehen konnte: zwei Derringer, wie Schwerter gekreuzt.

Irgendwann kamen wir auf die Grubers zu sprechen, und mir fiel auf, dass ich bereits eine Geschichte über Harry gehört hatte: Eines Nachts war er bei den Grubers vorbeigekommen, Stacy und die Mädchen besuchten gerade Verwandte in Wyoming, und hatte sich mit Nick, der verlorenen Seele, die auf dem Sofa der Grubers schlief, betrunken.

Harry wollte mit Nick raufen, der eher schmächtig war. Frank war auch dabei und erzählte mir, Nick habe, als er sich verteidigte, so stark an Harrys Daumen gezogen, dass sich dieser ausrenkte und ihm große Schmerzen bereitete. Laut Frank war Nicks Reaktion auf seinen Sieg in David-gegen-Goliath-Manier (und auf Harrys Schmerzensschreie), sich überschwänglich zu entschuldigen. »Später sagte ich zu ihm, er hätte einfach dazu stehen sollen. Schließlich hat er es nur getan, um sich zu wehren.« Stacy sagte, Harry sei »wie eine Babyversion von Sam« – ein wilder Waffennarr, der sich gerne mit Drogen volldröhnte und ein bisschen durchgeknallt war. Mich erinnerte er auch an Angelo Duarte und an Troys Sohn, noch so zwei verwegene Halbstarke, die Zeit im Gefängnis verbracht hatten.

Ich war müde und stieg in meinen Truck, um nach Hause zu fahren. Doch die Männer und andere Gäste, die sich draußen tummelten, blockierten die Auffahrt – wie Demonstranten, witzelte Harry. Ich ließ meinen Motor aufheulen und begann, Gefallen an der Sache zu finden. Harry tat so, als richtete er eine Pistole auf mich, und als ich losfuhr, feuerte er einen imaginären Schuss ab.

Auch wenn sich in meinem Teil der *Flats* bislang nur wenige Menschen mit dem Coronavirus infiziert hatten, bahnte sich ein großer Teil der Panik, die in der Außenwelt herrschte, über das Fernsehen und die sozialen Medien seinen Weg. Ich ging bei einem Nachbarn vorbei, der sagte: »Wenn du Geld auf der Bank hast, heb es ab.« Aber warum? »Gestern Nacht war eine Billion Dollar nötig, um den Leitzins zu decken« – ich wusste nicht genau, was das bedeuten sollte –, »bei der letzten Bankenkrise waren es gerade einmal zweihundert Millionen Dollar.« Das größte Problem, fügte er hinzu, sei nicht die Pandemie, sondern, dass die Medien die Pandemie übermäßig dramatisierten. Ich räumte ein, dies möge auf bestimmte Situationen zutreffen, sagte aber auch, dass es meiner Meinung nach triftige Gründe gab, besorgt zu sein. Auch wenn bislang nur acht Menschen im Valley an Corona gestorben waren, werde die Zahl zwangsläufig steigen. Mein Nachbar erwiderte, er zweifle daran, dass acht Personen gestorben seien. Ich scrollte durch meine E-Mails, bis ich das täglich veröffentlichte Update der Gesundheitsbehörden vom 29. Juni 2020 fand, das mir La Puente weitergeleitet hatte. Neben den Todesfällen, hieß es dort, seien in den sechs Countys des Valley 420 Infektionen gemeldet worden, von denen 98 eine ärztliche Behandlung in Anspruch nehmen mussten. Ich überreichte ihm mein Handy, und er las es. »Okay, gut, was das angeht, glaube ich dir«, sagte er.

Und doch gab es so viel Skepsis. Ein Freund der Grubers hatte einen Post auf Facebook geteilt, der angeblich bewies, dass das George-Floyd-Video gefakt war. Trumps Drohungen, Truppen in Städte wie Portland, Oregon und Seattle zu entsenden, die »außer Kontrolle geraten waren«, fand großen Zuspruch. Zu meinem Erstaunen erzählte mir Matt Little, die Pandemie sei absichtlich herbeigeführt worden. Wollte er damit sagen, China habe das Virus vorsätzlich in die Welt gesetzt? Nein, er war der Meinung, namenlose globale Eliten hätten es mit der Intention verbreitet, »einen Rassenkrieg zu entfachen«, damit sie weitere Ausgangsbeschränkungen und das Kriegsrecht verhängen könnten, das sie zur Beschlagnahmung von Waffen berechtigen würde. Als Beweis diente immer irgendetwas, das irgendjemand gerade auf Facebook gelesen hatte.

Es gab aber auch einige Überraschungen. Obgleich ich erwartet hatte, dass jene, die die Black-Lives-Matter-Proteste ablehnten, hinter der Polizei standen, traf dies auf viele nicht zu – gemäß ihrer Facebook-Posts so auch Frank Gruber und Luke Kunkel. Beide hatten, wie mir bekannt war, Zeit im Gefängnis verbracht, und keiner der beiden hielt Polizeigewalt für die Lösung. Gleichwohl widersprach Luke der Forderung von Black Lives Matter. »Zählen nicht alle Leben?«, fragte er mich. Ich wollte gerade reflexartig antworten, dass natürlich alle Leben zählten, dass es bei den Protesten aber um den gegen Schwarze gerichteten Rassismus ging, nicht darum, dass weiße Leben keine Bedeutung hätten, als Luke noch etwas hinzufügte: Schwarze Menschen wollten seiner Meinung nach »nicht nur Gleichberechtigung, sondern Überlegenheit«. Und dann verstand ich, dass es Luke, der nichts hatte, darum ging, dass er dagegen war, *schlechter* dazustehen als Schwarze. Er lebte in einer Welt armer Menschen, in der er um seinen kleinen Anteil der zur Verfügung stehenden Ressourcen konkurrierte. Gleichberechtigung, sagte er, gehe für ihn in Ordnung.

Wie dem auch sei, der Aufruhr in der Außenwelt hatte Matts und Lukes Interesse am Preppen neues Leben eingehaucht. Je gravierender die zivilen Unruhen, desto stärker ihre Überzeugung, dass sie bald schon gezwungen sein würden, sich auf sich selbst zu verlassen. (Irgendwann kamen beide zum Schluss, dass die verlorene Wahl Donald Trumps im November 2020 Betrug und ein weiterer Beweis dafür war, dass sich Menschen wie sie auf einen Zustand völliger Anarchie vorbereiten müssten.)

In jenem Sommer verirrten sich weniger Kühe auf mein Grundstück, was gut war, da ich noch immer an meinem Zaun arbeitete. Der Grund dafür, warum es weniger Kühe gab, war weniger gut. Das Land war extrem trocken, und das tiefgrüne Besenkraut, das noch ein paar Sommer zuvor bis zu dreißig Zentimeter hoch gewachsen war, glich nun Stoppeln oder fehlte gleich ganz. Schuld daran war die Dürre: Fast das gesamte Valley und große Teile des Westens erlebten eine Dürreperiode der Kategorien »ungewöhnlich trocken« bis »außergewöhnliche Dürre« – wobei es sich bei Letzterer um die drastischste Einstufung der nationalen Wetter- und Ozeanografiebehörde handelt.

Genau genommen lag die Niederschlagsmenge bereits seit mehreren Jahren unter dem Normalwert. Hinter meinem Grundstück war die Prärie brauner als sonst. Ich konnte es auch auf meinem Weg nach Antonito sehen, wenn ich über die einspurige Lobatos Bridge fuhr: Der Rio Grande glich eher einem *rio pequeño*.

Als der Juli in den August überging und sich Waldbrände in der Region ausbreiteten, zeigte sich die Dürre auch am Horizont. Als die Feuer so nah waren wie das 2018 von einem dänischen Einwanderer gelegte Spring Creek Fire, konnten wir weiße und graue Rauchsäulen sehen, die von den Berggipfeln in die Wolken stiegen. Waren sie weiter weg, so wie das 186 Fire 2019 in der Nähe von Durango, sahen wir Rauchschwaden (manchmal rochen wir sie auch), die aus dem Westen herzogen und die Sicht vernebelten (die Sonnenuntergänge manchmal jedoch noch leuchtender wirken ließen). Die Waldbrandsaison 2020 war verheerend, mit gigantischen Bränden in zwölf westlichen Bundesstaaten und den drei größten Feuern der Geschichte Colorados, darunter das Pine Gulch Fire in der Nähe von Grand Junction.

Dürre am Boden, Rauch am Himmel. Und dann, im September, war da noch etwas, das auf ein Klima in der Krise wies.

Das Valley ist der ideale Ort, um Zugvögel zu beobachten. Die größte Attraktion ist der Einzug der Kanadakraniche im Frühling

Verlassener Trailer.

und Herbst, vor allem in den unter Naturschutz stehenden Feuchtgebieten rund um die Stadt Monte Vista.

»Monty«, wie die Stadt genannt wird, richtet jedes Jahr ein Kranichfestival aus. Touristen melden sich für Bustouren an, wobei man die »Rundtour« auch selbst abfahren und Tausende Kraniche bestaunen kann. Üblicherweise stehen sie in Schwärmen von zwanzig bis mehreren Hundert Tieren zusammen, oft im Wasser, doch hin und wieder schwingen sie sich in die Lüfte, ein hinreißender Anblick. Wenn die Vögel untereinander kommunizieren, geben sie außerdem ein einzigartiges sanftes Klackgeräusch von sich, das man, wie ich herausfand, am besten gegen Ende des Tages hören kann, wenn der Wind richtig steht und die Menschen in die Stadt zurückgekehrt sind.

Lance Cheslock führte mich in die Vogelwelt des Valley ein. Während er sein Leben unter der Woche der Aufgabe widmet, den Armen zu helfen, besteht sein Wochenendvergnügen darin, Vögel zu beobachten: Zu jeder Jahreszeit fährt er, oft gemeinsam mit seiner Frau, zur Entspannung an gute Vogelbeobachtungsorte, gleich ob sich diese bei den Sanddünen des Rio Grande befinden oder stundenweit entfernt, in Utah oder New Mexico. Außer Kranichen hatte mir Lance auch am Boden nistende Eulen, Falken, Adler und andere Greifvögel gezeigt. Eines Sommertags sahen wir in der Nähe von Los Sauces sogar einen Pelikan – wie so viele Vögel war auch er nur auf der Durchreise. Als ich rätselte, um welche Art es sich bei den Vögeln handeln könnte, die an meinem Mobile Home herumlungerten, schickte ich Lance ein verschwommenes Handyfoto. Er antwortete sofort: »Sitzen sie gerne an hohen Orten? Fressen sie Insekten im Flug?« Ja und nochmals Ja. Noch eine Textnachricht: »Wahrscheinlich Phoebetyrannen.«

Doch nicht nur eifrige Vogelkundler verfolgten das Leben der Vögel im Valley. Wie bereits erwähnt, hatten die Gruber-Mädchen die Raben, die immer wieder bei ihnen auftauchten, Coo und Caw getauft – und unter einer eingefallenen Hütte in der Nähe ein unbewohntes Rabennest gefunden. (Das jüngste Kind von Stacy und Frank, das im Valley geboren wurde, hieß sogar Raven.) Die McDonald-Kinder hatten einen speziellen Raben mit einer grünen Feder Bob genannt und einen Kolibri Fred. Paul postete Fotos zahlreicher Vögel auf Facebook, die auf seinem Grundstück haltmachten, darunter ein Virginia-Uhu. Ein Mitglied des Autorenkreises in Conejos, dem ich selbst einen Monat lang angehörte, erzählte mir, dass sie an einem Wochenende im Vorjahr etwa vierzig Adler gesehen habe, die sich an einem Buntbarsch labten, der wohl von einem Fischzuchtbetrieb weggeworfen worden war.

Im September 2020 gab es jedoch für alle eine böse Überraschung. Am 7. und 8. September, Tage, die im Valley noch zur Sommerzeit gezählt werden, fielen die Temperaturen von 30 auf −2 Grad Celsius. In Alamosa fielen fast vierzig Zentimeter Schnee, andernorts fünfzehn bis zwanzig. Es kam zu Windgeschwindigkeiten von bis zu siebzig Meilen pro Stunde. In den sozialen Medien häuften sich Fotos toter Vögel in Einfahrten, auf Gehwegen und Rasenflächen. Es waren nicht irgendwelche Vögel; es waren farbenfrohe Kleinode: gelbe und rote Farbtupfer, darunter zahlreiche Grasmücken. Nach einigen Tagen zeigte sich, dass eine Unmenge an Vögeln über einem weiten Gebiet im Südwesten gestorben war. Paul postete ein Foto von drei gelben Vögeln auf seinem Hof in den sozialen Medien und fragte, ob jemand wüsste, um welche Art es sich handelte. (Seine Freunde kamen überein, es seien Mönchswaldsänger.) Mein Nachbar Woody erzählte mir, er hätte »tonnenweise« Vögel an seinem Haus, wahrscheinlich, wie er meinte, aufgrund der Kälte. »Rote, gelbe und grüne«, tote und lebendige; »die Hunde haben ein paar gefressen«. Merkwürdigerweise wohnte neuerdings ein Vogel in einem kleinen Baum auf seinem Land, der bislang noch *nie* in der Gegend gesichtet wurde: ein Specht.

Das *Monte Vista Journal* veröffentlichte den Bericht eines einheimischen Experten, der die Situation einordnete:

> Der Zeitpunkt des Sturms erwies sich vor allem für Singwandervögel als verheerend. Zugvögel verbrauchen auf ihrer Reise ungeheuer viel Energie und sind auf die herbstliche Vielfalt an Samen, Blumen und Insekten angewiesen, um ihre Speicher aufzufüllen. Die zehn Zentimeter dicke Schneedecke, die im Valley herabfiel, schnitt sie jedoch von ihrer Nahrungsversorgung ab und hinterließ sie nass, ausgelaugt, hungrig und frierend. Viele der Vögel starben oder waren dem Tod nahe. Aufgrund ihres geschwächten Zustands waren sie leichte Beute.

Er berichtete, dass eine Naturkundelehrerin an der örtlichen Highschool ihren Schülern die Aufgabe gestellt hatte, eine Mortalitätsstudie der Vögel im Umfeld eines nahe gelegenen historischen Gebäudes durchzuführen. Sie fanden »25 junge Veilchenschwalben, 5 ausgewachsene Veilchenschwalben, 1 Dickichtwaldsänger, 1 Mönchswaldsänger, 1 Fichtenzeisig, 1 junge Rauchschwalbe. Diese Zahlen bilden nicht alle Vögel ab, da die Hausmeister, wie uns gemeldet wurde, bereits ein paar Vögel entsorgt haben.« Er selbst hatte seine eigene Kadaverzählung an einem vier Meilen langen Abschnitt entlang der Valley-Schnellstraße durchgeführt, der den Spitznamen »der Pistolenlauf« trug: »3 Wanderdrosseln, 3 Abendammern, 3 Einsiedlerdrosseln, 2 Grünschwanz-Grundammern, 3 Berghüttensänger, 1 Blaukehl-Hüttensänger, 2 Stare und ein Mönchswaldsänger. Hätte man diese Zahlen auf andere Land- und Bundesstraßen im Valley übertragen, wäre die Anzahl toter Vögel allein an Straßen in die Tausende gegangen.«

Vielleicht war es kein Zufall, dass der Nachbar mit dem anschaulichsten Bericht weder in einem Haus noch in einem Mobile Home wohnte, sondern in einem Wohnwagenanhänger, der etwa so groß war wie meiner. Camaro Jim, könnte man sagen, war näher am Wettergeschehen als die meisten. Als die Temperaturen am ersten Tag des Sturms fielen, hatte er sich ins Innere seines Anhängers verzogen, doch als er am späten Nachmittag zwei Donnerschläge hörte, wagte er sich wieder hinaus. Jim, der nicht gerade dafür bekannt ist, zu übertreiben, sagte, er fand sich inmitten »Tausender, Aber- und Abertausender« Vögel wieder, die ein bis ein Meter fünfzig über dem Boden in Richtung Süden flogen. Die Vogelwolke habe zwanzig bis dreißig Minuten angedauert und ihn an Hitchcocks *Die Vögel* erinnert. Als es vorbei war, sei der Boden an seinem Anhänger mit Vögeln übersät gewesen. Sie waren nicht tot, wirkten aber wie betäubt. »Man konnte sie einfach von der Erde pflücken«, sagte er, und das tat er dann auch und sammelte einen ganzen Armvoll. Ein paar legte er unter seinen Wohnwagenanhänger, andere nahm er mit hinein, »in der Hoffnung, dass sie sich aufwärmen würden und es ihnen wieder besser geht«. Aber sie wollten alle wieder nach draußen. Am Morgen war die Schneedecke »mit ihnen gespickt«, so dicht, dass er es nicht wagte, sein Auto zu bewegen, weil er sie nicht überfahren wollte, auch wenn die meisten von ihnen bereits tot waren.

Ich kehrte etwa eine Woche nach alldem ins Valley zurück. Mein Grundstück war mit gelben Federn und Daunen übersät, als wären für Halloween verkleidete Kinder durchmarschiert und hätten Teile ihrer Kostüme verloren. Auf dem halb überdachten Pfad zwischen Troys Haus und seiner Werkstatt lagen fünf Häufchen roter und gelber Federn – noch konnte man erkennen, dass ein paar von ihnen einmal Vögel gewesen waren, auch wenn ihre kleinen Körper nicht mehr durch die Lüfte schwebten. Doch tote Vögel verwesen schnell, und ich nahm an, dass bald nichts mehr von ihnen übrig sein würde.

In einem von einer Umweltschutzorganisation gesponserten Webinar zeigte ein Wissenschaftler namens Arvind Panjabi die Hauptzugrouten, die Vögel auf ihrem Weg gen Süden nehmen. Bis zu 2,7 Milliarden Vögel seien jährlich unterwegs, sagte er, die meisten nachts. Die Vögel, die im September starben – Abertausende, wenn nicht Millionen –, waren in ein gewaltiges Unwetter geflogen. Allerdings trug sich all das vor dem Hintergrund einer weit größeren Katastrophe zu: dem Rückgang der Vogelzahlen in den westlichen Wäldern Nordamerikas um fast 30 Prozent im Laufe der letzten fünfzig Jahre, den Panjabi und seine Kollegen in der Fachzeitschrift *Science* beschrieben.

An beidem war, vereinfacht gesprochen, hauptsächlich der Klimawandel schuld. Am Schluss nannte der Wissenschaftler ein paar Maßnahmen, mit denen auch gewöhnliche Menschen Vögeln helfen können: zum Beispiel Katzen in der Wohnung halten; Fenster markieren, um Vogelschlag zu vermeiden; Rasenflächen reduzieren und stattdessen heimische Pflanzen anbauen; Plastikmüll vermeiden sowie »Vögel beobachten und sich mit anderen darüber austauschen, was man sieht«. Allerdings erschien es unwahrscheinlich, dass solche Maßnahmen den tiefgreifenden, dem Klimawandel zugrunde liegenden Ursachen wirklich etwas entgegensetzen könnten. Wenigstens schienen meine Nachbarn mit ihrem bescheidenen CO_2-Fußabdruck, die weder Rasenflächen noch Panoramafenster hatten und sich nicht darum scherten, was in der Außenwelt vor sich ging, in puncto Vögel genau richtig zu handeln – ob das nun absichtlich war oder nicht.

Eine Frau, mit der ich in der Schlange im Supermarkt in Antonito plauderte, stimmte mir zu, ja, es war kalt, als all die Vögel starben, der wahre Grund dafür sei aber Gott gewesen: Dieses Unheil war ein Vorbote des biblischen »Endes der Zeit« – ein Zeichen, dass das Ende der Welt nahe stand. Da wurde mir klar, dass sich in diesem einen Fall die, die der Wissenschaft vertrauten, und jene, die an das Übernatürliche glaubten, einig waren über die Bedeutung des Desasters.

Und wahrlich kann man nicht über das San Luis Valley schreiben, ohne auf das Übernatürliche einzugehen. Ihrer Allgegenwärtigkeit nach zu urteilen haben sich in den letzten Jahren die Bücher über das San Luis Valley am besten verkauft, die Christopher O'Brien über das Übernatürliche geschrieben hat.

Das bekannteste, *Secrets of the Mysterious Valley* aus dem Jahr 2007, verkündet auf seinem Cover: »Keine Region Nordamerikas kann mit der Vielfalt und Intensität ungewöhnlicher Phänomene konkurrieren, die man im größten Hochtal der Welt findet, dem San Luis Valley in Colorado und New Mexico.« In dem Buch geht es um »Ufos, Geister, mythische Kreaturen, die Verstümmelung von Vieh, Skinwalker und Zauberer, darüber hinaus um Portalbereiche, geheime Untergrundstützpunkte und verdeckte militärische Aktivitäten«. Und in der Tat ist das Valley für seinen übernatürlichen Irrsinn bekannt. Das Buch hat mindestens eine Neuauflage erlebt; ich wäre nicht sonderlich überrascht, das dramatische Vogelsterben von 2020 in einer künftigen Ausgabe zu finden.

Auch wenn die Bücher keine handfesten Beweise liefern, heißt das nicht, dass nicht ein wenig von dem, was sie beschreiben, wahr ist. Zu Beginn meiner Bekanntschaft mit Matt Little hielten wir einmal an seinem ersten Grundstück in den *Flats* an, um etwas zu holen. Als wir von der Hauptstraße abbogen, fiel mir der Kadaver eines toten Tiers auf, und er sagte: »Ah ja, das ist eine verstümmelte Kuh.« Wie bitte? Er hielt an, damit ich den fahlgelben Leichnam in Augenschein nehmen konnte. Genau wie ich es mehrfach gelesen hatte, war der Anus des Tiers mit einem quadratischen Schnitt entfernt worden – es war ganz eindeutig. Doch da war keine Spur von Blut auf der Erde. Matt sagte, als der Rancher kam, um sich die Sache anzusehen, seien weder Reifenabdrücke in der Nähe des Tiers gewesen noch Fußabdrücke. Auch waren keine Tiere wie Kojoten zum Fressen dort gewesen. Seit dem Tod des Tiers war eine Woche oder mehr vergangen; es sah ausgedörrt aus, und obgleich es in diesem Fall nicht ersichtlich war, hörte man häufig, verstümmeltem Vieh wären die inneren Organe entnommen worden, vermutlich durch das Po-Loch.

Aber wie und von wem? Viehverstümmelungen gab es nicht nur im San Luis Valley, allerdings waren es hier bereits besonders viele gewesen. Christopher O'Brien hatte zu dem Thema ein ganzes Buch verfasst *(Stalking the Herd: Unraveling the Cattle Muliation Mystery)*. Kurz nachdem mir Matt die Kuh gezeigt hatte, veröffentlichte die *Costilla County Free Press* einen Artikel über weitere Verstümmelungen – die beiden Rancher Manuel Sanchez und Erminio Martinez hatten im vergangenen Monat darüber berichtet. Martinez wurde folgendermaßen zitiert: »Bei einer meiner Kühe waren Zunge, Euter und Sexualorgane entfernt. Es sah aus, als hätte man eine Art Skalpell benutzt. Aber da war keine Spur von Blut, und die Schnitte waren äußerst präzise. Wäre es ein Raubtier gewesen, hätte es die Kuh zerrissen und so lange an ihr gezerrt, bis es an den Bauchraum gelangt wäre.« So sah es aber nicht aus.

Zur albernen Seite gehört eine der Touristenattraktionen im Valley: der Ufo-Aussichtsturm auf dem State Highway 17, auch »kosmischer Highway« genannt. Es handelt sich dabei um eine erhöhte Plattform (und einen privaten Campingplatz), von der aus man aus der zweiten Etage über das Valley blicken kann; auf einem Schild heißt es, Parapsychologen hätten auf der Ostseite der Plattform »zwei große Portale« entdeckt. (»Ein Portal ist ein Zugang zu einem Paralleluniversum und voller Energie. Eines der Portale dreht sich im Uhrzeigersinn, das andere dagegen.«)

2017 gab das amerikanische Militär infolge eines Medienberichts zu, früher ein geheimes Büro gehabt zu haben, das Informationen über Ufos sammelte, die häufig von seinen Piloten stammten. Nachdem einer der Pentagon-Ufo-Berichte im Sommer 2021 dem Geheimdienstausschuss im Senat ausgehändigt worden war, berichtete der ehemalige Leiter des geheimen Büros im investigativen Nachrichtenmagazin *60 Minutes:*

Stellen Sie sich eine Technologie vor, mit der man 600- bis 700-fache Beschleunigungskräfte erreichen, mit der man 13 000 Meilen pro Stunde fliegen kann, die der Radarerfassung entgeht und es ermöglicht, in der Luft, im Wasser und vielleicht sogar im All zu fliegen. Und, ach ja, die keine offensichtlichen Zeichen eines Antriebs hat, keine Flügel, keine Kontrolloberflächen und dennoch der Schwerkraft der Erde widersteht. Genau das können wir beobachten.

Es schien, als redeten die Militär- und Ufo-Leute auf ihre jeweils ganz eigene Art über ein und dasselbe.

Ich war erstaunt darüber, dass so viele gebildete, besonnene Menschen im Valley übernatürliche Geschichten zu erzählen hatten. An dem Tag, als die Lokalhistorikerin Loretta Mitson unsere Gruppe zu einem Kreis aus Vulkangestein unbekannter Herkunft geführt hatte, hatte sie auf einen Berg südlich von uns gezeigt, den Cerro de la Olla, der nördlich von Taos lag.

Im vorigen Herbst waren zwei Bogenschützen auf der Pirsch nach Elchen auf zwei merkwürdige Erscheinungen gestoßen. Zuerst waren da zwei Wesen, die im Grunde wie Menschen aussahen und sich einzig durch ihre riesigen Köpfe unterschieden, bei denen es sich vielleicht um Kapuzen handelte; dann sahen sie ein paar Tage später am gleichen Berg ein großes weißes Gebilde, das einem Zirkuszelt mit einem langen Anbau ähnelte. Wenige Sekunden nachdem die Männer die Objekte erblickt hatten, waren sie verschwunden. Die beiden Männer wurden in den wöchentlich erscheinenden *Taos News* zitiert: »Wir sind zwei Jungs, die nichts davon hielten, aber jetzt sind wir bekehrt.«

Daraufhin teilte fast jeder aus unserer Gruppe eine Geschichte über eine Begegnung mit dem Übernatürlichen. Ein Mann hatte verstümmelte Rinder gesehen. Ebenso Reyes Garcia, der pensionierte Philosophieprofessor, dessen Familie eine Rinderzucht betrieb. Reyes erinnerte sich auch daran, eines Nachts von hellem Licht umgeben gewesen zu sein; Loretta hatte eine nüchterne Freundin, die als Buchhalterin arbeitete, mit einer ähnlichen Geschichte. Lance Cheslock kannte einen Apotheker aus La Jara, der eines Morgens nach dem Aufwachen zwei Kornkreise auf seinem Grundstück entdeckte; ein Foto davon wurde auf der Titelseite des *Valley Courier* abgedruckt. Ronald Rael, der Architekturprofessor aus Berkeley, beschrieb etwas, das ganz so klang, als gäbe es Geister in dem historischen Gebäude, das er gekauft hatte und jetzt in der zerfallenen Siedlung Conejos renovierte, die sich jedoch nur auf die Räume beschränkten, in denen früher Sklaven gelebt hatten.

Soweit ich weiß, habe ich niemals einen Geist oder ein Ufo gesehen. Allerdings halte ich es für töricht, etwas zu bezweifeln, nur weil ich es mir nicht erklären kann. Für sein Buch *Lonely Planets: The Natural Philosophy of Alien Life* begab sich der Astrobiologe David Grinspoon von seinem Zuhause in Denver ins Valley, um mit Ufo-Gläubigen zu reden. Er verbrachte ein paar Tage in Crestone, das er als »eine spirituell rastlose Stadt ... die Aliens, Hippies und New-Age-Unternehmer anzieht« bezeichnet. Nachts, als er in einer nahe gelegenen Heißwasserquelle lag, blickte er gen Himmel und sah:

> zwei rotierende Galaxien, eine drehte sich von innen, die andere von außen. Ich sah haufenweise junge Sterne, die gerade erst ihr Sternennebelnest verlassen hatten und sich begierig ins galaktische Leben stürzten, und müde alte rote Riesensterne, die eine letzte Bahn um die Galaxie zogen ... Ich sah dunkle

Wolkengebilde, die den Staub verdeckten, der von der Milchstraße herabrieselte. Ich sah Sterne, um die, wie wir inzwischen wissen, Planeten kreisen, und viele weitere, zu denen sicherlich ebenfalls Planeten gehören. Näher bei uns sah ich Jupiter und Mars auf ihrem Spaziergang durch die Sternenlandschaft ... Ich erblickte zahlreiche Satelliten, die durch den Raum glitten, die aufblinkten und erloschen, wenn sie in den Schatten der Erde fielen, und manchmal in großen Höhen schwebende Flugzeuge, die ihre rhythmischen Streifen über den Himmel zogen, das stumme Lied der mechanischen Vögel ...
Es war alles da, nur kein Ufo.

Grinspoon fragte seine Mitbadenden um Rat, wie man Ufos zu sehen bekäme. »Eine Frau, die bereits zahlreiche Ufos gesehen hatte, erzählte mir, am wichtigsten sei es, *sie einzuladen*. Sie würden nicht einfach für jeden in jedem Geisteszustand auftauchen. Ich fragte sie, ob sie etwas konkreter werden könne, wie das mit dem Einladen funktioniere. Sie sagte, man müsse sich an einen sehr dunklen Ort begeben und sich darauf fokussieren, sie einzuladen, sie zu empfangen; man müsse sie sich herbeiwünschen und versuchen, ihnen mitzuteilen, dass es sicher sei, zu kommen.« Und dann würden sie sich manchmal zeigen.

Als Wissenschaftler wiegen Beweise für Grinspoon schwerer als Glaube. Auf die Frage, ob er denke, im Universum existierten intelligente außerirdische Lebensformen und ob er es für möglich halte, ein paar von ihnen befänden sich heute auf der Erde oder seien in der Vergangenheit hier gewesen, lautet seine Antwort Ja. Auf die Frage, ob er glaube, bei den gemeldeten Ufo-Sichtungen handle es sich um außerirdische Raumschiffe und dass mitten unter uns Außerirdische weilen, lautet seine Antwort Nein. Er sieht keinen Grund, die Viehverstümmelung mit außerirdischem Leben in Verbindung zu bringen, wie es so viele tun, aber ich bin ziemlich sicher, dass er es auch nicht für ausgeschlossen hält. »Es gibt unerklärbare Ereignisse«, schreibt er in *Lonely Planets*. »Wäre es Verrat an der Wissenschaft, wenn wir uns eingestünden, dass es ein paar Rätsel gibt, die mit reiner Vernunft nicht zu erklären sind?«

Im Sommer hatte sich der Andrang auf die Tafel in Alamosa gelegt. Allerdings hatte die Pandemie zur Folge, dass Klienten nicht mehr einfach hereinkommen und sich umsehen konnten; sie mussten sich jetzt in einer Schlange anstellen und dann einer nach dem anderen warten, bis sie dran waren. Die Tafel startete einen Aufruf für zusätzliche Helfer. Ich meldete mich für eine Schicht. Auch andere meldeten sich, darunter die Leiterin des Outreach-Projekts, Callie Adams.

Bevor sich die Türen öffneten, half ich dabei, einen Van auszuladen, der gespendete Produkte von Walmart und anderen Geschäften vor Ort brachte, darunter kistenweise Melonen, Salat und Grillhähnchen (bereits zubereitet, aber inzwischen tiefgefroren). Dann begann ich damit, Kartoffeln und Zwiebeln in Tüten abzupacken und in Einkaufswägen neben dem Tisch zu platzieren, der an der Eingangstür aufgestellt war. Callie belud den Tisch an der Tür, registrierte Kunden und teilte mir und anderen Ehrenamtlichen dann deren Bestellung mit, die sie einpackten.

Ein Großteil der Klienten war bereits früher da gewesen – sie konnten einmal pro Woche kommen. Doch eines Tages am frühen Nachmittag war da ein neues Gesicht, ein junger Mann, der einen großen Rucksack trug und sagte, er sei gerade aus der Stadt gekommen und auf der Suche nach »Snacks«. Wir hatten ein paar passende Sachen – Kekse, Gebäck vom Vortag, Joghurt. Eine freundliche ehrenamtliche Helferin fragte, ob er sich vor Ort auskenne. Er reagierte aggressiv und sagte, er habe bereits von den Campern am Fluss gehört, habe aber nicht vor, selbst dort zu zelten, da »ich Obdachlose hasse«. Anschließend übernahm Callie und erklärte ihm, sie müsse ihn registrieren.

»Kann ich nicht einfach nur die Snacks haben?«, fragte er und zeigte auf ein paar.

»Sobald Sie im System registriert sind«, antwortete sie. »Es dauert nur eine Minute.«

Er begann, auf stur zu schalten, sagte, er wolle keine Fragen beantworten. Das rege Treiben auf unserer Seite des Tisches verebbte, da wir abwarteten, ob sich die Situation zuspitzen würde. Callie blieb völlig gelassen. *Vorname, Nachname?* Er sei Benjamin Franklin, sagte er. Am heutigen Tag vor etwa zweihundert Jahren geboren. Seine Muttersprache sei Russisch und seine Nationalität Lila.

Ich spürte, wie mich seine Art, mit der er Callie provozieren wollte, und seine Respektlosigkeit bei einem derart einfachen Verfahren langsam nervten. Immerhin würde er gleich kostenlose Lebensmittel erhalten. Ich fragte mich, ob Callie ihn wohl bitten würde, zu gehen, ob es eine Szene geben würde und ob Ehrenamtliche wie ich ihr beispringen müssten. Doch wir orientierten uns an ihr, und sie war unerschütterlich, widersprach ihm in keiner Weise. Nachdem er schließlich seine »Snacks« erhalten hatte und weiterzog, wandte ich mich an Callie.

»Wie hast du es geschafft, so ruhig zu bleiben?«, fragte ich ehrlich interessiert. »Ich hätte bestimmt die Beherrschung verloren.«

»Ich gehe auf schnippische Antworten einfach nicht ein«, erwiderte sie. »Ich habe zu lange an der Highschool unterrichtet. Offensichtlich hat er psychische Probleme.« Sie erklärte, wie sie ihre AmeriCorps-Freiwilligen auf solche Situationen vorbereitete. »Es ist schwer für sie, weil sie sich oft darauf einlassen wollen – sie haben hehre Ideale. Aber auf so jemanden sollte man sich nicht einlassen. Diese Art Typen sind keine Arschlöcher, sie sind bloß hilflos – das muss man sich immer wieder vor Augen halten.«

Sie fuhr fort: »Wenn sie dich persönlich angehen, wenn sie deine Dienste auf aggressive Weise einfordern, schreien sie *dich* an. Andernfalls schreien sie *in deine Richtung,* weil sie frustriert sind und in einer Krise stecken. Viele Menschen kommen mit einer großen Wut. Die Wut richtet sich nicht gegen uns, sondern gegen die Situation, in der sie sich befinden.«

Ich dachte eine Weile darüber nach. Nicht zu reagieren fühlte sich unbefriedigend an, als müsse man eine natürliche Reaktion unterdrücken. Dann aber stellte ich mir Callie in einem Klassenzimmer vor und dachte darüber nach, dass das Fehlverhalten von Schülern oft nichts mit einer bestimmten Lehrerin oder einem bestimmten Lehrer zu tun hat. In solch einem institutionellen Rahmen war nicht alles persönlich gemeint – ein paar Schüler verhielten sich immer aufmüpfig. Und ich konnte nachvollziehen, dass die schlichten Ladenräume der Tafel auch eine Art institutionellen Rahmen abgaben. Wir hatten, was er wollte, und das verlieh uns Macht über ihn – darauf hatte er wohl reagiert. Callie hatte aus ihren Erfahrungen gelernt. Und dieses Wissen stand mit der Philosophie in Einklang, von der das Handeln bei La Puente geleitet wurde, die ich in eigenen Worten wie folgt zusammenfassen würde: *Wir können ihren Schmerz nicht wirklich ermessen, also urteilen wir nicht.*

Aber, was heißt hier nicht urteilen? War es nicht Teil unseres Menschseins, uns Urteile zu bilden? Mit dieser Frage setzte ich mich in den *Flats* auch bezüglich der Coronahilfen auseinander. Ich beobachtete, welche meiner Nachbarn die Hilfen der Bundesregierung bekommen hatten und wozu sie sie verwendeten. Für die meisten von ihnen war es ein positives Thema, weil ihnen das Leben nur selten unverhoffte Geldsegen bescherte.

Ich startete bei den Grubers. Wie so viele Amerikaner hatten auch sie in den vergangenen zwölf Monaten, beginnend mit April 2020, staatliche Hilfen erhalten, die sich auf 3200 Dollar beliefen. Ein Großteil dieser doch eher bescheidenen Finanzspritze schmolz durch Rückzahlungen dahin, vor allem an Sam und Cindy, denen sie noch immer Geld für ihr Grundstück schuldeten, aber auch an ihren Nachbarn »Car Wash« Kevin, der ihnen einen alten Toyota-Sedan auf Kredit verkauft hatte. Dann kauften sie einen neuen Generator und Holz für eine Erweiterung des Hauses, an der Frank arbeitete. Schließlich kauften sie auch noch Computerequipment, darunter einen Spezialdrucker und Zubehör sowie einen Laptop. Stacy erläuterte mir ihre Käufe als Investition, mit der sie Geld verdienen würden – mit dem Zubehör könnte sie sowohl Freunden als auch Fremden individuell gestaltete Vinylaufkleber auf Kunsthandwerksmessen verkaufen. Von dem eigens für Frank gefertigten Broncos-Fanshirt konnte ich jedoch schließen, dass ein Teil des Werts im Vergnügen bestand, Dinge für sich selbst zu machen.

Ein anderer Nachbar zeigte mir den auf Hochglanz polierten gebrauchten Geländewagen, den er sich gekauft hatte. Ich wusste, dass seine Familie verschuldet war und nicht über Rücklagen verfügte.

Ein anderer Nachbar hatte das Überbrückungsgeld für Autoreparaturen ausgegeben und einen neuen Fernseher und ein neues Tablet gekauft.

Ich sprach das Thema gegenüber Matt Little an, als wir uns im Frühjahr 2021 auf einen Kaffee trafen. Er wusste sofort, was mich daran reizte. »Es geht um Spielzeug versus Dinge, die man wirklich braucht, stimmt's?« Er selbst hatte 500 Dollar für eine Analyse ausgegeben, um zu erfahren, wie viel kostbares Metall in einer Gesteinsprobe vorlag, außerdem 3500 Dollar für einen »Rütteltisch« (»Der ist wie eine große Goldwaschrinne«), der ihm dabei helfen sollte, Erz von Gestein zu trennen. Demgegenüber hatte Luke einen 500 Dollar teuren Ehering gekauft (»den er nicht braucht«) und einen Goldbagger – eine schwimmende Maschine, die Schlick vom Grund eines Fluss saugt, während der Maschinenführer im Wasser daneben steht. Allerdings gab es auf keinem ihrer Claims einen richtigen Fluss, in dem man ihn hätte einsetzen können. Und es war schwer, sich Luke im Wasser vorzustellen.

Ja, vieles spricht dafür, sein Geld rein zum Vergnügen auszugeben, und die Menschen in den *Flats* haben nur wenig Gelegenheit dazu. Was nicht wiederum bedeutet, sie hätten einander nicht dafür verurteilt. Einem Nachbarn zufolge waren die McDonalds, die in einer fensterlosen Holzschachtel gewohnt hatten, bis der

Vater wegen des sexuellen Missbrauchs an seinen Kindern festgenommen wurde, besonders unwirtschaftlich gewesen: »Costilla County hat Familien Benzingeld für die Hin- und Rückfahrt zur Haltestelle des Schulbusses gezahlt. Zane hat das Benzin für seinen Generator benutzt, damit den Fernseher betrieben, der nonstop lief« – und wenn der Generator nicht funktionierte, ließ er einfach den Motor seines Autos an und versorgte den Fernseher von dort mit Strom. Und zu Beginn jedes Monats gaben sie ihre gesamten Sozialleistungen einfach beim Einkaufen in Alamosa aus und waren gegen Ende des Monats unweigerlich pleite.

In jenem Frühling hatten Stacy und Frank eine Familie kennengelernt, die im letzten Jahr von der Ostküste zugezogen war und etwa eine Meile entfernt in einem Trailer wohnte. Die Familie hatte kurzzeitig Bekanntheit erlangt, als ihr ältestes Kind, ein fünfzehnjähriger Sohn, eines Nachmittags im Winter verschwand. Er war ein hübscher Junge; als das Büro des Sheriffs eine Vermisstenanzeige postete, kommentierte jemand, er sähe aus wie Kurt Cobain von Nirvana. Es wurde spekuliert, dass er womöglich jemanden online kennengelernt habe, der hergefahren war und ihn mitgenommen hatte. In der Anzeige hieß es, zuletzt sei er in der Nähe der Road G auf seinem Fahrrad gesehen worden: »Er wollte eigentlich an den Fluss, kam dort aber nie an. Später wurde sein Fahrrad in der Nähe eines verlassenen Trailers an der Road G gefunden.«

Das Büro des Sheriffs und zahlreiche Nachbarn beteiligten sich an der Suche nach dem Jungen. Zunächst konzentrierten sie sich auf den Canyon entlang des Flusses. Als sie damit keinen Erfolg hatten, lieh der Direktor der Highschool den Polizeibeamten eine Drohne. Gemeinsam ließen sie die Drohne über unterschiedliche Präriebehausungen in der Umgebung summen, manche verlassen, andere nicht. Das Geräusch der Drohne veranlasste den Jungen dazu, die Tür des Trailers zu öffnen, in dem er sich versteckte, um nachzusehen, was vor sich ging. Die Kamera der Drohne erfasste ihn; kurz darauf trafen die Hilfssheriffs ein.

Danach war der Junge zurück in den Osten des Landes gezogen, wo er bei seiner Großmutter lebte – offenbar hatte es zwischen ihm und seiner Stiefmutter in dem Trailer draußen in den *Flats* Differenzen gegeben. Stacy und Frank hatten sich im Verlauf der Suchaktion jedoch mit der Familie angefreundet. Als ich sie eines Tages besuchte, fragte mich Stacy, ob ich mir vorstellen könnte, den Familienvater in meiner Funktion als ehrenamtlicher Mitarbeiter von La Puente nach Alamosa zu fahren? Sein Truck war außer Betrieb, aber er bekam seinen Sozialhilfescheck in Höhe von 1400 Dollar und wollte ein paar Sachen besorgen.

Ich fuhr direkt zu ihm, um mit ihm darüber zu sprechen. Der Trailer der Familie war unglaublich klein – kaum größer als mein Wohnwagenanhänger –, und es fiel mir schwer, zu glauben, dass fünf Personen (jetzt vier) darin zusammenwohnten. Anstelle eines Rasens war er von einem Meer an aussortierten Kleidungsstücken umgeben. Ich betätigte meine Hupe, und der Vater kam heraus.

Er wolle beim Tractor Supply in Alamosa ein neues Gokart und ein Minibike kaufen, sagte er. Sie hätten die Sachen bereits für ihn zurückgelegt, und er wolle so bald wie möglich hin. Er glaubte nicht, dass ihn sein alter Truck hin- und wieder zurückbringen würde. Ich dachte, *ein Gokart?* Ich sagte, ich müsse in meinem Terminkalender nachsehen und würde mich am nächsten Morgen bei ihm melden.

Ich kehrte nach Hause zurück, um darüber nachzudenken. Es schien kein Botengang zu sein, der dem kostenlosen Hilfsangebot von La Puente entsprach. Man bräuchte dafür wahrscheinlich einen halben Tag. Und all das für ein paar Gegenstände, bei denen es sich nach allgemeinem Ermessen nicht gerade um notwendige Einkäufe und vielleicht noch nicht einmal um sonderlich ratsame handelte, angesichts der bescheidenen Mittel der Familie. Ich bereitete mir etwas zum Abendessen zu, trank ein Bier und beschloss, mich nicht darauf einzulassen.

Später aber, als ich im Bett lag, änderte ich meine Meinung.

Tatsächlich brachte mich etwas dazu, das Zahra zu mir gesagt hatte. Nachdem sie von der Prärie in die Stadt gezogen war, hatte sie jemandem erklärt, sie vermeide Dinge wie Wodka, weil »ich sechs Kinder habe. Ich kann mir so etwas nicht leisten. Ich muss Wasser kaufen und mich um sie kümmern, darum. Andere hingegen, die geben ihr Geld für die falschen Dinge aus, damit sie sich besser fühlen.«

Gokarts und Minibikes waren nicht dasselbe wie Wodka. Doch scheinbar fielen sie in dieselbe Kategorie von potenziell unratsamen Kaufentscheidungen, die einem ein gutes Gefühl geben können. Am nächsten Morgen textete ich Stacy, um ihr mitzuteilen, dass ich den Mann gegen Mittag abholen könne. (Er hatte kein funktionsfähiges Handy, und sie hatte gesagt, sie würde morgens bei der Familie vorbeischauen.)

Eine Stunde später schrieb sie zurück, um mir mitzuteilen, »er hat vor ein paar Minuten eine Mitfahrgelegenheit gefunden« und brauche mich nicht mehr. Es hätte mich nicht überraschen sollen – wenn er 1400 Dollar besaß, hatte er auch das nötige Kleingeld, um jemanden für das Benzin, vielleicht sogar für seinen Aufwand zu entschädigen. Dennoch war ich enttäuscht. Es wäre eine gute Gelegenheit gewesen, ihn kennenzulernen.

Tags darauf fuhr ich bei ihm vorbei, um mich zu erkundigen, ob alles geklappt hatte. Am Trailer war niemand zu sehen, doch unten am Berg hörte ich Motorenlärm und sah, dass einiges los war – ein Minibike und ein Gokart rasten herum und wirbelten Staubwolken auf. Ein blondes Mädchen, etwa acht Jahre alt, rannte furchtlos den Berg zu mir herauf. Ich sagte, ich sei gekommen, um nachzusehen, ob ihr Dad eine weitere Mitfahrgelegenheit brauche. Sie verneinte, er habe das Minibike und sitze mit ihrer Mom darauf, und der Truck funktioniere inzwischen auch wieder! Sie sah glücklich aus, und mich beschlich das Gefühl, dass die ganze Familie heute glücklich war.[3]

Die Arbeit an meinem Zaun ging stockend voran. Sie war schwerer, als ich erwartet hatte, selbst mit zunehmender Erfahrung. Der körperlich schwierigste Teil war für mich, neue Zaunpfosten einzuschlagen: Auf YouTube waren Männer zu sehen, die sie mit schweren Pfahlrammen in den Boden trieben, die man über das obere Ende eines T-Pfostens stülpt. Sie mussten immer wieder hochgehoben und fallen gelassen werden, bis der T-Pfosten in die Erde einsank. Alle schienen es im fruchtbaren Boden des Mittleren Westens zu tun, nicht im harten Wüstensand. Hier war die obere Schicht lose, und es war leicht, mit einem Loch anzufangen, doch dann wurde der Untergrund fest und unnachgiebig. Nach ein paar Stunden schmerzten mir Arme, Schultern und Nacken.

Ich fragte Troy hinsichtlich des Löchergrabens um Rat. Vor Jahren habe er einen Erdbohrer benutzt, den er am Hinterteil seines Traktors befestigte, um Pfostenlöcher zu graben, sagte er. Sein Traktor hatte gerade einen Platten, aber er meinte, ich könne mir einen Erdbohrer leihen und hinten an meinem Truck festmachen. Damit könne man besonders gut die dicken Holzpfosten aufstellen, die ich brauchen würde, um Gatter an meinem Zaun anzubringen.

Handrammen seien für diese dicken Pfähle nicht sonderlich gut geeignet – »eigentlich musst du nur ein Loch mit einer Schaufel graben«, und es hilft, wenn du einen Wasserschlauch griffbereit legst, mit dem du den Boden immer wieder auflockern kannst. Doch selbst dann, sagte Troy, wird der Sand wohl weiterhin in das Loch gleiten, sodass das Loch bei einem halben oder einem Meter Tiefe wahrscheinlich auch einen Durchmesser von einem halben oder einem Meter hat. An diesem Punkt stellt man seinen großen Holzpfahl hinein und hält ihn aufrecht, während man zugleich die Erde zurückschaufelt.

Nachdem inzwischen drei Seiten meines Zauns so gut wie fertiggestellt waren, bereitete ich mich auf das letzte Stück vor: die Seite zwischen meinem Grundstück und dem von Troy. Davor hatte es keine Umzäunung gegeben, und unangenehmerweise

*Troy und Grace. © Mit freundlicher Genehmigung
von Grace Nielsen*

war nicht ganz klar, wo die Grundstücksgrenze gezogen werden sollte. Doch es gab noch einen Grund, warum ich es mir bis zum Ende aufgehoben hatte: Troy aus meinem Grundstück »auszuzäunen« war die unerfreulichste Begleiterscheinung meines Zaunbaus. In den Jahren, in denen niemand darauf gelebt hatte, blieb das Grundstück aufgrund von Troys Überwachung unberührt. Früher einmal hatte mein Land ihm gehört, und für kurze Zeit hatte er darauf gewohnt. Den Leuten hier war das bekannt, sie verbanden das Land auch Jahre später noch mit Troy, und ich glaube, es ist einer der Gründe, warum es selbst in den Jahren der stillen Vernachlässigung von niemandem angerührt wurde. Ich wollte, dass sich Troy weiterhin als Besitzer fühlte. Aber ich wollte auch einen Zaun, um die Kühe fernzuhalten.

Wenn Troy zu mir herüberkam, ließ er die Straße oft links liegen und benutzte einen Trampelpfad von seinem Grundstück. Ich erzählte ihm, ich stehe kurz davor, den Zaun endlich fertig zu machen, und schlug vor, auf unserer Grundstücksgrenze anstelle eines Gatters ein Viehgitter einzulassen, sodass er weiterhin rüberfahren könnte, ohne auszusteigen und ein Gatter öffnen zu müssen. Doch Troy wiegelte ab. Er erläuterte, Viehgitter seien teuer und ohne Helfer schwer zu installieren und dass sie obendrein durch Beton abgestützt werden müssten.

Schließlich musste ich die Grundstücksgrenze ansprechen. Troy hatte mir einmal einen T-Pfosten gezeigt, der vom Vorbesitzer in den Sand gehauen worden war, der sagte, er habe sie mit einer Schnur abgemessen, und meinte: »Denke, das könnte passen.« Ich aber vermutete, dass sie nicht stimmte. Das County hat eine webbasierte Grundstückskarte mit einer Software, anhand deren man Stecknadeln setzen und Abstände messen kann. Ich benutzte sie, um eine recht genaue GPS-Messung zu erhalten, wo die Grundstücksgrenze zwischen mir und Troy verlief, und schlug dann kleine Holzpflöcke an den Ecken des Grundstücks ein, nachdem ich sie mit meinem Handy lokalisiert hatte. Zwischen den beiden Ecken spannte ich eine lange Schnur und schlug dort, wo meine Zaunpflöcke stehen sollten, eine ganze Reihe weiterer Holzpflöcke in den Boden. Ich hielt es für wichtig, Troy die Grenze zu zeigen, bevor ich den Zaun tatsächlich baute. Aber das Ganze machte mich ein wenig nervös – ich wusste, dass Grundstücksgrenzen gerne zum Streitthema zwischen Nachbarn werden. Ich mochte Troy und wollte nicht, dass Probleme zwischen uns standen.

Wir waren gerade mit unserem Morgenkaffee an seinem Küchentisch fertig, als ich es ansprach. Troy hatte etwa eine halbe Stunde Zeit, und ich bot an, ihn zu mir hinüberzufahren. Wir stiegen aus meinem Truck, und Troy betrachtete meine Pflöcke.

Dann wanderten seine Augen zu dem T-Pfosten, der vom Vorbesitzer in den Sand gesteckt worden war. Er war näher an meinem Haus. »Bist du sicher, dass der's nicht tut?«, fragte er. Ich versuchte, zu erklären, warum ich mir sicher war, ohne allzu sehr ins Detail zu gehen: Troy verstand nicht viel von Computern, GPS oder Technologie im Allgemeinen, und ich wollte ihn nicht mit technischen Details quälen. Wenn er wolle, könnte ich uns ein langes Stück Schnur besorgen, und wir könnten nochmals von vorn beginnen und den Abstand damit messen. Ganz in Ruhe. Eine Zeit lang blickte Troy in die eine Richtung, drehte seinen Kopf dann um 180 Grad und blickte in die andere. Ich biss mir auf die Lippe und dachte: *Falls es nur ein paar Meter Unterschied sind, verzichte ich.*

Da sagte Troy: »Ist wohl ziemlich genau die Mitte.« Wir reichten einander die Hand.

Am nächsten Tag erwähnte ich den Zaun während einer Unterhaltung mit meinem Nachbarn Robert. Robert hatte kurz geschorenes Haar und trug einen dichten Vollbart. Er war aus Denver in die *Flats* gezogen, wo er für die Hilfspolizei und im Cannabis-Einzelhandel gearbeitet hatte. Ursprünglich stammte er aus Tennessee. Er hatte eine Weile in der Armee gedient und den zweiunddreißigsten Grad der Freimaurer erlangt. Eine Schadensersatzzahlung in Höhe von 25 000 Dollar, die er von einem Autofahrer erhalten hatte, der ihn auf seinem Motorrad angefahren hatte, war der Grundstock, der es ihm ermöglichte, sich Land zu kaufen und in meiner Nähe ein einfaches Haus zu bauen. Er mochte Schusswaffen, und wir schossen mit seinem AK-47 auf Dosen. Er habe einen benzinbetriebenen Ein-Mann-Erdbohrer benutzt, als er eine Einzäunung für seine Hanfplantage gebaut habe, sagte er. Im Grunde sei es eine riesige, ein Meter hohe Schraube mit einem Durchmesser von fünfzehn Zentimetern, mit Griffen und einem kleinen Motor obendrauf. Wie konnte es nur sein, dass ich noch nie etwas davon gehört hatte? Er bot an, mir seinen auszuleihen.

Robert steckt seinen Elektroschocker ein.

Dann nahm er einen Anruf auf seinem Handy entgegen: Robert arbeitete als Kautionsagent[4], und das Telefon war seine Rettungsleine. Als er auflegte, sah er besorgt aus.

»Ein Meth-Head, dem ich die Kaution ausgelegt habe, hat seinen Gerichtstermin sausen lassen. Wenn wir ihn nicht finden, bin ich fünftausend Dollar los«, sagte er. Er hielt inne. »Könntest du mich morgen nach Blanca begleiten? Er lebt off-grid, in der

Nähe seiner Mutter. Falls er zu Hause ist und ich ihn festnehmen kann, wäre es gut, nicht allein zu sein.« Sollten wir ihn erwischen, würde mir Robert im Gegenzug hundert Dollar bezahlen. »Wie wäre es, wenn wir das Geld beiseitelassen«, schlug ich vor, »und du mir stattdessen dabei hilfst, die Löcher für meine letzte Reihe Zaunpfähle zu bohren, egal ob wir ihn fangen oder nicht?« Robert willigte ein.

Ich war mit der Absprache zufrieden, bis Robert am nächsten Morgen anrief und fragte: »Hast du eine kugelsichere Weste?« Äh, nein. Warum sollte ich? Robert sagte, das sei schon okay und dass er bald bei mir wäre. Doch als wir in seinem klapprigen GMC-Pick-up nach Blanca hinaufknatterten, löste die Frage eine wichtige, und meinerseits sehr persönliche, Unterhaltung darüber aus, wie gut ich darauf vorbereitet war, in die Rolle eines Kopfgeldjägers zu schlüpfen. Robert eröffnete mir, er werde sich dem Haus des Flüchtigen mit der bereits erwähnten Weste, einer offiziellen »Kautionsagenten«-Armbinde, einer Pistole, einem Elektroschocker und Handschellen nähern. Ich hingegen hatte gerade einmal eine Sonnenbrille.

»Also, ich hab mir nochmals alles durch den Kopf gehen lassen«, sagte Robert. »Dieser Kerl hat bereits eingesessen, er ist ein Schwerverbrecher. Ich würde mich mit einem Hilfssheriff doch wohler fühlen. Wenn wir in der Stadt sind, ruf ich bei ihnen an.« Ich unterstützte diese Idee voll und ganz.

An jenem Vormittag waren in Costilla County nur zwei Hilfssheriffs im Dienst, und keiner der beiden hatte Zeit; sie sagten, es gäbe wichtigere Dinge, um die sie sich kümmern müssten. Mit Roberts Polizeifunkapp hörten wir ihre Gespräche ab und erfuhren so, dass es sich dabei unter anderem darum handelte, einen entlaufenen Hund zu suchen und einen Trauerzug zu eskortieren. Robert versuchte es auch bei der State Patrol, doch auch die Beamten waren beschäftigt. Am Ende sagt er: »Ich geh einfach allein hin. Du kannst beim Truck bleiben, die Augen offen halten und, falls etwas Schlimmes passiert, die Polizei rufen.«

Ich war einverstanden. Dann versuchte ich, mir vorzustellen, wie sich das Ganze abspielen könnte: Robert würde von dem Flüchtigen, der aus dem Fenster feuerte, niedergeschossen; ich würde feststellen, dass mein Handy keinen Empfang hatte, die Straße entlangrennen und versuchen, mich vor dem Schwerverbrecher, der hinter mir her war, im Gebüsch zu verstecken.

Die Realität sah ein wenig anders aus. Robert parkte seinen Truck am Vordertor des Grundstücks, das sich am Fuße des Blanca Peak befand. Ein Pitbull und ein großer Schäferhund liefen kläffend herbei, blieben aber bei mir stehen, als eine Frau aus dem Haus trat und Robert durch das Tor ging, um mit ihr zu sprechen. Später sollte ich erfahren, dass sie die Mutter des Flüchtigen war. Auch sie hatte Geld für die Kaution zur Verfügung gestellt, das sie jetzt, wie Robert sie wissen ließ, verlieren könnte. Dennoch sagte sie, sie wisse nicht, wo ihr Sohn hingegangen sei. Ihr anderer Sohn war ebenfalls im Gefängnis. Die Hunde hörten auf zu knurren, und auf die Gefahr hin, weniger einschüchternd zu wirken, kraulte ich den Schäferhund. In der Zwischenzeit war der Pitbull, der gesehen hatte, dass wir unsere Türen offen gelassen hatten, in den Truck gesprungen. Ich fragte mich, wie wir jetzt je wieder loskommen sollten.

Lange Rede, kurzer Sinn, wir gingen leer aus. Robert sollte bald darauf zurückkehren, um einen Pick-up und einen Nissan Maxima abzuholen, die ihm überschrieben worden waren, um das Kautionsgeld zu begleichen. Er fabrizierte ein Fahndungsplakat mit einem Foto des Mannes und postete es in verschiedenen Facebook-Gruppen. Tags darauf kam er mit seinem benzinbetriebenen Erdbohrer zu mir, und wir bohrten achtzehn Pfostenlöcher in weniger als einer Stunde.

Da mein Zaun nahezu fertig war, besuchte ich Ronald Rael, den Architekturprofessor, den ich auf der historischen Führung mit Loretta Mitson kennengelernt hatte. Ron war nach wie vor im Valley, gab Fernunterricht und saß die Pandemie gemeinsam mit seiner Frau und seinem Sohn aus. Eine Installation mit Wippen an der Grenze zu Mexiko hatte ihn bekannt gemacht. Die Wippen passten durch den Grenzzaun und nutzten den Zaun als Auflagepunkt; wenn sich ein mexikanisches Kind auf die eine und ein amerikanisches auf die andere Seite setzte, konnten sie miteinander spielen. Ich wollte gerne mit jemandem reden, der Mauern und Zäunen so viele Gedanken gewidmet hatte, und Ron war einverstanden, mich zu empfangen.

Die Ranch seiner Familie, die seit fünf Generationen in ihrem Besitz war, lag zwischen meinem Grundstück und Antonito in einer Gegend namens La Florida (»Blühendes Land«). Die Landschaft, mit ihren Pappeln und Feldern, die nicht mit Pumpen, sondern durch von Flüssen gespeiste Gräben bewässert wurde, war auf eine Weise üppig und schön, die die Prärie vermissen ließ. Sie lag am südlichen Arm des San Antonio River, angeblich auf der Route der berühmten Diego-de-Vargas-Expedition, die 1694 von Santa Fe ins San Luis Valley führte. Und übrigens, so Ron, war der Schreiber, der die tägliche Berichterstattung der Siedler aufzeichnete, »mein Urururururururgroßvater väterlicherseits«. Ein Nachbar hatte in der Umgebung den Sporn eines Reiters gefunden, und dem Urteil eines Experten der Adams State University zufolge stammte er aus dem siebzehnten Jahrhundert.

Ron hatte seine Zeit produktiv genutzt. Studierende aus Berkeley hatten ihn dabei unterstützt, mithilfe eines 3-D-Druckers experimentelle Lehmgebäude zu bauen. Er zeigte mir das neueste. Es war kühl, lichtdurchflutet und ruhig, der perfekte Ort für ein Gespräch.

Ich erinnerte Ron daran, dass er an dem Tag, als wir uns kennenlernten, mit etwas Banalerem beschäftigt war als mit experimenteller Architektur. Und zwar damit, einen Zaun zu reparieren. Damals hatte er ein Feld an einen Rinderhalter verpachtet; Teil ihrer Vereinbarung war, dass sich der Mann um die Zäune kümmerte. Stattdessen, sagte Ron, hätten zahlreiche Kühe des Mannes, sie waren unterernährt und auf der Suche nach Gras, einen der Zäune durchbrochen und seien auf dem Grundstück eines Nachbarn eingefallen. Der Nachbar war nicht gerade erfreut, und so musste Ron, der eigentlich Besseres zu tun hatte, den Zaun selbst reparieren. Er trug Arbeitsstiefel und fuhr den uralten Pick-up seines Vaters, der um die Mittagszeit nicht ansprang und erst in Gang kam, als Ron etwas unter der Motorhaube justierte und wir ihn anschoben. Hinten im Truck lagen eine Schaufel und Werkzeug zum Zaunbau. Ich fühlte mich ihm auf der Stelle verbunden.

Ich erzählte Ron, wie ich mich für mein Buch *Coyotes* gemeinsam mit illegalen Einwanderern vom mexikanischen Bundesstaat Sonora nach Arizona eingeschleust hatte. Es war Nacht. Insgesamt kletterten wir über vier Stacheldrahtzäune; der letzte von ihnen war scharf und straff gespannt – und dennoch nicht schwer zu erklimmen. Die meisten meiner Gefährten waren in Richtung Idaho unterwegs, weil sie wussten (sie hatten dort bereits seit Jahren gearbeitet), dass sie dort gebraucht und erwartet würden. Dass sie einen derartigen Spießrutenlauf über sich ergehen lassen mussten, schien nicht gerecht. Ich hatte Zäune betreffend so meine Vorbehalte und fragte mich, ob Ron meine Meinung teilte.

Zuallererst, sagte er, »zwischen einem Zaun und einer Mauer besteht ein Unterschied«. Hier draußen seien die Zäune für Tiere, und »ich hab kein Problem damit, einen Zaun zu bauen oder zu reparieren, weil mit der Frage, wo eine Kuh weiden darf und wo nicht, eine ganze Reihe komplexer Themen einhergeht«. Die Barrieren, die ich nördlich von Sonoita überwunden hatte, waren von der Regierung inzwischen zu Mauern »aufgerüstet« worden, wobei für Ron diese Beschreibung zu kurz griff. »Ein Stahlgebilde, das über Hunderte von Meilen mit Beton gefüllt ist, verkörpert die Gewalt, die man mit einer militarisierten Grenze verbindet, mit einer mittelalterlichen Festung.« Ein solches Hindernis »blockiert den Wind und die Wanderung von Tieren, verursacht ökologische Schäden und zwingt Grenzgänger, egal ob Mensch oder Tier, sich in extreme und gefährliche Situationen zu begeben«.

Es schafft außerdem »nachhaltige psychologische und kulturelle Mauern«, die aufseiten der Erbauer das Gefühl wecken, dass das, was draußen gehalten wird, gefährlich sei. Die seit ein paar Monaten kursierenden Medienberichte über ganze »Kolonnen« potenzieller Einwanderer aus dem Süden stießen ins selbe Horn. »Kolonne«, sagte Ron, sei das falsche Wort. »In meinen Ohren klingt es bedrohlich. Ich erinnere mich daran, dass die erste ›Kolonne‹ um Thanksgiving eintraf. Und ich fragte, warum wir diese Menschen nicht als Pilger bezeichnen? Anstatt von Kolonnen könnten wir ebenso gut von Pilgern sprechen, die auf der Suche nach einem besseren Leben, auf der Suche nach einem Leben ohne Angst vor Verfolgung, zu uns kommen.« Auch wenn es viele seien, könnte man sie dennoch als »Menschen betrachten, die in Gefahr sind. Man könnte sie willkommen heißen.«

Wir sprachen über die historische Bedeutung des Landes, das uns umgab. Ich hatte gerade erst einen Bericht über die Vargas-Expedition gelesen und wusste, dass Kolonisten zur damaligen Zeit Grenzland zugewiesen wurde, das sie »besiedeln« konnten. Besser gesagt: auf dem sie Städte gründen und der spanischen Vorherrschaft Vorschub leisten konnten. Die Ute, denen de Vargas an einem Berg bei San Antonio gleich südlich von hier begegnete, griffen nicht an, bis die Spanier damit begannen, ihre Büffel zu töten (und zu essen): Den Ute waren Nahrungsmittel weit wichtiger als das Konzept des Landbesitzes. Der Historiker William Cronon hat darüber geschrieben, wie Europäer die Natur Neuenglands »einhegten«, wie sie das Land in einen Ort der »Felder und Zäune« verwandelten. Ihre Absicht hätte sich von der der indigenen Völker kaum mehr unterscheiden können. Die indigenen Völker, die jahrhundertelang mit den Jahreszeiten und je nach verfügbaren Nahrungsquellen durch die Lande gezogen waren, und die sie nun vertrieben. Indem sie das Land vermaßen und in Parzellen zergliederten, schufen die Europäer Einheiten, die sich kaufen und verkaufen ließen, und die von Einzelpersonen zu deren alleiniger Nutzung *besessen* werden konnten – ein weiteres, den Indigenen fremdes Konzept. Ron öffnete Google Maps auf seinem Smartphone und zeigte mir, wie die ersten hispanischen Siedler das Land nochmals auf andere Weise aufgeteilt hatten. Östlich von meinem Grundstück und südlich von San Luis gab es Grundstücke, die, so erklärte er, in »riesige Streifen« geschnitten worden waren, sodass sie unterschiedliche Lebensräume durchquerten. Gemäß dem damals vorherrschenden Brauch hatte so jeder Landbesitzer Zugang zu Wasser, Feldern und manchmal auch zu höheren Lagen.

Ich fragte, ob Ron mit dem Gedicht von Robert Frost vertraut sei, das der Natur von Mauern gewidmet ist. Er kenne es gut, erwiderte er. »Beim Mauer-Ausbessern« beschreibt, wie der Dichter mit seinem Nachbarn in New England eine Steinmauer ausbessert, die ihre Grundstücke voneinander trennt. Dem Nachbarn ist es wichtig, die Mauer in einem guten Zustand zu halten, weil »Gute Zäune – gute Nachbarn«. Ron aber betonte, auch wenn dies häufig für die Botschaft von Frosts Gedicht gehalten würde, »er die Instandsetzung der Mauer eigentlich die ganze Zeit beklagt und sagt, sie sei überhaupt nicht nötig«. Der Architekt schien dem bekannten Vers des Gedichts zuzustimmen: »'s gibt etwas [die Natur], das ist keiner Mauer grün,/Und wünscht sie weg.«

Da seine Studenten nach Ron verlangten, machte ich mich auf den Weg, zurück in die Prärie. Unsere Unterhaltung hatte mir das Gefühl gegeben, es sei in Ordnung, die Kühe aus meinem Grundstück auszusperren. In Frosts Gedicht heißt es: »Ist ein Zaun nicht bloß,/Wo Kühe sind?« Darauf konnte ich dem Dichter leicht entgegnen: *Hier sind Kühe,* und sie trampeln durch meinen Wüsten-Beifuß und hinterlassen ihre riesigen Kuhfladen und jagen mir nachts Angst ein, wenn sie brüllen und sich an meinem Trailer reiben. (Es ist wohl eine der Ironien des Lebens, dass zu den unentbehrlichen Werkzeugen für den Bau von Stacheldrahtzäunen Lederhandschuhe gehören, die aus der Haut von Kühen hergestellt werden. Etwas, das mich daran erinnert, dass die ersten

Mauern des Gefängnisses Sing Sing, in dem ich arbeitete, von den Gefangenen selbst erbaut worden waren.)

Dichter jedoch mochten ganz offensichtlich weder Zäune noch Mauern. Und nicht eingehegtes Land war Teil dessen, was die Schönheit des Valley ausmachte. Es gehörte auch zur Vorstellung des Westens: unerschlossenes Land, Land ohne Zäune. Öffentliche Flächen hielten diese Vorstellung am Leben, schienen zugleich jedoch in eine Art Tiefschlaf versetzt, hatten etwas Museales an sich. Nicht eingehegtes Privatland wie das, auf dem ich mich befand, schien umso kostbarer, weil man wusste, dass eines Tages jemand einen Zaun aufstellen und erklären könnte: *Das ist meins. Betreten verboten!* Der Gedanke, Zäune seien ein Hindernis für freie Geister, Vagabunden, den indigenen Stammesjäger und den besitzlosen Cowboy, der durch die Lande zog, ließ mich nicht unberührt. Der Musiker Cole Porter versuchte, diesen Geist in seinem Lied »Don't Fence Me In« einzufangen; ein Klassiker, der seine titelgebende Formulierung neun Mal wiederholt und den Himmel, den Wind und die Pappeln heraufbeschwört.

Ich liebte die Stimmung des Liedes. Aber ich wollte meinen Zaun haben.

Epilog
Zufluchtsort und Exil

Die Ränder Amerikas bieten oft die beste Sicht auf [unsere] Schwächen.

Jelani Cobb

There is a long hard road follows far behind me/It's so cold I'm about to die.

Allman Brothers Band, »Old Before My Time«

Als mich Tona Ruybal von La Puente zum ersten Mal in die *Flats* fuhr, begriff ich nicht alles, was ich sah. Da waren die kleinen, weit übers Land verstreuten Behausungen. Und da war das Land selbst. Die menschliche Besiedlung und mit ihr die privaten Grundstücke begannen an der einspurigen Lobatos Bridge, deren Bohlen unter unseren Reifen ächzten, als wir sie langsam überquerten. Ich hatte eine ungefähre Ahnung, dass unter uns der Rio Grande floss, ein schmaler grüner Streifen in der braunen Prärie. Was ich nicht wusste, war jedoch, dass es sich bei der Felsspalte, durch die er floss, um den Anfang des Rio-Grande-Rift handelte, einen Riss in der Lithosphäre, der im San Luis Valley beginnt und auf seinem Weg gen Süden immer breiter wird, bis er sich in der Gegend von Taos zu einer zweihundertfünfzig Meter tiefen Schlucht auswächst, die bis nach Mexiko reicht. Das auf dem Gipfel eines nahe gelegenen Berges aufgenommene Foto eines Freundes veranschaulichte dies.

Mehr als dreihundert Jahre zuvor, im Juli 1694, überquerte der spanische Entdecker Diego de Vargas ebendiesen Fluss in die andere Richtung. De Vargas war auf einer sechswöchigen Mission gewesen, um indigene Kulturen nördlich von Santa Fe »zurückzuerobern« und mit Mais zu handeln oder ihn zu beschlagnahmen, und war jetzt auf der Heimreise. Allerdings war ihm das Land größtenteils unbekannt; der Fluss führte viel Wasser und war für die spanischen Soldaten, ihre Esel und Pferde ein Hindernis. Am sogenannten Vargas Crossing, zwei Meilen nördlich von der kleinen Brücke, auf der ich mich befand und ebenfalls etwa zwei Meilen von meinem Grundstück entfernt, wurde das Land flacher, der Fluss breiter, und mithilfe eines indigenen Führers fand de Vargas einen Weg durch das Wasser, der ihn zurück nach Santa Fe brachte.

Am Vargas Crossing befindet sich keine Gedenktafel, dafür aber Felsbilder, die wohl aus der Zeit vor den Spaniern stammen: Ein Felsvorsprung ist mit menschlichen Gestalten geschmückt, mit einer Sonne, etwas, das einem Fragezeichen ähnelt, und etwas, das eine Schlange sein könnte. Früher einmal waren dort auch Schafe abgebildet, die, wie die inzwischen eingestellte *San Luis Valley Rock Art* schreibt, von jemandem kaputt gemacht wurden, der versuchte, einen Teil des Felsens abzumeißeln und zu stehlen. Die Gegend strahlt etwas Altertümliches aus, sowohl aufgrund ihrer geologischen Gegebenheiten als auch der Menschen. Was für die indigene Bevölkerung einer Invasion und dem Ende ihrer Welt gleichgekommen sein muss, wurde von anderen als Anfang gefeiert; von den Spaniern, Mexikanern und dann den Amerikanern, die glaubten, die Gegend sei menschenleer, ein wildes Grenzland, das Siedler mit Bauernhöfen und Viehzucht zähmen könnten. Heute sieht man sich einem atemberaubenden Naturraum gegenüber, der zugleich Grundbesitz ist – unbebaute Flächen zu äußerst geringen Preisen, eine Landschaft, in der es, selbst für einen Menschen mit nur bescheidenen Mitteln, vorstellbar ist, etwas zu hinterlassen.

Und selbst wenn man kein Siedler im Stil des neunzehnten Jahrhunderts ist, beschwört die Weite des Valley eine Art immerwährende Frontier herauf: rechtschaffen, weil unbewohnt, rein,

*Die Rio-Grande-Schlucht an ihrem Ursprung,
unweit der nördlich von New Mexico gelegenen Lobatos Bridge
© Foto von Michelle L. LeBlanc.*

weil netzunabhängig. Heute ist das Netz jedoch nie weit. Praktische Stromquellen wie Benzin und Propan ändern alles, ebenso die großen Supermärkte in Alamosa, militärische Flugzeugparaden und Handys.

Noch etwas, das sich zu unserer Lebenszeit verändert hat, ist die Beziehung des Menschen zur Natur. Die Idee, man könne die Natur beherrschen, sie zähmen und dem menschlichen Willen unterwerfen, hat keine Zukunft. Und auch die Amerikaner schließen sich, wenngleich zögerlich, anderen Ländern an, um dem Klimawandel entgegenzuwirken, eine Krise, bei deren Entstehung sie mit ihrem hohen CO_2-Verbrauch eine zentrale Rolle gespielt haben. Junge Menschen lockt das Valley als Ort, an dem man sich an der Permakultur versuchen kann – eine Landwirtschaft, die sich an den natürlichen Kreisläufen der Natur orientiert. In gewisser Weise scheinen sie den Hippies zu ähnln, die, den konservativen Moralvorstellungen entfremdet, in den 1960er-Jahren »Back to Nature« propagierten, andererseits reagieren die jungen Menschen von heute jedoch auf den gegenwärtigen Klimanotstand.

Die Costilla Land Company und die San Luis Southern Railroad versuchten, das Valley scheinbar wahllos allerlei Bauern schmackhaft zu machen: deutschen Einwanderern aus Iowa (die es ablehnten), Siebenten-Tags-Adventisten (die kamen und Jaroso gründeten) und japanischen Einwanderern aus Kalifornien (die sich in der Nähe des Blanca Peak ansiedelten und erfolgreich Gemüse anbauten, das sie per Eisenbahn auslieferten). Die Denver & Rio Grande Railroad führte ähnliche Werbeaktionen durch. Der Ton ihrer Angebote änderte sich jedoch, als Tony Perry und Konsorten Einzug hielten. Der Geniestreich jener Siebzigerjahre-Parzellierer bestand darin, das Land nicht mehr zu landwirtschaftlichen Zwecken zu vermarkten. Sie verkauften den Traum vom einfachen Landleben in einer ursprünglichen Berglandschaft – von einem Leben nicht auf einer Ranch, sondern auf einer »Ranchette«.[1]

Und fünfzig Jahre später? Ich kam in Erwartung eines bestimmten Schlags Mensch und stieß dann auf sehr viel mehr unterschiedliche Menschen. Was sie unter anderem verband, war der Wunsch nach Rückzug; bewusst nicht in einer Großstadt wie Denver zu leben, und erst recht nicht in einer wie New York oder Los Angeles. Manchmal frage ich mich, ob wir an ihnen die Antwort auf die Frage ablesen können, für wen Amerika ist und für wen nicht? Im Allgemeinen waren die Bewohner der *Flats*, die mir begegneten, nicht die Jungen und Idealistischen (auch wenn es Ausnahmen gab). Sondern eher die Ruhelosen und Flüchtigen; die Müßiggänger und Süchtigen; und die allgemein Unzufriedenen; Menschen, die damit fertig waren, Erwartungen zu entsprechen. Menschen, die sich fühlten, als seien sie kleingekaut und wieder ausgespuckt worden, die sich von den Institutionen ab- und manchmal gegen sie wandten, die davor ihr Leben geprägt hatten, egal ob es Unternehmen oder Schulen waren oder die Kirche. Die Prärie war ihr Zufluchtsort und ihr Exil. Lance Cheslock hatte einmal eine Metapher aus der gegenständlichen Malerei verwendet: So wie das Objekt durch seine Grenzen definiert wird (der Künstler zeichnet zunächst die Umrisse und füllt diese dann aus), wird die Gesellschaft durch die an den Rändern definiert. Ihre »Randständigkeit« hilft dabei, die breite Masse zu bestimmen.

An einem Sommertag am Mountain Home Reservoir fiel mir eine weitere Metapher ein. Ein Freund, der La Puente aufgrund seines Drogenkonsums hatte verlassen müssen, hatte mich eingeladen, ihn dort mit Freunden von ihm, die Kajaks besaßen, zu treffen.

So wie Bewohner Colorados oft enttäuscht sind, wenn sie zum Skifahren in den Mittleren Westen oder Osten fahren, sind Ostküstenbewohner ernüchtert, wenn sie an einen Stausee in Colorado kommen – das soll ein See sein? Das Ufer besteht im Wesentlichen aus Schlamm, die Fische werden in den Seen ausgesetzt (das heißt aus Flugzeugen abgeworfen), und es gibt nur wenige Bäume und keine Anlegestellen oder pittoresken Häuschen, die den See säumen, sondern nur eine Bootsrampe aus Beton. Dessen ungeachtet paddelten mein Freund und ich nachmittags, als der Wind auffrischte, gut gelaunt hinaus. Wir zogen unsere Boote am gegenüberliegenden Ufer an Land, liefen umher und begutachteten unter anderem den Damm, durch den der Stausee überhaupt entstanden war. Es gab nicht viel zu sehen, doch der Überlauf neben ihm war gewaltig: ein gigantischer Betonkanal zum Schutz des Damms, sollte das Wasser zu schnell ansteigen. Anstatt den Damm wegzureißen, würde das überschüssige Wasser in die Überlaufrinne herabströmen, die in Richtung der *Flats* führte. Einstweilen wirkte sie jedoch eher wie eine süße Versuchung für Skateboarder (nur dass man keine Chance hatte, unten abzubremsen).

Danach kam mir der Gedanke, das Valley selbst sei eine Art Überlaufbecken für den Damm unserer modernen Gesellschaft.

Diejenigen, die keinen Platz in der Mitte fanden, wurden über den Rand gespült und kamen irgendwo draußen in der Prärie an.

Die Anziehungskraft des Landes hatte seit langer Zeit Bestand, teils aufgrund von Enttäuschungen andernorts, teils aufgrund des imaginären Versprechens eines Neuanfangs. Vor hundert Jahren kamen die Siedler, um ihr Glück zu versuchen.

Dieses Versprechen ist verblasst; oder, wie Wallace Stegner 1943 schrieb: »Es gab eben auf dieser Erde keine Stellen mehr, wo man neue, glänzende und noch unerschöpfte Möglichkeiten hatte. Die gute alte Zeit, wo man in Dakota, in Kalifornien oder in Alaska sein märchenhaftes Glück machen konnte, war für immer vorbei.« (Harold Anderson aus Jaroso pflegte zu sagen: »Niemand wurde im Valley je reich«, und schien damit recht zu haben.)

Nichtsdestotrotz blieb der Reiz des Valley bestehen.

Matt Little war nicht hinter schnellem Geld her. Ihn hatten der Tod seiner Frau und das Feuer, das sein Haus zerstörte, aus West Virginia hergeführt. Er googelte »cheap land Colorado« und fand einen Neuanfang. Zunächst hielt ihn ein Job in der Mensa der Adams State University über Wasser. Nach einer kurzen Phase der Obdachlosigkeit (wobei er sich weigerte, dies so zu benennen) fand er zu Stabilität und einem neuen Lebenssinn, als er von La Puente angestellt wurde.

Als ich vorliegendes Buch beendete, war die Förderung von Matts Rural-Outreach-Projekt ausgelaufen, und La Puente hatte ihm dafür ein Vorhaben übertragen, in dessen Rahmen den Bewohnern der *Flats* kleine Zuschüsse für Heimwerkerprojekte ausbezahlt wurden. Er lieferte kaum noch kostenloses Feuerholz aus – und fuhr zum ersten Mal ein SUV anstatt eines Pick-ups –, aber er sagte, das sei in Ordnung, dass seine Mission, Prärievolk ans Hilfesystem heranzuführen, inzwischen größtenteils ohne weiteres Zutun funktioniere. Er hatte seine Beziehung zu Willow amtlich gemacht – sie heirateten Ende 2020. Der gebrochene Oberschenkelhalsknochen und eine Hodenkrebsdiagnose hatten ihm jedoch zugesetzt. Er schien nun weniger hektisch durchs Leben zu rasen, weniger Meilen mit seinem Auto zu sammeln und mehr Zeit mit seiner Familie und seiner aus Pferden, Wolfshunden, Enten und Hühnern bestehenden Menagerie zu verbringen. Sein Sohn Joshua stand auf einer Warteliste für betreutes Wohnen in Alamsoa, das ihm, Matts Meinung nach, bald schon eine stabile Lebenssituation ermöglichen würde.

Matts Traum vom Goldschürfen mit Luke war aufgrund seines und Lukes schlechten Gesundheitszustands ein wenig in den Hintergrund gerückt. Als Luke bei mir vorbeischaute, um mein Stromhäuschen zu warten, wirkte es, als müsse er bereits nach zehn Metern Fußweg verschnaufen. Der Eindruck bestätigte sich erneut, als ich ihm im Walmart in Alamosa begegnete. Er erzählte mir, man habe ein Loch in seinem Herzen diagnostiziert und dass er einen Termin für eine Operation am offenen Herzen in Denver habe. Ein paar Wochen darauf erzählte er mir, er habe kein Geld, um nach Denver zu fahren, und dass er die Operation um einen Monat nach hinten verschoben hätte. Als ich mich das nächste Mal bei ihm meldete, erzählte er mir, er habe die Operation ganz abgesagt, und zwar nicht nur aufgrund des Geldes, sondern weil er beschlossen habe, »mit den Karten zurechtzukommen, die mir das Leben zugeteilt hat«.

Nach fast dreizehn Jahren als Leiterin der Notunterkunft verließ Tona La Puente. Die Stelle hatte von ihr gefordert, täglich vierundzwanzig Stunden erreichbar zu sein, und sie sagte, sie sei müde. Ihr neuer Job, bei dem sie Highschools im Valley dabei unterstützte, ihre Schülerinnen und Schüler an psychologische Hilfsangebote zu vermitteln, sei da eine willkommene Abwechslung. Etwa zur gleichen Zeit verliebte sich ihre Freundin Geneva in einen pensionierten Elektriker aus Texas und teilte sich ihre Zeit zwischen Texas und dem Valley auf.

Mein Nachbar Paul erlebte eine lange Phase der Zufriedenheit, die dadurch gekennzeichnet war, dass er viel kochte (er postete Fotos seiner Kreationen auf Facebook) und Freunde zum Essen einlud. Er baute einen Hühnerstall, der ihm regelmäßig frische Eier bescherte. Er ließ sich endlich seine letzten Zähne ziehen und kaufte sich mit der Hilfe von La Puente ein strahlendes Gebiss, das ihn wie einen Präriefilmstar aussehen ließ. Er adoptierte einen neuen Hund, der prompt von einer Klapperschlange gebissen wurde; sein Gesicht schwoll an, aber er überlebte. Schlimmer waren seine altbekannten seelischen Qualen – hervorgerufen vor allem durch den stürmischen Frühlingswind, die Stubenfliegen im Spätsommer und die Anwesenheit neuer Nachbarn. Mir kam es fast so vor, als könne man seinen Gemütszustand auf einem Diagramm kartieren; es ging kontinuierlich auf und ab und schien, als ich das hier schrieb, aufgrund neuer Sorgen wegen seines hohen Blutdrucks auf einem Abwärtstrend.

Zahra hatte große Neuigkeiten: Sie hatte einen gewerblichen Führerschein erworben und eine Stelle ergattert, bei der sie Trucks aus Denver ausfuhr. Ihre Kinder und ihr Ehemann, die außerhalb von Alamosa in einem Trailer auf dem Grundstück ihrer Schwiegereltern lebten, vermissten sie, würden aber auch von dem zusätzlichen Einkommen profitieren, sagte Zahra – 50 Prozent mehr als das, was sie verdient hatte, als sie Arzttermine am Telefon vereinbarte. Im Herbst 2021, kurz bevor ich sie besuchte, hatte sich Zahra mit Paul in Antonito getroffen, um ihm ihren Ring zu zeigen. Er sagte, sie sehe großartig aus – mit ihrem Cowboyhut und ihrer Lederjacke vielleicht ein bisschen »Redneck-mäßiger« als früher.

Lance' gesellige Natur wurde von der Pandemie auf eine harte Probe gestellt; seine Arbeitstage für La Puente zu Hause zu verbringen war für ihn eine Herausforderung. Ein neues Hobby schien Abhilfe zu schaffen: Der Freund eines Freundes hatte ihm ein hochwertiges Teleskop geschickt, und in dunklen Nächten machte er sich damit auf den Weg, um den Himmel von verschiedenen Stellen im Valley aus zu fotografieren. Eines Abends fragte er, ob er auf meinem Grundstück fotografieren dürfe, und so bekam ich die Gelegenheit, mit ihm Weltraumobjekte zu erspähen (wie den Herkules-Haufen oder die Andromeda-Galaxie), die Lichtjahre entfernt sind. Zugleich erzählte er mir bei mehreren Tassen Tee, dass er sich erst vor Kurzem von einem Corona-Impfdurchbruch erholt hatte; angesteckt hatte er sich ganz offensichtlich bei einem Verwandten, einem Impfgegner, der ein paar Tage bei ihm und seiner Frau zu Besuch gewesen war. Es war das erste Mal, dass ich von einem Impfdurchbruch hörte, doch bald schon folgten viele weitere, darunter über zwanzig Mitarbeiter von La Puente, die allesamt geimpft waren.

Reichlich spät unterzog sich mein Nachbar Troy Zinn einer Kataraktoperation an beiden Augen. Wie so viele andere lehnte auch er Arzttermine ab, kam dann jedoch an einen Punkt, an dem ihm das Sonnenlicht selbst mit zwei Paar Sonnenbrillen Schmerzen bereitete. Die Laseroperation erforderte lange Wartezeiten und zwei Termine in Colorado Springs, eine Fahrt pro Auge. Danach war seine Freude umso größer: »Es ist alles so derart lebendig, es ist großartig, alles ist so schön.«

Doch dann, gerade zur Jahreswende 2022, statte das Coronavirus der Gegend schließlich doch noch einen Besuch ab. Sein erstes Opfer war »Car Wash« Kevin, die erste Person, der ich bei meinen unangemeldeten Besuchen für La Puente in der Prärie begegnete; der, der gerade von einem Opiatentzug zurückgekommen war und ein T-Shirt mit dem Schriftzug »Single and Ready to Jingle« trug. (Er war auch der Freund, der den Grubers einen Toyota auf Kredit verkaufte.) Kevins Präriespitzname stammte aus einer Zeit, als er in Aspen und Las Vegas Gebrauchtwagen für den Verkauf herrichtete. (Er hatte außerdem als Croupier im Casino gearbeitet und war für seine Hanfplantage und seine Unterstützung Donald Trumps bekannt.) Der Freund der Familie hatte kürzlich noch einen Geburtstagskuchen für Trin gebacken, in dessen Innerem Münzen, eine Kreditkarte, ein Taschenmesser und Projektile enthalten waren. Tie Rod Tony hatte »Car Wash« schon seit Längerem nicht mehr gesehen und schaute daher nach Weihnachten bei ihm vorbei. Er fand ihn mit blau angelaufenem

Gesicht auf dem Boden, aber am Leben. Nachdem er ihn Mund zu Mund beatmet und das Feuer im Ofen wieder in Gang gebracht hatte, kam »Car Wash« wieder zu Kräften. Tie Rod brachte Troy dazu, ihn über Nacht abzulösen. Sie vermuteten, »Car Wash« habe womöglich Corona. Als er erneut das Bewusstsein verlor, rief Troy einen Krankenwagen, doch »Car Wash« weigerte sich wütend, einzusteigen. Einen Tag später war er tot.

Ein paar Tage später ging Tie Rod Tony ins Krankenhaus und wurde selbst positiv auf Corona getestet. Er kehrte in die Prärie zurück und sagte zu Troy, er würde das schon durchstehen. Dann, zwei Tage darauf, öffnete sein Neffe die Badezimmertür und fand Tie Rod nackt und tot auf der Toilette. »Genau wie Elvis«, bemerkte einer seiner Freunde, der versuchte, ein wenig Licht in all die düsteren Neuigkeiten zu bringen.

Dann folgten ein paar Tage Fieber und Schwindel für Troy. Drei Tage lang schlief er in seinem Truck, bis Grace zu ihrer Familie in Denver fuhr; dann zog er nach drinnen aufs Sofa um und verbrachte den Rest der Woche dort, kaum fähig, aufzustehen. Er wurde nie getestet, war sich aber »ziemlich sicher«, dass auch er Corona gehabt hatte.

Stacy Gruber wurde infolge einer Rückenoperation geimpft und gehörte somit einer recht kleinen Gruppe von Präriebewohnern an, die das Vakzin verabreicht bekommen hatten. Bei der Operation war eine Arachnoidalzyste an ihrer Wirbelsäule entfernt worden, die ihr monatelang Schmerzen bereitet hatte. Womöglich würden diverse Nachbehandlungen erforderlich, und sie glaubte, die Ärzte würden ihr mehr Aufmerksamkeit schenken, wenn sie geimpft wäre.

Als ich die Familie im Spätsommer 2021 traf, war Frank ob seiner reichhaltigen Marihuanaernte im heimischen Garten ganz aus dem Häuschen, aber aufgrund von Schmerzen in seinem Bein besorgt; ein Notarzt hatte ihm gesagt, es handle sich wahrscheinlich um einen Bänderriss oder eine gezerrte Sehne. Sechs Wochen und drei Besuche in der Notaufnahme später stellte ein anderer Arzt jedoch fest, dass Frank ein Blutgerinnsel hatte. Da der Arzt befürchtete, Frank würde einen Schlaganfall erleiden, ließ er ihn für eine Notoperation im Helikopter nach Denver ausfliegen. Die beschädigten Arterien machten zwei Stents erforderlich, doch die Ärzte stellten ihm eine halbwegs gute Prognose – wenn er das Rauchen sein lassen könnte. Bisher hat Frank, der zweiunddreißig Jahre lang Raucher war, keine Zigarette angerührt.

Die Mädchen wuchsen heran: Trin, die Älteste mit siebzehn, und Meadoux, inzwischen vierzehn, waren in ihre eigenen kleinen Trailer auf dem Grundstück gezogen. Trin hoffte, eines Tages in das große Mobile Home umziehen zu können, in dem die Familie gewohnt hatte, als ich sie zum ersten Mal traf. Sie belegte Onlinekurse in Ranch-Management und bereitete sich auf ihr GED-Examen* im Frühling vor. Den Mädchen schien es gut zu gehen, doch ich befürchtete, den besten Jahren ihres Lebens beigewohnt zu haben, zu Hause mit ihrer Familie. Wie sollten sie mit ihren begrenzten Qualifikationen und ihrem Mangel an Erfahrung in der Welt der Sozialhilfe entgehen und ihren Weg finden? Würden sie es schaffen, der Kriminalität, Drogen und ungewollten Schwangerschaften zu entgehen, »dem Süßholzraspler auf dem Weg in den Knast«, wie sich der Dichter Thomas Lux ausdrückte?

Tommy Jr., der achtjährige Junge, den die Grubers eine Zeit lang bei sich aufgenommen hatten, war in einer Pflegefamilie in Denver untergekommen, was allem Anschein nach funktionierte. Ich hatte eine ganze Weile nicht an ihn gedacht, als Frank gegen Ende des Jahres 2021 in den sozialen Medien postete, Tommy Sr. sei von der Polizei erschossen worden. Es tat mir für den Jungen und für Frank leid, doch ich selbst war Tommy Sr. nie begegnet – dachte ich zunächst. Dann betrachtete ich die Fotos, die Frank postete, etwas genauer: Ich war ihm doch begegnet. Nur einen

---

* eine Prüfung, um Zugang an ein College oder eine Universität zu erhalten; Anm. d. Ü.

Monat zuvor hatte ich meine Frau zum ersten Mal zu einem Besuch bei den Grubers mitgenommen. Neben Frank und Stacy, ihren Töchtern, ein paar der Hunde und einer Babyziege war auch ein Paar um die vierzig, das uns ohne sich vorzustellen grüßte und dann von seinen Stühlen aufstand; der Mann hatte mich »Sir« genannt. Nach ein paar Minuten hatten sie sich leise davongestohlen. Als Frank die schockierenden Neuigkeiten postete, schrieb ich ihm eine Textnachricht: War ich Tommy Sr. ohne mein Wissen begegnet?

Ja, antwortete er, und Tommys neuer Frau sei ich ebenfalls begegnet. Sie hatten sich nicht bekannt gemacht, da Tommy auf der Flucht war. Er war erneut wegen Körperverletzung angeklagt und riskierte bei einer Verurteilung als Gewohnheitstäter mehrere Jahre Gefängnis. Frank sagte, sein Freund sei deswegen verständlicherweise deprimiert gewesen. Auf Facebook hatte Tommy sogar gepostet: »Lieber sterbe ich als aufrechter Mann, als dass ich auf Knien lebe! Ich werde nicht um ein Leben betteln, das ich in einer Gefängniszelle verbringen muss!« Er war nicht aufrecht gestorben, sondern in einem gestohlenen Auto sitzend, in dem ihn die Polizei nachts im Schlaf im Bergstädtchen Gunnison gefunden hatte. Der Polizei zufolge wurde ein Beamter beim Versuch, ihn festzunehmen, neben dem Auto hergeschleift, als Tommy aufs Gaspedal drückte, um zu fliehen; daraufhin eröffnete die Polizei das Feuer.

Frank erzählte mir, als junger Mann sei er zunächst von Denver nach Wyoming, später dann in die *Flats* gezogen, um der Welt zu entkommen, in der er aufgewachsen war. Und nachdem er Stacy kennengelernt hatte, war ihm das auch größtenteils gelungen – die Prärie war sein Rückzugsort, ein Ort, an dem ein gesünderes Leben möglich war. Dabei sollte jedoch auch erwähnt werden, dass die Prärie, wenngleich nur kurzzeitig, ein Rückzugsort für seinen flüchtigen Freund gewesen war, ein Ort, an dem einen die, von denen man nicht gefunden werden wollte, in der Regel auch nicht fanden.

Diese Leben, die ein so tragisches Ende gefunden hatten, waren das Gegenstück zu meiner romantischen Liebe des Landes, des Himmels und des Wetters: Ja, die Prärie hatte durchaus etwas von einem Ghetto in der Provinz. Es gab Leute mit ausstehenden Haftbefehlen, es gab missbräuchliche Beziehungen, es gab Drogenabhängigkeit. (Meine Frau merkte einmal sarkastisch an, ich könne das Buch ja *Unsere kleine Farm – mit Meth* nennen.) Die Menschen verzichteten in vielerlei Hinsicht – auf Jobmöglichkeiten, eine gute Schulbildung bis hin zu medizinischer Versorgung. Und doch gab es einen großen Unterschied zu echten Ghettos: Nur selten handelte es sich um generationenübergreifende Armut. Ein großer Teil der Präriebewohner war erst in jüngster Zeit zugezogen, meist infolge einer bewussten Entscheidung. Wie die ersten Siedler hatten sich auch meine Nachbarn dazu entschieden, hier draußen zu leben, ungeachtet aller Härten. Das fügte der gesamten Gleichung etwas Hoffnungsvolles hinzu.

Ebenso die Kulisse, und zwar nicht nur für mich. Unzählige Male posteten meine Nachbarn Fotos der immer gleichen dramatischen Wolkenformationen, des immer gleichen Regenbogens. Der Himmel bewegte sie, und mich: Ich war von der Weite verzaubert. Ich liebte es, inmitten dieser Leere zu sein; für mich war und ist es einer der schönsten Orte der Welt, ein Gegenpol zur Zivilisation. Oft hörte ich Musik, wenn ich mich nach meiner Fahrt durch die belebten Front-Rage-Städte Denver, Colorado Springs und Pueblo der Prärie näherte, und spürte eine Hochstimmung in mir aufsteigen, einzig ausgelöst durch meine Umgebung. Auch bei meinen Fahrten durchs Valley konnte dies jederzeit geschehen, wenn ich die Wolken oder den goldenen Schimmer im Gras bemerkte, wenn die Sonne tiefer sank, überkam mich ein Glücksgefühl.

In meiner Anfangszeit im Valley fuhr ich einmal von Alamosa in Richtung Süden, bog dann rechts nach Romeo ab und fuhr bis Manassa weiter und dann in das karge Land. Neben dem Highway sah ich das Skelett einer Holzhütte, filigran und kurz davor, umzukippen, aber noch nicht ganz umgefallen; an jedem anderen Ort hätten Kinder ihm einen kleinen Stoß versetzt und seinen Zerfall beschleunigt. Diese Ruine aber blieb auf recht ansehnliche Weise stehen. Das Land war herrlich unberührt, außer hier und da ein Stacheldrahtzaun oder ein Schild des Bureau of Land Management. Doch ein paar Meilen weiter kreuzte die Straße den Rio Grande, und die Idylle wurde gestört: leere, geplünderte Mobile Homes mitten im Nirgendwo. Freveltaten, die den Behörden offenbar entgangen waren. Damals kannte ich mich noch nicht aus – wusste nicht, dass ich mit der Überquerung des Flusses in ein anderes County eingedrungen war, dessen Land sich in Privatbesitz befand. Wo keine oder nur wenige Menschen sind, geschieht es leichter, Trugbildern zu erliegen.

Einige Monate später wies mich meine Schwester auf einen Artikel in einer Zeitschrift für Kartenliebhaber hin, der von einem gigantischen See handelte, der den Kartenmachern zufolge 1863 im nördlichen Valley aufgetaucht und dann in den 1880er-Jahren wieder verschwunden war. Gemäß der Zeichnung war das Gewässer mit dem Namen San Luis Lake oder Sahwatch Lake einundzwanzig Meilen lang und sechs Meilen breit und hatte die Form einer Essiggurke. (Im Gegensatz dazu ist der größte natürlich See Colorados, der Grand Lake, gerade einmal eine Meile breit.) Auch wenn der See nicht wirklich existierte, war »dieser Monstersee auf keiner geringeren Karte verzeichnet als auf der offiziellen Regierungskarte von Colorado«. Und Colorados erster Territorialgouverneur William Gilpin hatte ihn in einem Buch aus dem Jahr 1869, das die Gegend südöstlich des sagenumwobenen Sees bewarb, sogar detailliert beschrieben (auch wenn er dabei darauf verzichtete, seine eigenen gewaltigen Ländereien preiszugeben – er hatte Optionen auf etwa fünf Sechstel des Sangre-de-Cristo-Land-Grant). »Vielleicht sollten wir Gouverneur Gilpin für den faszinierenden mythischen See danken, der selbst Jahre nachdem Landvermesser der Regierung ihn aus den offiziellen Unterlagen gestrichen hatten, noch auf Karten zu finden war«, folgert der Autor Wesley Brown, der 1991 die Rocky Mountain Map Society gründete, in seinem Artikel »A Mystery Lake in Southern Colorado«.

Ich wollte so lange bleiben, bis ich mir sicher war, keinen Trugbildern aufzusitzen. Ich wollte die Sicht von unten – aus nächster Nähe, aus der Ichperspektive, kontinuierlich, fortlaufend. In Bruce Chatwins Klassiker *In Patagonien*, der von seiner Reise durch den südlichen Teil Lateinamerikas handelt, wird kaum einmal erwähnt, dass er über Teile eines Landes schreibt, das Argentinien heißt. Ihm ging es um den Zauber, der der Welt innewohnt. Auch mir ging es darum, doch nicht auf Kosten echter Menschen in realen Situationen. In einer Zeit, in der immer mehr Menschen offenbar glauben, nahezu alles könne der Wahrheit entsprechen, wollte ich ein Buch, das man einem Faktencheck unterziehen kann; ein von Menschen bevölkertes Buch, die unbestreitbar echt sind.

Und so kam ich, sah und ging, kam, sah und ging, immer und immer wieder. Ich baute einen Zaun, weil es sich richtig anfühlte, und gedenke, noch ein wenig länger zu bleiben.

Dank

Die Unterstützung der im Folgenden genannten Personen hat dieses Buch ermöglicht. Ich möchte danken:

Meiner Schwester Beth Conover dafür, dass sie mich mit La Puente bekannt gemacht hat, und ihrem Ehemann Ken Snyder. Meiner Schwester Margo Conover für ihre Hilfe und Gesellschaft in Santa Fe und Española. Meinem Vater Jerry Conover für seine Gastfreundschaft (und einen Luftbefeuchter) und meiner Schwester Pam Conover und Jon Adams für ihre Unterstützung, die alle Erwartungen bei Weitem übertraf.

Meinen Erstlesern Eliza Griswold, Margo Guralnick und Jay Leibold.

James Marcus dafür, dass er mir den Artikel bei *Harper's* zugeteilt hat, und dem Herausgeber John R. MacArthur für die Unterstützung meiner Arbeit. Und noch davor Chris Outcalt bei der Zeitschrift *5280* für den Auftrag, über South Park zu schreiben, und Geoff Van Dyke, der dafür gesorgt hat, dass der Artikel veröffentlicht wurde.

Jonathan Segal, meinem Verleger bei Knopf, und Kathy Robbins, meiner Agentin. Ich hätte mir keine Besseren wünschen können. Außerdem Sarah Perrin bei Knopf und Janet Oshiro von The Robbins Office.

Allen bei La Puente, insbesondere Lance Cheslock, außerdem Matt Little, Teotenantzin Ruybal und Rob Lockwodd Jr., Judy McNeilsmith, Callie Adams und Amanda Person; und Shanae Diaz (für Bier, Kaffee und den Roman *Bless Me, Ultima*).

Ebenfalls in Colorado: Geneva Duarte, Loretta Mitson, Rachael Cuouh, Ryan Barnes, Amy Scavezze, Mary Van Pelt, Mark Dudrow und Michelle LeBlanc, Reyes Garcia, Paul Andersen,

Richard de Olivas y Córdova, Calvin Moreau, Jody Guralnick und Michael Lipkin.

Kelsey Kudak und Katherine Boss für ihre Recherche. Scott Lankford, Andrew Meyers und Robert Boynton für ihre Lektüreempfehlungen. Arlene Stein für ihren Rat und ihre langjährige Freundschaft.

Jess Bruder für den Gedankenaustausch und das E-Bike sowie Bryan Adams und Abby Perrino für die Verschwörungstheorien.

Und Margot, für alles.

Quellen

Quellen, die nicht in deutscher Übersetzung vorlagen, wurden von der Übersetzerin übertragen. Letzter Aufruf der Online-Quellen: 25.10.2023.

Titelei

Diese Landschaft ist mir die liebste: Aus dem Vorwort zu Andrew Moore, *Dirt Meridian*. Bologna 2015, S. 12.

Prolog

Warten Sie mal – gehört das Grundstück Tie Rod Tony?: Um eine Verwechslung mit einer gleichnamigen Person zu vermeiden, wurde mit »Tie Rod Tony« ein Pseudonym in den Text eingeführt.

1
Cheap Land Colorado

Wir kommen wegen der Ausmaße: Linda Gregerson, »Schlafender Bär«. In: *VERSschmuggel. Poesie aus den USA und Deutschland englisch, deutsch.* Heidelberg 2020, S. 109. Copyright © 2016 by Linda Gregerson. This poem was commissioned by the Academy of American Poets and funded by a National Endowment for the Arts Imagine Your Parks grant.
In den San Juan Mountains im Westen: Colorado Encyclopedia, »Colorado Geology«.
Den Blanca, nach dem Schnee benannt: Bei den Navajo (auch Diné) heißt der Berg Sisnaajini. Mehr über seine Bedeutung für das indigene Volk siehe Harold Carey Jr., »Mount Blanca (Sisnaajini) Navajo Sacred Mountain«, online unter: http://navajopeople.org/blog/, 7. Januar 2013.
Ich möchte dir den Grabstein zeigen: Kurioserweise handelt es sich bei diesem Grabstein offenbar um die Nachbildung eines Grabsteins aus Texas. In einem Kommentar auf der Homepage »Find a Grave« heißt es, er sei unlängst an einem anderen Ort in der Region fotografiert worden »neben dem Highway 160 ... unterhalb eines Schreins«, online unter: www.findgrave.com.

2
Mein Prärieleben, Teil I

Illegale Drogen waren im Valley jedoch: Bill Whitaker, »Whistleblowers: DEA attorneys went easy on McKesson, the country's largest drug distributor«, online unter: www.cbsnews.com, 17. Dezember 2017.

wurde im Nachrichtenmagazin 60 Minutes: Die Recherchen des Nachrichtensenders CBS wurden gemeinsam mit der *Washington Post* durchgeführt.

Kämpfen war das Freizeitvergnügen: Beryle Vance und Elma Pagett, »Jack Dempsey – ›The Manassa Mauler‹«. In: *The San Luis Valley Historian*, 27, Nr. 2, 1995.

Scheinbar nimmt das Off-Grid-Leben in den Vereinigten Staaten zu: Jüngst unternommene Versuche, die Off-Gridder zu zählen, haben Posts, die in den sozialen Medien mit dem Hashtag #offgridliving versehen wurden, Standortdaten zugeordnet. Einem solchen Ansatz entgehen zahlreiche Off-Gridder in den *Flats,* die den Hashtag nur gelegentlich benutzen, falls sie überhaupt etwas posten.

3
So viele unterschiedliche Menschen, oder: Mein Prärieleben, Teil II

Tony Kushner: Angels in America. III. Akt, Dritte Szene, S. 107. Copyright © 1992, 1994, 1996, 2013 by Tony Kushner. Published by Theatre Communications Group. Used by permission of Theatre Communications Group.

Frank Gruber nutzte den einen Balken: Das an dieser Stelle erwähnte PDF findet sich in: James Rose Harvey, »El Cerrito De Los Kiowas«. In: *The Colorado Magazine*, 19, Nr. 6, November 1942, online unter: www.historycolorado.org. Frank sagte, sein Interesse an den Native Americans rühre unter anderem von Stacys Vorfahren her – zwei ihrer Großeltern waren teils Lakota-Sioux. Auch Sam behauptete, von Lakota abzustammen. Matt Littles Großmutter war eine Cherokee.

Loretta erinnerte sich, dass ein paar junge Leute: siehe »Searchers Locate Manassa Woman's Body«. In: *Pueblo Chieftain*, 10. März 1996. Und »Colorado Woman Dies of Exposure«. In: *Albuquerque Journal*, 11. März 1996 (obgleich in diesem Artikel die Anzahl der Menschen in dem Auto falsch beziffert wird).

4
Unbebautes Land

Im darauffolgenden Jahr schrieb der Journalist Calvin Trillin: Calvin Trillin, »A Cloud on the Title«. In: *The New Yorker,* 26. April 1976, S. 122.

was sich beispielsweise in einem spanischen Dialekt äußert: Sam Tabachnik, »The quest to save a dying Spanish dialect in Colorado's San Luis Valley«. In: *The Denver Post,* 22. November 2020, online abrufbar unter: www.denverpost.com.

nur 6 Prozent der Landvergaben: Colorado Encyclopedia, »Mexican Land Grants in Colorado«.

Das Ausmaß der Entrechtung: Robert Sanchez, »The Long-Forgotten Vigilante Murders of the San Luis Valley«. In: *5280,* Dezember 2019, online abrufbar unter: www.5280.com.

Gilpin ersuchte den Kongress: »U.S. Statutes at Large, Vol. 16 (1869–1871), 41st Congress«, Library of Congress, online unter: https://tile.loc.gov/storage-services/service/ll/llsl//llsl-c41/llsl-c41.pdf. Siehe auch: Thomas L. Karnes, *William Gilpin, Western Nationalist.* Austin und London 1969.

Die Besitzer des heute als Costilla Estates Development Company bekannten Unternehmens: P. R. Griswold, *Colorado's Loneliest Railroad: The San Luis Southern.* Boulder 1980, S. 23.

Die ersten amerikanischen Entdecker: Clarence A. Lyman, *The Fertile Lands of Colorado and Northern New Mexico.* Denver 1912, S. 42, 47, 53.

Der Mangel an Wasser: Griswold, *Colorado's Loneliest Railroad,* S. 115.

Bauernhöfe, die überdauerten: Harold Anderson erzählte, er verdiene seinen Lebensunterhalt mit Viehzucht, durch den Verkauf von Heu von mit Quellwasser bewässerten Feldern und als Fahrer seines Sattelzugs, aber es klang nicht nach besonders viel Geld. Er scherzte, eine Definition von Kindesmissbrauch könne lauten »seinem Kind einen Bauernhof vermachen«.

Die Versicherungsgesellschaft Bankers Life [...] setzte genau auf diese Strategie: John D. MacArthur, der Konzernboss, war der Vater von John R. (Rick) MacArthur, dem Verleger vom *Harper's Magazine,* der mir 2017 den Auftrag erteilte, über das San Luis Valley zu schreiben. Damals wussten weder Rick noch ich von der Verbindung zwischen dem Land, für das ich mich so sehr erwärmen sollte, und den Investitionen seines Vaters; es war ein Zufall, der uns beide überraschte.

Quellwasser: Bis in die 1970er-Jahre gelangte Quellwasser im Valley hauptsächlich durch Bewässerungsgräben auf die Felder. Dann kam die Kreisberegnungsanlage, die es ermöglichte, größere Flächen zu beregnen. Chet Choman erinnerte sich daran, als er sich um 1971 die wohl erste Kreisberegnungsanlage im Valley, südlich von Blanca, ansah: »Wir fuhren also dorthin, um uns dieses Teil anzusehen, weil wir überzeugt waren, dass es im Sand stecken bleiben und umkippen und ein einziges Desaster sein würde. Wir blieben fünf Minuten sitzen, doch es geschah nichts dergleichen.« Diese Art der Bewässerungstechnik, die in Colorado erfunden wurde, war ein voller Erfolg und hat sich seither überall in den Vereinigten Staaten und in großen Teilen der Welt durchgesetzt. Sie führt zu den riesigen grünen Kreisen, die man aus der Luft über Ackerland sehen kann. In einigen Regionen haben die durch Quellwasser ermöglichte Landwirtschaft sowie die Kreisberegnungsanlagen vermutlich die Grundwasserspeicher erschöpft.

Die Parzellierung des Landes bescherte: Hubert B. Stroud und William M. Spikowski, »Planning in the Wake of Florida Land Scams«. In: *Journal of Planning Education and Research,* Nr. 19, 1, September 1999, S. 27–39.

Alles in allem, meinte er: Wie mir der Bezirksrat von Costilla County mitteilte, handelt es sich bei etwa 45 000 von insgesamt 104 000 Grundstücken im County um amtlich vermessene Parzellen; zurzeit leben im County circa 3700 Menschen.

Der Senat-Sonderausschuss: »Frauds and Deceptions Affecting the Elderly: A Report of the Subcommittee on Frauds and Misrepresentations Affecting the Elderly«, United States Senate, Special Committee on Aging, 31. Januar 1965, online unter: https://www.aging.senate.gov/imo/media/doc/reports/rpt165.pdf.

Zu den Hauptzeugen zählte damals: Bob Caro, »Misery Acres«. In: *Newsday,* 7.–10. Januar 1963, siehe auch: www.robertcaro.com.

Die FTC erklärte: siehe »Land-Sale Victims May Get $14 Million in FTC Agreement«. In: *The Washington Post,* 9. Mai 1979, online unter: www.washingtonpost.com; »Buyers to Get Refunds on Worthless Land in Colorado«. In: *The New York Times,* 10. Mai 1979; Feder Register, Nr. 44, 16. Mai 1979, 28671 Federal Trade Commission, Proposed Rules, Consent Orders: Bankers Life and Casualty Co., et al.

5
Besitz

eine durchschnittliche Lebenserwartung von achtundvierzig Jahren: Einer 2018 veröffentlichten Studie zufolge liegt die Lebenserwartung von Menschen mit einer Autismus-Spektrum-Störung bei sechsunddreißig Jahren, außerdem ist ihr Risiko, bei einem Unfall zu sterben, vierzig Mal höher als bei anderen Menschen. Gemäß einer weiteren Studie sind die häufigsten Todesursachen bei Menschen mit einer ASS Herzerkrankungen, Selbstmord und Epilepsie; die Selbstmordrate derer mit einer ASS ist angeblich neunmal so hoch wie die der Allgemeinbevölkerung. Siehe Michael A. Ellis, »Early Death in Those with Autism Spectrum Disorder«. In: *Psychology Today,* 7. Oktober 2018, online unter: www.psychologytoday.com.

Das Büro des Sheriffs: Die Facebook-Seite des Costilla County Sheriff's Office, 3. Mai 2019, online unter: https://www.facebook.com/CostillaCountySheriff/photos/a.1584878468450871/2366716890267021/?locale=de_DE.

Etwas mehr als ein Jahr später: Die Facebook-Seite des Costilla County Sheriff's Office, 17. Juni 2019, online unter: https://www.facebook.com/photo?fbid=2707756652829708&set=pcb.2707756852829688&locale=de_DE.

In Oregon lief ein Verfahren: »Klamath County man faces 32 animal neglect charges«, kobi5.com, 2. Oktober 2017, online unter: https://kobi5.com.

In Florida war er für den Missbrauch von Tieren angeklagt: Debbie Salamone, »Suspect in Puppy Scam Fights Extradition to California«. In: *Orlando Sentinel,* 12. September 1989.

Sechs Jahre zuvor: Stephen Floyd, »Animal neglect: Beatty man charged after animal seizure«. In: *Herald and News* [Klamath Falls, Oregon], 3. Oktober 2017.

Costilla County erhob: »Charges Filed in Costilla County Animal Cruelty Case«, Denver Dumb Friends League, 14. Oktober 2020, online unter: www.ddfl.org.

Ein Großteil der geretteten Hunde: Becky Talley, »Denver Dumb Friends League Seeks Donations After Aiding in Rescue of More than 100 Dogs«, Our Community Now, 14. Juli 2020, online unter: www.ourcommunitynow.com.

6
Liebe und Mord

Sie rief Leroy an: Leroy ist ein Pseudonym.

Ein paar ihrer Bekannten: Wie auf der Website www.kemet.org beschrieben, wurde die kemetische Lehre in den späten 1980er-Jahren in Illinois entwickelt und weist teilweise Überschneidungen mit Zahras Glauben auf, unterscheidet sich ihr zufolge jedoch von ihrer spirituellen Praxis.

Mojave-Klapperschlangen waren besonders giftig: Alexandra Hicks, »Mojave Rattlesnake (Crotalus scutulatus) – One of the World's Most Venomous

Snakes«, Wild Snakes: Education and Discussion, 18. November 2020, online unter: www.wsed.org.

Mexikaner aus Costilla und Conejos County: Charles F. Price, *Season of Terror: The Espinosas in Central Colorado, March–October 1863.* Boulder 2013. Price beschreibt die Mordserie der Espinosas mit großem Detailwissen.

Insbesondere glaubte er: Merle Baranczyk, »Mike Rust family finds ›huge relief‹ his remains discovered«. In: *The Mountain Mail,* 2. Mai 2016.

Die Stellvertreter des Sheriffs legten die Grube frei: Arlene Shovald, »Affidavit reveals how police found suspect in Rust case«. In: *The Mountain Mail,* 23. Juni 2016.

Sie glaubten, der Junge würde, wären die Dämonen erst: Madison Park, »Timeline of what has happened in the New Mexico compound case«, CCN.com, 24. August 2018, online unter: www.cnn.com.

Wahhaj und eine seiner Ehefrauen: Janon Fisher, »New Mexico compound leader believed she could reincarnate Jesus Christ through the body of dead disabled boy«. In: *New York Daily News,* 31. August 2018.

Reuters sollte später berichten: Andrew Hay, »Defendants in New Mexico Compound Case Hit with New Charges«, Reuters, 14. März 2019, online unter: www.reuters.com.

Auch wenn die Anklage wegen Kindesmisshandlung fallen gelassen wurde: Richard Gonzales, »Feds Indict 5 New Mexico Compound Residents On Terrorism And Gun Charges«, National Public Radio, 14. März 2019, online unter: www.mprnews.org.

Ende 2020: Michael Levenson, »Fugitive Arrested After Remains of 3 People Are Found in Colorado«. In: *The New York Times,* 19. November 2020, online unter: www.nytimes.com.

In der Lokalpresse und den Zeitungen Denvers folgten regelmäßige Updates: Elise Schmelzer, »Adre ›Psycho‹ Baroz arrested in connection with 3 bodies found in rural southern Colorado«. In: *The Denver Post,* 19. November 2020, online unter: www.denverpost.com.

Die Lokalzeitung schrieb: »A Look Back at 2017 in the Valley«. In: *Valley Courier,* 30. Dezember 2017, online unter: www.alamosanews.com.

Am 25. November 2020 führte die Polizei eine Hausdurchsuchung im Walsh Hotel durch: Daniela Leon und Lauren Scharf, »Court documents reveal gruesome killings in connection to human remains found in San Luis Valley«, Fox 21 News, 22. Januar 2021.

Die Geschichte von »Psycho«: Sylvia Lobato, »Suspect in five killings speeds through Antonito and Chama«. In: *The Conejos County Citizen,* 21. Juni 2017, online unter: www.conejoscountycitizen.com.

kurz darauf wurde er unter einer Brücke aufgefunden. Erfroren: »Identity released in weekend death«. In: *Valley Courier,* 29. Januar 2019, online unter: www.alamosanews.com.

Das sei Tommy: Tommy ist ein Pseudonym.

7
Waffen, Viren und der Klimawandel

Sie war froh: Wallace Stegner: *Der Berg meiner Träume.* Gütersloh 1952, S. 260.
irgendwie mißmutig und [...] sonderbarerweise bedrückt: Ebd., S. 225/226.
Alle »aus dem Last Chance«: Ebd., S. 239.
Oder, wie es ein Literaturkritiker 2020 formulierte: A. O. Scott, »Wallace Stegner and the Conflicted Soul of the West«. In: *The New York Times,* 1. Juni 2020, online unter: www.nytimes.com.
Ein Kollege beobachtete, wie sich ein friedlicher Demonstrationszug: »Looting and Shooting in Manhattan After Peaceful Protest in Brooklyn«, bedfordandbowery.com, 1. Juni 2020, online unter: www.bedfordandbowery.com.
Am 1. Juni erfasste er: Daniel Maurer, »Over 50 Storefronts Smashed During Night in Mayhem in Soho«, bedfordandbowery.com, 6. Juni 2020, online unter: www.bedfordandbowery.com.
einen Artikel über einen Soldaten in Kansas gepostet: Susan Greene und Keith Cerney, »Triggered: How One of Colorado's Smallest Protests Became Its Most Violent«, COLab, 27. Juni 2020, online unter: www.colabnews.com.
ein Jahr später: Reid J. Epstein und Patricia Mazzei, »G.O.P. Bills Target Protestors (and Absolve Motorists Who Hit Them)«. In: *The New York Times,* 21. April 2021, online unter: www.nytimes.com.
Auch wenn bislang nur acht Menschen: Am 6. Januar 2022 lag die Anzahl der Coronatoten gemäß der Homepage des San Luis Valley Public Health Partnership bei 167.
fielen die Temperaturen: »September 8–10, Early Season Winter Storm«, National Weather Service, online unter: https://weather.org.
Der Zeitpunkt des Sturms: John Rawinski, »Summer snowstorm devastating to migratory songbirds«. In: *The Monte Vista Journal,* 22. September 2020, online unter: www.montevistajournal.com.
In einem von einer Umweltschutzorganisation gesponserten Webinar: »Unraveling a Migration Mystery«, online unter: https://www.youtube.com/watch?v=tqq-jwDzUbM.
vor dem Hintergrund einer weit größeren Katastrophe: Rosenberg et al., »Decline

of the North American avifauna«. In: *Science*, 4. Oktober 2019, 366, Nr. 6461, 120–124.

Kurz nachdem mir Matt die Kuh gezeigt hatte: Costilla County Free Press, 8. Juni 2017.

Zur alberneren Seite gehört: »UFO Watchtower«, www.tripadvisor.com.

2017 gab das amerikanische Militär […] zu: Helene Cooper, Ralph Blumenthal und Leslie Kean, »Glowing Auras and ›Black Money‹: The Pentagon's Mysterious U.F.O. Program«. In: *The New York Times*, 16. Dezember 2017, online unter: www.nytimes.com; sowie Gideon Lewis-Kraus, »How the Pentagon Started Taking U.F.O.s Seriously«. In: *The New Yorker*, 30. April 2021, online unter: www.newyorker.com.

Stellen Sie sich eine Technologie vor: Bill Whitaker, »UFOs regularly spotted in restricted U.S. airspace, report on the phenomena due next month«, CBS News, 16. Mai 2021, online unter: www.cbsnews.com.

Wir sind zwei Jungs: Stacy Matlock, »A Taos close encounter of the hunters and aliens kind«. In: *Taos News*, 5. September 2019, online unter: www.taosnews.com.

zwei rotierende Galaxien: David Grinspoon, *Lonely Planets: The Natural Philosophy of Alien Life*. New York 2004, S. 345/346.

Es gibt unerklärbare Ereignisse: Ebd. S. 351.

Ich hatte gerade erst einen Bericht: Das Buch, auf das ich mich beziehe, stammt von Ruth Marie Colville, *La Vereda: A Trail Through Time*. Alamosa 1996.

Der Historiker William Cronon: William Cronon, *Changes in the Land: Indians, Colonists, and the Ecology of New England*. New York 1983.

Der Musiker Cole Porter versuchte: Porter komponierte die Musik, der Text stammt teilweise aber vom Cowboypoeten Robert (Bob) Fletcher. Siehe: Philip George Furia und Michael L. Lasser, *America's Songs: The Stories Behind the Songs of Broadway, Hollywood, and Tin Pan Alley*. New York 2006, S. 192/193.

Epilog
Zufluchtsort und Exil

Die Ränder Amerikas bieten oft: Jelani Cobb, »What Black History Should Already Have Taught Us About the Fragility of American Democracy«. In: *The New Yorker*, 5. November 2020, online unter: www.newyorker.com.

Früher einmal waren dort auch Schafe abgebildet: Ron Kessler, *San Luis Rock Art*. Monte Vista, CO, 2000, S. 158.

Es gab eben auf dieser Erde keine Stellen mehr: Wallace Stegner, *Der Berg meiner Träume,* S. 307.

Würden sie es schaffen, der Kriminalität: Thomas Lux, »A Little Tooth«, in: *New and Selected Poems, 1975–1995.* Boston 1997.

Vielleicht sollten wir Gouverneur Gilpin: Wesley A. Brown, »A Mystery Lake in Southern Colorado«. In: *The Portolan,* 100, Winter 2017, Nr. 56. Ein Gouverneur Colorados aus jüngerer Zeit setzt sich derzeit für ein anderes Unterfangen in puncto Wasser ein. Der ehemalige Gouverneur Bill Owens ist Mitglied im Vorstand eines Unternehmens, das darauf spekuliert, zig Millionen Dollar in eine Pipeline zu investieren, die Wasser aus dem Grundwasserspeicher des San Luis Valley in die Großstädte der Front Range transportiert. Siehe Bruce Finley, »Developers seeking water for booming Front Range look to the San Luis Valley, where farmers already face well shut-offs«. In: *The Denver Post,* 16. September 2019, siehe online: www.denverpost.com.

Anmerkungen

1
Cheap Land Colorado

1 Ein Gitter aus Eisenstäben, das dort in die Straße eingelassen wird, wo diese einen Zaun quert. Fahrzeuge können Viehgitter problemlos passieren, ohne, im Gegensatz zu einem Gatter, anhalten zu müssen. Aufgrund der Abstände zwischen den Stäben finden Rinder oder Schafe mit ihren Hufen jedoch keinen Halt und können die Sperre nicht überwinden.
2 Als Mountain West oder Mountain States werden die Bundesstaaten der USA bezeichnet, durch die die Rocky Mountains verlaufen. Üblicherweise werden Montana, Wyoming, Idaho, Utah, Colorado sowie Nevada dazugezählt, manchmal auch Arizona und New Mexico. (Anm. d. Ü.)
3 Bei Strohballenbauten werden zum Wandaufbau Strohballen eingesetzt. Die Ballen dienen der Wärmedämmung und sind außerdem nachhaltig.
4 Die »Frontier« ist bis heute fester Bestandteil des amerikanischen Traums: Im eigentlichen Wortsinn beschreibt der Begriff das Grenzland, also das Land gen Westen hin, das zunächst nicht von europäischen Siedlern erschlossen war, der »Wilde Westen«. Die im Text erwähnte »Frontier-Mentalität« meint das Gefühl der ersten Siedler, auf sich gestellt zu sein und frei von jeglicher Obrigkeit, allein durch die eigenen Fähigkeiten zu überleben und zu Erfolg zu kommen. (Anm. d. Ü.)
5 Anfang 2016 besetzten Bewaffnete das Verwaltungsgebäude des Naturschutzgebiets Malheur National Wildlife Refuge in Oregon. Die Gruppierung protestierte damit gegen die Inhaftierung zweier Rancher. Sie bekämpften die als unrechtmäßig betrachtete demokratische Regierung und ihr föderales System. Die Gruppierung ist im Spektrum der Sammelbewegung der radikalen Rechten der USA, dem Patriot Movement, zu verorten. (Anm. d. Ü.)
6 Das Sovereign Citizens Movement in den Vereinigten Staaten ist eine Bewegung, die in Teilen mit den Reichsbürgern in Deutschland vergleichbar ist. Obgleich sich die Sovereign Citizens in diversen Punkten von den Reichsbürgern unterscheiden, eint sie eine gefährliche Nähe zum Rechtsextremismus und zu Verschwörungsideologien. (Anm. d. Ü.)
7 Tatsächlich ist es zulässig, bis zu vierzehn Tagen ohne Erlaubnis zu campen.

3
So viele unterschiedliche Menschen,
oder: Mein Prärieleben, Teil II

1 Das Heimstättengesetz (Homestead Act) trat in den USA 1862 in Kraft. Es erlaubte Personen über 21 Jahren, sich auf einem unbesiedelten Stück Land niederzulassen und dieses zu bewirtschaften. Nach einer Frist von fünf Jahren wurde der Siedler zum Eigentümer. (Anm. d. Ü.)

4
Unbebautes Land

1 »A Cloud on the Title« ist eine Redewendung dafür, wenn ein Hinderungsgrund vorliegt, der einer Eigentumsübertragung entgegensteht. (Anm. d. Ü.)
2 Der Begriff wurde 1845 durch den amerikanischen Journalisten John O'Sullivan eingeführt. In seinem Artikel über die Annexion von Texas schrieb O'Sullivan, es sei Amerikas »Manifest Destiny« – seine offenkundige Bestimmung –, sich über den Kontinent auszubreiten. In der Folge nutzten Politiker die Redewendung, um die territoriale Expansion über den gesamten nordamerikanischen Kontinent zu rechtfertigen. Auf globaler Ebene wird der Begriff im Amerikanischen Exzeptionalismus fortgeführt – der Annahme, die Vereinigten Staaten nähmen eine Sonderstellung gegenüber allen anderen Nationen ein. (Anm. d. Ü.)
3 Malcolm S. Forbes, noch so ein legendärer amerikanischer Finanzier, kaufte sich 1969 ins Valley ein. Er erwarb die Gebiete, die unter den Menschen vor Ort als Trinchera Ranch bekannt waren, den nördlichen, bergigen Teil des originären Sangre-de-Cristo-Land-Grant. Zeitweise war das Land das größte Privatgrundstück in Colorado und umfasste drei Viertausendergipfel.
4 Warnung: Billig-Wüstenland
Das Land hier ist wertlos, und sein einziger Nutzen besteht darin, dass Sie Ihren Freunden erzählen können, ein Grundstück in Colorado zu besitzen. Sie werden bald genug davon haben, Steuern dafür zu bezahlen, und es wird an den nächsten Idioten weiterverkauft. Man muss schon aus einem ganz besonders harten Holz geschnitzt sein, um etwas damit anfangen zu können: Im Sommer ist die Gegend heiß wie ein Ofen, im Winter kalt wie der Nordpol. Sollten Sie glauben, etwas von Wert zurücklassen zu können und es im nächsten Sommer wieder vorzufinden--------Warum wohnt wohl niemand dort?? Warum ist wohl niemand außer Ihnen darauf gestoßen? Es gibt Menschen,

die es Ihnen verkaufen wollen, um sich an Ihnen zu bereichern---------immer und immer wieder. COSTILLA COUNTY VERBIETET ES DAUERCAMPERN, SICH LÄNGER AUF IHREM EIGENEN GRUNDSTÜCK AUFZUHALTEN--------DIE WOLLEN SIE NICHT DORTHABEN. Googeln Sie es doch selbst.
Kontaktieren Sie mich nicht mit unerwünschten Dienstleistungen oder Angeboten

6
Liebe und Mord

1 Meine normale Route führte durch das verschlafene Städtchen Romeo, das unlängst seinen eigenen Mordfall gehabt hatte. Die Lokalzeitung schrieb: »Im Verlauf eines der merkwürdiger anmutenden Mordprozesse, die aktuell das Gerichtswesen durchlaufen, wurde Michael John Robinson, 32, angeklagt, seinen Stiefgroßvater James H. Sprouse, 77, zwischen dem 3. und 12. Juni 2016 erschlagen zu haben. Die Tat wurde in ihrer zur Tatzeit gemeinsam bewohnten Unterkunft an der Rückseite eines ehemaligen Lebensmittelgeschäfts in Romeo begangen. Danach wickelte Robinson den Leichnam in Plastikfolie, manövrierte ihn in einen unbenutzten Kühlschrank und fuhr mit Sprouse' Fahrzeug weg. Nachdem man Sprouse' Leiche im Frühjahr [2017] gefunden hatte, wurde Robinson am 28. April in Indio, Kalifornien, wegen vorsätzlichen Mordes und damit in Zusammenhang stehenden, weiteren Anklagepunkten festgenommen.«

7
Waffen, Viren und der Klimawandel

1 »Blue« steht für die Polizei (»boys in blue«). Blue Lives Matter entstand als Gegenbewegung zu Black Lives Matter. Der Slogan »Murder Is Murder No Matter Blue Did It« spielt auf die Tatsache an, dass die Tötung Schwarzer Menschen durch die Polizei häufig ungeahndet bleibt bzw. das Strafmaß für die Täter gering ausfällt. (Anm. d. Ü.)
2 Und in der Tat sollten die von den Republikanern dominierten Parlamente in Oklahoma und Iowa Fahrern, deren Fahrzeuge Demonstranten auf öffentlichen Straßen anfuhren und verletzten, ein Jahr später Straffreiheit gewähren.
3 Der Soziologe Matthew Desmond beschreibt in seinem Buch *Zwangsgeräumt*,

wie eine Frau namens Larraine ihre gesamten Lebensmittelmarken für einen Hummerschmaus verpulvert – und er zitiert, wie sie ihre Logik dahinter erklärt: Sie liegt in ihrer Gewissheit begründet, für immer arm zu sein.

4 In den USA kann ein Angeklagter gegen die Zahlung einer Kaution bis zur Hauptverhandlung seines Falls auf freiem Fuß bleiben. Da ein Großteil der Angeklagten nicht selbst für ihre Kaution aufkommen können, ist in den USA der Beruf des Kautionsagenten entstanden. Gegen eine Gebühr stellt dieser die Kautionssumme vor Gericht. (Anm. d. Ü.)

Epilog
Zufluchtsort und Exil

1 Auf einem Gebiet in meiner Nähe wurden halbierte Grundstücke tatsächlich als »Ranchettes« verkauft.

ARTHUR LANDWEHR

DIE ZERRISSENEN STAATEN VON AMERIKA

Alte Mythen und neue Werte –
ein Land kämpft um seine Identität

Der Kulturkampf um das »wahre Amerika«

Mit Spannung blickt die Welt auf den Ausgang der amerikanischen Präsidentschaftswahlen im Herbst 2024. Der USA-Experte und langjährige ARD-Hörfunk-Korrespondent in Washington Arthur Landwehr spürt den Stimmungen und Erwartungen der US-Wähler zu Beginn der Vorwahlen nach. Im Mittelpunkt: die Abstiegsangst der Weißen und das zunehmende Selbstbewusstsein von Schwarzen und Hispanics, der rückwärtsgewandte Mythos vom Cowboy und der Einfluss der woken Intellektuellen, das »America first« im Landesinnern und die Verheißungen kultureller Offenheit in den liberalen Küstenstaaten. Und über allem die Frage: Was hat das mit uns Deutschen zu tun?

»Arthur Landwehr gelingt eine enge Verbindung
zwischen persönlichem Erleben und kluger Analyse.«
Elmar Theveßen,
ZDF-Studioleiter in Washington

YASCHA MOUNK

DAS GROSSE EXPERIMENT

Wie Diversität die Demokratie bedroht und bereichert

»Eine Blaupause für eine optimistischere Zukunft.«
Francis Fukuyama

Wie kann Demokratie in Zeiten von gesellschaftlicher Vielfalt, Globalisierung, Migration und Identitätspolitik funktionieren? Der renommierte Politikwissenschaftler Yascha Mounk zeigt nicht nur die Hindernisse, auf die das Experiment einer diversen Gesellschaft trifft. Er liefert auch die Anleitung für eine intakte multiethnische Demokratie. Klarsichtig und mit analytischer Schärfe widmet er sich den Argumenten, die von rechts und links kommen: eine wegweisende Verteidigung pluralistischer Prinzipien. Denn nie war es wichtiger als heute, über die Balance von Gleichheit und individueller Freiheit in der Demokratie nachzudenken.

»Jeder, der sich für die Zukunft der
liberalen Demokratie interessiert, ob in den USA
oder woanders, sollte dieses Buch lesen.«
Anne Applebaum